国家级精品课程教材

浙江省高等教育重点建设教材

新编会计学

（第二版）

罗金明　　祝锡萍　　主编

ZHEJIANG UNIVERSITY PRESS

浙江大学出版社

再版前言

　　"经济越发展,会计越重要",会计信息对经济管理决策和控制的作用日益显著。会计是"国际通用的商业语言",所有准备从事经济、管理工作乃至所有准备参与市场经济竞争的学生都应该掌握会计的基本理论、基本方法和基本技能。非会计专业学生不一定会从事会计实务工作,学习会计学课程的目的是要通过掌握会计这一"国际通用的商业语言",以改进和完善自己的经济、管理乃至工程技术工作。因此,本教材针对非会计专业学生的需要,在教材内容选择时注重少而精,不求细而全,用较少的篇幅,将会计学的基础知识、会计要素的确认与计量、财务会计报告阅读与分析等内容有机地融为一体,适合非会计专业学生学习的需要。

　　为适应我国社会主义市场经济改革建设需要,适应世界经济一体化的发展趋势,我国一直在探索建立一套与我国经济发展进程相适应的、与国际会计惯例趋同和等效的会计准则体系。2006 年,我国财政部发布了一整套由 1 项基本准则、38 项具体准则构成的,与国际财务报告准则趋同的新企业会计准则,并颁布了与之配套的企业会计准则应用指南,构建了以基本准则为主导、具体准则和应用指南为具体规范的我国企业会计准则体系。2007 年以后,为了解决企业会计准则执行中出现的问题。并实现会计准则持续趋同和等效,财政部又陆续制定了一系列企业会计准则解释。本教材内容既包含了会计必要的基本理论知识,又紧密结合新会计准则规范,教材内容新。

　　为便于非会计专业学生学习,我们尽量做到理论阐述与实例分析结合,语言表述通俗易懂、言简意赅。每章后都有与教材内容配套的思考题、练习题和案例分析题,案例与实际联系紧密,有助于加深对教材内容的理解和应用。同时,教材各章都有"进一步学习指南",引导非会计专业学生深入学习会计知识,为感兴趣的学生继续学习相关会计知识提供帮助。

　　本教材是浙江工商大学的国家级精品课程《会计学》的配套教材,也是浙江省高等教育重点建设教材,是专门为我国高等院校非会计专业学生编写的教材,它不仅可以在高校非会计专业教学中使用,也可以作为从事经济管理工作的非会计人员学习使用。为便于非会计专业人员学习教材内容,读者可以登陆《会计学》国家精品课程网站(网址:http://www.gsjczx.com/kjx/),也可以通过教育部国家精品课程建设网站(www.jpRcnet.com)检索、登录本课程网站,使用与教材内容配套的教学课件,进行在线测试,共享国家级精品课程网站丰富的教学资源。

本书由浙江工商大学罗金明教授和浙江工业大学祝锡萍副教授共同讨论、编撰而成。其中,第一、二、三、五、七章由罗金明撰写;第四、六、八、九、十章由祝锡萍撰写。全书由罗金明教授修改审定。本书从立项到出版的整个过程得到了浙江工商大学许永斌教授的大力帮助,同时得到了王宝庆、朱惠芹、王惠敏、邹相煜、庞竹、高书胜、许涛、钟燕、商娴婷等同志的帮助,在此表示衷心感谢。

为尽量吸收会计理论和会计教学的新成果,本教材在编写过程中参考了大量国内外会计学教材及著作,我们向这些文献的作者表示诚挚的感谢。同时,由于我们自己水平有限,书中仍有不尽如人意、尚待完善之处,期望得到本书读者、同行及专家批评指正。

罗金明

2011 年 3 月 10 日

目　　录

第1章

总 论

本章是全书的开篇之章,主要介绍会计的基本概念、基本理论和基本原则。本章的学习将为学好全课程打下良好的基础。通过本章的学习,要求达到下列目标:

1. 了解会计的产生与发展历史;
2. 理解会计的含义、职能、目标;
3. 理解会计基本前提和会计信息质量要求;
4. 重点掌握会计要素及会计等式;
5. 理解会计要素的确认和计量;
6. 了解会计规范。

1.1 会计概述

1.1.1 会计的产生与发展

会计是为了适应人类社会生产实践和经营管理的客观需要而产生和发展起来的。物质资料的生产是人类社会赖以生存和发展的物质基础。人类在生产活动中,一方面创造出物质财富,取得一定的劳动成果;另一方面发生各种劳动耗费,消耗一定的人力物力。为了提高生产效率,以尽可能少的劳动耗费取得尽可能多的劳动成果,需要不断改进生产技术,加强生产管理。基于这种客观要求,人类在进行生产活动的同时,需要对劳动耗费和生产成果进行记录和计算,并将两者进行比较,以便了解和控制生产活动过程,于是就产生了会计。

会计的产生可以追溯到原始社会后期。会计作为一种计算、记录和考核收支的工具,无论在中国还是外国都是很早以前就存在了。在原始社会后期,人们只是凭借头脑和一些最原始的形式记录生产活动,如"结绳记事"、"刻木求事"等,当然这种形式的记录还很难称之为会计,但会计的萌芽却在这里出现了。随着文字的出现,人们开始用文字和数字对物质资料的生产和耗费进行专门的记录,这就是最初的会计。由于当时生产力水平低下,生产规模很小,剩余产品也不多,因此用来记录生产活动的会计也极为简单,它只是生产职能的附带部分,由生产者在工作之余,附带地把收入和支出记录下来。随着生产力的发展和生产规模的扩大,出现了社会分工和私有制,之后会计才逐步从生产职能中分离出来,成为一种独立的、由专人从事的工作。

从我国会计发展来看,"会计"一词最早出现于西周。西周政府设置了会计官职——司会,掌管周王朝的钱粮和财务收支,定期对王朝的收入和支出进行"月计"、"岁会",并实施会计监督。据《周礼》记载:司会"以参互考日成,以月要考月成,以岁会考岁成。"其中"日成"是指十日成事之文书,相当于现在的旬报;"月要"是一个月成事之文书,相当于现在的月报;"岁会"则是一年成事之文书,相当于现在的年报。在《周礼》一书中,曾多处提到会计。如"司会"之职:"逆群吏之治而听其会计",意指司会接受朝廷和地方百官的会计文书而进行考核。宋朝时出现了称之为"四柱清册"的记账方法。所谓"四柱",是指把账簿分成"旧管"(期初结存)、"新收"(本期增加)、"开除"(本期减少)、"实在"(期末结存)四个部分,这四个部分的关系是:旧管＋新收－开除＝实在。这个平衡关系,既可以全面系统地反映经济活动,还可以检查账簿记录是否正确。四柱清册法奠定了中式簿记的理论基础,并把中式簿记提高到一个较高的层次。明、清时期,中国商业、手工业有了较大发展,并且产生了资本主义萌芽。为适应当时生产管理的需要,会计工作者又设计出了"龙门账"和"天地合账",这两种记账方法已经具备了复式簿记的雏形,说明中国的会计技术取得了较大的发展。其中,"龙门账"将经济业务分为"进"(收入)、"缴"(费用)、"存"(资产)、"该"(负债及业主权益)四大类,其关系是:进－缴＝存－该,并以此作为试算平衡公式,当该公式相等时称为"合龙门"。在此基础上,又创立了"天地合账",对每一笔经济业务都从"来源"和"去向"两个方面加以登记,以全面反映经济业务的内容和来龙去脉。"四柱清册"、"龙门账"、"天地合账"显示了我国历史上各个时期传统中式簿记的特色。

从世界范围看,会计的发展也源远流长。早在原始印度公社时期已经出现记账员,负责登记与农业生产相关的事项。在奴隶和封建社会时期,商品经济尚不发达,会计主要被政府部门用来记录、计算和考核钱物出纳等的财政收支。中世纪(公元 11 世纪至 15 世纪)地中海沿岸一些城市(如威尼斯、热那亚、佛罗伦萨等)商业和金融业比较繁荣,从而诞生了科学的复式记账法。1494 年,意大利数学家卢卡·巴其阿勒(Luca Pacioli)出版的《算术、几何及比例概要》一书系统地介绍了借贷复式记账法,该书的出版为复式记账法在全世界的广为流传奠定了基础。18 世纪末至 19 世纪英国爆发了工业革命,工厂制度确立并出现了股份公司,经济活动日益复杂化,会计在技术上和理论上均取得了较大的进步,会计从一门应用技术发展成为一门独立的学科;同时,由于股份公司的所有权与经营权相分离,公司的广大股东迫切要求准确了解公司的真实财务信息,在经济活动和财务活动方面起"公正人"作用的、以"自由职责"身份出现的注册会计师或特许会计师随之产生。19 世纪末 20 世纪初,随着股份有限公司资产所有权与经营权的不断分离,为了进一步规范会计工作,提高会计报告的真实性和可比性,美国等国家的会计师协会开始制定公开会计信息的基本规范——"公认会计原则",促进了财务会计核算理论、方法的不断完善。

伴随着经济的迅猛发展,市场竞争日益激烈,企业规模不断扩大,不仅会计信息的需求对象日益增加,而且需求内容也更加广泛,会计信息的重要性为世人瞩目,现代会计逐渐分成了对内报告会计(管理会计)和对外报告会计(财务会计)两个领域,会计标准和会计规范逐渐完善。同时,信息论、控制论、系统论、现代数学、行为科学和计算机技术等理论和技术引入会计,会计学科体系也逐渐完善起来,涌现了成本会计、电算化会计、人力资源会计、社会责任会计、国际会计、税务会计、审计等会计分支,会计理论也空前繁荣,会计理论和方法跃上了一个新的水平。

综上所述,会计是由于经济管理的客观需要而产生和发展起来的,随着社会生产力的发展,会计经历了一个从简单到复杂,从低级到高级的发展过程,同时会计的重要性也逐渐为人们所认识。会计发展的历史证明:经济越发展,会计越重要。正如马克思指出,生产"过程越是按社会的规模进行,越是失去纯粹个人的性质,作为对过程的控制和观念总结的簿记就越是必要"。

1.1.2 会计的含义

会计的含义是对会计本质的总结。我国会计理论界对会计的含义有不同的理解,曾有过"管理活动论"、"信息系统论"、"控制系统论"、"管理工具论"等。在当前,最具代表性的会计含义主要有如下两种:

(一)会计是一项经济管理活动

会计经济管理活动论认为,会计是以货币作为主要计量单位,综合反映和监督一个单位经济活动的一种经济管理活动。会计经济管理活动论认为会计的本质是一种经济管理活动,会计人员通过收集、处理和利用经济信息参与企业的管理工作。会计的作用是加强经济管理、提高经济效益、维护国家财经方针政策,会计工作是企业管理的重要组成部分。

(二)会计是一个经济信息系统

会计经济信息系统论认为,会计是旨在提高企业和各单位经济效益,为加强经济管理而建立的一个以提供财务信息为主的经济信息系统。会计的本质是一个经济信息系统,会计要依照会计准则对经济活动的原始数据进行收集、整理、分类、加工、汇总等会计处理,最后形成财务会计报告。财务会计报告是用会计语言,为企业单位的利益攸关者和经营管理者等有关各方传输信息的手段。会计提供的信息有据可查,翔实可靠,其真实性可以予以复核。会计应以提供会计信息为中心开展信息输入、信息加工、信息输出等各项工作。

实际上会计既是一个经济信息系统,也是一种经济管理活动。一方面,它通过开展确认、计量、记录、报告、分析等一系列工作,为企业单位管理人员和利益攸关方作出趋利避害决策提供所需要的会计信息;另一方面,它也利用会计信息参与到企业单位的规划、组织、实施和控制等各个环节的管理工作之中。因此,将经济信息系统论和经济管理活动论两种观点结合起来看,会计是以货币作为主要计量单位,运用专门方法,连续、系统、全面地核算和监督一个企业或单位的经济活动,提供经济管理信息,使人们讲求经济效益、加强经济管理,使企业或单位经济活动顺利进行的一种管理活动。

1.1.3 会计的基本职能

会计职能是指会计在经济管理工作中所能够发挥的功能。会计的职能是会计本质的体现,它不以人们的意志为转移,是客观上所能发生的固有功用。会计的职能有很多,但概括起来,会计的基本职能是核算与监督。

(一)核算职能

会计的核算职能,也可以称为反映职能,是通过价值量对经济活动进行确认、计量、记录,并进行公正报告的职能。会计核算职能是会计的最基本职能,是会计其他职能的基础。会计核算职能的基本特点如下:

1. 会计核算主要以货币为主要计量单位，从价值量上反映各单位的经济活动状况。虽然会计可以采用货币量度、实物量度、劳动量度三种量度，从数量上反映各单位的经济活动状况，但是在市场经济条件下，由于货币是商品交换的一般等价物，具有价值尺度的功能，具有综合性的特点，因此，会计主要以货币量度为主，通过价值量反映经济活动的过程和结果，而实物量度、劳动量度在会计核算中处于辅助地位。

2. 会计核算具有完整性、连续性和系统性。所谓完整性，是指对所有的会计对象都要进行计量、记录、报告，不能有遗漏；所谓连续性，是指对各种经济业务应当按照发生的时间顺序依次进行登记，而不能有任何中断；所谓系统性，是指会计提供的数据资料必须在科学分类的基础上形成相互联系的、系统的、有序的整体，而不能杂乱无章。只有依据完整、连续和系统的数据资料，才能全面、系统地反映各单位的经济活动情况。

3. 会计核算要贯穿于各单位经济活动的全过程。会计核算包括事前核算、事中核算和事后核算。事前核算主要提供有关预测未来经济活动的数据资料，编制财务计划，以便为生产经营管理作出调整等决策提供依据；事中核算是指会计利用价值数据指标等对单位经济活动的控制和调节；事后核算是会计核算的主要内容，是指会计通过算账和报账，提供能综合反映经济活动现状和结果的核算指标。传统上会计核算要以凭证为依据，对已经发生和完成的经济业务进行确认、计量、记录和报告，以保证会计信息的真实性和客观性，但随着社会经济活动的日趋复杂和企业竞争的加剧，为了有效防范风险，以未来可能发生的经济情况为背景的会计预测活动越来越受到重视。然而，尽管会计核算范围已经扩大到未来的经济活动，但对外发布的财务会计报告仍然主要面向过去，反映已经发生的经济活动。

（二）监督职能

会计监督职能是指会计在核算经济活动的同时，对经济活动的合法性、合理性进行审查，促使经济活动按照规定的要求运行，以达到预期的目的。会计监督具有以下几个方面的特点：

1. 会计监督主要通过价值指标控制，分析和考核各单位的经济活动。由于企业单位发生的经济活动会伴随着价值运动，表现为价值量的增减和价值形态的转化，因此，会计通过以会计核算提供的价值指标为主要依据进行监督，可以全面、及时、有效地控制各个企业单位的经济活动。

2. 会计监督要对经济活动进行全过程监督。会计监督不仅体现在已经发生或已经完成的业务方面，还体现在业务发生过程中及尚未发生之前，包括事前监督、事中监督和事后监督。事前监督是指会计部门在参与编制各种计划和预算时,依据有关政策、法律和制度,对计划的可行性、合法性和合理性进行审核,对未来经济活动进行控制;事中监督是指在日常会计核算过程中,对正在发生的经济活动中出现的问题提出解决的办法和措施,促使有关部门纠正偏差及失误,发挥控制经济管理进程的作用;事后监督是指以事先制定的目标、标准和要求为依据,通过对会计信息的分析研究,对已经发生的经济活动的合理性、合法性进行客观的评价、分析和考核。会计监督的目的是保证经济活动的合法性和合理性。

会计的核算职能与监督职能是密不可分和相辅相成的。核算职能是监督职能的基础,没有核算职能提供的会计信息,会计监督就没有客观依据,也就无法进行会计监督。同时,会计的监督职能寓于会计的核算职能之中,是在核算过程中的监督;而会计监督职能又是核算职能的保证,没有监督职能提供有力的保证,就不可能保证会计核算所提供的会计信息的质量。

1.1.4 会计的目标

会计目标是指会计工作所要达到的终极目的。从会计的本质来看,会计既是一个经济信息系统,也是一种经济管理活动。会计管理与其他管理不同,其最大的特点是其管理作用的发挥要借助于会计信息。离开了会计信息,会计管理也就无据可依。因此,会计的基本目标是为各种信息使用者提供经济决策有用的会计信息。我国《企业会计准则——基本准则》中明确指出:"财务会计报告的目标是向财务会计报告使用者提供与企业财务状况、经营成果和现金流量等有关的会计信息,反映企业管理层受托责任履行情况,有助于财务会计报告使用者作出经济决策。"会计信息的使用者包括投资者、债权人、政府及其有关部门、管理者、雇员、供应商、顾客和社会公众,他们利用会计提供的企业财务状况、经营成果和现金流量等有关会计信息来满足不同的经济决策需要。投资者可以利用会计信息评估管理层的受托责任,评价企业管理层的经营管理责任和资源使用的有效性。

会计是整个经济管理的重要组成部分,会计目标还必须满足经济管理总目标的要求。在社会主义市场经济条件下,经济管理的总目标是提高经济效益,作为经济管理重要组成部分的会计管理工作,应该以提高经济效益作为最终目标。

1.2 会计信息质量要求

1.2.1 会计核算的基本前提

会计核算的基本前提又称会计假设,是指为了保证会计工作的正常进行和会计信息的质量,对会计核算的范围、内容、基本程序和方法所做的限定,并在此基础上建立会计原则。只有企业面临的现实与这些基本前提相符,会计准则中规定的方法才可以被采用。如果企业面临的现实情况和约定的基本前提不相符,会计准则中规定的方法就不适宜采用,而应该用另外的程序和方法来进行会计核算。我国《企业会计准则——基本准则》规定的四个会计核算基本前提是:会计主体、持续经营、会计分期和货币计量。

(一)会计主体

会计主体指会计核算服务的特定单位,它明确了会计核算的立场及空间活动。《企业会计准则——基本准则》规定:"企业应当对其本身发生的交易或者事项进行确认、计量和报告。"组织核算工作首先应明确为谁核算的问题,会计核算的对象仅是该主体自身的财务活动,要将该主体与其他经济实体、所有者、内部职工之间的财务活动严格区分开。会计主体是从空间上对会计核算范围进行有效界定。只有首先从空间上对会计工作的具体核算范围予以界定,资本、负债、收入、费用等会计要素才有了归属空间,才能独立反映特定主体的财务状况和经营成果,才可能从会计记录和会计报表中得到有意义的会计信息,从而作出正确决策。

应该注意的是,会计主体作为一个经济实体,与企业法人不是一个概念。当然,一个法人的经营和财务必然是独立的,因而一个法人必然是一个会计主体,但是构成会计主体的并不一定都是法人。例如,会计主体可以是法人主体之下的分公司,也可以是多个法人主体组成的企业集团。

(二)持续经营

持续经营是指企业在可以预见的将来,不会面临破产和清算,将会持续不断地经营下去。《企业会计准则——基本准则》明确规定:"企业会计确认、计量和报告应当以持续经营为前提。"持续经营这一基本前提明确了会计核算的时间范围,核算主体是持续不断地经营的,也就是假设它所拥有的资产,将在正常的经营中被耗用或被出售,而它所承担的债务,也将在正常的经营过程中被清偿。企业只有在持续经营这一基本前提下,会计方法和程序才可能建立在非清算的基础上,而不是采用合并、破产清算等处理方法,这样才能保持会计信息处理的一致性和稳定性;才有必要进行会计分期,为采用权责发生制奠定基础;也为固定资产、无形资产等长期资产在其预期的受益期分期摊销提供依据。

当然,持续经营基本前提并不意味着企业将永久存在,更不排除企业因经营不善等原因而导致破产或清算的可能。在有充分证据表明企业无法持续、正常经营的情况下,财务会计报告就不能按照建立在持续经营基本前提下的会计准则来编制,而应采用合并、破产清算等特殊会计程序、方法来组织核算。

（三）会计分期

会计分期是指会计把持续不断的经营过程划分成若干期间,以便定期为使用者提供会计信息。会计分期是由持续经营和及时提供会计信息的要求决定的。由于有了会计分期,才产生了本期与非本期的区别,出现了收入、费用是按权责发生制还是按收付实现制为基础进行确认和计量的区别,进而出现了应收、应付、待摊、预提等会计处理方法。

我国《企业会计准则——基本准则》明确规定:“企业应当划分会计期间,分期结算账目和编制财务会计报告。会计期间分为年度和中期。”其中,中期是指短于一个完整的会计年度的报告期间,一般又包括半年、季度、月份等会计期间。同时,我国会计期间是按日历年度划分的,会计法明确规定:“会计年度自公历 1 月 1 日起至 12 月 31 日止。”

（四）货币计量

货币计量指会计核算采用货币作为主要计量单位,记录、反映企业的经营情况。会计计量是会计核算的关键环节,是会计记录和会计报告的前提。货币计量基本前提包括两个含义:一是会计以货币作为主要的计量单位(记账本位币);二是假定作为计量单位的货币的价值是稳定或相对稳定的。

我国《企业会计准则第 19 号——外币折算》规定:“记账本位币,是指企业经营所处的主要经济环境中的货币。企业通常应选择人民币作为记账本位币。”同时,对业务收支以人民币以外的货币为主的企业,也允许选用某种外币作为记账本位币,但是,编报的财务报表应当折算为人民币。

在运用货币作为计量单位时,必须以假定货币本身的价值是稳定或相对稳定为前提,只有这样,会计核算才可能对不同时期的经济业务作出一致的记录和比较。当然,如果发生通货膨胀或通货紧缩,单位货币所包含的价值将随着现行价格的波动而变化,基于货币稳定假设条件的货币计量就不能反映真实的财务状况和经营业绩,这时就应该改用特殊的物价变动会计程序和方法来组织核算。

1.2.2　会计信息质量要求

要实现会计信息决策有用性的目的,就必须保证会计提供的信息要符合一定的质量标准,满足一定的质量要求。根据《企业会计准则——基本准则》的规定,我国会计信息质量要求方面的会计原则有客观性、相关性、明晰性、可比性、实质重于形式、重要性、谨慎性、及时性等八项。

（一）客观性原则

客观性原则又称为可靠性原则,是指会计核算应当以实际发生的交易或者事项为依据进行确认、计量和报告,如实反映符合确认和计量要求的各项会计要素及其其他相关信息,保证会计信息真实可靠、内容完整。客观性是对会计信息最基本的质量要求。如果会计信息不能真实、客观地反映企业经济活动的实际情况,不仅不能发挥应有的作用,而且还将导致错误的决策。客观性原则要求在会计核算的各个阶段必须符合会计真实客观的要求:会计确认必须以实际经济活动为依据;计量、记录的对象必须是真实的经济业务;在财务报告中的会计信息应当是中立的、无偏的。财务会计报告必须如实反映情况,不得掩饰等。

（二）相关性原则

相关性原则又称为有用性原则,是指会计信息应当与信息使用者的经济决策需要相关,有助于信息使用者对企业过去、现在或者未来的情况作出评价或者预测。一般来说,当会计信息能通过帮助信息使用者评估过去、现在或未来的事项,或者通过确认、纠正信息使用者过去的评价,影响到信息使用者的经济决策时,信息就具有相关性。相关性原则是会计信息质量的核心原则。相关性原则要求对信息使用者决策有用的信息,企业应全面、准确地提供,而对决策无用的信息可以不提供。

（三）明晰性原则

明晰性原则又称为可理解性原则,是指会计信息应当清晰明了,便于信息使用者理解和使用。会计信息的主要作用是为信息使用者进行决策提供帮助,而会计信息的可理解性是有效使用的前提条件。明晰性原则一方面要求会计人员(信息的提供者)提供的会计信息要简洁、易懂,能清晰明了地反映企业的财务状况和经营成果,容易被信息使用者理解;另一方面要求信息使用者也应设法提高理解会计信息的能力。国际财务报告准则《编报财务报表的框架》提出:"财务报表中所提供信息的基本质量特征之一,就是便于使用者理解。为此目的,人们假定使用者具有一定的工商经济活动和会计方面的知识,并且愿意相当努力地去研究信息。"因此，对会计信息使用者来说，掌握一定的会计基本知识和会计信息的分析方法是必要的。

（四）可比性原则

可比性原则是指一个企业与其他企业的同类会计信息、同一企业不同时期的会计信息应尽量做到口径一致，相互可比。因为会计信息的使用者在进行经济决策时通常需要比较不同企业或同一企业不同时期的财务状况、经营业绩和现金流量变动情况，因此，信息的可比性是会计信息质量的重要要求。

可比性有两层含义：一是横向可比（不同企业相同会计期间可比），要求不同企业发生的相同或者相似的交易或者事项，应当采用规定的会计政策，确保会计信息口径一致，相互可比。这就要求在不损害会计信息真实性的基础上，不同企业应尽可能按照国家统一规定的会计处理方法进行会计核算，采用统一规定的会计指标编报财务会计报告。二是纵向可比（同一企业不同时期可比），即同一企业不同时期发生的相同或者相似的交易或者事项，应当采用一致的会计政策，不得随意变更。当然，由于经济环境的变化，为了提供更相关、客观的会计信息，企业可以变更会计政策，并同时在财务会计报告附注中说明变更的内容、原因，以及变更对企业财务状况和经营成果的影响。

（五）实质重于形式原则

实质重于形式原则是指会计核算应当按照交易或事项的经济实质进行确认、计量和报告，不应仅以交易或者事项的法律形式为依据。由于企业经营业务的复杂性和会计核算的多样性，有些经济业务会计核算形式或法律含义可能与其所反映的经济内容的实质不一致。会计信息要想真实反映企业的经济业务，就必须根据它们的实质和经济现实，而不应仅仅根据它们的法律形式进行核算。例如企业融资租入的固定资产，法律上承租方不能拥有其所有权，但从经济实质上看，与该项资产所有权相关的风险和报酬已经从出租方转移到承租方，因此，承租方应将其视作自有固定资产核算。

（六）重要性原则

重要性原则是指应该根据会计信息对于使用者决策的影响程度来决定会计核算的精确程度及会计报表内容的详略程度。对于那些预期可能对企业财务状况和经营成果有较大影响的会计事项，可能影响会计信息使用者作出正确决策的重要会计事项，应分别核算、分项反映、力求准确，并在财务会计报告中重点说明。对于次要的会计事项，在不影响会计信息的真实性和不误导会计信息使用者的前提下，则可适当简化会计核算程序，采取简便的会计处理方法进行处理，在财务会计报告中合并反映。

国际财务报告准则《编报财务报表的框架》提出："如果信息的省略或误报会影响使用者根据财务报表作出的经济决策,信息就具有重要性。重要性取决于需作出判断的项目的大小或在出现省略或发生误报的特定情况下,所导致差错的大小。"因此,相同的经济业务,在不同的企业,其重要程度是不一样的。对某项会计事项判断其是否具有重要性,在很大程度上取决于会计重要性原则需要根据会计人员的职业判断确定。确定的标准通常有两个方面:从性质方面看,如果提供的会计信息对信息使用者的决策有影响,说明该信息具有重要性;从数量方面看,如果某一交易或事项达到一定的数量时对信息使用者的决策有影响,就具有重要性。

(七)谨慎性原则

谨慎性原则亦称稳健性原则,是指在具有不确定性的情况下,应保持应有的谨慎,不得高估资产或收益,同时不得低估负债或费用。企业的经营环境充满着各种风险和不确定性,当会计人员在对具有不确定性的某一会计事项有多种不同的处理方法可供选择时,谨慎性原则要求选择一种不导致高估资产或收益,不低估负债或费用的方法,以免损害企业的财务实力,防止信息使用者对企业的财务状况与经营成果持盲目乐观的态度。例如,对于企业发生的或有事项,通常不能确认或有资产,只有当相关经济利益基本确定能够流入企业时,才能作为资产予以确认;相关,相关的经济利益很可能流出企业而且构成现时义务时,应当及时确认为预计负债,就体现了会计信息质量的谨慎性要求。

谨慎性原则在我国会计实务中有多种表现,例如对应收账款提取坏账准备金、期末存货按成本与可变现净值孰低法计价、固定资产按加速折旧法提取折旧、确认或有负债等。然而,企业不能漫无边际地滥用谨慎性原则,不允许设立秘密准备金或超额准备,否则将严重影响会计信息的客观性。

(八)及时性原则

及时性原则是指企业的会计核算应当及时进行,不得提前或延后。会计信息不仅要求真实相关,而且要及时提供给信息使用者。如果信息提供过晚,导致决策者在作决策时无法使用该信息,必将使信息的决策有用性大打折扣甚至完全丧失。

我国《企业会计准则——基本准则》规定:"企业对于已经发生的交易或者事项,应当及时进行会计确认、计量和报告,不得提前或延后。"从中可以看出,及时性原则包括两个方面:一是及时记录,就是要求企业要及时对企业的经济业务及时进行确认和计量,本期的经济业务应当在本期进行处理,不能延迟至下一个会计期间或提前到上一个会计期间;二是及时报告,就是财务会计报告应该在会计期间结束后规定的日期内呈报给会计信息的使用者。关于会计报告的报送期限，我国规定，月度财务会计报告应于月份终了后 6 天内（节假日顺延，下同）对外提供；季度财务会计报告应于季度终了后 15 天内对外提供；半年财务会计报告应于 6 月份终了后 60 天内对外提供；年度财务会计报告应于年度终了后 4 个月内对外提供。随着市场经济的深入发展、市场条件的瞬息万变、企业竞争的日趋激烈，各方面对会计信息的及时性要求越来越高。

1.3　会计要素及其确认与计量

会计要素也称为财务报告要素，是对会计对象最基本的分类，也是财务报告的具体内容。我国《企业会计准则——基本准则》将会计要素分为资产、负债、所有者权益、收入、费用和利润。其中，资产、负债、所有者权益是反映财务状况的会计要素，应在资产负债表中披露；收入、费用和利润是反映经营成果的要素，应在利润表中披露。会计要素的确认是指将符合会计要素定义和标准的项目正式加以记录和纳入财务报告的过程；会计要素的计量是为了确认和列示各个会计要素而确定其金额的过程。会计要素的确认和计量是会计核算的核心。因此，理解会计要素及其确认与计量是学习会计方法、阅读财务报告的基础。

1.3.1　会计要素与会计等式

（一）会计要素

1. 资产

资产是企业过去的交易或事项形成的、由企业拥有或控制的、预期会给企业带来经济利益的资源。具体来说，资产具有如下特征：

第一，资产是一种预期能给企业带来经济利益的资源，即通过对它的有效使用，能直接或间接导致现金和现金等价物流入企业。预期不能带来经济利益的资源就不能确认为企业的资产。因此，这一特征使资产的内涵比财产大得多。例如，企业未来能够收取款项的权利（各种应收款项）、能为企业带来超额利益的独占权利（专利权、商标权等）都属于企业的资产。

第二，资产由企业拥有或控制，即企业享有某项资源的所有权，或者虽然不享有某项资源的所有权，但该资源能被企业所控制。通常情况下，企业要将一项资源作为资产确认的前提是企业要拥有其所有权。但对于一些特殊方式形成的资产,如融资租入的固定资产,虽然企业不享有其所有权,但与资产所有权相关的风险与报酬能被企业实际控制,根据实质重于形式原则,也应当将其确认为企业的资产。

第三,资产是由过去的交易或事项所产生的。预期在未来发生的交易或事项,如计划购买的存货,现在不得作为资产确认。

资产按其流动性分类可分为流动资产和长期资产(或非流动资产)。凡在一年内或超过一年的一个营业周期内变现或耗用的资产称为流动资产,包括库存现金、银行存款、交易性金融资产、应收账款、预付账款、存货等;凡在一年或超过一年的一个营业周期以上变现或耗用的资产称为长期资产(或非流动资产),包括持有至到期投资、长期股权投资、固定资产、无形资产、商誉、长期待摊费用等。

2. 负债

负债也称为债权人权益,是指企业过去的交易或事项形成的、预期会导致经济利益流出企业的现时义务。负债具有如下特征:

第一,负债是由于过去的交易或事项形成的现时义务。现时义务是企业在现行条件下已承担的义务。如由于企业的过去或现在赊购商品或接受劳务而形成的应付账款,应确认为负债;再如,企业销售时承诺实行包修,由于过去的销售而产生的未来修理费,也应确认为负债,已经发生的商品交易导致了这项负债的产生。但是,由于未来发生的交易或事项形成的义务,如企业管理层决定今后购买资产,其本身并不产生现时义务,不应当确认为负债。

第二,负债预期将导致经济利益流出企业。无论负债以何种形式出现,最终负债的履行预期将导致经济利益流出企业。具体可表现为支付现金或转让其他资产、提供劳务,或将该项义务转换为股权等。

负债按其偿还期限的长短可分为流动负债和长期负债。凡将在一年或超过一年的一个营业周期内偿还的债务称为流动负债,包括短期借款、应付账款、预收账款、应付职工薪酬、应交税费、应付利息、应付股利等;凡将在一年或超过一年的一个营业周期以上偿还的债务称为长期负债,包括长期借款、应付债券和长期应付款等。

3. 所有者权益

所有者权益即是企业资产扣除负债后由所有者享有的剩余权益。股份制企业的所有者权益又称为股东权益。所有者权益是所有者对企业净资产的要求权,所有者权益表明了企业的产权关系,即企业归谁所有。

所有者权益的来源包括所有者投入的资本、直接记入所有者权益的利得和损失、留存收益等。具体来说,所有者权益的构成项目包括实收资本(或股本)、资本公积、盈余公积、未分配利润,这些项目应在资产负债表所有者权益下单独列示披露。

应当强调,企业的所有者权益所反映的产权关系只是整体意义的产权关系,它与企业特定的、具体的资产并无直接关系,即并不与企业任何具体的资产项目发生对应关系。虽然企业所有者是以货币资金、存货、固定资产或无形资产等具体形式对企业进行投资的,但只要这些资产投资进入企业之后,根据会计主体这一会计核算基本前提,便成为受资企业这个特定会计主体的资产,而不再是企业所有者的资产。特别是在企业有多个所有者的情况下,明确这一点尤为重要。

4. 收入

收入是指企业在日常活动中形成的、会导致所有者权益增加的、与所有者投入资本无关的经济利益的总流入。与收入相区别的概念是利得。利得是指由企业非日常活动形成的、会导致所有者权益增加的、与所有者投入资本无关的经济利益的总流入。收入具有如下特征:

第一,收入来自企业的日常经营活动,而利得来自于偶发的交易或事项等非日常经营活动。企业为完成经营目标而从事销售商品、提供劳务等各种日常活动所产生的经济利益的流入属于收入。而非日常活动带来的经济利益的流入属于利得,不属于收入的范围,或确认为所有者权益项目,或确认为利润项目。

第二,收入将导致资产增加或负债减少,从而引起所有者权益的增加。收入为企业带来经济利益的形式多种多样,可能直接表现为资产的增加(如销售收到银行存款),也可能直接表现为负债的清偿(如销售商品抵销原来的预收账款),还可能既增加资产又减少债务(如销售商品既收到部分银行存款也抵销原来的预收账款)。同时,收入引起这些经济利益流入企业,最终会导致所有者权益的增加。当然,所有者投入资本也会引起资产增加或负债减少,并引起所有者权益的增加,但所有者投入资本不是收入,而应确认为所有者权益。

企业可以从以下三方面取得收入:一是销售商品;二是提供劳务;三是让渡资产使用权。根据这些收入在企业经营中的主次程度,收入可以分为主营业务收入和其他业务收入。主营业务收入是指企业为完成其经营目标而从事的主要经营所取得的收入,如工业企业销售产品、自制半成品、提供工业性劳务等取得的收入;其他业务收入是指企业主要经营活动以外的其他日常经营活动所取得的收入,如工业企业销售材料、固定资产出租、提供运输等非工业性劳务等取得的收入。

5. 费用

费用是指企业在日常活动中发生的、会导致所有者权益减少的、与向所有者分配利润无关的经济利益的总流出。费用具有如下特征:

第一,费用是企业在日常活动中发生的经济利益流出。损失是非日常活动所发生的、会导致所有者权益减少的、与向所有者分配利润无关的经济利益的总流出。因此,费用与损失不同,费用是日常活动发生的,而损失是非日常活动所发生的。

第二,费用表现为资产的减少或负债的增加,会导致所有者权益的减少。费用的发生表现为资产的减少或负债的增加或两者兼而有之,并最终引起所有者权益的减少。如购买办公用品表现为现金的减少,月末分配工资费用则表现为应付工资的增加。

费用按其与收入的关系,可分为营业成本和期间费用。营业成本是指已销售商品的产品成本或已提供劳务的劳务成本,分为主营业务成本和其他业务成本。期间费用是指与产品生产无直接关系属于某一时期耗用的费用,包括管理费用、营业费用和财务费用。管理费用是企业行政管理部门为组织和管理生产经营活动发生的各项费用;销售费用是企业为销售商品而发生以及专设销售机构发生的各项费用;财务费用是企业筹集生产经营所需资金而发生的费用。

6. 利润

利润是指企业在一定会计期间的经营成果。利润包括收入减去费用后的净额、直接计入当期利润的利得和损失。

企业在日常活动中取得的收入减去费用后的净额形成营业利润。营业利润是营业收入减去营业成本、营业税金及附加、销售费用、管理费用、财务费用、资产减值损失,加上公允价值变动净收益和投资净收益后的净额。

直接计入当期利润的利得和损失,是指应当计入当期损益、会导致所有者权益发生增减变动的,与所有者投入资本或者向所有者分配利润无关的利得或损失。

(二)会计等式

任何一个企业要开展生产经营活动都必须投入一定数额的资金,而企业投入的资金都有其不同的存在形态和来源渠道。从资金的存在形态看,企业资金的存在形态就是资产;从资金的来源渠道看,企业的资金无非来源于企业所有者和债权人,其中,归属于债权人的权益是债权人权益,归属于所有者的权益是所有者权益。一个企业拥有的资产和权益,是同一资金的两个不同的侧面,是从两个不同的角度观察和分析的结果。因此,从数量上看,一个企业的资产总额与权益总额必定相等,有一定数额的资产,就必定有对等数额的权益;反之,有一定数额的权益,也必定有对等数额的资产。两者之间的关系用数学公式表示如下:

资产＝权益

＝债权人权益＋所有者权益

＝负债＋所有者权益

企业的生产经营活动是以营利为目的的。企业开展生产经营活动取得收入；同时，企业为了取得这些收入也将发生各种各样的耗费，这些耗费的货币表现就是费用。将取得的收入与相应的费用进行配比，全部收入减去全部费用的差额就是企业的利润。因此，企业在生产经营过程中又形成一定期间经营成果的平衡关系：

收入－费用＝利润

由于企业取得收入将会引起资产增加或负债减少，导致所有者权益随之增加。而费用会导致资产减少或负债增加，所有者权益随之减少。因此，如果将上述两个公式结合起来，则可以得到如下反映资产、负债、所有者权益、收入、费用和利润各会计要素之间相互关系的会计恒等式：

资产＝负债＋所有者权益＋（收入－费用）

＝负债＋所有者权益＋利润

在会计期末，企业利润按照法定程序经过分配后，此时会计恒等式又恢复到最基本的形式，即：

资产＝负债＋所有者权益

企业生产经营过程中发生的、能够引起会计要素增减变化的事项，会计上通常称为经济业务（或称会计事项）。企业发生的经济业务虽然复杂繁多，但就其对企业资产和权益的影响来看，不外乎下述四种类型：

第一，经济业务的发生，引起企业资产和权益同时等额增加。

第二，经济业务的发生，引起企业资产和权益同时等额减少。

第三，经济业务的发生，引起企业资产内部相关项目此增彼减，增减金额相等。

第四，经济业务的发生，引起企业内部权益相关项目此增彼减，增减金额相等。

任何经济业务的发生，都不会超出上述四种类型。不管属于哪种类型，这些经济业务发生后都不会破坏会计等式的平衡关系。会计等式的这种平衡关系，是会计设置账户、复式记账和编制财务报表的理论基础。正确地理解和运用这种平衡关系，对正确地进行会计核算具有重要的意义。

1.3.2　会计要素的确认与计量

会计要素的确认是指将符合会计要素定义和确认标准的项目纳入财务报表的过程。某一项目一旦被确认，就要以文字和数据加以记录，其金额就应包括在财务报表之中。会计要素确认主要解决三个问题：一是某会计事项是否应该确认；二是该会计事项应在何时确认；三是该会计事项应确认为哪个会计要素。

会计要素的计量是指为了在财务报表内确认和列示各个会计要素而确定其金额的过程。由于会计主要以货币为主要计量单位从价值量角度反映企业的经济活动状况,因此,会计要素的计量是会计核算的核心问题。

（一）会计要素的确认与计量的基础——权责发生制

在企业经济活动中,交易或会计事项的发生时间往往与支付时间不一致,就产生了会计要素在何时确认及计量多少金额的问题。权责发生制与收付实现制是为解决这些问题而产生的两种不同基础。

权责发生制又称应计制,是指会计核算应当以权利、义务是否发生为标准来确认收入费用的归属期间,而不考虑款项是否收到或支付。具体来说,凡是属于本期应获得的收入,不论其款项是否收讫,均应作为本期的收入来确认;凡是属于本期应负担的费用,不论其款项是否支付,均应作为本期的费用来确认。反之,凡不该属于本期的收入、费用,即使其款项已收到或付出,也不得作为本期的收入或费用来确认。权责发生制是一种记账基础,建立在该记账基础之上的会计模式可以正确地将收入与费用相配合,以正确地计算损益。由上可知,实行权责发生制,收入和费用应该在应归属期间而不是收支时间予以确认。收入和费用的应归属期间,是指应获得收入的会计期间和应负担费用的会计期间。显然,权责发生制能正确地反映各期间的经营成果,因而它主要应用于计算经营的会计主体之中。

收付实现制又称现金制,是按照款项实际收付的日期作为标准来确认收入、费用归属期的一种确认基础。具体来说,收到现金时反映收入增加,付出现金时反映费用增加。这种确认基础比较简便,同时由于收入与费用的确认时间与现金的收支时间一致,核算的经营成果与支付能力一致,便于会计信息使用者理解。但是,当期收到的现金可能是上期经营的成果,而当期付出的现金又可能要在以后期间才能带来成果,因此按照现金的实际收支时间确定的损益不能代表当期的真正经营成果。收付实现制主要应用于非营利组织的会计核算。

权责发生制原本主要用于解决收入和费用的确认与计量问题,但根据会计等式和复式记账原理,一项收入的确认必然同时要确认一项资产的增加或负债的减少,一项费用的确认必然同时确认一项资产的减少或负债的增加,所以权责发生制可应用于所有会计要素的确认与计量,成为所有会计要素的确认与计量基础。我国《企业会计准则——基本准则》第九条规定:"会计应当以权责发生制为基础进行会计确认、计量和报告。"因此,我国企业会计应以权责发生制原则作为会计确认与计量的基础。

（二）会计要素的确认标准

当同时符合下列三个标准时,就应该确认为该会计要素:一是应予确认为某一要素的项目应符合该要素的定义;二是与该项目有关的未来经济利益很可能流入或流出企业;三是对该项目的成本或价值能够可靠地加以计量。例如,对符合资产定义的经济资源,当与该资源有关的经济利益很可能流入企业、该资源的成本或者价值能可靠地计量时,该资源就应该确认为资产;对符合负债定义的义务,当与该义务有关的经济利益很可能流出企业、未来流出的经济利益的金额能够可靠地计量时,该义务就应该确认为负债。

由于会计要素之间存在相互依存关系,当一个项目符合某个要素的定义和确认标准,就会自动要求确认另一个会计要素。比如企业赊购存货,在确认存货这一资产的同时,要确认应付账款这一负债。

（三）会计要素的计量

会计要素的计量主要包括计量单位(计量尺度)和计量属性(计量基础)两方面内容。就计量单位来说,当前世界绝大多数国家的物价是稳定或基本稳定的,根据货币计量这一会计核算基本前提,会计计量所使用的计量单位主要是企业所在国家(地区)的名义货币。就计量属性来说,存在着可用于会计要素计量的多种属性。目前世界各国会计常用的计量属性主要有:历史成本、重置成本、可变现净值、现值、公允价值等。

1. 历史成本

历史成本要求经济业务和事项以原始成本为入账标准,要求资产和权益应以经济业务发生时实际投入和实际付出的金额计价。具体说来,在历史成本计量下,资产按照购置时支付的现金或者现金等价物的金额,或者按照购置资产时所付出对价的公允价值计量;负债按照因承担现时义务而实际收到的款项或者资产的金额,或者承担义务的合同金额,或者按照日常活动中为偿还负债需要支付的现金或者现金等价物的金额计量。

会计选择历史成本计价的原因主要有:(1)历史成本是在交易时确定的,它能够比较客观地反映经济业务。(2)它核算时有可查核的原始凭证,具有较强的可验证性。(3)历史成本的资料容易取得。然而按历史成本计价也存在固有的缺点:(1)资产的历史成本是在取得时确定的,一旦入账后不再变化。但该资产对企业的"价值"可能随时间延续而变化,时间长了以后已不能真实反映其经济价值。例如某些早期的厂房账面价值很低而实际的经济价值并非如此。(2)不同时期取得的相同资产,其历史成本并不相同,在财务报表中却将它们加在一起,难以作出合理解释。(3)在计算利润时,收入水平是现时的货币价值而成本是历史成本,两者不能合理配比。财务报表使用人应当注意历史成本计价的局限性,合理使用报表中的数据。因此,会计一般采用历史成本计量属性进行计量。

2. 重置成本

重置成本又称为现行成本,是指在正常的经营过程中,为获得具有同等营运能力或生产能力的资产而需支付的现金或现金等价物的金额。在重置成本计量下,资产按照现在购买相同或者相似资产所需支付的现金或者现金等价物的金额计量;负债按照现在偿付该项债务所需支付的现金或者现金等价物的金额计量。重置成本是现在时点下市场价格的表现。在原始交易日,重置成本与历史成本都等于当时资产的交易价格,但由于市场物价的变动、技术进步等原因,原始交易日后重置成本与历史成本往往出现偏差。

重置成本计量属性的优点主要有:(1)可以避免在物价上涨时虚计收益,能准确反映企业维护再生产能力所需生产耗费的补偿;(2)期末财务报表提供的是以现行成本为基础的现时信息,而非过去的历史信息;(3)以现行成本与现行收入相配比计算利润,具有逻辑上的一致性;(4)便于区分企业的经营收益与持有收益,有助于正确评价管理当局的经营业绩。重置成本计量属性存在的缺点主要体现在:(1)确定重置成本的难度较大;(2)如果将持有收益反映于利润表,便不能保证已消耗的生产能力得到补偿和更新,无法解决资本保全问题。

3. 可变现净值

可变现净值又称为预期脱手价值,资产按照其正常对外销售所能收到现金或者现金等价物的金额扣减该资产至完工时估计将要发生的成本、估计的销售费用以及相关税费后的金额计量。例如,存货的可变现净值是存货的估计售价减去至完工时估计将要发生的成本、估计的销售费用以及相关税费后的金额。一般来说,存货应当以历史成本计量属性计量,但当企业存货发生减值损失,使存货的可变现净值低于成本时,根据谨慎性原则的要求,企业应当按其可变现净值而不再采用成本对存货进行计量。企业确定资产的可变现净值,应当以取得的确凿证据为基础,以保证会计信息的真实、可靠。

4. 现值

现值是未来现金流量现值的简称,是指在正常经营中未来现金流量的现时折现价值。在采用现值计量属性时,资产按照预计从其持续使用和最终处置中所产生的未来净现金流入量的折现金额计量;负债按照预计期限需要偿还的未来净现金流出量的折现金额计量。例如,在企业融资租入固定资产时,在租赁开始日,当租赁资产的最低租赁付款额的现值低于其公允价值时,承租人应当采用最低租赁付款额的现值对融资租入的固定资产进行计量。现值以资产预期未来经济利益作为依据,考虑了现金流量的时间分布以及货币的时间价值等因素,在理论上较全面。但现值未来现金流入量与流出量的确定较难,且计算过程较为繁琐。

5. 公允价值

公允价值是指在公平交易中,熟悉情况的当事人自愿据以进行资产交换或负债清偿的金额。在公允价值计量下,资产和负债都应该按照公平交易中,熟悉情况的当事人自愿据以进行资产交换或负债清偿的金额计量。采用公允价值进行计量的前提是存在活跃市场,且公允价值能够取得并且可靠计量。例如,会计按照公允价值对金融资产进行计量,且公允价值可以根据活跃市场上代表了在公平交易中实际发生的市场交易价格的报价确定;再如,企业所拥有的为赚取租金或资本增值的投资性房地产,当市场的公允价值与原账面价值发生变化时,如果有确凿证据表明公允价值能够持续可靠取得,企业可以采用公允价值对其进行后续计量,并将公允价值与原账面价值的差额计入当期损益。

这五种计量属性各有优劣,但并不完全排斥,往往可以在会计计量时同时使用两种或两种以上属性,以提高会计信息的有用性。我国《企业会计准则——基本准则》要求:"企业在对会计要素进行计量时,一般应当采用历史成本,采用重置成本、可变现净值、现值、公允价值计量的,应当保证所确定的会计要素金额能够取得并可靠计量。"由此可以看出,我国引入公允价值等计量属性是适度、谨慎和有条件的。这是因为我国尚属新兴的市场经济国家,如果不加限制地引入公允价值等计量属性,有可能出现计量不可靠甚至借此人为操纵利润的现象。

1.4　会计规范

为保证企业会计工作的规范性和会计信息的可比性,各单位必须遵守统一的会计法规组织会计工作。目前我国指导企业会计工作的规范主要包括:会计法、会计准则和会计制度等。

1.4.1　会计法

《中华人民共和国会计法》(以下简称《会计法》)是会计工作的根本大法,凡在我国境内的所有企业、行政事业单位和其他组织都必须依照会计法的规定来办理会计事务。会计准则、会计制度等各种会计规范都是在会计法的基础上制定的。

　　我国第一部《会计法》于 1985 年 1 月 21 日颁布,1985 年 5 月 1 日起施行。1993 年 12 月 29 日,八届人大五次会议通过了《关于修改〈中华人民共和国会计法〉的决定》,对会计法进行了修订。1999 年 10 月 31 日,九届人大十次会议再次对会计法进行修订,自 2000 年 7 月 1 日起施行。修订后的《会计法》共五十二条,分为七章:总则;会计核算;公司、企业会计核算的特别规定;会计监督;会计机构和会计人员;法律责任;附则。

1.4.2　会计准则

　　会计准则就是对会计行为的规范,它是对经济交易和事项进行会计处理的准绳,是评价会计工作质量的标准。也就是说,会计准则是会计人员对会计要素进行确认、计量、记录、报告必须遵循的行为规范。会计准则根据内涵和层次不同可分为基本会计准则和具体会计准则。基本准则的适用范围广,对会计工作有普遍的指导意义,也是制定具体准则的依据,是准则的准则。具体准则是对会计工作的具体规定,体现了基本准则的要求,基本准则和具体准则必须保持协调一致。

　　在国外,会计准则产生于经济大萧条的 20 世纪 30 年代。经济大萧条引起了经济学家的思考,人们都在研究和分析产生经济危机的原因。会计学家认为,会计核算的不规范和会计报告的严重失实是导致经济危机的重要原因之一。人们意识到会计必须有一套具体的核算规范,以保证会计信息的真实性。于是,各国开始研究和制定会计准则。至 20 世纪 50 年代以后,美国、日本等国家相继颁布了会计准则。

　　在中国,会计准则的研究工作始于 20 世纪 80 年代末。经过几年的理论探索与实践论证,1992 年 11 月 30 日,我国财政部发布了《企业会计准则》,该准则属于基本准则,于 1993 年 7 月 1 日起在全国所有企业施行。其后,我国陆续颁布了 16 个具体准则。

　　进入 21 世纪后,我国市场经济已经发展到一个新的阶段,经济全球化进入到一个新的时期。2006 年 2 月 15 日,我国财政部发布了一整套与我国经济发展进程相适应的、与国际财务报告准则趋同和等效的新企业会计准则体系,从 2007 年 1 月 1 日起首先在上市公司范围内施行,鼓励其他企业执行。新的企业会计准则体系由 1 项基本准则、38 项具体准则和应用指南构成,具体包括三个层次:第一层次为基本准则;第二层次为具体会计准则;第三层次为具体会计准则的应用指南。基本准则在整个准则体系中起统驭作用,主要规范会计目标、会计基本假定、会计基本原则、会计要素的确认和计量等。具体会计准则又分为一般业务准则、特殊行业的特定业务准则和报告准则三类。而具体会计准则的应用指南主要对各项具体会计准则进一步阐述,以及对会计科目的设置、会计分录的编制和报表的填报等操作层面的内容作出示范性指导。一般业务准则主要规范各类企业普遍适用的一般经济业务的确认和计量,如存货、固定资产、长期股权投资、无形资产、资产减值、借款费用、收入、外币折算等准则。特殊行业的特定业务准则主要规范特殊行业中特定业务的确认和计量,如石油天然气、生物资产、金融工具确认和计量及保险合同等准则。报告准则主要规范普遍适用于各类企业通用的报告类的准则,如财务报告的列报、现金流量表、合并财务报表、中期财务报告、资产负债表日后事项、分部报告、金融工具列报等准则。我国新颁布的企业会计准则具体如下:

企业会计准则——基本准则

企业会计准则第 1 号——存货

企业会计准则第 2 号——长期股权投资

企业会计准则第 3 号——投资性房地产

企业会计准则第 4 号——固定资产

企业会计准则第 5 号——生物资产

企业会计准则第 6 号——无形资产

企业会计准则第 7 号——非货币性资产交换

企业会计准则第 8 号——资产减值

企业会计准则第 9 号——职工薪酬

企业会计准则第 10 号——企业年金基金

企业会计准则第 11 号——股份支付

企业会计准则第 12 号——债务重组

企业会计准则第 13 号——或有事项

企业会计准则第 14 号——收入

企业会计准则第 15 号——建造合同

企业会计准则第 16 号——政府补助

企业会计准则第 17 号——借款费用

企业会计准则第 18 号——所得税

企业会计准则第 19 号——外币折算

企业会计准则第 20 号——企业合并

企业会计准则第 21 号——租赁

企业会计准则第 22 号——金融工具确认和计量

企业会计准则第 23 号——金融资产转移

企业会计准则第 24 号——套期保值

企业会计准则第 25 号——原保险合同

企业会计准则第 26 号——再保险合同

企业会计准则第 27 号——石油天然气开采

企业会计准则第 28 号——会计政策、会计估计变更和差错更正

企业会计准则第 29 号——资产负债表日后事项

企业会计准则第 30 号——财务报表列报

企业会计准则第 31 号——现金流量表

企业会计准则第 32 号——中期财务报告

企业会计准则第 33 号——合并财务报表

企业会计准则第 34 号——每股收益

企业会计准则第 35 号——分部报告

企业会计准则第 36 号——关联方披露

企业会计准则第 37 号——金融工具列报

企业会计准则第 38 号——首次执行企业会计准则

2006 年 10 月 30 日,财政部发布了《企业会计准则——应用指南》。应用指南的发布标志着我国企业会计准则体系的构建工作已基本完成。2007 年 11 月以后,为了实现会计准则持续趋同和等效,并解决企业会计准则执行中出现的问题,财政部又陆续制定了一系列企业会计准则解释。

新企业会计准则体系具有两个突出特点:一是较好地解决了长期困扰我们的会计准则与会计制度、基本准则与具体准则、企业会计制度与行业会计制度及其有关专业核算办法等之间的关系问题。确立了以基本准则为主导、具体准则和应用指南为具体规范的企业会计标准体系,奠定了我国统一的会计核算平台,可以有效避免我国会计核算标准之间的不一致问题。二是创造了一个既坚持中国特色又与国际准则趋同和等效的会计准则制定模式,建立了一个既能让国人认可、又能使国际认同的准则趋同和等效的平台。新企业会计准则体系的发布实施,不仅有利于发挥会计工作引导资源配置、支持科学决策、加强经营管理、推动合理分配的作用,而且对促进深化企业改革,推进金融改革,健全财政职能,建设现代市场体系和完善宏观调控体系具有明显作用。它架起了密切中外经贸合作的会计技术桥梁,有利于进一步优化我国投资环境,促进我国企业更好更多地"走出去",稳步推进我国会计国际化发展战略,全面提高我国对外开放水平。因此,新企业会计准则体系的建立是中国会计发展史上又一个新的里程碑。

1.4.3　会计制度

会计制度是以会计法和会计准则为依据而制定的处理会计事务的办法和程序的总称，它是进行会计工作的具体规范。

1993 年以前，我国的企业会计制度是按企业的所有制性质分别制定的，这是计划经济下的会计核算和管理方式。实行社会主义市场经济以后，原有的会计制度已完全不能适应会计环境的变化。1993 年上半年，财政部颁布了按大行业划分的行业会计制度，同时颁布了行业财务制度。几年的实践表明，行业会计制度也暴露出一些缺陷，主要是会计制度的行业特征过于明显，而企业之间的行业界限日渐模糊，导致会计制度的适用性不强，不同企业的会计信息缺少可比性。因此，财政部于 2001 年颁布了国家统一的《企业会计制度》，并从 2001 年 1月 1 日起施行。除金融企业和小企业以外，其他企业（公司）的会计核算都统一按照企业会计制度执行。企业会计制度分两部分：第一部分为企业会计制度，第二部分为会计科目和会计报表。会计制度共 160 条，分为总则、资产、负债、所有者权益、收入、成本和费用、利润和利润分配、非货币性交易、外币业务、会计调整、或有事项、关联方关系及其交易、财务会计报告、附则等 14 章。同时，2001年 11 月，财政部颁布了《金融企业会计制度》，并于 2002 年 1 月 1 日执行。2004年 4 月，财政部颁布了《小企业会计制度》，于 2005 年 1 月 1 日实行。

目前，我国会计法规体系呈现制度与准则并存的现象。从长远发展来说，我国未来的会计工作主要由会计法——基本会计准则——具体会计准则的会计法规体系来规范，具体会计准则对会计事项的处理作出了具体的规范，它能够替代会计制度的法律功能。从 2007 年 1 月起，上市公司开始适用新企业会计准则体系，不再执行《企业会计制度》。原有的《企业会计制度》、《金融企业会计制度》随着会计准则适用范围的逐步扩大而被逐渐取代。

除了企业会计制度外，我国还陆续颁布了一些行政法规来规范会计工作，如会计基础工作规范、会计人员职权条例、财务会计报告条例、会计档案管理办法等。同时，有一些会计工作规范分散在公司法、企业法、证券交易法、税法和票据法等法规中，这些法规中与会计有关的规定，也是会计工作所必须遵循的，是会计规范的组成部分。

▷【进一步学习指南】

本章简要地介绍了会计的基本概念、本质、职能等会计的基本理论，主要介绍了会计核算基本前提、会计信息质量特征、会计要素、会计等式、会计要素及其确认与计量等会计基本知识。本章内容的理解与掌握将对会计学课程的学习奠定良好的基础。感兴趣的读者可以继续阅读《企业会计准则——基本准则》。

【复习思考题】

1. 会计的职能是什么？它们分别有什么特点？
2. 会计核算的基本前提包括哪些？它们之间有什么联系？
3. 会计信息质量有哪些要求？其具体内涵分别是什么？
4. 会计要素包括哪些内容？各有什么特征？
5. 会计要素计量属性有哪些？
6. 我国会计规范包括哪些？我国会计准则体系的构成是什么？

【练习题】

1. 某公司 2006 年 12 月 1 日资产总额为 400 000 元,负债总额为 150 000 元,所有者权益总额为 250 000 元。该公司 12 月发生如下经济业务：

(1)以银行存款 50 000 元购入机器一台。

(2)投资者以土地使用权追加投资,价值 100 000 元。

(3)收到购货单位所欠货款 20 000 元,存入银行。

(4)根据公司董事会决议,将 100 000 元盈余公积转增资本金。

(5)购入材料 20 000 元,货款尚未支付。

要求：分析说明上述经济业务对各个会计要素的影响,并计算 12 月 31 日该公司的资产、负债及所有者权益总额。

2. 某公司 6 月份发生如下收支业务：

(1)10 日,销售甲商品 100 件,售价 100 000 元,货款已收到并存入银行。每件甲商品的成本为 600 元。

(2)12 日,签订销售甲商品 50 件的合同,售价 50 000 元,并预先收到货款 20 000 元,商品在 7 月份发出,余款在商品发出时收到。

(3)20 日,以银行存款预付以后二年的产品广告费 600 000 元。

(4)26 日,收到 5 月份销售的 40 件甲商品货款 40 000 元并存入银行。

要求：分别按权责发生制和收付实现制原则对该公司的收入和费用进行确认和计量,并分别计算该公司的净损益。

3. 某公司对最近发生的下列经济业务进行了会计处理：

(1)林纲给自己孩子购买了 800 元的学习用品,并到公司报销。财务人员将其作为公司管理费用核算。理由是林纲是公司的投资者,公司是属于林纲的。

（2）公司成立于 2006 年 2 月 18 日，会计人员按 2006 年 2 月 18 日至 2007 年 2 月 18 日作为一个会计年度编制年度利润表。

（3）为降低公司的利润，自 10 月份开始将公司固定资产的折旧方法从以前的平均年限法改为加速折旧法。

（4）12 月份预付三年的房屋租金 600 000 元，将其作为 12 月份的管理费用核算。

要求：该公司上述会计处理是否正确？如有错误，违背了哪项会计假设或会计原则？

【案例分析题】

张蔚是一个公司的业务主管，2006 年恰逢他 30 岁。为了了解自己的财务状况，他对自己个人的收支及拥有的资产、负债进行了记录。

1. 1 月 1 日，张蔚拥有的资产及负债情况如下（表 1-1）：

表 1-1　张蔚的资产及负债一览表
2006 年 1 月 1 日

序号	有关资产及负债	金额	备　注
1	一套自住商品房	600 000 元	原始成本 650 000 元，折旧 50 000 元；同类市场价 720 000 元
2	一辆已用了一年的小汽车	150 000 元	原始成本 180 000 元，折旧 30 000 元；同类市场价 140 000 元
3	各类银行存款	30 000 元	
4	股票与国库券	80 000 元	原价 80 000 元；市价 100 000 元
5	欠银行及亲朋好友款项	500 000 元	

2. 12 月 31 日，张蔚汇总了他一年来所发生的财务收支情况（表 1-2）：

表 1-2　张蔚的财务收支情况一览表

2006 年

序号	有关项目	金额	备　注
1	12 个月的工资奖金	100 000 元	实际得到工资奖金
2	一年住房公积金收入	16 000 元	
3	归还欠款及利息	55 000 元	其中利息支出 25 000 元
4	日常生活开支	20 000 元	
5	汽车日常费用	15 000 元	
6	外出旅游费用	8 000 元	

3. 12 月 31 日,张蔚再次对他拥有的资产及负债情况进行汇总如下(表 1-3):

表 1-3　张蔚的资产及负债一览表

2006 年 12 月 31 日

序号	有关资产及负债	金额	备　注
1	一套自住商品房	590 000 元	原始成本 650 000 元,折旧 60 000 元;同类市场价 780 000 元
2	一辆已用了两年的小汽车	120 000 元	原始成本 180 000 元,折旧 60 000 元;同类市场价 108 000 元
3	各类银行存款	48 000 元	
4	股票与国库券	80 000 元	原价 80 000 元;市价 112 000 元
5	欠银行及亲朋好友款项	470 000 元	

问题:

(1)你认为张蔚所拥有的商品房、小轿车及股票与国库券应按哪种计量属性计量? 为什么?

(2)2006 年张蔚的资产及负债是增加还是减少了?

(3)2006 年末,张蔚的总财富是多少,是增加了还是减少了? 原因是什么?

第 2 章

会计核算方法

本章导读

　　为了全面、准确地反映企业的财务状况和经营成果,提供高质量的会计信息,会计需要有一整套科学的会计方法体系。会计核算主要采用的方法有:设置会计科目和账户、复式记账、填制与审核凭证、登记账簿、成本计算、财产清查、编制财务报表,这些方法是会计核算最基本的方法。通过本章的学习,既可以为学习本课程其他章节内容奠定基础,也可以熟悉会计信息的形成过程。本章介绍会计核算的基本理论和基本方法,通过本章的学习,要求达到下列目标:

　　1. 理解会计科目与账户及其相互关系;

　　2. 熟练掌握借贷记账法及其应用;

　　3. 了解会计凭证的种类及其填制审核方法;

　　4. 掌握账簿的种类和登记方法;

　　5. 理解财产清查的实地盘存制与永续盘存制;

　　6. 了解会计核算组织程序。

2.1　会计科目与账户

2.1.1　会计科目

（一）会计科目的概念和内容

会计科目是对会计要素的具体内容进一步分类核算的项目。会计要素是对会计内容所作的基本分类，但这种分类还很粗略。为了满足有关各方的会计信息需要，每个企业、单位都应根据其规模、特点以及经济业务发展的需要，对会计要素进行进一步分类设置会计科目。在会计核算中，会计科目发挥着重要的作用，它是设置账户的依据，也是编制记账凭证和会计报表的基础。

会计科目的内容是指会计科目反映的经济内容和登记方法，它反映了各科目之间的横向联系。在我国，行政事业单位和企业使用的会计科目都是由国家财政部通过发布会计制度统一制定的，包括以下两方面的内容：一是各会计科目核算的内容。明确各会计科目的核算内容可以使各个会计科目在核算内容上既有分工又有联系，防止核算内容混淆不清。二是各会计科目的使用方法。如：在"银行存款"科目中明确规定了对银行存款的收付怎样记账，这样有利于会计人员在核算中正确使用会计科目。各单位在满足制度规定的前提下，可根据实际情况对本单位使用的会计科目进行适当增减。同时，为了便于编写会计凭证、登记账簿、查阅账目，适应会计电算化的需要，企业必须按照制度的规定对会计科目进行统一分类和编号。

财政部颁布的《企业会计准则——应用指南》，对会计科目作出了明确规定，并将会计科目划分为资产类、负债类、所有者权益类、共同类、成本类和损益类等类别。常用会计科目如表 2-1 所示。

企业在不违反会计准则中确认、计量和报告规定的前提下，可以根据本单位的实际情况自行增设、分拆、合并会计科目。企业不存在的交易或者事项，可以不设置相关会计科目。

表 2-1　企业常用会计科目表

编号	会计科目名称	编号	会计科目名称
	一、资产类	1512	长期股权投资减值准备
1001	库存现金	1521	投资性房地产
1002	银行存款	1531	长期应收款
1012	其他货币资金	1532	未实现融资收益
1101	交易性金融资产	1601	固定资产
1121	应收票据	1602	累计折旧
1122	应收账款	1603	固定资产减值准备
1123	预付账款	1604	在建工程
1131	应收股利	1605	工程物资
1132	应收利息	1606	固定资产清理
1221	其他应收款	1701	无形资产
1231	坏账准备	1702	累计摊销
1401	材料采购	1703	无形资产减值准备
1402	在途物资	1711	商誉
1403	原材料	1801	长期待摊费用
1404	材料成本差异	1811	递延所得税资产
1405	库存商品	1901	待处理财产损溢
1406	发出商品		二、负债类
1407	商品进销差价	2001	短期借款
1408	委托加工物资	2101	交易性金融负债
1411	周转材料	2201	应付票据
1471	存货跌价准备	2202	应付账款
1501	持有至到期投资	2203	预收账款
1502	持有至到期投资减值准备	2211	应付职工薪酬
1503	可供出售金融资产	2221	应交税费
1511	长期股权投资	2231	应付利息

编号	会计科目名称	编号	会计科目名称
2232	应付股利		五、成本类
2241	其他应付款	5001	生产成本
2401	递延收益	5101	制造费用
2501	长期借款	5201	劳务成本
2502	应付债券	5301	研发支出
2701	长期应付款		六、损益类
2702	未确认融资费用	6001	主营业务收入
2711	专项应付款	6051	其他业务收入
2801	预计负债	6101	公允价值变动损益
2901	递延所得税负债	6111	投资收益
	三、共同类	6301	营业外收入
3101	衍生工具	6401	主营业务成本
3201	套期工具	6402	其他业务成本
3202	被套期项目	6403	营业税金及附加
	四、所有者权益类	6601	销售费用
4001	实收资本	6602	管理费用
4002	资本公积	6603	财务费用
4101	盈余公积	6701	资产减值损失
4103	本年利润	6711	营业外支出
4104	利润分配	6801	所得税费用
4201	库存股	6901	以前年度损益调整

（二）会计科目的级次

会计科目的级次反映了科目内部的纵向联系，体现了会计信息的不同详细程度。一般来说，企业外部的投资人、债权人等会计信息使用者主要需要综合的会计数据，而企业内部的经营管理者为了经营管理的需要，不仅需要综合的会计数据，还需要具体、详细的会计资料。会计科目的分级设置就是为了满足不同人员对会计信息的不同需求。

在一般情况下,会计科目可分为总分类科目和明细分类科目。总分类科目也称一级科目,是对会计要素的具体内容进行的总括分类,提供总括信息的会计科目,如"固定资产"、"原材料"等。明细分类科目也称细目,是对总分类科目包含的内容所作的进一步分类,提供更详细、具体信息的会计科目,如:在"应收账款"总分类科目下进一步按债务人的名称设置明细科目,用以详细反映应收各债务人款项的增减变化及结存情况。

如果以上分级仍不能满足内部经营管理的需要,还可对会计科目再增设级别。一般可在总分类科目和明细分类科目之间增设二级科目(也称子目)。总分类科目统驭下属的二级科目,二级科目控制下属的明细科目。当然,也不是所有的总分类科目都需要设置明细分类科目,应以满足需要为限。会计科目的分级设置如表2-2所示。

表 2-2 会计科目按级次的分类

总分类科目(一级科目)	明细分类科目	
	二级科目(子目)	明细科目(细目)
原材料	木材	圆木
		板材
	钢材	扁钢
		方钢

根据我国现行制度规定,总分类科目一般由财政部颁发的会计制度统一规定,明细分类科目除规定设置的外,企业可根据经营管理的需要自行设置。

在实际工作中,为了提供某些统计数据以及管理需要的备忘记录,还可以设置若干表外科目,如"租入固定资产"等。表外科目只记录增减变动的金额,与其他科目不发生对应关系,其余额一般也不列入会计报表之中。

2.1.2 账户及其基本结构

(一)账户的概念

账户是按照规定的会计科目设置,具有一定的格式和结构,能分类反映会计要素的增减变动情况及其变动结果,对会计要素分类核算的工具。会计科目仅仅是对会计要素按经济内容所作分类的名称或标志,要将经济业务产生的原始数据加工成有用的会计信息,还需要按照一定结构登记经济业务引起的会计要素增减变动及其结果,这个按照会计科目设置的结构就是账户。

　　会计科目和账户是两个既有联系又有区别的不同概念。两者之间的联系主要表现在:会计科目和账户都是对会计对象的具体内容所进行的科学分类,都说明了一定的经济业务内容,会计科目和账户反映的经济内容是一致的;账户是按照会计科目设置的,并以会计科目作为它的名称;会计科目是开设会计账户的依据,有一个会计科目就应设置一个相对应的会计账户。两者之间的区别主要表现在:会计科目只是把会计对象按经济内容进行了归类,规定了核算内容及其与相关科目之间的对应关系,仅是分类表明某项经济内容的名称或标志,其本身没有结构,不能记录经济业务的增减变动及其结果;而账户作为分类记录经济业务的一种形式,具有相应的结构和格式,可以记录经济业务的增减变动及其结果,能提供具体的数据资料。一些实务工作者常把会计科目和账户混淆等同使用,这主要是针对它们之间的共同点而言的。

　　(二)账户的基本结构

　　账户的结构是指组成账户的各个部分及其结合方式。账户的基本结构是由会计要素的数量变化情况决定的。经济业务的发生,必然引起相关的会计要素发生增减变动,尽管表现形式复杂多样,但从数量上看,不外乎增加和减少两种情况。因此,用来分类记录经济业务的账户在结构上也应分为两个基本部分,即:左、右两方,一方登记增加数,一方登记减少数。至于在左右两方中,哪一方登记增加,哪一方登记减少,则取决于所采用的记账方法和所记录的经济业务的内容。增加金额和减少金额相抵后的差额,称之为账户余额。余额按其表现的时间不同,可分为期初余额和期末余额。会计期间内的增加额、减少额称之为本期发生额。因此通过账户记录,可以提供期初余额、本期增加发生额、本期减少发生额和期末余额四个核算指标。这四项金额的基本关系可用公式表示如下:

　　　　期末余额＝期初余额＋本期增加发生额－本期减少发生额

　　1. 账户的一般格式

　　账户的格式取决于它所反映指标的具体内容。在会计实务中,账户的具体格式可根据实际需要来设计,并不完全相同,可以多种多样。但一般来说,任何一个账户格式的设计,都应包括以下基本内容:

　　(1)账户的名称:即会计科目;

　　(2)日期:说明经济业务发生的时间;

　　(3)记账凭证号数:账户登记依据的记账凭证的编号;

　　(4)摘要:简要地说明经济业务的内容;

　　(5)增加额、减少额及余额。

　　账户的一般格式如表 2-3 所示。

表 2-3　账户的一般格式

账户名称(会计科目)

年		凭证编号	摘　要	借　方	贷　方	借或贷	余　额
月	日						

2. 账户的 T 型结构

为了更加直观地说明问题,也为了学习的方便,在理论教学和实务对账工作中,通常对账户省略若干栏次而用简化的格式"T 型账"(或称"丁字账")来说明账户的结构。"T 型账"结构如图 2-1 所示。

左方　　　　　　　　账户名称(会计科目)　　　　　　　右方

图 2-1　"T 型账"结构

T 型账户的左、右两方分别用来记录增加金额和减少金额,每个账户的本期增加额和本期减少额都应分别记入该账户左、右两方的金额栏,以便分别计算增减发生额和余额。如果在左方记增加额,则在右方记减少额;如果在右方记增加额,则在左方记减少额。至于账户的左、右两方叫什么名称,哪一方登记增加额,哪一方登记减少额,则取决于所采用的记账方法和账户的性质。在借贷记账法下,所有账户都要分为借方和贷方,并统一把账户的左方称为借方,右方称为贷方。

2.2　借贷记账法

2.2.1　复式记账法

为提供经济管理所需要的会计信息,企业需要采用一定的记账方法将经济业务所反映的会计要素的增减变化登记在账户中。所谓记账方法是指在账户中登记各项经济业务发生的方法。记账方法主要有单式记账法和复式记账法两大类。

单式记账法,是指对发生的经济业务只在一个账户中进行记录的记账方法。单式记账法是一种比较简单的记账方法,其账户记录考虑的主要是货币资金和债权、债务的增减变动及结余情况,一般只设置现金、银行存款、应收账款、应付账款等账户,其余事项则不设置账户记录。在单式记账法中,账户之间不能形成互相对应的关系,不能全面、系统地反映经济业务的来龙去脉,也不便于检查账户记录的正确与完整。因此,单式记账法已逐渐被复式记账法所取代,目前只有极少数组织使用单式记账法。

复式记账法,是指对发生的每一项经济业务都以相等的金额,在互相关联的两个或两个以上账户中进行记录的记账方法。复式记账法能把所有经济业务相互联系地、全面地记入有关账户中,从而使账户能完整、系统地反映各项经济活动和财务收支的发生过程及结果;通过账户对应关系,能够全面、清晰地反映经济业务的来龙去脉;同时,复式记账法对每一项经济业务都以相等的金额在有关账户中进行记录,因而便于通过试算平衡检查账户记录的正确性。

复式记账法主要有借贷记账法、增减记账法和收付记账法等。目前世界各国会计普遍采用的复式记账法是借贷记账法。借贷记账法产生于13世纪商品经济比较发达的意大利,1494年经意大利数学家卢卡·巴其阿勒在其著作中系统进行论证后,广泛地流传到世界各地,并以其科学性和广泛的适用性为世界各国所采用。我国1993年颁布的《企业会计准则》要求,中国境内的所有企业都应该采用借贷记账法。因此,借贷记账法也成为目前我国企业会计实务中通用的复式记账方法。

2.2.2 借贷记账法的基本原理

借贷记账法是以"借"、"贷"作为记账符号记录经济业务的复式记账方法。借贷记账法主要有如下特点:

(一)记账符号和账户结构

记账符号是经济业务发生后记入账户方向的标记,代表着经济业务的增减变化方向,借贷记账法以"借"、"贷"作为记账符号。值得注意的是,这里的"借"、"贷"二字已失去了原有的字面含义,转化成纯粹的记账符号,用以标明账户记录经济业务数量增减变化的方向,即账户的借方和贷方。

在借贷记账法下,账户的基本结构是:每一个账户都分为借方和贷方,并规定账户的左方为借方，账户的右方为贷方。在借贷记账法中，用"借"表示资产、成本、费用类账户金额的增加，负债、所有者权益、收入类账户金额的减少；用"贷"表示负债、所有者权益、收入类账户金额的增加，资产、成本、费用类账户金额的减少，因此，"借"和"贷"都具有增加和减少双重含义。账户的借、贷两方，哪一方记录增加数，哪一方记录减少数，就要视账户的类别和性质而定。

1. 资产、负债与所有者权益类账户的结构

由于会计人员通常在资产负债表的左方反映资产项目，所以习惯上在资产类账户的借方（账户左方）记录资产的增加额，贷方（账户右方）记录资产的减少额。在一个会计期间内（如年、季、月），借方记录的合计金额称为借方发生额，贷方记录的合计金额称为贷方发生额，在每一个会计期间的期末将借、贷方发生额相比较，其差额称为期末余额。一般而言，期初余额和本期增加额之和总会大于其本期减少额，所以在正常情况下，资产类账户的期末余额一般在借方。上期借方期末余额，转到本期就是本期借方期初余额。用公式可以表示如下：

$$\begin{array}{c}\text{资产类账户}\\\text{期末借方余额}\end{array}=\begin{array}{c}\text{借方期}\\\text{初余额}\end{array}+\begin{array}{c}\text{本期借方}\\\text{发生额}\end{array}-\begin{array}{c}\text{本期贷方}\\\text{发生额}\end{array}$$

如果用丁字账户来表示，则如图 2-2 所示。

借方	资产类账户	贷方
期初余额		
（1）增加额	（1）减少额	
（2）增加额	（2）减少额	
本期借方发生额	本期贷方发生额	
期末余额		

图 2-2　资产类账户结构

由会计等式"资产＝负债＋所有者权益"所决定，负债及所有者权益类账户的结构与资产类账户正好相反。负债及所有者权益类账户的贷方记录资产的增加额，借方记录资产的减少额。一般而言，期初余额和本期增加额之和总会大于其本期减少额，所以正常情况下，负债及所有者权益类账户的期末余额一般在贷方。用公式可以表示如下：

$$\begin{array}{c}\text{负债及所有者权益类}\\\text{账户期末贷方余额}\end{array}=\begin{array}{c}\text{期初贷}\\\text{方余额}\end{array}+\begin{array}{c}\text{本期贷方}\\\text{发生额}\end{array}-\begin{array}{c}\text{本期借方}\\\text{发生额}\end{array}$$

如果用丁字账户来表示，则如图 2-3 所示。

借方	负债及所有者权益类账户	贷方
	期初余额	
(1)减少额	(1)增加额	
(2)减少额	(2)增加额	
本期借方发生额	本期贷方发生额	
	期末余额	

图 2-3　负债及所有者权益类账户结构

其中共同类会计科目核算的内容同时具有资产、负债的特点,当其余额为借方余额时,反映为资产;当其余额为贷方时,则反映为负债。

2. 成本类与损益类账户的结构

企业在生产经营过程中,会不断发生各种成本、费用支出,取得各种收入,为此,必须设置成本类、损益类账户。损益类账户又可分为收入类账户和费用类账户。成本类账户的结构与费用类账户的结账相似。

收入将使企业利润增加,同时引起所有者权益的增加。收入类账户与所有者权益类账户的结构相同,收入的增加额登记在贷方,收入的减少登记在账户的借方,期末将收入账户的贷方发生额减去借方发生额的差额全部转入利润类账户,因此收入类账户一般没有期末余额。用丁字账户来表示如图 2-4 所示。

借方	收入类账户	贷方
(1)减少额	(1)增加额	
(2)转出额	(2)增加额	
本期借方发生额	本期贷方发生额	

图 2-4　收入类账户结构

企业在生产经营过程中发生的费用将使企业利润减少,同时引起所有者权益的减少。费用类账户与所有者权益类账户的结构相反,账户借方登记费用的增加额,贷方登记费用的减少,会计期末将费用类账户的借方发生额减去贷方发生额的差额全部转入利润类账户,因此费用类账户一般没有期末余额。用丁字账户来表示如图 2-5 所示。

借方	费用类账户	贷方
(1)增加额		(1)减少额
(2)增加额		(2)转出额
本期借方发生额		本期贷方发生额

图 2-5　费用类账户结构

(二)记账规则

1. 经济业务类型及记账规则

采用借贷记账法时,每项经济业务所引起的资金增减变化,都要以相反的方向登记到相互联系的两个或两个以上的账户中去,即在记入一个账户借方(或贷方)的同时,需要记入另一个或若干个账户的贷方(或借方),且记入借方的金额与记入贷方的金额必然会相等。所以,借贷记账法的记账规则可概括为:"有借必有贷,借贷必相等。"

为了说明借贷记账法的记账规则,有必要对企业的经济业务进行分析。按照对会计恒等式的影响不同,企业的经济业务分为如下四种类型:

(1)经济业务的发生引起资产项目之间以相等的金额此增彼减。按照借贷记账法,某种资产项目的增加应记入该资产账户的借方,另一种资产项目的减少应记入该资产账户的贷方,且记入两个账户的金额相等。

(2)经济业务的发生引起资产与权益(负债或所有者权益)项目同时增加相等的金额。按照借贷记账法,某资产项目的增加应记入该资产账户的借方,权益项目的增加应记入该权益账户的贷方,且记入两个账户的金额相等。

(3)经济业务的发生引起资产与权益(负债或所有者权益)项目以相等的金额同时减少。按照借贷记账法,某资产项目的减少应记入该资产账户的贷方,权益项目的减少应记入该权益账户的借方,且记入两个账户的金额相等。

(4)经济业务的发生引起权益项目之间以相等的金额此增彼减。按照借贷记账法,一种权益的增加应记入该权益账户的贷方,另一种权益的减少应记入该权益账户的借方,且记入两个账户的金额相等。

综上所述,在借贷记账法下,四种类型的经济业务发生后,都要以相等的金额,同时记入两个或两个以上相关账户中,一个(或多个)记借方,一个(或多个)记贷方,必然存在有"有借必有贷,借贷必相等"的规律。

2. 记账规则的应用——会计分录

在明确了记账规则后,就可以根据记账规则对交易或事项编制会计分录。会计分录,是指按照借贷记账法记账规则的要求,对每笔经济业务列示其应借、应贷的账户及其金额的会计记录。每笔会计分录包括三个要素,即账户、记账符号和金额。会计分录的正确与否,直接影响账户的记录乃至会计信息的质量。

【例 2-1】 华达公司 2006 年 3 月 1 日从银行提取现金 500 元备用。

该笔经济业务的发生引起银行存款和库存现金两个资产项目之间此增彼减,属于第一种业务类型。银行存款减少,应该用贷表示;库存现金增加,应该用借表示。用借贷记账法编写会计分录为:

借:库存现金　　　　　　　　　　　　　　　　　　　500

　贷:银行存款　　　　　　　　　　　　　　　　　　　　　500

【例 2-2】 华达公司 2006 年 3 月 5 日购入原材料 5 000 元,材料已验收入库,但货款未付。

该笔经济业务的发生引起资产与负债项目同时增加 5 000 元,企业的资金总额增加 5 000 元,属于第二种业务类型。资产项目原材料增加 5 000 元,应该用借表示;负债项目应付账款增加 5 000 元,应该用贷表示。会计分录为:

借:原材料　　　　　　　　　　　　　　　　　　　　5 000

　贷:应付账款　　　　　　　　　　　　　　　　　　　　　5 000

【例 2-3】 华达公司 2006 年 3 月 18 日以银行存款归还到期的三年期银行贷款 200 000 元。

该笔经济业务的发生引起资产与负债项目同时减少 200 000 元,企业的资金总额减少 200 000 元,属于第三种业务类型。资产项目银行存款减少 200 000 元,应该用贷表示;负债项目长期借款减少 200 000 元,应该用借表示。会计分录为:

借:长期借款　　　　　　　　　　　　　　　　　　200 000

　贷:银行存款　　　　　　　　　　　　　　　　　　　　200 000

【例 2-4】 华达公司 2006 年 3 月 20 日根据公司董事会决议将盈余公积 300 000 元转增资本金。

该笔经济业务的发生引起所有者权益项目盈余公积和实收资本之间此增彼减,企业的资金总额不变,属于第四种业务类型。所有者权益项目盈余公积减少 300 000 元,应该用借表示;所有者权益项目实收资本增加 300 000 元,应该用贷表示。会计分录为:

借:盈余公积   300 000
 贷:实收资本   300 000

运用借贷记账法的记账规则编制会计分录,有关账户之间就形成一种相互对应的关系:一个账户的借方与另一个账户的贷方相互对应,或者一个(或几个)账户的借方与几个账户(或一个)的贷方相互对应。账户之间的这种关系,称为账户对应关系。存在着对应关系的账户称为对应账户。账户的对应关系可以清楚地反映各会计要素具体项目增减变动的来龙去脉,通过账户的对应关系,就可以知道每项经济业务的内容。

会计分录可分为简单会计分录和复合会计分录。简单会计分录是指一项经济业务只涉及两个账户的会计分录,即一借一贷的会计分录;复合会计分录是指一项经济业务涉及两个以上账户的会计分录,包括一借多贷、一贷多借或多借多贷的会计分录。由于多借多贷的会计分录难以清楚地反映账户的对应关系,因此应避免将多项业务合并在一起编制多借多贷的会计分录。

(三)试算平衡

为了检查账户记录的正确性,会计人员需要在期末对账户记录进行试算平衡。所谓试算平衡,是指根据会计等式的平衡原理,按照记账规则的要求,通过汇总、计算和比较,来检查账户记录的正确性、完整性的方法。

经济业务发生后,按照借贷记账法"有借必有贷,借贷必相等"的规则来登记账户,借贷两方的发生额必定会相等。不仅每一笔会计分录借贷发生额相等,而且当一定会计期间全部经济业务的会计分录都记入相关账户后,所有账户的借方发生额与贷方发生额的合计数必定会相等。依此类推,全部账户的借方期末余额与贷方期末余额的合计数也必然相等。因此,借贷记账法的试算平衡方法有发生额试算平衡法和余额试算平衡法两种。

发生额试算平衡法用公式表示如下:

  全部账户借方发生额合计＝全部账户贷方发生额合计

余额试算平衡法用公式表示如下:

  全部账户期初借方余额合计＝全部账户期初贷方余额合计

  全部账户期末借方余额合计＝全部账户期末贷方余额合计

在实际工作中,试算平衡是通过编制试算平衡表(见表 2-4)的方式进行的。

需要注意的是,试算平衡只是通过借贷方金额是否平衡来检查账户记录是否正确的一种方法,通过试算平衡表来检查账户记录是否正确并不是绝对的。如果试算不平衡,可以肯定地说账户记录中一定存在错误。但是如果试算平衡,却并不能说账户记录一定正确。因为有些错误的发生并不会影响借贷双方发生额或余额的平衡。如果出现漏记、重记某些经济业务，或者将借贷方向弄反，或者记错了有关账户，或者差错金额恰好互相抵销等等，只要不影响借贷平衡，就不能通过试算平衡发现这些错误。

表 2-4　试算平衡表

2006 年 5 月 31 日　　　　　　　　　　　单位:元

会计科目	期初余额		本期发生额		期末余额	
	借方	贷方	借方	贷方	借方	贷方
库存现金	900		—	—	900	
银行存款	83 000		12 000	6 000	89 000	
应收账款	9 000			—	9 000	
原材料	4 000		6 000	—	10 000	
固定资产	98 000		—		98 000	
无形资产	23 000		—		23 000	
短期借款		8 000	4 000	5 000		9 000
应付账款		8 700	2 700	—		6 000
长期借款		97 000				97 000
实收资本		100 000		13 700		113 700
资本公积		4 200	—	—		4 200
合　计	217 900	217 900	24 700	24 700	229 900	229 900

2.3　会计凭证

2.3.1　会计凭证的作用和种类

（一）会计凭证的作用

会计凭证是记录经济业务、明确经济责任的书面证明，是登记账簿的依据。会计记录要真实、客观地反映企业单位的经济活动情况，就必须要有可靠的会计凭证作为记账的依据。企业单位处理每一笔经济业务都必须由经办人员取得或填制相关凭证,以书面形式记录和证明所发生的经济业务,并在凭证上签章,以示对该项经济业务的合法性以及凭证的真实性、正确性负责。凭证经过审核无误后,才能作为记账的依据。因此,合法合理地取得、填制和审核会计凭证,是会计核算的基本方法之一,也是会计核算工作的起点,对实现会计职能、发挥会计作用有重要的意义。

1. 会计凭证能及时、准确地记录每一项经济业务的完成情况。企业经济业务活动类型众多,内容迥然不同。这些复杂的经济业务通过会计凭证的记录,并加以整理,不仅能清楚地反映经济活动的本来面目,还能使会计记录系统化。

2. 会计凭证是审核经济业务的依据。会计凭证记录经济业务的发生和完成情况,通过会计凭证的审核,可以检查每一项经济业务是否合法、合理,会计凭证是否客观地反映了经济业务的内容,从而实现对经济活动的监督和控制。

3. 会计凭证是登记账簿的依据。会计的特点之一是严格以凭证为依据,账簿记录必须根据审核无误的会计凭证登记,以保证账簿记录的真实可靠,为分析、检查经济活动提供客观资料。

4. 会计凭证是分清有关各方经济责任的依据。单位所发生的经济业务都是由有关部门完成的,都必须由有关部门的经办人员办理填制、取得凭证的手续,并由经办人员签章。这样可促使有关经办部门和人员对经济业务的真实性、合法性负责,从而加强了有关人员的岗位责任。如果发现问题,可以检查和分清责任,为正确处理各种问题提供了凭据。

(二)会计凭证的种类

按照编制的程序和用途不同,会计凭证可以分为原始凭证和记账凭证两大类。

1. 原始凭证

原始凭证又称单据,是指在经济业务发生或完成时取得或填制的,用以记录或证明经济业务的发生或完成情况的会计凭证。原始凭证是会计核算的原始资料和重要依据,例如销售发票、材料收料单等。不能证明经济业务已发生或完成情况的单证不能作为原始凭证记账,例如银行对账单、生产计划等。

2. 记账凭证

记账凭证又称记账凭单,是指会计人员根据审核无误的原始凭证编制的,用以确定会计分录,作为登记账簿直接依据的会计凭证。记账凭证既可以根据每一张原始凭证编制,也可以根据同类原始凭证汇总编制或根据原始凭证汇总表编制。在实际工作中,会计分录就是编制在记账凭证上的。

2.3.2　原始凭证

（一）原始凭证的基本内容

企业发生的经济业务纷繁复杂,记录经济业务的各种原始凭证的内容、格式也就各不相同。但是所有原始凭证,都必须详细、客观地载明经济业务的发生和完成情况,必须明确经办单位和人员的经济责任,因此,各种原始凭证都具备一些共同的基本内容。原始凭证的基本内容主要包括:(1)凭证的名称;(2)填制凭证的日期;(3)填制凭证单位名称或者填制人姓名;(4)经办人员的签名或者盖章;(5)接受凭证单位的名称;(6)经济业务的简要内容;(7)经济业务的数量、单价和金额。

（二）原始凭证的种类

1. 原始凭证按照来源不同,可以分为外来原始凭证和自制原始凭证两类。

外来原始凭证是指在经济业务发生或完成时,从其他单位或个人直接取得的原始凭证。如外购货物取得的增值税专用发票(见表2-5)。

表 2-5　增值税专用发票　　　　　　No.

开票日期: 年 月 日

购货单位	名称		纳税人登记号																	
	地址、电话		开户银行及账号																	
货物或应税劳务名称	计量单位	数量	单价	金额								税率(%)	税额								
				仟	佰	拾	万	仟	佰	拾	元	角	分		仟	佰	拾	万	仟	佰	拾	元	角	分
合计																				
价税合计(大写)	仟　佰　拾　万　仟　佰　拾　元　角　分￥＿＿＿＿＿																			
销货单位	名称		纳税人登记号																	
	地址、电话		开户银行及账号																	
备注																				

收款人:　　　　　　　　　　　　　　　开票单位(未盖章无效):

自制原始凭证是指由本单位内部经办业务的部门和人员,在执行或完成某项经济业务时填制的,仅供本单位内部使用的原始凭证,如领料单(见表2-6)、材料入库单。

表 2-6　领料单

领料部门：　　　　　　　　　　　　　　　　　　　　　领料编号：

领料用途：　　　　　　　　　年　月　日　　　　　　　发料仓库：

材料编号	材料名称及规格	计量单位	数　量		单价	金　额
			请领	实领		
备　注	合　计					

发料人：　　　　　审批人：　　　　　　领料人：　　　　　记账：

2. 原始凭证按照填制手续及内容不同,可以分为一次凭证、累计凭证、汇总原始凭证。

（1）一次凭证。一次凭证是指在一项经济业务或若干项同类经济业务发生或完成时填制的,且填制手续是一次完成的原始凭证。已填列的一次凭证不能再重复使用。外来原始凭证一般都是一次凭证,大多数自制原始凭证也是一次凭证。

（2）累计凭证。累计凭证是指在一定时期内,对同类经济业务在一张凭证上分次进行连续记录,直至汇总后才作为记账依据的原始凭证。如限额领料单（见表2-7）,限额领料单中标明了某种材料在规定期限内的领料限额,用料单位每次领料及退料都要由经办人员在限额领料单上逐笔记录、签章,并结出限额结余。

表 2-7　限额领料单　　　　　　　　　　仓库号：

领料部门：　　　　　　　　　年　月　　　　　　　　计划产量：

用途：　　　　　　　　　　　　　　　　　　　　　　　单位消耗定额：

材料类别	材料编号	材料名称	规格	计量单位	单价	领料限额	全月实领	
							数量	金额
日期	请领			实发		退料			限额结余
	数量	领料单位负责人	领料人	数量	发料人	数量	退料人	收料人	

　仓库负责人：　　　　　　　　　　　　　　　　　　车间计划员：

（3）汇总原始凭证。汇总原始凭证是指在一定时期内将许多反映同类经济业务的原始凭证进行汇总编制而成的原始凭证,例如发出材料汇总表(见表2-8)、工资结算汇总表等。

表 2-8　发出材料汇总表

年　　月　　　　　　　　　　　　　　　单位:元

会计科目		领料部门	原料及主要材料	辅助材料	燃料	合计
生产成本	基本生产车间	一车间				
		二车间				
		小计				
	辅助生产车间	供水车间				
		机修车间				
		小计				
	制造费用					
	管理费用					
合计						

制表:　　　　　　　　　　　　　　　　　　　　　审核:

(三)原始凭证的填制

原始凭证反映的是经济业务的发生和完成情况,是具有法律效力的证明文件,是会计核算的原始依据,必须认真填制。为了保证原始凭证能真实、及时地反映经济业务的客观情况,原始凭证的填制应遵循下列要求:

1.记录真实。真实性是填制原始凭证最重要的要求。凭证上记载的经济业务,必须与实际情况完全符合,绝不允许有任何歪曲或弄虚作假,不得匡算、估算和随意填写。从外单位取得的原始凭证若有遗失,应取得原签发单位盖有财务章的证明,并注明原来凭证的号码、金额和内容等,经单位负责人批准后,可代作原始凭证。对于确实无法取得证明的,如火车票、飞机票等凭证,由当事人写出详细情况,由经办单位负责人批准后,才可代作原始凭证。

2.内容完整。凭证中的各项内容都要详尽地填写齐全,不得漏填或省略不填。如果项目填写不全,则不能作为经济业务的合法证明,也不能作为有效的会计凭证。为了明确经济责任,原始凭证必须由经办部门和人员签章。从外单位取得的原始凭证,必须盖有填制单位的公章;从个人取得的原始凭证,必须有填制人员的签名或者盖章。自制原始凭证必须有经办单位领导人或者其指定的人员签名或者盖章。对外开出的原始凭证,必须加盖本单位公章。凡填有大写和小写金额的原始凭证,大写与小写金额必须相符。

3. 手续齐全。原始凭证的填制手续必须符合内部控制的要求。购买实物的原始凭证,必须有验收证明。支付款项的原始凭证,必须有收款单位和收款人的收款证明。一式几联的原始凭证,应当注明各联的用途,只能以一联作为报销凭证。一式几联的发票和收据,必须用双面复写纸(发票和收据本身具备复写纸功能的除外)套写,并连续编号。作废时应当加盖"作废"戳记,连同存根一起保存,不得撕毁。发生销货退回的,除填制退货发票外,还必须有退货验收证明;退款时,必须取得对方的收款收据或者汇款银行的凭证,不得以退货发票代替收据。职工的借款凭据,必须附在记账凭证之后,收回借款时,应当另开收据或者退还借据副本,不得退还原借款收据。经上级有关部门批准办理的经济业务,应当将批准文件作为原始凭证的附件,如果批准文件需要单独归档的,应在凭证上注明批准机关名称、日期和文件字号。

4. 书写规范。原始凭证上的文字或数字,要按规定书写,必须严肃认真,字迹要清楚、工整,易于辨认。合计的小写金额前应标注人民币符号"￥"(涉及外币业务时,凭证上的金额前要标注外币符号,如"US＄"、"HK＄"等),人民币符号与阿拉伯数字之间不得留有空白。凡阿拉伯数字前写有币种符号的,数字后面不再写货币单位。所有以元为单位的阿拉伯数字,除表示单价等情况外,一律填写到角分;有元无角分的,角位和分位可写"00",或者符号"—";有角无分的,分位应当写"0",不得用符号"—"代替。汉字大写数字金额,如零、壹、贰、叁、肆、伍、陆、柒、捌、玖、拾、佰、仟、万、亿等,一律用正楷或者行书体书写,不得用 0、一、二、三、四、五、六、七、八、九、十等简化字代替,不得任意自造简化字。大写金额数字到元或者角为止的,在"元"或者"角"字之后应当写"整"字或"正"字;大写金额数字有分的,分字后面不写"整"字或者"正"字。

各种原始凭证不得随意涂改、挖补。发现原始凭证有错误的,应当由开出单位重开或者更正,更正处应当加盖开出单位的公章。对于重要的原始凭证,如支票以及各种结算凭证填写错误,则不得在原始凭证上更正,应按规定的手续办理注销留存,另行填写。

5. 填制及时。每笔经济业务发生或完成后应按规定由经办人员填写或取得原始凭证,并及时送交会计部门,以便审核后作为记账依据,不得拖延、积压。

(四)原始凭证的审核

为了保证原始凭证内容的真实性和合法性,提高会计信息质量,各单位会计部门必须对原始凭证进行严格的审核。只有经过审核合格的原始凭证,才能作为编制记账凭证和登记账簿的依据。原始凭证的审核主要从以下三个方面进行：

1. 审核原始凭证的合法性。审核人员应该审核原始凭证所反映的经济内容是否符合现行的政策、法律、制度的规定，是否符合本单位制定的有关规章、预算和计划的要求。审核有无违反规定的开支标准乱支乱用，任意扩大费用开支范围的情况，有无弄虚作假、贪污舞弊、违法乱纪的行为。

2. 审核原始凭证的完整性。审核人员应该审核原始凭证是否具备作为合法凭证所必须具备的基本内容。原始凭证的格式、内容和填制手续是否符合规定的要求，各项目是否填写齐全，有关单位和人员是否已签字、盖章。

3. 审核原始凭证的正确性。审核人员应该审核凭证上的摘要和数字及其他项目是否填写正确，数量、单价、金额是否正确，大、小写金额是否相符。

原始凭证的审核是一项细致而严肃的工作。会计人员要做好原始凭证的审核工作，发挥会计的监督作用。经审核的原始凭证应根据不同情况处理：对于完全符合要求的原始凭证，应及时据以编制记账凭证入账；对于真实、合法、合理但内容不够完整、填写有错误的原始凭证，应退回给有关经办人员，由其负责将有关凭证补充完整、更正错误或重开后，再办理正式会计手续；对于不真实、不合法的原始凭证，会计机构、会计人员应坚持原则拒绝受理，并及时向单位负责人报告。

2.3.3 记账凭证

（一）记账凭证的基本内容

单位经济业务不同，所使用的记账凭证格式也有一定差异。但记账凭证基本内容是相同的，一般包括以下几方面：(1)记账凭证的名称；(2)填制记账凭证的日期；(3)记账凭证的编号；(4)经济业务的内容摘要；(5)应借、应贷会计科目及其金额；(6)所附原始凭证张数；(7)填制凭证人员、稽核人员、记账人员、会计机构负责人、会计主管人员签名或者盖章。收款和付款记账凭证还应当由出纳人员签名或者盖章。

（二）记账凭证的种类

记账凭证按其用途不同，可以分为专用记账凭证和通用记账凭证。

专用记账凭证，是指分类记录经济业务的记账凭证。记账凭证按其所反映的经济业务与货币资金有无联系可分为收款凭证、付款凭证、转账凭证。

收款凭证是用以记录现金和银行存款收入业务的会计凭证，根据现金和银行存款收入业务的原始凭证填制而成。如企业销售商品收到银行存款时就应填制收款凭证。收款凭证又可根据记录的具体内容不同分为现金收款凭证和银行存款收款凭证两种。收款凭证的格式如表 2-9 所示。

表 2-9　收款凭证

借方科目：银行存款　　　　　　2006 年 6 月 10 日　　　　　　银收字第 035 号

摘　要	贷方科目		金　额										√	附单据2张
	总账科目	明细科目	千	百	十	万	千	百	十	元	角	分		
收到包装物押金	其他应付款	三联公司					4	0	0	0	0	0		
		合计金额				¥	4	0	0	0	0	0		

会计主管：（签章）　记账：（签章）　复核：（签章）　制单：（签章）　出纳：（签章）

付款凭证是用以记录现金和银行存款付出业务的会计凭证，根据现金和银行存款付出业务的原始凭证填制而成。如企业开出支票购买办公用品时就应填制付款凭证。付款凭证又可根据记录的具体对象不同分为现金付款凭证和银行存款付款凭证两种。付款凭证的格式如表 2-10 所示。

表 2-10　付款凭证

贷方科目：库存现金　　　　　　2006 年 7 月 24 日　　　　　　现付字第 028 号

摘要	借方科目		金额										√	附单据1张
	总账科目	明细科目	千	百	十	万	千	百	十	元	角	分		
李三预借差旅费	其他应收款	李三					1	5	0	0	0	0		
		合计金额				¥	1	5	0	0	0	0		

会计主管：（签章）记账：（签章）制单：（签章）复核：（签章）　出纳：（签章）　领款人：李三

需要指出的是，在会计实务中，涉及现金和银行存款之间的相互划转业务，即将现金存入银行或从银行提取现金，通常只编付款凭证，不编收款凭证，以避免重复记账。

转账凭证是用以记录不涉及现金和银行存款收付业务（即转账业务）的会计凭证，根据有关转账业务的原始凭证或记账编制凭证填制而成。转账凭证是登记总分类账及有关明细账的依据。如材料或产成品入库、生产费用的分配等。转账凭证的格式如表 2-11 所示。

表 2-11 转账凭证

2006 年 8 月 11 日 转字第 079 号

摘要	总账科目	明细科目	√	借方金额									√	贷方金额									附单据
				千	百	十	万	千	百	十	元	角	分		千	百	十	万	千	百	十	元	角	分	
报销差旅费	管理费用	差旅费					1	5	0	0	0	0													6 张
	其他应收款	李三															1	5	0	0	0	0		
合计						¥	1	5	0	0	0	0				¥	1	5	0	0	0	0		

会计主管:(签章) 记账:(签章) 出纳:(签章) 复核:(签章) 制单:(签章)

通用记账凭证,是指用来记录所有经济业务的记账凭证。在规模小、经济业务比较简单的单位,为了简化凭证,可以使用通用的记账凭证记录所发生的各种经济业务。其格式与转账凭证基本相同,如表 2-12 所示。

表 2-12 记账凭证

年 月 日 第 号

摘要	总账科目	明细科目	√	借方金额									√	贷方金额									附单据
				千	百	十	万	千	百	十	元	角	分		千	百	十	万	千	百	十	元	角	分	
																								张
合计																								

会计主管 记账 出纳 复核 制单

(三)记账凭证的编制

记账凭证是登记账簿的直接依据,为了提高编制记账凭证的质量,发挥记账凭证的作用,各种记账凭证在填制时除严格按原始凭证的填制要求外,还应注意以下填制要求:

1. 分录要正确。记账凭证上会计科目的使用必须准确无误,应按照制度统一规定的会计科目名称和内容,结合经济业务的特点分析填列。如有二级和明细科目也要填列齐全。记账凭证上金额的登记方向、大小写数字必须正确,符合数字书写规范,角分位不留空格。合计金额的第一位数字前要填写币种符号,如人民币符号"¥"。

2. 摘要要简明。记账凭证中的摘要是对经济业务的简要说明。摘要栏必须根据原始凭证正确填写。但摘要栏空间有限,字数不能太多,尽量做到既意义完备又简明扼要。

3. 编号要连续。填制记账凭证时,应当对记账凭证进行连续编号,以便查考。采用通用记账凭证,可按经济业务发生的先后顺序编号;采用专用记账凭证的,可按收、付、转记账凭证分类编号。如现收字第 1 号、银付字第 4 号、转字第 8 号等。若一笔经济业务需要填制两张以上记账凭证时,可采用分数编号法。如,一项经济业务需要填制 3 张转账凭证,凭证顺序号为 18,这 3 张凭证的编号则分别为转字第 $18\frac{1}{3}$ 号、转字第 $18\frac{2}{3}$ 号、转字第 $18\frac{3}{3}$ 号。记账凭证的编号对于凭证的保管和查询具有重要作用,不可忽视。

4. 内容要完整。编制记账凭证填写的内容要全面完整,不得漏填或错填。凭证应按行次逐项填写,不能跳行。记账凭证在填写完经济业务事项后,如有空行,应当自金额栏最后一笔金额数字下的空行处至合计数上的空行处划线注销。

5. 附件要标明。记账凭证可以根据一张原始凭证填制,或者根据若干张同类原始凭证汇总填制,也可以根据原始凭证汇总表填制。但不得将不同内容和类别的原始凭证汇总填制在一张记账凭证上。除期末结账和更正错误的记账凭证可以不附原始凭证外,其他记账凭证必须附有原始凭证,并在记账凭证上标明所附原始凭证的张数,以便核对摘要及所编会计分录是否正确无误。如果一张原始凭证涉及几张记账凭证,可以把原始凭证附在一张主要的记账凭证后面,并在其他记账凭证上注明附有该原始凭证的记账凭证的编号或者原始凭证复印件。如果一张原始凭证所列支出需要几个单位共同负担的,应当将其他单位负担的部分,开给对方原始凭证分割单进行结算,原始凭证分割单必须具备原始凭证的基本内容。从外单位取得的原始凭证如有遗失,应当取得原开出单位盖有公章的证明,并注明原来凭证的号码、金额和内容等,由经办单位会计机构负责人、会计主管人员和单位领导人批准后,才能代作原始凭证。如果确实无法取得证明的,如火车、轮船、飞机票等凭证,由当事人写出详细情况,由经办单位会计机构负责人、会计主管人员和单位领导人批准后,代作原始凭证。

(四)记账凭证的审核

记账凭证是登记账簿的直接依据,为了确保账簿记录的准确性,除了编制记账凭证的人员应当认真填写、加强自审外,还必须建立专人审查制度由专人对已经填制的记账凭证严格审核。记账凭证审核的内容主要包括以下三项内容:

1. 审核记账凭证的合法性。审核记账凭证所确定的会计分录是否符合会计制度及会计准则的规定,并要审核记账凭证是否附有审核无误的原始凭证,所附原始凭证的张数及内容、金额是否与记账凭证相符。

2. 审核记账凭证的正确性。根据记账凭证的填制要求,审核人员应该审核记账凭证的应借、应贷会计科目(包括一级科目、二级科目或明细科目)是否正确,账户对应关系是否清晰,金额计算是否准确。

3. 审核记账凭证的完整性。审核人员应该审核记账凭证中各个项目是否按规定要求填制完整,如日期、编号、附件张数、有关人员签章等。

在审核中若发现差错,应查明原因,予以重填或按规定方法及时更正,并由更正人员在更正处签章。只有经审核无误的记账凭证,才能据以登记账簿。

2.4　会计账簿

2.4.1　账簿的意义与种类

（一）账簿的意义

会计账簿,简称账簿,是指由具有一定格式、相互联系的账页组成,用来序时、分类地记录各项经济业务的簿籍。由于会计凭证数量很多,又很分散,需要设置和登记账簿把分散在会计凭证中的大量核算资料加以集中、归类和整理。通过设置和登记账簿,可以为经营管理提供系统、完整的会计核算资料,可以正确地计算成本费用和经营成果,为财务成果的分配提供依据;利用账簿提供的资料进行账实核对,可以检查账实是否相符,从而有利于保证各项财产物资和资金的安全完整和合理使用;账簿所提供的资料既是编制会计报表的主要依据,又是进行会计分析和会计检查的必要依据;通过设置和登记账簿,既便于保存会计资料和日后查阅使用,又便于会计核算工作的分工。因此,设置和登记账簿是会计核算工作的一个重要环节,同时也是使会计核算资料系统化而广泛应用的一种专门方法。

（二）账簿的种类

1. 账簿按其用途的不同,可以分为序时账簿、分类账簿和备查账簿三种。

（1）序时账簿。序时账簿也称日记账,是按照经济业务发生的时间先后顺序,逐日逐笔登记经济业务的账簿。按其记录内容的不同,序时账又分为普通日记账和特种日记账。

普通日记账,也称通用日记账,是用来登记企业所发生的全部经济业务的日记账。在通用日记账中,按照每日所发生的经济业务的先后顺序,逐笔编制会计分录,因而这种日记账也称分录日记账。设置普通日记账的单位,一般不再编制记账凭证,以免重复。

特种日记账是用来专门记录某一特定类型经济业务发生情况的日记账。在特种日记账中,将某类经济业务按其发生的先后顺序逐日逐笔登记。企业需要设置特种日记账的业务通常有现金收付业务、银行存款收付业务、购货业务和销货业务等。我国会计制度要求企业必须设置现金日记账和银行存款日记账。

(2)分类账簿。分类账簿是指对全部经济业务按照账户进行分类登记的账簿。根据分类账簿提供核算指标详细程度的不同,可将分类账簿分为总分类账簿和明细分类账簿。按照总分类账户进行分类登记的账簿叫做总分类账簿,简称总账;按照明细分类账户进行分类登记的账簿叫做明细分类账簿,简称明细账。

(3)备查账簿。备查账簿是指对一些在序时账簿和分类账簿中不能记载或记载不全的经济业务进行补充登记的账簿。相对于序时账簿和分类账簿这两种主要账簿而言,备查账簿属于辅助性账簿,它可以为经营管理提供参考资料,如受托加工材料登记簿、租入固定资产登记簿等。

2. 账簿按其外表形式的不同,可分为订本式账簿、活页式账簿和卡片式账簿。

(1)订本式账簿。订本式账簿是指在启用前就将若干具有一定格式的账页加以顺序编号,并固定装订成册的账簿。使用订本式账簿能够避免账页散失,防止账页被抽换,保证账簿记录资料的安全性。但是订本式账簿由于账页固定,不利于记账分工。因此,订本式账簿适用于比较重要的、账户数量变化不大的账簿,如总账、现金日记账和银行存款日记账。

(2)活页式账簿。活页式账簿是指将一定数量的账页用账夹固定,账页可根据记账内容随时增减的账簿。应用这种账簿便于记账分工,且登记方便,但是账页容易散失和被抽换。因此,活页式账簿主要适用于明细账。

(3)卡片式账簿。卡片式账簿是指用印有记账格式的卡片登记经济业务的账簿。卡片账簿是一种特殊的活页式账簿。对某些可以跨年度使用,无需经常更换的明细账,如固定资产明细账可采用卡片式账簿。

3. 账簿按账页格式的不同,可以分为三栏式账簿、多栏式账簿和数量金额式账簿等。

(1)三栏式账簿。三栏式账簿是将账页中登记金额的部分分为三个栏目,即借方、贷方和余额三栏。这种格式的账簿主要适用于只提供价值核算信息,不需要提供实物数量等核算信息的账簿,如总账、现金日记账、银行存款日记账、债权债务类明细账等。三栏式账簿格式如表 2-13 所示。

表 2-13　应付账款明细账

明细科目:东风公司　　　　　　　　　　　　　　　　　　　　　　第 6 页

年		凭证号数	摘　要	借方	贷方	借或贷	余额
月	日						
10	1		期初余额			贷	50 000
10	2	转字 1	购买材料欠款		20 000	贷	70 000
10	10	银付 2	偿还前欠货款	50 000		贷	20 000
	31		本月发生额及月末余额	50 000	20 000	贷	20 000

(2)多栏式账簿。多栏式账簿是在借方和贷方的某一方或两方下面分设若干栏目,详细反映借贷方金额的组成情况。这种格式的账簿主要适用于核算项目较多,且管理上要求提供各核算项目详细信息的账簿,如成本、费用等明细账。多栏式明细分类账簿格式如表 2-14 所示。

表 2-14　生产成本明细账

产品名称:　　　　　　　　　　　　　　　　　　　　　　　　　第　页

年		凭证号数	摘　要	借　方			
月	日			直接材料	直接人工	制造费用	合计

(3)数量金额式账簿。数量金额式账簿是在借方、贷方和余额栏下分别分设三个栏目,用以登记财产物资的数量、单价和总金额。这种格式的账簿主要适用于既需要提供价值信息,又需要提供实物数量等信息的账簿,如原材料明细账和库存商品明细账等。数量金额式明细分类账簿格式如表 2-15 所示。

表 2-15　原材料明细分类账

材料编号：　　　　　　　存放地点：　　　　　　　名称和规格：

材料类别：　　　　　　　计量单位：　　　　　　　储备定额：　　　　　第　页

年		凭证号数	摘要	收入			发出			结存		
月	日			数量	单价	金额	数量	单价	金额	数量	单价	金额

2.4.2　账簿的登记

（一）账簿的登记规则

为了做好记账工作，保证会计核算的质量，在启用和登记账簿时，应当遵守以下规则：

1. 为了保证账簿记录的合法性和账簿资料的完整性，明确记账责任，在账簿启用时，必须在账簿扉页上填列"账簿启用和经管人员一览表"，详细载明启用日期、账簿页数、记账人员和会计机构负责人、会计主管人员姓名等内容，并加盖姓名章和单位公章。记账人员或者会计机构负责人、会计主管人员调动工作时，应当注明交接日期、接办人员或者监交人员姓名，并由交接双方人员签名或者盖章。启用订本式账簿，应当从第一页到最后一页顺序编定页数，不得跳页、缺号。使用活页式账页，应当按账户顺序编号，并须定期装订成册。装订后再接实际使用的账页顺序编定页码并另加目录，记明每个账户的名称和页次。

2. 为了使账簿记录保持清晰、耐久，防止涂改，登账时，必须用蓝黑墨水笔或者碳素墨水笔书写，不得使用铅笔或圆珠笔书写（银行的复写账簿除外）。只有在下列情况，可以用红色墨水记账：按照红字冲账的记账凭证，冲销错误记录；在不设借贷等栏的多栏式账页中，登记减少数；在三栏式账户的余额栏前，如未标明余额方向的，在余额栏内登记负数余额；根据国家统一会计制度的规定可以用红字登记的其他会计记录。

3. 在总分类账和明细分类账中，应在首页注明账户的名称和页次，各种账簿都必须按编定的页次逐页、逐行顺序连续登记，不得隔页、跳行登记。如果发生隔页、跳行时，应当将空行、空页划线注销，或者注明"此行空白"、"此页空白"字样，并由记账人员签名或者盖章。

4. 应根据审核无误后的会计凭证登账。登记会计账簿时，应当将会计凭证日期、编号、业务内容摘要、金额和其他有关资料逐项记入账内；做到数字准确、摘要清楚、登记及时、字迹工整。登记完毕后,要在记账凭证上签名或者盖章,并注明已经登账的符号(如"√"符号),表示已经记账。

5. 每一账页登记完毕结转下页时,应当结出本页合计数及余额,写在本页最后一行和下页第一行有关栏内,并在摘要栏内注明"过次页"和"承前页"字样;也可以将本页合计数及金额只写在下页第一行有关栏内,并在摘要栏内注明"承前页"字样。对需要结计本月发生额的账户,结计"过次页"的本页合计数应当为自本月初起至本页末止的发生额合计数;对需要结计本年累计发生额的账户,结计"过次页"的本页合计数应当为自年初起至本页末止的累计数;对既不需要结计本月发生额也不需要结计本年累计发生额的账户,可以只将每页末的余额结转次页。

6. 凡需要结出余额的账户,结出余额后,应当在"借或贷"栏内写明"借"或者"贷"字样。没有余额的账户,应当在"借或贷"栏内写"平"字,并在余额栏内用"∅"表示。现金日记账和银行存款日记账必须逐日结出余额。

7. 在记账过程中,若账簿记录发生错误,应根据错误的具体情况,采用正确的方法予以更正,不得涂改、挖补、刮擦或用褪色药水更改字迹。账簿中书写的文字和数字上面要留有适当空格,不要写满格,字样大小一般应占格距的二分之一,为更正错误留有余地。

(二)账簿登记的方法

1. 序时账簿

序时账簿(日记账)要按照经济业务发生的时间先后顺序逐日逐笔登记经济业务。在我国,各单位都要设置现金日记账、银行存款日记账对现金和银行存款的收付业务进行序时核算,加强货币资金的管理。为了防止账页散失和随意抽换,现金日记账和银行存款日记账应该采用订本式账簿。现金日记账和银行存款日记账的账页一般采用收入、支出、结余三栏或借方、贷方、余额三栏式格式。

现金日记账通常是由出纳人员根据审核后的现金收、付款凭证,逐日逐笔按顺序登记的。为了防止重复记账,从银行提取现金的业务只填制银行存款付款凭证,不填制现金收款凭证,因此,这种业务的现金收入金额,应根据有关银行存款付款凭证登记。每日终了,出纳人员应分别计算当日现金收入和付出的合计金额及账面结余额,并将现金日记账的账面余额与库存现金实有数核对,借以检查每日现金收入、支出和结存情况。现金日记账格式如表 2-16 所示。

表 2-16　现金日记账

第 25 页

2006 年		凭证号数	摘　要	对方科目	收入	付出	结余
月	日						
7	1		期初余额				25 000
7	4	现付 7	预付职工差旅费	其他应收款		1 500	23 500
7	6	现付 8	支付办公费	管理费用		800	22 700
7	9	现收 6	出售材料收入	其他业务收入	700		23 400
7	9	银付 5	从银行提取现金	银行存款	1 100		24 500
7	11	现收 9	收张洋出差退款	其他应收款	700		25 200
			……				……
7	31		本月合计		85 000	89 000	21 000

　　银行存款日记账是由出纳人员根据审核后的银行存款收、付款凭证，逐日逐笔按顺序登记的。由于将现金存入银行的业务只填制现金付款凭证，不填制银行存款收款凭证，因而这种业务的存款收入金额，应根据有关现金付款凭证登记。每日终了，出纳人员应分别计算出当日银行存款收入、付出的合计金额及账面结余额，以便检查监督各项收入、支出款项，并便于定期同银行送来的对账单逐笔核对。银行存款日记账格式如表 2-17 所示。

表 2-17　银行存款日记账

第 35 页

2006 年		凭证号数	摘　要	结算凭证		对方科目	收入	付出	结存
月	日			种类	编号				
8	1		期初余额						28 000
8	2	银付 1	支付材料款	转支	010	原材料		2 500	25 500
8	3	现付 1	将现金存入银行			库存现金	1 500		27 000
8	5	银收 1	销售产品收入	托收	024	主营业务收入	20 000		47 000
8	7	银付 2	购入固定资产	转支	015	固定资产		7 000	40 000
		……		……		……			
8	31		本月合计				98 500	87 500	39 000

2. 总分类账簿

总分类账簿,简称总账,是根据总分类账户开设,用来分类登记全部经济业务,提供总括核算资料的分类账簿。总分类账一般采用借、贷、余三栏式订本账。总分类账登记的依据和方法,主要取决于所采用的会计核算程序,可以直接根据各种记账凭证逐笔进行登记,也可以把各种记账凭证先按一定方式进行汇总,然后据以登记。总分类账簿格式如表 2-18 所示。

表 2-18　应收账款总分类账

第 4 页

2006 年		凭证号数	摘　　要	借方	贷方	借或贷	余额
月	日						
8	1		期初余额			借	21 300
8	2	转字 1	赊销产品	86 000		借	107 300
8	10	银收字 2	收回前欠货款		50 000	借	57 300
8	21	转字 7	赊销产品	20 000		借	77 300
8	22	转字 12	发生坏账损失		3 500	借	73 800
8	31		本月发生额及月末余额	106 000	53 500	借	73 800

3. 明细分类账簿

明细分类账簿,简称明细账,通常是根据总分类账户按所属二级或明细账户开设,用来分类登记某一类经济业务,提供明细核算资料的分类账簿。明细账一般采用活页式账簿,也有的采用卡片式账簿,如固定资产明细账。明细账的格式应根据明细账的核算内容及其所提供指标需要来确定,对那些只需要进行金额核算,不需要进行实物数量等核算的账簿,如"应收账款"、"应付账款"等明细账,应采用三栏式格式;对那些既要进行金额核算,又要进行实物数量等核算的账簿,如"原材料"、"库存商品"等明细账,应采用数量金额式格式;对那些核算项目较多,且管理上要求提供各核算项目详细信息的明细账,如各种成本、费用明细账等,应采用多栏式格式。

各种明细分类账的登记方法,应根据业务量的大小、管理上的需要以及所记录的经济业务的内容而定,可以根据原始凭证、汇总原始凭证或记账凭证逐笔登记,也可以根据这些凭证逐日或定期汇总登记。

2.4.3 总分类账和明细分类账的平行登记

总分类账与其所属明细分类账都是根据相同的经济业务来登记的。总分类账与其所属明细分类账联系紧密,二者所记录的经济内容相同。总分类账是统驭账户,对其所属明细分类账户起控制作用;明细分类账是从属账户,对其所隶属总分类账户起补充作用。但是总分类账和明细分类账所反映经济内容的详细程度不同,总分类账提供的是总括核算资料,是对其所属的明细分类账资料的综合;而明细分类账提供的是明细核算资料,是总分类账资料的具体化。因此,总分类账与其所属明细分类账必须采用平行登记的方法。

所谓平行登记,就是经济业务发生后,根据会计凭证一方面要在有关的总分类账中进行总括登记,另一方面要在其所属的有关明细分类账中进行明细登记。平行登记时要注意以下要点:

1. 原始依据相同。对于需要提供详细指标的每一项经济业务,都要以相关的会计凭证为依据,一方面记入有关的总分类账户,另一方面记入其所属的明细分类账户。

2. 会计期间相同。对同一经济业务,在同一会计期间,既要在总分类账中进行总括登记,又要在其所属的有关明细分类账中进行明细登记,两者登记的会计期间相同。

3. 方向一致。根据会计凭证记入有关总分类账和明细分类账的借贷方向必须相同。即总账登记在借方,明细账也要登记在借方;总账登记在贷方,明细账也要登记在贷方。

4. 金额相等。平行登记时记入总分类账的金额必须与记入明细分类账的金额相等。如果一笔经济业务涉及一个总分类账下的几个明细分类账,则记入总分类账的金额必须与记入几个明细分类账的金额之和相等。

平行登记的结果,使总分类账与其所属明细分类账之间形成如下相互核对的数量关系:(1)总分类账有关科目的本期发生额与其所属的各个明细科目本期发生额的合计数相等。(2)总分类账有关科目的期末余额与其所属各个明细科目期末余额的合计数相等。

现以"其他应收款"账户为例,说明总分类账和明细分类账平行登记的方法。

【例 2-5】 华达公司 2006 年 8 月份"其他应收款"总分类账户的月初余额为 9 200 元(借方),其所属明细分类账户的月初余额为:王强 5 400 元(借方)、李虹 3 800 元(借方);该月有关经济业务及其会计分录如下:

(1)8 月 2 日,采购员王强出差回厂,报销差旅费 4 800 元。

借:管理费用 4 800

  贷:其他应收款——王强 4 800

(2)8 月 8 日,厂部李虹出差回厂,报销差旅费 3 400 元。

借:管理费用 3 400

  贷:其他应收款——李虹 3 400

(3)8 月 25 日,厂部李虹借支差旅费 6 000 元,以现金支票支付。

借:其他应收款——李虹 6 000

  贷:银行存款 6 000

(4)8 月 30 日,采购员王强借支差旅费 7 500 元,以现金支票支付。

借:其他应收款——王强 7 500

  贷:银行存款 7 500

  根据上述会计分录,对其他应收款总分类账及其他应收款——王强、其他应收款——李虹明细账进行平行登记如表 2-19、2-20、2-21 所示。

表 2-19 其他应收款总分类账

第 页

2006 年		凭证号数	摘　要	借方	贷方	借或贷	余额
月	日						
8	1		期初余额			借	9 200
8	2	略	王强报销差旅费		4 800	借	4 400
8	8		李虹报销差旅费		3 400	借	1 000
8	25		李虹借差旅费	6 000		借	7 000
8	30		王强借差旅费	7 500		借	14 500
8	31		本月发生额及月末余额	13 500	8 200	借	14 500

表 2-20 其他应收款明细分类账

其他应收款—王强

第 页

2006 年		凭证号数	摘　要	借方	贷方	借或贷	余额
月	日						
8	1		期初余额			借	5 400
8	2	略	报销差旅费		4 800	借	600
8	30		借差旅费	7 500		借	8 100
8	31		本月发生额及月末余额	7 500	4 800	借	8 100

表 2-21　其他应收款明细分类账

其他应收款—李虹　　　　　　　　　　　　　　　　　　　　　　　　　　第　　页

2006 年		凭证号数	摘　要	借方	贷方	借或贷	余额
月	日						
8	1		期初余额			借	3 800
8	8	略	报销差旅费		3 400	借	400
8	25		借差旅费	6 000		借	6 400
8	31		本月发生额及月末余额	6 000	3 400	借	6 400

　　由于总分类账和明细分类账是按平行登记要求登记的，因此对总分类账和明细分类账的登记结果可以通过编制"总分类账与明细分类账本期发生额及余额对照表"（如表 2-22 所示）进行核对。

表 2-22　总分类账与明细分类账本期发生额及余额对照表

2006 年 8 月 31 日　　　　　　　　　　　　　　　单位：元

账户名称	月初余额		发生额		月末余额	
	借方	贷方	借方	贷方	借方	贷方
王强明细账	5 400		7 500	4 800	8 100	
李虹明细账	3 800		6 000	3 400	6 400	
其他应收款总账	9 200		13 500	8 200	14 500	

2.4.4　结账和对账

（一）结账

　　结账就是在把一定时期（月份、季度、年度）内所发生的经济业务全部登记入账的基础上，结算出各种账簿的本期发生额和期末余额。通过结账，能够全面、系统地了解企业各会计期间经济活动情况及其结果，为编制会计报表做好准备。结账于各会计期末进行，可分为月结、季结和年结。结账主要包括以下基本程序：

　　1. 检查本期内日常发生的经济业务是否已全部登记入账，若发现漏账、错账，应及时补记、更正。

　　2. 按权责发生制的原则进行期末账项调整。为了真实地反映各会计期间的收入和费用，以便合理地确定各会计期间的财务成果，就需要调整那些收支期与归属期不一致的收入和费用。如预付费用的摊销、应计收入和应计费用的核算。

3. 编制结账分录。各会计期末要分配结转有关成本费用,按照配比原则对有关费用进行分配,如期末将"制造费用"账户分配计入"生产成本"账户,并将各损益类账户转入"本年利润"账户等。

4. 计算各账户本期发生额和期末余额。在本期全部经济业务已登记入账的基础上,分别计算出现金日记账与银行存款日记账、各总账和明细账的本期发生额和期末余额,并通过试算平衡核对相符,将期末余额结转下期。

在实际工作中,一般采用划线结账方法进行结账。

办理月结,应在各账户最后一笔记录下面划一条通栏红线,在红线下结算本月发生额及月末余额(如无余额,应在"余额"栏内注明"∅"符号并在"借或贷"栏内写上"平"字),并在摘要栏内注明"本月合计"或"本月发生额及余额"字样,然后在下面再划一条通栏红线。

办理年结,应在12月份月结数字下,结算填列全年12个月的发生额及年末余额,并在摘要栏内注明"本年合计"或"年度发生额及余额"字样,并在全年发生额下面通栏划双红线。年终结账时,所有总账账户都应当结出全年发生额和年末余额。同时,年终要把各账户的余额结转到下一年度,并在摘要栏内注明"结转下年"字样。在下一会计年度新建有关会计账簿的第一行余额栏内填写上年结转的余额,并在摘要栏注明"上年结转"字样。结账方法如表 2-23 所示。

(二)对账

对账是指对账簿记录所进行的核对工作。会计信息系统采用复式记账原理,在内部已形成了一套以账簿为中心,账簿、凭证、报表之间,账簿与账簿之间的相互控制、稽核和自动平衡的保护性机制。通过对账,可以及时发现和纠正记账及计算的差错,做到账证相符、账账相符、账实相符,保证记录的完整和正确,为编制会计报表提供真实可靠的数据资料。对账工作的主要内容包括账证核对、账账核对和账实核对三个方面。

1. 账证核对是指各种账簿的记录与有关会计凭证的核对。

2. 账账核对是指各种账簿之间有关核算指标的核对。主要包括:(1)各总分类账的借方期末余额合计数与贷方期末余额合计数应该核对相符;(2)库存现金和银行存款总分类账户的期末余额分别与现金日记账和银行存款日记账的期末余额应核对相符;(3)总分类账各有关账户的期末余额与其所属的各明细账户的期末余额之和应核对相符;(4)会计部门的各种财产物资明细分类账期末余额与财产物资保管、使用部门的有关财产物资明细分类账期末余额应核对相符。

表 2-23 应收账款总分类账　　　　　第　页

2006 年		凭证号数	摘　要	借方	贷方	借或贷	余额
月	日						
1	1	略	年初余额			借	1 600 000
1	5				50 000	借	1 550 000
1	10				40 000	借	1 510 000
1	20			100 000		借	1 610 000
1	31		1 月份发生额及余额	100 000	90 000	借	1 610 000
2	1		月初余额			借	1 610 000
2	5			200 000		借	1 810 000
2	10			50 000		借	1 860 000
2	25				100 000	借	1 760 000
2	28		2 月份发生额及余额	250 000	100 000	借	1 760 000
3	1		月初余额			借	1 760 000
3			略	略	略		略
3	31		略	略	略		略
3	31		3 月份发生额及余额	290 000	50 000	借	2 000 000
	略		略	略	略		略
12	31		略	略	略		略
12	31		年度发生额及余额	1 900 000	800 000	借	2 700 000
			结转下年		2 700 000		

注：——表示单红线

　　══表示双红线

3. 账实核对是指各种财产物资等的账面余额与实存数额相核对。主要包括：(1)现金日记账的账面余额与现金实际库存数额相核对；(2)银行存款日记账账面余额与开户银行账目相核对；(3)各种财产物资明细分类账账面余额与财产物资实存数额相核对；(4)各种应收、应付款明细分类账账面余额与有关债务、债权单位的账目核对。账实核对,一般是通过财产清查进行的。

2.5　财产清查

2.5.1　财产清查概述

（一）财产清查的意义

财产清查是指通过实地盘点或查询核对来确定各项实物、货币资金、债权债务的实存数，并查明账存数与实存数是否相符的一种会计专门方法。

企业各项财产物资、债权债务的日常增减变动及其结果都通过会计凭证及时地反映在账簿记录中，虽然通过对会计凭证的审核和对账，保证了账簿记录的正确性，但仍不能保证账簿记录的真实和客观，因为在实际工作中还可能出现账实不符的现象。账实不符的原因概括起来有两个方面：一是自然原因。企业因气候等自然因素影响使某些财产物资自然挥发或增重，发生自然灾害造成损失，以及由于机械操作、切割等技术原因造成某些财产物资发生一定的损耗。二是人为原因。包括有关人员收发计量差错或核算不准等失误以及管理制度不严造成贪污盗窃等。因此，通过对各项财产进行定期或不定期清查，对于加强企业经营管理，充分发挥会计的监督作用具有重要意义。财产清查的意义主要体现在以下几个方面：

1. 保证会计资料的正确、真实。通过财产清查做到账实相符，切实保证账簿记录的真实、正确，为管理提供可靠的资料。

2. 挖掘各项财产物资的潜力。通过财产清查可查明各项财产物资的储备情况，对储备不足的财产物资应及时组织采购，对超储积压的材料物资应及时处理，加速资金周转。

3. 改善经营管理，保护各项财产安全完整。通过财产清查可暴露出经营管理上的薄弱环节，促进企业进一步完善相关规章制度，堵塞漏洞，减少因管理不善和贪污盗窃等引起的财产损失，保护企业财产的安全完整。

（二）财产清查的种类

1. 全面清查和局部清查

按照清查的范围不同，财产清查可分为全面清查和局部清查。

全面清查是指对企业单位所有财产物资进行盘点和核对。全面清查的范围广、内容多，一般在年终决算前、单位撤销合并或改变隶属关系时、企业转制、单位主要领导调离工作以及开展清产核资时进行。

局部清查是指根据需要对部分财产物资进行的清查。局部清查的对象主要是流动性较大的或较贵重的资产,应进行局部清查的情况主要有:库存现金应做到日清月结;银行存款和银行借款每月至少核对一次;流动性较大或容易短缺损耗的存货,年内应轮流盘点或重点抽查;贵重物资每月盘点一次;各项债权、债务每年至少核对一至两次等。在实物保管人办理交接或财产遭受自然灾害或意外损失时,也需要进行局部清查。

2. 定期清查和不定期清查

按清查的时间间隔不同,财产清查分为定期清查和不定期清查。

定期清查是指按计划安排的时间对财产物资进行的清查。定期清查一般在期末进行。企业一般在年终决算前进行全面定期清查,月末和季末对贵重财产及货币资金进行盘点和抽查,实施局部定期清查。

不定期清查是指根据实际需要,事前不规定清查时间而进行的临时性的清查。不定期清查可以是全部财产物资清查,也可以是局部财产清查。如更换财产保管人、发生自然灾害和意外事故、上级或其他有关部门对本单位进行检查时,企业关停并转和转变产权关系时,应进行不定期清查。

2.5.2　财产清查的方法

（一）财产物资的清查方法

1. 确定财产物资结存数的方法

财产清查的一个重要环节是盘点财产物资的实际数量,为使盘点工作顺利进行,应建立一套盘存制度。确定财产物资结存数量的方法有实地盘存制和永续盘存制两种。

（1）实地盘存制

实地盘存制又称定期盘存制,是指通过实地盘点来确定财产物资的实存数量,作为财产物资账面结存数量的方法。采用这种方法的特点是:平时有关账簿中只登记财产物资的增加数,不登记减少数,期末通过实地盘点来确定财产物资的期末结存数,再倒推计算出本期减少的财产物资数量。其计算公式如下:

$$本期减少数＝期初账面结存数＋本期增加数－期末实际结存数$$

通过以上公式可以看出,采用实地盘存制的存货盘存制度,平时只记录增加入库数量,不记录发出数量,可以简化财产物资的核算工作。但这种盘存制度不能从账面上随时反映财产物资的收入、发出和结存情况,各项财产物资的发出没有严密的手续,不便于实施会计监督,倒推计算出的财产物资减少数量构成复杂,除了正常耗用的外,可能还有非正常耗用的。

（2）永续盘存制

永续盘存制又称账面盘存制,是根据账簿记录计算账面结存数量的方法。采用这种方法,平时对各项财产物资的增加数和减少数,都要根据会计凭证连续登记入账,随时可以根据账簿记录结出账面结存数。账面结存数量的计算公式如下:

$$期末账面结存数＝期初账面结存数＋本期增加数－本期减少数$$

通过以上公式可以看出,采用永续盘存制的盘存制度,需要在账簿中对财产物资的收入、发出进行连续登记,随时可以掌握财产物资的动态及结存情况,有利于加强对财产物资的管理。但账簿中记录的财产物资的增减变动及结存情况都是根据有关会计凭证登记的,核算工作量大,也可能发生账实不符的情况,需要对各项财产物资定期进行盘点和清查,以查明账实是否相符及账实不符的原因。

两种盘存制度各有利弊,但两者比较,永续盘存制能够加强对存货的管理,能够随时提供有用的信息。因此,实际工作中,绝大多数财产物资都采用永续盘存制核算。只有某些价值低、品种多、领用非常频繁的财产物资采用实地盘存制核算。

2．清查财产物资的方法

由于实物的形态、体积、重量、堆放方式等不同,采用的清查方法也不同。主要有实地盘点法和技术推算法两种:

（1）实地盘点法。实地盘点法是通过实地逐一点数或用计量器具确定实存数量的一种常用方法。采用这种方法数字准确可靠,但工作量较大。

（2）技术推算法。技术推算法是通过技术推算确定实存数量的一种方法。对有些价值低、数量大的材料物资,如露天堆放的原煤、沙石等,不便于逐一过磅、点数的,可以在抽样盘点的基础上,通过技术推算确定其实存数量。

对各项财产物资的盘点结果,应逐一填制盘存单,并同账面余额记录核对,确认盘盈盘亏数,填制“实存账存对比表”（见表 2-24）,作为调整账面记录的原始凭证。

表 2-24　实存账存对比表

单位名称：　　　　　　　　　　　　　年　月　日

序号	名称	规格	计量单位	单价	实存		账存		盘盈		盘亏		备注
					数量	金额	数量	金额	数量	金额	数量	金额	

盘点人签章：　　　　　　　　　　　　　　　　　　　会计签章：

（二）货币资金的清查

库存现金的清查一般采用实地盘点的方法进行。通过实地盘点可以确定库存现金的实存金额，并与现金日记账的账面余额核对，以查明账实是否相符及盈亏情况。现金清查后应填写"现金盘点报告表"。

对银行存款的清查，需要将企业的银行日记账与开户银行转来的银行对账单进行核对，对存在的未达账项应通过编制"银行存款余额调节表"进行调整，以确定银行存款的实有数额，查明银行存款账实是否相符。有关内容将在第三章中详述。

3. 各种结算往来款项一般采用函证核对法进行清查，即通过信件与经济往来单位核对账目的方法。清查单位按每一个经济往来单位编制"往来款项对账单"（一式两联）送往各经济往来单位，对方经过核对相符后，在回联单加盖公章退回，表示已经核对；如果经过核对不相符，对方应在回联单中说明情况，或另抄对账单退回，进一步查明原因，再行核对，直到相符为止。

2.5.3　财产清查结果的账务处理

财产清查后，如果实存数与账存数一致，账实相符，就不必进行账务处理。如果实存数与账存数不一致，会出现两种情况：一是盘盈，即实存数大于账存数；二是盘亏，即实存数小于账存数。财产清查过程中还通常出现毁损的情况，即虽然实存数与账存数一致，但实存的财产物资有质量问题，不能正常使用。显然，为了保证账户记录能如实反映财产物资的实际价值，无论是盘盈或盘亏还是毁损，都需要进行账务处理，调整账存数，使账存数与实存数保持一致。

为了加强财产物资的管理，堵塞管理漏洞，企业一旦发现盘盈、盘亏及毁损情况，就应该核准数字，进一步分析原因，明确经济责任，提出相应的处理意见，按管理权限报有关部门批准处理。财产清查结果的账务处理分两步：首先，对已查明属实的财产盘盈、盘亏及毁损金额，根据实存账存对比表编制记账凭证，调整账簿记录,使各项财产物资的实存数与账存数一致;其次,待有关部门批准处理后,根据审批处理意见进行转销处理。

为了核算在清查财产过程中查明的各种财产盘盈、盘亏及毁损的价值,企业应设置"待处理财产损溢"账户。企业发生的待处理财产盘亏、毁损的金额先登记在该账户的借方,经审批处理后再通过该账户的贷方转出;企业发生的待处理财产盘盈的金额先登记在该账户的贷方,经审批处理后再通过该账户的借方转出。该账户的借方余额,反映尚未批准处理的盘亏、毁损金额;该账户的贷方余额,反映尚未批准处理的盘盈金额。企业的财产损溢,应及时查明原因,在期末结账前处理完毕,处理后本账户应无余额。该账户应按盘盈、盘亏的资产种类和项目进行明细核算。

盘盈的各种材料、库存商品等,应借记"原材料"、"库存商品"等账户,贷记"待处理财产损溢"账户。盘亏、毁损的各种材料、库存商品等,借记"待处理财产损溢"账户,贷记"原材料"、"库存商品"、"应交税费——应交增值税(进项税额转出)"等账户。

盘盈、盘亏、毁损的财产,按管理权限报经批准后处理时,按残料价值,借记"原材料"等账户,按可收回的保险赔偿或过失人赔偿,借记"其他应收款"账户,按本账户余额,借记或贷记"待处理财产损溢"账户,按其借方差额,属于管理原因造成的,借记"管理费用"账户,属于非正常损失的,借记"营业外支出——非常损失";按其贷方差额,贷记"管理费用"、"营业外收入"账户[①]。

【例 2-6】 华达公司 2006 年 11 月财产清查时发现材料盘盈 6 000 元。

在报经有关部门审批前,应根据"实存账存对比表"编制会计凭证并登记账簿。会计分录为:

借:原材料   6 000
 贷:待处理财产损溢——待处理流动资产损溢   6 000

经查材料盘盈是由于自然升溢所致。经有关部门核准后,据此编制的会计分录为:

借:待处理财产损溢——待处理流动资产损溢   6 000
 贷:管理费用   6 000

【例 2-7】 华达公司 2006 年 11 月财产清查时发现盘亏机器一台,原价为 30 000 元,已提折旧 20 000 元。在报经有关部门审批前,根据"实存账存对比

---

① 企业盘盈固定资产的,根据《企业会计准则——应用指南》的规定,应调整以前年度的损益,而不应计入本期"营业外收入"账户。

表"编制的会计分录为：

  借：待处理财产损溢——待处理固定资产损溢   10 000

    累计折旧   20 000

    贷：固定资产   30 000

  经查实盘亏原因是自然灾害造成的。保险公司同意赔偿 7 000 元,其余损失经批准列支营业外支出。据此编制的会计分录为：

  借：营业外支出   3 000

    其他应收款——保险公司   7 000

    贷：待处理财产损溢——待处理固定资产损溢   10 000

2.6 会计核算组织程序

  会计核算组织程序,亦称会计核算形式或账务处理程序,是指将会计凭证、会计账簿及会计报表有机结合在一起的账务处理方式。建立合理的会计核算组织程序,有利于正确地组织会计工作,提高会计核算工作的效率和质量,节约人力和物力,充分发挥会计的职能。

  对会计凭证、账簿、报表及记账程序的不同组合构成不同的会计核算组织程序,这其中总分类账的登记依据和方法是会计核算组织程序的核心。我国企业、单位所采用的会计核算组织程序有很多种,根据登记总分类账的依据和方法的不同,会计核算组织程序可以分为记账凭证核算组织程序、科目汇总表核算组织程序、汇总记账凭证核算组织程序、多栏式日记账核算组织程序、日记总账核算组织程序、通用日记账核算组织程序等。其中,比较常用的会计核算组织程序主要有记账凭证核算组织程序、科目汇总表核算组织程序、汇总记账凭证核算组织程序。

2.6.1 记账凭证核算组织程序

  记账凭证核算组织程序是直接根据记账凭证登记总账的一种核算组织程序。其主要特点是直接根据各种记账凭证逐笔登记总分类账,因此记账凭证核算组织程序是最基本的一种会计核算组织程序。

  在记账凭证核算组织程序下,记账凭证一般设置收款凭证、付款凭证和转账凭证;总分类账和日记账的格式均可采用三栏式格式;明细分类账则可根据管理的需要分别采用三栏式、多栏式或数量金额式账簿格式。

记账凭证核算组织程序的实施步骤如图 2-6 所示。

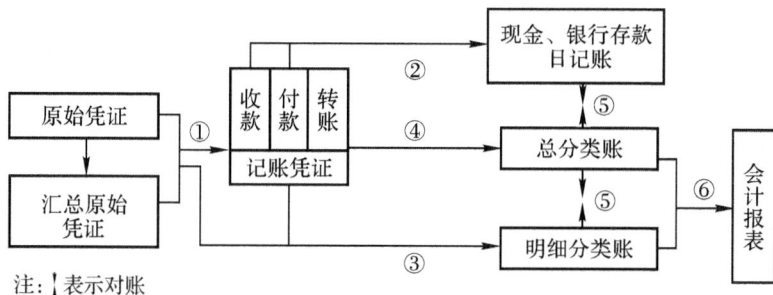

注：┇表示对账

图 2-6　记账凭证核算组织程序流程

(1)根据原始凭证或汇总原始凭证填制各种记账凭证。

(2)根据收款凭证、付款凭证逐笔登记现金日记账和银行存款日记账。

(3)根据原始凭证、汇总原始凭证和记账凭证登记各种明细分类账。

(4)根据各种记账凭证逐笔登记总分类账。

(5)月末,将现金日记账、银行存款日记账和各种明细分类账的余额与总分类账有关科目的余额相核对。

(6)月末,根据核对无误的总分类账和明细分类账的资料编制会计报表。

记账凭证核算组织程序是直接根据记账凭证登记总账,程序简单明了,易于理解。但当单位业务量较大时,根据记账凭证逐笔登记总分类账,会增加登记总分类账的工作量。因此,这种程序适用于规模小、业务量少的单位。

2.6.2　科目汇总表核算组织程序

科目汇总表核算组织程序又称为记账凭证汇总表核算组织程序,是根据科目汇总表登记总账的一种核算组织程序。其主要特点是:定期将所有记账凭证汇总编制科目汇总表(又称为记账凭证汇总表),然后再根据科目汇总表登记总分类账。

科目汇总表,如表 2-25 所示的编制方法是定期(如日、周、旬或月)将该期间内的所有记账凭证,按相同会计科目归类,汇总每一会计科目的借方本期发生额和贷方本期发生额,并填写在科目汇总表的相关栏内。

在科目汇总表核算组织程序下,凭证及账簿的设置与记账凭证核算组织程序的要求相同。

表 2-25　科目汇总表

2006 年 11 月

会计科目	本期发生额		总账页数
	借方金额	贷方金额	
库存现金	85 080	85 813	
银行存款	0	311 310	
在途物资	83 200	83 200	略
原材料	83 200	46 200	
应收账款	2 400	0	
其他应收款	0	1 500	
库存商品	6 000	0	
在建工程	130 000	0	
管理费用	4 733	0	
生产成本	39 200	0	
制造费用	3 000	3 000	
应交税费	12 410	0	
应付账款	0	3 200	
应付职工薪酬	85 000	0	
合　计	534 223	534 223	

科目汇总表核算组织程序的实施步骤如图 2-7 所示。

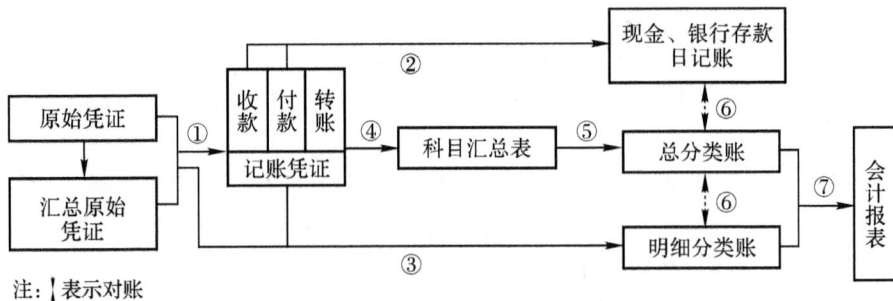

注：┆表示对账

图 2-7　科目汇总表核算组织程序流程

（1）根据原始凭证、汇总原始凭证填制各种记账凭证。

（2）根据收、付款凭证登记现金日记账和银行存款日记账。

（3）根据原始凭证、汇总原始凭证和记账凭证登记各种明细分类账。

（4）定期根据记账凭证汇总编制科目汇总表。

（5）根据科目汇总表登记总分类账。

（6）月末，将现金日记账、银行存款日记账和各种明细账的余额与总分类账的有关科目的余额核对。

（7）月末，根据总分类账和明细分类账的资料编制会计报表。

科目汇总表核算组织程序，根据科目汇总表登记总分类账，可以大大减轻登记总账的工作量，而且科目汇总表还可以起到试算平衡的作用。但是对全部科目归类汇总编制的科目汇总表只能反映各科目的借方本期发生额和贷方本期发生额，不能反映科目之间对应关系，不便于分析和检查经济业务的来龙去脉，不便于查对账目。这种程序一般适用于经济业务量较多的单位。

2.6.3　汇总记账凭证核算组织程序

汇总记账凭证核算组织程序是定期将所有的记账凭证汇总编制成汇总记账凭证，然后再根据汇总记账凭证登记总分类账的一种核算组织程序。

汇总记账凭证分为汇总收款凭证、汇总付款凭证和汇总转账凭证三种。

汇总收款凭证如表 2-26 所示，分别按库存现金、银行存款科目的借方分别设置，定期（如日、周或旬）将该期间内的全部现金收款凭证、银行存款收款凭证，分别按其对应的贷方科目加以归类汇总填列一次，每月编制一张。月末，结算出汇总收款凭证的合计数，据以登记"库存现金"或"银行存款"科目的借方以及各有关科目的贷方。

表 2-26　汇总收款凭证

借方科目：银行存款　　　　　　　2007 年 1 月　　　　　　汇收第 1 号

贷方科目	金　额				总账页数	
	1 日至 10 号凭证号 1—20	11 日至 20 日凭证号 21—40	21 日至 30 日凭证号 41—70	合计	借方	贷方
应收账款	40 000	20 000		60 000	略	略
预收账款	5 000		3 000	8 000		
主营业务收入	30 000	50 000	15 000	95 000		
合　计	75 000	70 000	18 000	163 000		

汇总付款凭证如表 2-27 所示，分别按库存现金科目、银行存款科目的贷方分别设置，定期（如日、周或旬）将该期间内的全部现金付款凭证、银行存款付款凭证，分别按其对应的借方科目加以归类汇总填制一次，每月编制一张。月末，结算出汇总付款凭证的合计数，据以登记"库存现金"或"银行存款"科目的贷方，以及各有关科目的借方。

表 2-27　汇总付款凭证

贷方科目:库存现金　　　　　　　　　2007 年 1 月　　　　　　　　汇收第 1 号

借方科目	金　额				总账页数	
	1 日至 10 号凭证号 1—40	11 日至 20 日凭证号 41—70	21 日至 30 日凭证号 71—100	合 计	借方	贷方
管理费用	1 500	3 500	200	5 200	略	略
制造费用	500	400	500	400		
销售费用		8 500		8 500		
合　计	2 000	12 400	700	15 100		

汇总转账凭证如表 2-28 所示，通常是分别按贷方科目设置，定期（如日、周或旬）将该期间内的全部转账凭证，按其对应的借方科目加以归类汇总填列一次，每月编制一张。月终，结算出汇总转账凭证的合计数，据以登记有关总账。

汇总记账凭证核算组织程序的实施步骤如图 2-8 所示。

表 2-28　汇总转账凭证

贷方科目:应付账款　　　　　　　　　2007 年 1 月　　　　　　　　汇转第 10 号

贷方科目	金　额				总账页数	
	1 日至 10 号凭证号 1—25	11 日至 20 日凭证号 26—53	21 日至 30 日凭证号 54—80	合 计	借方	贷方
原材料	60 000	10 000	5 000	75 000	略	略
生产成本	50 000		40 000	90 000		
固定资产		240 000		240 000		
合　计	110 000	250 000	45 000	405 000		

（1）根据原始凭证或汇总原始凭证填制各种记账凭证。

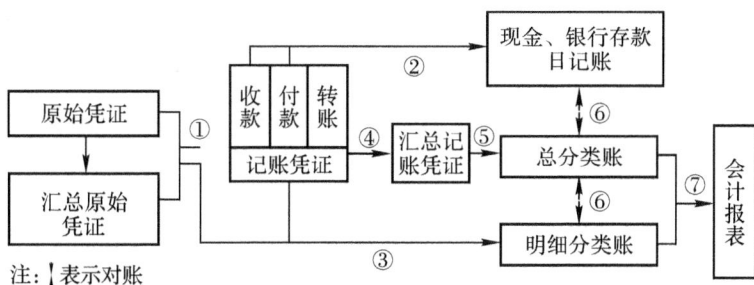

注：┃表示对账

图 2-8 汇总记账凭证核算组织程序图

（2）根据收款凭证、付款凭证登记现金日记账和银行存款日记账。

（3）根据原始凭证、汇总原始凭证和记账凭证登记明细分类账。

（4）定期根据各种记账凭证汇总编制各种汇总记账凭证。

（5）根据各种汇总记账凭证登记总分类账。

（6）月末，将现金日记账、银行存款日记账和明细分类账的余额与总分类账有关账户的余额核对。

（7）月末，根据总分类账和明细分类账的资料编制会计报表。

在汇总记账凭证核算组织程序下，汇总记账凭证和总分类账可以清晰地反映科目之间的对应关系，便于查对和分析账目，从而克服了科目汇总表核算组织程序所存在的缺点；同时，由于总账是根据汇总记账凭证于月末时一次登记的，可以大大减轻登记总账的工作量。但是，汇总转账凭证是按每一贷方科目分别编制的而不是按经济业务的性质归类汇总的，因而不利于日常核算的分工，且编制汇总记账凭证的工作量也较大。这种核算组织程序适用于规模较大、业务量较多的单位。

⋙【进一步学习指南】

为了提供高质量的会计信息，会计形成了一整套完善的会计核算方法体系，有科学严谨的会计核算组织程序。本章简要介绍了设置会计科目和账户、复式记账、填制与审核凭证、登记账簿、财产清查等会计核算基本方法和主要的会计核算组织程序，掌握这些会计核算方法是深入学习会计知识的基础。感兴趣的读者可以继续学习《基础会计学》相关章节，阅读财会字〔1996〕19 号文《会计工作基础规范》的有关规定。

⇨【复习思考题】

1. 会计科目与账户、账户与账簿之间是什么关系？
2. 在借贷记账法下，记账符号"借"和"贷"各有什么含义？
3. 根据会计等式，分析说明为什么"有借必有贷，借贷必相等"？
4. 总账与明细账平行登记的要点是什么？ 总账与明细账之间有什么关系？
5. 在试算平衡的情况下，还可能存在哪些账簿记录错误？
6. 会计核算组织程序有哪些？ 各有什么特点和优缺点？
7. 实地盘存制和永续盘存制各有什么特点和优缺点？

⇨【练习题】

1. 华达公司 2005 年 8 月 31 日的资产、负债、所有者权益状况如表 2-29 所示：

表 2-29

项目	项目名称			会计科目
	资产	负债	所有者权益	
1. 企业的厂房 119 000 元				
2. 生产用机器设备 11 000 元				
3. 企业拥有的投资者投入资本 83 000 元				
4. 企业向银行取得一年期借款 12 000 元				
5. 企业库存现金 350 元				
6. 企业拥有的土地使用权 107 200 元				
7. 企业提留的盈余公积 42 700 元				
8. 企业生产的产成品 9 300 元				
9. 企业的运输设备 8 750 元				
10. 因销货收到的商业汇票 4 600 元				
11. 企业拥有的专利权 7 300 元				
12. 库存材料的实际成本 3 700 元				
13. 应付给外单位的购料款 108 000 元				
14. 因采购材料开出的商业汇票 43 200 元				
15. 应向外单位收取的销货款 7 600 元				
16. 存入银行的款项 10 100 元				
合　计				

要求：

(1)根据上述项目内容,区分资产、负债、所有者权益,并分别计算资产、负债、所有者权益金额合计数。

(2)分别写出上述各项目所适用的会计科目。

2. 某公司 2007 年 1 月发生如下业务。试对这些经济业务编制会计分录,并指出应编制何种记账凭证：

(1)1 月 2 日从银行取得 6 个月借款 400 000 元,存入银行。

(2)1 月 8 日厂部购买办公用品 2 000 元,以银行存款支付。

(3)1 月 10 日以现金发放工资 50 000 元。

(4)1 月 16 日投资者投入厂房一幢,价值 5 000 000 元。

(5)1 月 18 日对外销售产品,货款 10 000 元,增值税 1 700 元,款项均未收到。

(6)1 月 20 日以银行存款归还以前购买材料的欠款 30 000 元。

(7)1 月 22 日生产产品领用材料 20 000 元。

(8)1 月 24 日以银行存款支付销售产品的广告费用 9 000 元。

(9)1 月 27 日预收产品销售货款 6 000 元存入银行。

3. 某企业 2006 年 12 月 31 日银行存款账户余额为 45 460 元。2007 年 1 月 1 日至 5 日发生以下经济业务：

(1)1 日,开出转账支票一张,支付上月所欠购料款 15600 元(支票号码 411)。

(2)2 日,预收大华公司货款 5668 元,款项已存入银行。

(3)3 日,开出现金支票一张,提取现金 1200 元(支票号码 256)。

(4)4 日,以现金 350 元支付购买材料的运杂费。

(5)5 日,收到红光公司投入货币资金 10 万元,存入银行。

(6)5 日,开出转账支票一张,交纳上月应交税金 950 元(支票号码 412)。

要求：

(1)编写上述业务的会计分录,并指出应编制何种记账凭证;

(2)登记银行存款日记账(表 2-30)。

表 2-30 银行存款日记账

2007 年		凭证号数	摘　要	结算凭证		对方科目	借方	贷方	余额
月	日			种类	号码				

☞【案例分析题】

方豪网络服务公司的原业主正想出售该公司,由于时间关系,没有及时编制财务报表,只提供了该公司 2006 年的试算平衡表(如表 2-31 所示)。

表 2-31　方豪网络服务公司试算平衡表

2006 年 12 月 31 日　　　　　　　　　　　单位:元

会计科目	借方余额	贷方余额
银行存款	40 000	
应收账款	167 500	
预付账款	30 000	
固定资产	1 400 000	
累计折旧		300 000
长期待摊费用——房屋租金	50 000	
应付账款		135 000
应交税费		47 400
长期借款		200 000
实收资本		500 000

会计科目	借方余额	贷方余额
主营业务收入		1 300 000
劳务成本	700 000	
财务费用	12 000	
销售费用	30 000	
管理费用	10 000	
营业税金及附加	42 900	
合计	2 482 400	2 482 400

现在,你的朋友想购买该公司,他求助于你,希望你能帮助他解释这些信息,并帮助他决策。他最希望了解的是该公司的资产、负债的情况及利润形成情况。

要求:

1. 分析该公司的经营业绩,帮助你朋友分析该公司是否值得投资经营。

2. 帮助你的朋友分析该公司的资产、负债的情况,分析购买该公司的合理价格。

3. 在你朋友作出决策前,你准备向你朋友提出什么建议?

第3章

流动资产

本章导读

任何一个企业开展生产经营活动都必须拥有一定的流动资产。流动资产是指可以在一年内或者超过一年的一个营业周期内变现或被耗用的资产，主要包括货币资金、交易性金融资产、应收及预付款项、存货等。流动资产的变现能力强，正确地对流动资产进行核算并及时为会计信息使用者提供有关资产变现能力的信息，将有助于企业的投资者和债券人评价企业的现在和未来的支付能力，为其决策提供可靠的支持。本章主要介绍流动资产的确认、计量及核算方法。通过本章的学习，要求达到下列目标：

1. 重点掌握现金、银行存款管理和控制内容，了解银行存款支付结算方式；

2. 掌握交易性金融资产的确认和计量及核算方法；

3. 掌握应收及预付账款的内容及其核算方法，重点掌握坏账准备的核算方法；

4. 重点掌握存货的内容及其确认、计量和核算方法。

3.1　货币资金

货币资金是指处于货币形态,可以随时用作购买手段和支付手段的资金,包括现金、银行存款及其他货币资金。货币资金是流动性最强的资产,各个企业单位为开展生产经营活动都必须拥有一定数量的货币资金。因此,货币资金的核算、管理和控制至关重要。

3.1.1　现　金

现金是货币资金的重要组成部分,是存放在企业可以随时动用的那部分货币资金。现金的概念有广义和狭义之分。狭义的现金是指库存现金,是指存放于企业财会部门由出纳人员经管的货币,包括人民币现金和外币现金。广义的现金除了库存现金外,还包括银行存款及其他货币资金。在我国会计实务中,通常所说的现金是指狭义的现金。

（一）现金的管理

现金因其随时可以动用,具有极强的流动性,很容易被挪用或侵吞,企业必须加强对现金的管理和控制,确保现金的安全与完整。为此,国务院发布了《现金管理暂行条例》,财政部也颁布了《内部控制制度——货币资金》。各个企业应该根据国家有关制度建立、健全企业现金内部控制制度。现金内部控制的基本内容主要包括以下方面:

1. 现金使用范围

企业必须根据《现金管理暂行条例》的规定,结合本单位的实际情况,确定本单位现金的开支范围。不属于现金开支范围的业务应当通过银行办理转账结算。根据规定,企业支出的各种款项中,可用现金支付的项目有:①职工工资、津贴;②个人劳务报酬;③根据国家规定颁发给个人的科学技术、文化艺术、体育等各种奖金;④各种劳保、福利费用以及国家规定的对个人的其他支出;⑤向个人收购农副产品和其他物资的款项;⑥出差人员必须随身携带的差旅费;⑦结算起点(1 000 元人民币)以下的零星支出;⑧中国人民银行确定需要支付现金的其他支出。

2. 现金的限额管理

现金的限额是指由开户银行给企业核定库存现金的最高限额。企业应当加强现金库存限额的管理,超过库存限额的现金应及时存入银行。当库存现金不足时,可以从银行存款中提取现金补足限额。库存现金限额的多少,由开户银行根据行业特点、企业日常使用现金情况和距离银行远近等逐户核定。核定标准为企业可以保留3～5天日常零星开支所需的现金量,边远地区和交通不便地区的开户单位可以保留15天以下的日常零星开支所需的现金量。

3. 现金收支的日常管理

(1)企业现金收入应当及时存入银行,不得用于直接支付本单位的支出。企业支付现金,可以从本单位库存现金中支付或从开户银行提取,不得从本单位的现金收入中直接支付,即不得"坐支"现金。因特殊情况需要坐支现金的,应事先报经开户银行审查批准。

(2)从开户银行提取现金时,应如实写明提取现金的用途,由本单位财会部门负责人签字盖章,并经开户银行审查批准后予以支付,不准谎报用途套取现金。因采购地点不确定、交通不便、抢险救灾及其他特殊情况必需使用大额现金时,应向开户银行提出书面申请,由本单位财会部门负责人签字盖章,并经开户银行审查批准后予以支付。

(3)各单位不准用不符合制度规定的凭证顶替库存现金,即不得"白条抵库";不准用银行账户代其他单位和个人存入或支取现金;单位取得的货币资金收入必须及时入账,不得私设"小金库",不得账外设账,严禁收款不入账;不准将单位收入的现金以个人名义存储,即不得"公款私存"。

(二)现金收支的核算

为了总括地反映企业库存现金的收入、支出和结存情况,企业应设置"库存现金"账户。该账户为资产类账户,借方登记现金的增加,贷方登记现金的减少,期末借方余额反映企业实际持有的库存现金。对现金收支的核算应从序时核算和总分类核算两方面进行。

现金的序时核算应设置现金日记账,由出纳员根据现金的收款凭证、付款凭证及现金与银行存款相互划转时的银行付款凭证逐日逐笔进行登记。有外币现金的企业,应当分别对人民币和各种外币设置"现金日记账"进行明细核算。每日终了,应当计算当日的现金收入合计额、现金支出合计额和结余额,并将结余额与实际库存额核对,做到账款相符。

现金的总分类核算应设置库存现金总账,会计人员可以根据每一涉及现金增减变动的现金收付款凭证和银行存款付款凭证直接登记库存现金总账;如果企业日常现金收支业务较为频繁,为了简化核算,采用汇总记账凭证或科目汇总表等核算组织程序核算,根据汇总收付款凭证或科目汇总表定期登记库存现金总账。每日终了,应当计算当日的现金收入合计额、现金支出合计额和结余额,将结余额与实际库存金额进行核对,做到账款相符。月份终了,现金日记账的余额必须与库存现金总账的余额核对相符,做到日清月结。

企业发生现金收支业务时,必须取得或填制记载现金收付的原始凭证。企业会计人员应严格审核现金收付原始凭证,审核原始凭证记载的内容和金额是否合理、合法和合规,审核有关手续是否完备、数字是否真实正确、内容是否齐全,并根据审核无误的原始凭证编制记账凭证。企业收到现金时,借记"库存现金"账户,贷记"银行存款"、"主营业务收入"、"其他应收款"等有关账户;企业支付现金时,借记"管理费用"、"其他应收款"、"银行存款"等有关账户,贷记"库存现金"账户。

【例 3-1】　东方公司 2006 年 8 月发生以下有关现金收支业务,编制会计分录如下:

(1)5 日开出现金支票一张,从开户银行提取现金 10 000 元备用。

借:库存现金　　　　　　　　　　　　　　　　　　10 000
　　贷:银行存款　　　　　　　　　　　　　　　　　　　　10 000

(2)8 日销售产品收到现金 702 元,其中价款 600 元,增值税 102 元。

借:库存现金　　　　　　　　　　　　　　　　　　702
　　贷:主营业务收入　　　　　　　　　　　　　　　　　　600
　　　　应交税费——应交增值税(销项税额)　　　　　　　102

(3)9 日职工王涛出差预借差旅费 2 000 元,以现金付讫。

借:其他应收款——王涛　　　　　　　　　　　　　2 000
　　贷:库存现金　　　　　　　　　　　　　　　　　　　　2 000

(4)10 日以现金支付职工工资 60 000 元。

借:应付职工薪酬　　　　　　　　　　　　　　　　60 000
　　贷:库存现金　　　　　　　　　　　　　　　　　　　　60 000

(5)19 日职工王涛出差回来报销差旅费 1 800 元,原借款金额 2 000 元,将剩余现金 200 元交回。

借:库存现金　　　　　　　　　　　　　　　　　　200
　　管理费用　　　　　　　　　　　　　　　　　　1 800
　　贷:其他应收款——王涛　　　　　　　　　　　　　　　2 000

(6)25 日以现金购买办公用品 900 元。

借:管理费用　　　　　　　　　　　　　　　　　　900
　　贷:库存现金　　　　　　　　　　　　　　　　　　　　900

3.1.2 银行存款

银行存款是指企业存放于银行或其他金融机构的随时可以支付的货币资金。按照国家有关规定，凡是独立核算的单位都必须在当地的银行开设账户。企业在其所在地银行开设账户以后，除按核定的限额保留库存现金外，超过限额的现金必须存入开户银行。除了在规定的范围内可以用现金直接支付外，企业在生产经营活动过程中所发生的一切货币资金收支业务，都必须通过银行存款账户进行存款、取款以及各种收支转账业务的结算。

（一）银行账户的管理

根据《银行账户管理办法》的规定，企业的银行存款账户一般分为四类：基本存款账户、一般存款账户、临时存款账户和专用存款账户。

基本存款账户是企业办理日常转账结算和现金收付的账户。企业工资、奖金等现金的支取，只能通过基本存款账户办理。一般存款账户是企业在基本存款账户以外的银行借款转存、与基本存款账户的单位不在同一地点的附属非独立核算单位开立的账户，可以办理转账结算和现金缴存，但不能支取现金。临时存款账户是指企业因临时生产经营活动的需要，如异地产品展销、临时性采购资金等而开立的账户，既可以办理转账结算，也可以根据国家现金管理规定存取现金。专用存款账户是指企业因特定用途需要所开立的账户，如基本建设项目专项资金等。

根据规定，一个企业只能选择一家银行的一个营业机构开立一个基本存款账户，既不得在多家银行机构开立基本存款账户，也不得在同一家银行的其他分支机构开立一般存款账户。为了加强对基本存款账户的管理，企事业单位开立基本存款账户，要实行开户许可证制度，应该凭中国人民银行当地分支机构核发的许可证，连同单位财务公章、财务负责人和出纳员印章等印鉴，到当地银行开立账户。企业不得为还贷和套取现金而多头开立基本存款账户；不得出租、出借账户；任何单位和个人不得将单位的资金以个人名义开立账户存储。

（二）银行支付结算方式

银行存款的收付应严格执行银行结算制度的规定。支付结算是指单位、个人在社会经济活动中使用票据（包括银行汇票、商业汇票、银行本票和支票）、信用卡、汇兑、托收承付、委托收款、信用证等结算方式进行货币给付及资金清算的行为。办理支付结算必须遵守下列原则：恪守信用，履约付款；谁的钱进谁的账，由谁支配；银行不予垫款。

1. 银行汇票

银行汇票是汇款人将款项交存当地出票银行,由出票银行签发的,由其在见票时,按照实际结算金额无条件支付给收款人或持票人的票据。银行汇票同时适用于同城、异地结算。不论是否在银行开户,单位和个人各种款项结算均可使用银行汇票。银行汇票具有使用灵活、票随人到、兑现性强等特点,可以钱货两清。因此,银行汇票的使用范围比较广泛。

银行汇票通常用于转账。但如果申请人和收款人均为个人的,且银行在银行汇票的"汇票金额"栏中填写有"现金"字样后,也可以用于支取现金。申请人或者收款人为单位的,银行不得为其签发现金银行汇票。银行汇票一律记名,可以背书转让。银行汇票必须记载下列事项:(1)表明"银行汇票"的字样;(2)无条件支付的承诺;(3)出票金额;(4)付款人名称;(5)收款人名称;(6)出票日期;(7)出票人签章。欠缺记载上列事项之一的银行汇票无效。

申请人使用银行汇票时,首先应向银行填写"银行汇票申请书",填明收款人名称、汇票金额、申请人名称、申请日期等事项并签章,并将票款交给银行。银行受理银行汇票申请书,收妥款项后签发银行汇票,并用压数机压印出汇票金额,将银行汇票和解讫通知一并交给申请人。

申请人取得银行汇票后即可在付款期限内持银行汇票向填明的收款单位办理结算。银行汇票的提示付款期限为自出票日起 1 个月。收款人在收到付款单位送来的银行汇票时,应在出票金额以内,按实际结算金额办理结算,并将实际结算金额和多余金额准确地填入银行汇票和解讫通知的有关栏内,银行汇票的实际结算金额低于出票金额的,其多余金额由出票银行退交申请人。申请人因银行汇票超过付款提示期限或其他原因要求退款时,应将银行汇票和解讫通知同时提交到出票银行办理退款。

2. 银行本票

银行本票是由银行签发的,承诺在见票时无条件支付确定的金额给收款人或者持票人的票据。银行本票由银行签发并保证兑付,而且见票即付,具有信誉高、支付功能强等特点。银行本票适用于同城结算,无论单位或个人都可以使用银行本票。银行本票可以用于转账,注明"现金"字样的银行本票可以用于支取现金。但申请人或收款人为单位的,银行不得为其签发现金银行本票。

银行本票分为不定额本票和定额本票两种。定额本票面值分别为 1 000 元、5 000 元、10 000 元和 50 000 元。银行本票一律记名,可以背书转让。银行本票必须记载下列事项:(1)表明"银行本票"的字样;(2)无条件支付的承诺;(3)确定的金额;(4)收款人名称;(5)出票日期;(6)出票人签章。欠缺记载上列事项之一的银行本票无效。

申请人申请办理银行本票时,应向银行提交"银行本票申请书",填明收款人名称、申请人名称、支付金额、申请日期等事项并签章。出票银行受理银行本票申请书后,收妥款项签发银行本票。不定额银行本票用压数机压印出票金额,出票银行在银行本票上签章后交给申请人。

申请人取得银行本票后,即可向填明的收款单位办理结算。银行本票的提示付款期限自出票日起最长不得超过 2 个月,在付款期内银行本票见票即付。收款人可以将银行本票背书转让给被背书人。

3. 支票

支票是出票人签发的,委托办理支票存款业务的银行在见票时无条件支付确定的金额给收款人或者持票人的票据。

根据支付票款的方式不同,支票可分为现金支票、转账支票和普通支票三种。支票由银行统一印制,支票上印有"现金"字样的为现金支票,现金支票只能用于支取现金;支票上印有"转账"字样的为转账支票,转账支票只能用于转账;支票上未印有"现金"或"转账"字样的为普通支票,普通支票可以用于支取现金,也可以用于转账。在普通支票左上角划两条平行线的称为划线支票,划线支票只能用于转账,不得支取现金。签发现金支票和用于支取现金的普通支票,必须符合国家现金管理的规定。

签发支票应使用碳素墨水笔填写。支票必须记载下列事项:(1)表明"支票"的字样;(2)无条件支付的委托;(3)确定的金额;(4)付款人名称(即出票人开户银行);(5)出票日期;(6)出票人签章。欠缺记载上列事项之一的支票无效。支票的金额、收款人名称,可以由出票人授权补记。未补记前不得背书转让和提示付款。支票的出票人签发支票的金额不得超过付款时在付款人处实有的存款金额。禁止签发签章与其预留银行签章不符的支票。支票一律记名,可以背书转让。

支票的提示付款期为自出票日起 10 日。超过提示付款期限提示付款的,出票人开户银行不予受理,付款人不予付款。

目前,支票结算方式是单位和个人在同城结算中应用比较广泛的一种结算方式。近年来,中国人民银行正在我国部分地区组织开展支票跨区域业务试点,并计划在 2007 年 6 月底前在全国推广实施。届时,支票可在全国范围内通用。

4. 商业汇票

商业汇票是由出票人签发的,委托付款人在指定日期无条件支付确定的金额给收款人或者持票人的票据。

商业汇票的付款期限由交易双方商定,但最长不得超过 6 个月。商业汇票的提示付款期限自汇票到期日起 10 日内。商业汇票一律记名,可以背书转让。商业汇票既可适用于同城结算也可适用于异地结算。在银行开立存款账户的法人以及其他组织之间具有真实的交易关系或债权债务关系,均可使用商业汇票。出票人不得签发无对价的商业汇票用以骗取银行或者其他票据当事人的资金。

签发商业汇票时必须记载下列事项:(1)表明"商业承兑汇票"或"银行承兑汇票"的字样;(2)无条件支付的委托;(3)确定的金额;(4)付款人名称;(5)收款人名称;(6)出票日期;(7)出票人签章。欠缺记载上列事项之一的商业汇票无效。

商业汇票按承兑人不同分为商业承兑汇票和银行承兑汇票两种。承兑是指承诺在汇票到期日无条件支付汇票金额给票据持有人的票据行为。商业承兑汇票由付款人承兑,票据到期前付款人应将票款足额交存其开户银行,在票据到期日将汇票金额支付给票据持有人。票据到期如果付款人存款账户不足而无力支付票款,银行将商业承兑汇票退还给持票人。

银行承兑汇票由银行承兑。银行承兑汇票的出票人应于汇票到期前将票款足额交存其开户银行。承兑银行应在汇票到期日或到期日后的见票当日支付票款。银行承兑汇票的出票人于汇票到期日未能足额交存票款时,承兑银行除凭票向持票人无条件付款外,对出票人尚未支付的汇票金额按照每天万分之五计收利息。

5. 信用卡

信用卡是指商业银行向个人和单位发行的,凭以向特约单位购物、消费和向银行存取现金,且具有消费信用的特制载体卡片。信用卡按使用对象分为单位卡和个人卡;按信誉等级分为金卡和普通卡。

凡在中国境内金融机构开立基本存款账户的单位都可申领单位卡。单位卡可申领若干张,持卡人资格由申领单位法定代表人或其委托的代理人书面指定和注销,持卡人不得出租或转借信用卡。单位卡账户的资金一律从其基本存款账户转账存入,在使用过程中,需要向其账户续存资金的,也一律从其基本存款账户转账存入,不得交存现金,不得将销货收入的款项存入其账户。严禁将单位的款项存入个人卡账户中。持卡人可持信用卡在特约单位购物、消费。单位卡不得用于 10 万元以上的商品交易、劳务供应款项的结算。单位卡一律不得支取现金。

信用卡在规定的限额和期限内允许善意透支,透支期限最长为 60 日。信用卡透支利息,自签单日或银行记账日起 15 日内按日息万分之五计算,超过 15 日按日息万分之十计算,超过 30 日或透支金额超过规定限额的,按日息万分之十五计算。透支计息不分段,按最后期限或者最高透支额的最高利率档次计息。超过规定限额或规定期限,并且经发卡银行催收无效的透支行为称为恶意透支,持卡人使用信用卡不得发生恶意透支。

单位或个人申领信用卡,应按规定填制申请表,连同有关资料一并送交发卡银行。符合条件并按银行要求交存一定金额的备用金后,银行为申领人开立信用卡存款账户,并发给信用卡。持卡人不需要继续使用信用卡的,应持信用卡主动到发卡银行办理销户。销户时,单位卡账户余额转入其基本存款账户,不得提取现金。

6. 汇兑

汇兑是汇款人委托银行将其款项支付给收款人的结算方式。汇兑结算方式手续简便,方法灵活,可用于各种资金的调拨、清理旧欠等。单位和个人异地之间的各种款项结算均可使用汇兑方式结算。

汇兑分为信汇、电汇两种。信汇是指汇款人委托银行通过邮寄方式将款项转划转给收款人。电汇是指汇款人委托银行通过电报将款项划给收款人。汇款人应当根据单位汇款快慢的需要选择使用汇兑方式。

汇兑凭证必须记载下列事项:(1)表明"信汇"或"电汇"的字样;(2)无条件支付的委托;(3)确定的金额;(4)收款人名称;(5)汇款人名称;(6)汇入地点、汇入行名称;(7)汇出地点、汇出行名称;(8)委托日期;(9)汇款人签章。汇兑凭证上欠缺上列记载事项之一的,银行不予受理。

7. 委托收款

委托收款是收款人委托银行向付款人收取款项的结算方式。无论单位和个人凭已承兑的商业汇票、债券、存单等付款人债务证明办理款项的结算,均可以使用委托收款结算方式。委托收款在同城、异地均可以使用。在同城范围内,经开户银行同意和中国人民银行批准,收款人可以依据收付双方事先签订的经济合同使用同城特约委托收款方式收取公用事业费。

收款人办理委托收款应向银行提交委托收款凭证和有关的债务证明。委托收款凭证必须记载下列事项:(1)表明"委托收款"的字样;(2)确定的金额;(3)付款人名称;(4)收款人名称;(5)委托收款凭据名称及附寄单证张数;(6)委托日期;(7)收款人签章。欠缺记载上列事项之一的,银行不予受理。

委托收款结算款项的划回方式,分邮寄和电报两种,由收款人选用。采用这种结算方式,购销双方应具有商业信用,若付款方无款支付或拒付,银行不提供信用担保,不承担审查拒付的义务。

8. 托收承付

托收承付是根据购销合同由收款人发货后委托银行向异地付款人收取款项,由付款人向银行承认付款的结算方式。使用托收承付结算方式的收款单位和付款单位,必须是国有企业、供销合作社,以及经营管理较好并经开户银行审查同意的城乡集体所有制工业企业。办理托收承付结算的款项,必须是商品交易以及因商品交易而产生的劳务供应的款项,代销、寄销、赊销商品的款项不得办理托收承付结算。收付双方使用托收承付结算必须签有符合《经济合同法》的购销合同,并在合同上订明使用托收承付结算方式。

托收承付结算每笔的金额起点为 10 000 元(新华书店系统每笔金额起点为 1 000 元)。托收承付款项划回方式分为邮寄和电报两种,收款人可以根据需要选择使用。

收款人按照签订的购销合同发货后,委托银行办理托收。收款人应填写托收承付凭证,并将商品发出的证件,如铁路、航运、公路等运输部门签发的运单、运单副本和邮局包裹回执及商品交易凭证送交银行。托收承付凭证必须记载下列事项:(1)表明"托收承付"的字样;(2)确定的金额;(3)付款人名称及账号;(4)收款人名称及账号;(5)付款人开户银行名称;(6)收款人开户银行名称;(7)托收附寄单证张数或册数;(8)合同名称、号码;(9)委托日期;(10)收款人签章。托收承付凭证上欠缺记载上列事项之一的,银行不予受理。

收款人开户银行接到托收凭证及其附件后,应当按照托收的范围、条件和托收凭证记载的要求认真进行审查,必要时,还应查验收付款人签订的购销合同。凡不符合要求或违反购销合同发货的,不能办理。收款人开户银行接受委托后,将托收结算凭证退给收款人,作为进行账务处理的依据,并将其他结算凭证寄往付款人的开户银行,由付款人的开户银行通知付款人承认付款。

付款人开户银行收到托收凭证及其附件后,应当及时通知付款人付款。承付货款分为验单付款和验货付款两种,由收付双方商量选用,并在合同中明确规定。验单付款的承付期为 3 天,从付款人开户银行发出承付通知的次日算起。验货付款的承付期为 10 天,从运输部门向付款人发出提货通知的次日算起。付款人必须在承付期内验明单证及货物,如果与购销合同不符,应在承付期满之前向银行提出拒付,填写拒付理由书,经银行审核同意后,可以拒付货款。若付款人在承付期未表示拒绝付款的,银行视为同意支付,于承付期满的次日将款项划给收款人。

9. 信用证

信用证是指开证银行依据申请人的申请开出的、凭符合信用证条款的单据支付的付款承诺。信用证结算方式是国际结算中广泛应用的一种主要方式。经中国人民银行批准经营结算业务的商业银行总行以及经商业银行总行批准开办信用证结算业务的分支机构，可以办理国内企业之间商品交易的信用证结算业务。信用证为不可撤销、不可转让的跟单信用证；信用证只限于转账结算，不得支取现金。信用证与作为其依据的购销合同相互独立，银行在处理信用证业务时，不受购销合同的约束。

采用信用证结算方式时，购货单位将款项存入经批准可以经营信用证业务的银行，由银行开出信用证。收款单位收到信用证后，备货、装运、签发有关发票账单，连同运输单据和信用证，交送银行办理入账手续。

（三）银行存款的核算

银行存款的核算包括总分类核算和序时核算两个方面。银行存款的总分类核算是通过设置"银行存款"账户进行。该账户属于资产类账户，增加金额登记在借方，减少金额登记在贷方，期末余额在借方，反映企业存放在银行或其他金融机构的各种款项。企业收入银行存款时，根据银行存款收款凭证及有关单据，借记"银行存款"账户，贷记"库存现金"、"主营业务收入"、"应收账款"等有关账户；企业支出银行存款时，根据银行存款付款凭证及有关单据，借记"库存现金"、"原材料"、"管理费用"等有关账户，贷记"银行存款"账户。值得注意的是，银行存款总账与库存现金总账都应该由不从事出纳工作的会计人员负责登记。

银行存款的序时核算是通过设置银行存款日记账进行的。企业应当按照开户银行和其他金融机构、存款种类等，分别设置银行存款日记账，由出纳人员根据收付款凭证，按照业务的发生顺序逐笔登记。每日终了，应结出余额。银行存款日记账应定期与银行对账单核对，至少每月核对一次。月末，企业银行存款账面余额与银行对账单余额之间如有差额，应按月编制"银行存款余额调节表"调节相符。有外币存款的企业，应当分别对人民币和各种外币设置银行存款日记账进行明细核算。

（四）银行存款的清查

企业应每月至少一次将银行存款日记账与银行对账单核对，以检查银行存款记录是否正确。企业银行存款日记账与银行对账单进行核对时，往往会出现银行存款日记账余额与银行对账单余额不符的情况。产生不一致的原因有两个：一是企业或银行发生了记账错误；二是存在未达账项。所谓未达账项，是指在企业和银行之间由于结算凭证传递上的时间差，造成一方已登记入账而另一方尚未入账的账款。如果是由于记账错误造成双方记录不符,应查明原因进行更正;对未达账项造成的双方记录不符,应通过编制银行存款余额调节表进行调整。未达账项产生的原因包括以下几种情况:

1. 企业已经收款入账,银行尚未登记收到的款项。如企业出售产品收到银行汇票,企业收到票据后即可登记入账,而银行需在款项收妥后才据以登记入账。

2. 企业已经付款入账,银行尚未登记付出的款项。如企业开出转账支票支付购货款,企业在开出支票后就应登记入账,而银行需在款项付出后才据以登记入账。

3. 银行已经收款入账,企业尚未登记收到的款项。如企业销售产品委托银行收款,银行收到销货款后即可登记企业银行存款的增加,而企业需在收到银行的通知单后才据以登记入账。

4. 银行已经付款入账,企业尚未登记付出的款项。如银行收到企业的水电费专用委托收款凭证后,即可登记该企业银行存款的减少,而企业需在收到银行的付款通知后才据以登记入账。

银行存款余额调节表有多种编制方法,在会计实务中通常采用"补记法"编制,即在企业的银行存款日记账和银行的对账单现有余额基础上,各自加上对方已收而本方未收的账项,减去对方已付而本方未付的账项,计算调节双方应有余额。

【例 3-2】 2006 年 9 月 30 日,康达公司的中国银行存款账户账面余额为52 373元,银行对账单的余额为57 080元。经逐项核对,发现双方不符的原因有:

(1)康达公司 9 月 27 日销售商品收到一张金额为 7 000 元的转账支票并委托银行收款,公司已登记入账,但银行因手续尚未办妥,还未入账。

(2)康达公司 9 月 28 日委托银行托收销售货款 8 800 元,银行已经收款入账,但公司因未收到银行的收款通知而未入账。

(3)康达公司 9 月 29 日开出一张金额为 5 880 元的现金支票并已入账,但持票人未到银行取款,银行未入账。

(4)银行从康达公司存款中扣除利息费用 2 973 元,但是康达公司没有收到有关凭证而未入账。

根据上述原因,康达公司 9 月 30 日编制的银行存款余额调节表如表 3-1所示。

调节后如果双方余额相等,表明银行存款核算账实相符;如果双方余额不相等,表明银行存款核算中存在有差错,应进一步查找原因,加以纠正。银行存款余额调节表调节后的银行存款余额是企业实际结存的余额。需要注意的是,编制银行存款余额调节表是核对记账是否存在差错的一种方法,而不能以银行存款余额调节表作为调整银行存款账面记录的原始凭证,企业只有在结算凭证到达企业以后,才能进行相关会计处理。

表 3-1　银行存款余额调节表

存款银行:中国银行　账号:×××××　2006 年 9 月 30 日　　　　　　　　单位:元

项目	金额	项目	金额
企业银行存款余额	52 373	银行对账单余额	57 080
加:银行已收企业未收账款	8 800	加:企业已收银行未收账款	7 000
减:银行已付企业未付账款	2 973	减:企业已付银行未付账款	5 880
调节后余额	58 200	调节后余额	58 200

3.1.3　其他货币资金

其他货币资金是指现金和银行存款以外的货币资金,包括外埠存款、银行汇票存款、银行本票存款、信用卡存款、信用证存款、在途货币资金和存出投资款等。为了加强这些资金的管理,及时了解这些资金的使用和结存情况,企业应设置"其他货币资金"账户,并按"外埠存款"、"银行汇票"、"银行本票"、"信用卡存款"、"信用证存款"、"在途货币资金"、"存出投资款"等具体项目设置明细账户,分别详细反映这些资金的收入、支出和结存情况。

1. 外埠存款的核算

外埠存款是指企业到外地进行临时或零星的采购时,汇往采购地银行并开立采购专户的款项。企业到外地采购物资,如果供应单位分散、采购次数多、时间较长,可将资金汇往采购地银行开立临时采购专户进行结算。银行对临时采购专户一般实行半封闭式管理办法,只付不收,付完清户。除采购人员差旅费可以支取少量现金外,其他支出一律转账。

【例 3-3】　康达公司 2006 年 11 月根据发生的有关外埠存款的业务,编制会计分录如下:

(1)11 月 5 日公司委托当地银行将 600 000 元汇往采购地开立专户时,应根据银行汇款单据作如下分录:

借:其他货币资金——外埠存款　　　　　　　　　　　600 000

　　贷:银行存款　　　　　　　　　　　　　　　　　　　600 000

(2)11 月 26 日公司收到采购员交来材料采购发票账单等报销凭证,材料价款 500 000 元,增值税款 85 000 元,共计 585 000 元。

借:原材料 500 000

应交税费——应交增值税(进项税额) 85 000

贷:其他货币资金——外埠存款 585 000

(3)采购地银行将多余款项转回当地银行结算户,公司收到银行收款通知,多余款 15 000 元已收妥入账。

借:银行存款 15 000

贷:其他货币资金——外埠存款 15 000

2. 银行汇票存款、银行本票存款、信用卡存款、信用证保证金存款的核算

银行汇票存款是指企业为了取得银行汇票,按照规定存入银行的款项;银行本票存款是指企业为了取得银行本票按规定存入银行的款项;信用卡存款是指企业取得信用卡按照规定存入银行的款项;信用证保证金存款是指企业为取得信用证按规定存入银行的保证金。它们的核算程序基本相同。

【例 3-4】 康达公司 2006 年 12 月根据发生的有关银行汇票存款的业务,编制会计分录如下:

(1)公司于 12 月 7 日到银行申请办理银行汇票,将存款 100 000 元转为银行汇票存款。

借:其他货币资金——银行汇票存款 100 000

贷:银行存款 100 000

(2)公司于 12 月 18 日购买设备,用银行汇票支付销货单位设备款 95 000 元。设备已经交付使用。

借:固定资产 95 000

贷:其他货币资金——银行汇票存款 95 000

(3)收到多余款项退回通知,将余款 5 000 元收妥入账。

借:银行存款 5 000

贷:其他货币资金——银行汇票存款 5 000

3. 在途货币资金

在途货币资金是指企业同所属单位之间、上下级之间的汇解款项,在期末尚未到达,处于在途状态的资金。为了管理好这部分资金,期末对未到达的汇入款项,企业应根据汇款通知,借记“其他货币资金——在途货币资金”账户,贷记“其他应收款”等账户;收到汇款时企业应根据银行收款通知单借记“银行存款”账户,贷记“其他货币资金——在途货币资金”账户。

4. 存出投资款

存出投资款是指企业已存入证券公司尚未进行证券投资的款项。

【例 3-5】 康达公司 2006 年 12 月发生有关投资款的业务如下：

(1)公司将银行存款 200 000 元存入证券公司，以备购买有价证券。

借：其他货币资金——存出投资款   200 000

  贷：银行存款   200 000

(2)公司用投资款 150 000 元购入股票进行短期投资。

借：交易性金融资产——股票   150 000

  贷：其他货币资金——存出投资款   150 000

3.2 交易性金融资产

3.2.1 交易性金融资产的范围

现代企业往往拥有很多金融资产。金融资产包括现金、从其他单位收取现金或其他金融资产的合同权利、在潜在有利条件下与其他单位交换金融工具的合同权利、持有的其他单位的权益工具等。企业应当按照会计准则的规定，结合自身业务和风险管理特点，将取得的金融资产分为以下四类：(1)以公允价值计量且其变动计入当期损益的金融资产，如以交易目的而持有的股票债券投资；(2)持有至到期投资；(3)贷款和应收款项，包括金融企业发放的贷款和一般企业销售商品或提供劳务形成的应收款项等债权；(4)可供出售金融资产，指企业没有划分为以上类别的其他金融资产。

以公允价值计量且其变动计入当期损益的金融资产，可进一步分为交易性金融资产和直接指定为以公允价值计量且其变动计入当期损益的金融资产。企业持有的以公允价值计量且其变动计入当期损益的金融资产在性质上应确认为流动资产。

交易性金融资产主要是指企业准备在近期内出售的金融资产。例如，企业为充分利用闲置资金、以赚取差价为目的从二级市场购入的股票、债券、基金，以及不作为有效套期工具的衍生工具(包括远期合同、期货合同、互换和期权等)。只有满足以下条件之一的金融资产才能被确认为交易性金融资产：(1)取得该金融资产的目的，主要是为了近期内出售；(2)属于进行集中管理的可辨认金融工具组合的一部分，且有客观证据表明企业近期采用短期获利方式对该组合进行管理；(3)属于衍生工具，但被指定且为有效套期工具的衍生工具、属于财务担保合同的衍生工具、在活跃市场中没有报价且其公允价值不能可靠计量的权益工具投资挂钩并须通过交付该权益工具结算的衍生工具除外。

直接指定为以公允价值作为计量且其变动计入当期损益的金融资产,是企业基于风险管理需要或消除金融资产在会计确认和计量方面存在不一致情况等所作的指定。

交易性金融资产应以公允价值作为计量基础进行核算。直接指定为以公允价值计量且其变动计入当期损益的金融资产也应按照公允价值进行计量。因此,会计中将以公允价值计量且其变动计入当期损益的金融资产全部合并在交易性金融资产中核算。

3.2.2 交易性金融资产的计量

交易性金融资产应当按照取得时的公允价值作为初始确认金额,而相关的交易费用在发生时直接计入当期损益,不计入交易性金融资产的初始确认金额。取得交易性金融资产时所支付价款中所包含的已宣告但尚未发放的现金股利或已到付息期但尚未领取的债券利息,应当单独确认为应收项目。在持有期间按合同规定计算确定的利息或现金股利,应当在实际收到时确认为投资收益,而不能冲减交易性金融资产账面价值。

资产负债表日,企业应将以公允价值计量且其变动计入当期损益的金融资产或金融负债的公允价值变动计入当期损益。

3.2.3 交易性金融资产的核算

企业应设置"交易性金融资产"账户,以核算企业持有的以公允价值计量且其变动计入当期损益的金融资产,包括为交易目的所持有的债券投资、股票投资、基金投资等和直接指定为以公允价值计量且其变动计入当期损益的金融资产。该账户属于资产类账户,借方登记交易性金融资产公允价值的增加,贷方登记交易性金融资产公允价值的减少,期末余额在借方,反映企业期末交易性金融资产的公允价值。该账户应当按照交易性金融资产的类别和品种,分别对"成本"、"公允价值变动"进行明细核算。

（一）取得交易性金融资产的核算

企业取得交易性金融资产时,应当按照取得时的公允价值作为初始确认金额,相关的交易费用在发生时计入当期损益。企业取得交易性金融资产时,按交易性金融资产的公允价值,借记"交易性金融资产（成本）"账户,按发生的交易费用,借记"投资收益"账户,按已到付息期但尚未领取的利息或已宣告但尚未发放的现金股利，借记"应收利息"或"应收股利"账户，按实际支付的金额，贷记"银行存款"等账户①。

【例3-6】 南方公司于2005年4月8日以50 000元购入甲公司股票10 000股，其中包含已宣告尚未支付的股利2 000元，另支付相关税费100元。上述款项均用银行存款支付。

4月8日购入股票时，应编制会计分录如下：

借：交易性金融资产——股票（成本） 48 000
　　应收股利 2 000
　　投资收益 100
　　贷：银行存款 50 100

（二）持有交易性金融资产的核算

企业在收到交易性金融资产所支付价款中包含的已宣告发放的现金股利或债券利息时，应直接冲减"应收股利"或"应收利息"账户。这时，企业应借记"银行存款"账户，贷记"应收股利"或"应收利息"账户。

企业在持有交易性金融资产期间，对由于被投资单位宣告发放的现金股利，或在资产负债表日按分期付息、一次还本债券投资的票面利率计算的利息，企业应当确认为当期投资收益。企业应按收到被投资单位宣告发放的现金股利或债券利息，借记"银行存款"账户，贷记"投资收益"账户。

在会计期末，企业应将以公允价值计量且其变动计入当期损益的金融资产的公允价值变动计入当期损益。对交易性金融资产的公允价值高于其账面余额的差额，借记"交易性金融资产（公允价值变动）"账户，贷记"公允价值变动损益"账户；对公允价值低于其账面余额的差额，则应作相反的会计处理。

【例3-7】 接例3-6，南方公司于2005年4月10日收到上述股利2 000元。在2005年12月31日该股票每股市价上升到6元。2006年4月17日，甲公司支付2005年股票的现金股利，南方公司收到股利3 000元。

（1）2005年4月10日收到股利2 000元时，应编制会计分录如下：

借：银行存款 2 000
　　贷：应收股利 2 000

（2）2005年12月31日按股票公允价值计量时，应编制会计分录如下：

借：交易性金融资产——股票（公允价值变动） 12 000
　　贷：公允价值变动损益 12 000（60 000－48 000）

---

① 当企业将银行存款存入证券公司后，应通过"其他货币资金——存出投资款"核算，下同。

(3)2006 年 4 月 17 日收到股利 3 000 元时,应编制会计分录如下:

借:银行存款 　　　　　　　　　　　　　　　　　　　3 000

　　贷:投资收益 　　　　　　　　　　　　　　　　　　　　3 000

（三）处置交易性金融资产的核算

　　企业处置交易性金融资产时,应将处置时该金融资产的公允价值与账面价值之间的差额确认为投资收益,同时调整公允价值变动损益。当企业出售交易性金融资产时,应按实际收到的金额,借记"银行存款"账户,按该项交易性金融资产的成本,贷记"交易性金融资产(成本)",按该项交易性金融资产的公允价值变动,贷记或借记"交易性金融资产(公允价值变动)",按其差额,贷记或借记"投资收益"账户。同时,按该项交易性金融资产的公允价值变动转出,借记或贷记"公允价值变动损益"账户,贷记或借记"投资收益"账户。

　　【例 3-8】　接上例,南方公司于 2006 年 5 月 11 日将上述股票全部出售,共收到款项 64 500 元。

(1)出售股票收到款项时,应编写会计分录如下:

借:银行存款 　　　　　　　　　　　　　　　　　64 500

　　贷:交易性金融资产——股票(成本) 　　　　　　　　48 000

　　　交易性金融资产——股票(公允价值变动) 　　　　　12 000

　　　投资收益 　　　　　4 500(64 500－48 000－12 000)

(2)转出公允价值变动损益时,应编写会计分录如下:

借:公允价值变动损益 　　　　　　　　　　　　　12 000

　　贷:投资收益 　　　　　　　　　　　　　　　　　　12 000

3.3　应收及预付款项

　　在商业信用高度发达的市场经济条件下,企业之间的商品交易大多是建立在商业信用的基础上的,企业由于采用赊销方式销售商品或提供劳务而获得向顾客收取款项的权利,就会形成应收及预付款项。应收及预付款项是指企业在日常生产经营过程中发生的各项债权,包括应收款项(应收票据、应收账款和其他应收款)和预付账款等。

3.3.1 应收票据的核算

（一）应收票据核算概述

应收票据是指企业因销售商品、产品,提供劳务等而收到的商业汇票。与应收账款不同,应收票据需要依据在赊销业务中由债权人或债务人签发的表明债务人在约定时间应偿付约定金额的书面金额,因而受到法律的保护,具有较强的法律约束力。在我国,除商业汇票外,大部分票据都是即期票据,可以即刻收款或存入银行成为货币资金,不需要作为应收票据核算。因此,应收票据仅核算企业应收的商业汇票,包括银行承兑汇票和商业承兑汇票。

由于我国目前允许使用的商业汇票最长期限为 6 个月,遵循重要性原则,应收票据按票据的面值入账。同时,应收票据较之应收账款更具有法律约束力,发生坏账的风险较小,因而对应收票据不必计提坏账准备。

（二）应收票据的会计处理

为了核算应收票据的具体发生情况,企业应设置“应收票据”账户,该账户属于资产类账户,其借方登记企业因销售商品或提供劳务而收到的商业汇票,贷方登记到期收回的商业汇票、未到期向银行申请贴现的商业汇票以及已背书转让给其他单位的商业汇票,期末借方余额表示尚未收回的票据价值。企业应当按照开出、承兑商业汇票的单位进行明细核算。为了加强对应收票据的管理,企业应当设置“应收票据备查簿”,逐笔登记每一商业汇票的种类、号数和出票日、票面金额、交易合同号和付款人、承兑人、背书人的姓名或单位名称、到期日、背书转让日、贴现日、贴现率和贴现净额以及收款日和收回金额、退票情况等资料,商业汇票到期结清票款或退票后,应当在备查簿内逐笔注销。

企业因销售商品、产品,提供劳务等而收到开出、承兑的商业汇票,按商业汇票的票面金额,借记“应收票据”账户,按实现的营业收入,贷记“主营业务收入”等账户,按专用发票上注明的增值税额,贷记“应交税费——应交增值税（销项税额）”账户。

商业汇票到期,应按实际收到的金额,借记“银行存款”账户,按商业汇票的票面金额,贷记“应收票据”账户。因付款人无力支付票款,收到银行退回的商业承兑汇票、委托收款凭证、未付票款通知书或拒绝付款证明等,按商业汇票的票面金额,借记“应收账款”账户,贷记“应收票据”账户。

【例 3-9】 南方公司 2006 年 6 月 1 日销售一批产品,增值税专用发票注明的价款为 100 000 元,增值税税额 17 000 元,收到一张已承兑的期限为 3 个月、面值为 117 000 元的商业汇票。公司于 9 月 1 日收到银行收款通知。

(1)6 月 1 日收到票据应编制的会计分录为：

借：应收票据 117 000

　　贷：主营业务收入 100 000

　　　　应交税费——应交增值税（销项税额） 17 000

(2)9 月 1 日收到票据款项时应编制的会计分录为：

借：银行存款 117 000

　　贷：应收票据 117 000

(三)应收票据贴现

企业持有的应收票据在到期前，如果出现资金短缺，可以持未到期的商业汇票向其开户银行申请贴现，以便获得所需资金。贴现是指票据持有人在票据到期前，为取得货币资金，向银行申请贴付一定利息，把票据转让给银行的一种信用活动。可见，票据贴现实质上是企业融通资金的一种方式。

票据贴现可以分为无追索权票据贴现和有追索权票据贴现两种方式。无追索权票据贴现是将贴现票据的所有风险和报酬在票据贴现时就全部转让给银行，在票据到期日如果出票人违约，贴现企业不负连带责任。有追索权票据贴现是指贴现票据的所有风险和报酬在票据贴现时并不全部转移给银行，贴现企业负有背书责任，即在票据到期日，如果出票人违约，银行将向贴现企业提示票据索取款项。根据《企业会计准则第 23 号——金融资产转移》规定，企业已将应收票据这一资产所有权上几乎所有的风险和报酬转移给转入方的，应当终止确认该金融资产；保留了金融资产所有权上几乎所有的风险和报酬转移给转入方的，不应当终止确认该金融资产。因此，对无追索权票据贴现而言，由于企业已将应收票据这一资产所有权上几乎所有的风险和报酬转移给银行，应当将应收票据从贴现企业的账户和资产负债表中予以转销。反之，对有追索权票据贴现，由于企业未将应收票据所有权上风险和报酬转移给银行，贴现企业仍应确认应收票据这一资产。

票据贴现的有关计算公式如下：

　　　　贴现息＝票据到期价值×贴现率×贴现期限

　　　　贴现实得金额＝票据到期价值－贴现息

企业持未到期的应收票据向银行贴现，应按实际收到的金额（即减去贴现息后的净额），借记"银行存款"账户，按贴现息部分，借记"财务费用"等账户，对企业已将与金融资产所有权相关的风险和报酬转移给银行的无追索权票据贴现，应按商业汇票的票面金额，贷记"应收票据"账户（对企业未将资产所有权上几乎所有的风险和报酬转移给银行的有追索权票据贴现，则应按商业汇票的票面金额,贷记"短期借款"账户)。贴现的商业承兑汇票到期,因承兑人的银行存款账户不足支付,申请贴现的企业收到银行退回的商业承兑汇票时,按商业汇票的票面金额,借记"应收账款"账户,贷记"银行存款"账户。

【例 3-10】 腾达公司于 2006 年 4 月 1 日收到东大公司开出的一张面值为 50 000 元的商业承兑汇票,结算前欠货款,期限为 6 个月。公司于 5 月 1 日将其向银行贴现(无追索权票据贴现),贴现率为 6%。

(1)4 月 1 日收到票据时,应编写会计分录如下:

借:应收票据   50 000

    贷:应收账款   50 000

(2)5 月 1 日贴现时:

贴现利息＝50 000×6%×5÷12＝1 250(元)

贴现实得金额＝50 000－1 250＝48 750(元)

借:银行存款   48 750

    财务费用   1 250

    贷:应收票据   50 000

3.3.2 应收账款

应收账款是企业因销售商品、产品,提供劳务等经营活动应收取的款项,包括企业出售商品、材料,提供劳务等应向有关债务人收取的价款及代垫的运杂费等。核算应收账款时,必须确定其入账价值,及时反映应收账款的形成、收回情况,合理确认计量坏账损失,并按规定计提坏账损失。

(一)应收账款入账价值的确定

应收账款是因企业销售商品或提供劳务等产生的债权。根据《企业会计准则第 22 号——金融工具确认和计算》的规定,应收账款应按从购货方应收的合同或协议价值作为入账金额。在确认应收账款的入账价值时,往往还要考虑折扣因素。

1. 商业折扣。商业折扣是指企业为促进商品销售而在商品标价上给予的价格扣除。商业折扣是商品售价的减让,是企业的促销手段。销货方按扣除折扣后的价格出售商品,企业应按商业折扣后的实际售价确认商品销售收入金额和应收账款入账金额。

2. 现金折扣。现金折扣是指债权人为鼓励债务人在规定的期限内付款而向债务人提供的债务扣除。在以赊销方式销售商品或提供劳务的交易中,债权人为了鼓励客户提前偿付货款,通常与债务人达成协议,债务人在不同期限内付款可享受不同比例的折扣。现金折扣一般用符号"折扣率/付款期限"来表示。如"2/10,1/20,n/30"分别表示:如果在 10 天内付款折扣为 2%,在 10 天到 20 天内付款折扣为 1%,在 20 天到 30 天内全额付款。就销售方来说,提供现金折扣有利于提前收回货款,加速资金周转;而对于购货方来说,接受现金折扣可得到一笔理财收入。

如果发生现金折扣,应收账款入账金额有两种不同的计量方法,即净价法和总价法。净价法按扣除现金折扣后的售价确认收入和应收账款的入账金额。总价法是按扣除现金折扣前的售价金额确认收入和应收账款的入账金额。我国《企业会计准则第 14 号——收入》准则规定:"销售商品涉及现金折扣的,应当按照扣除现金折扣前的金额确定销售商品收入金额。现金折扣在实际发生时计入当期损益。"因此,我国会计采用总价法核算现金折扣确认收入和应收账款的入账金额。在总价法下,企业实际发生的现金折扣视为销货企业为了鼓励客户提前付款而发生的理财费用,应在现金折扣实际发生时计入财务费用。

(二)应收账款的账务处理

为了反映应收账款的增减变动及其结余情况,企业应设置"应收账款"账户。不单独设置"预收账款"账户的企业,预收的账款也可在"应收账款"账户核算。该账户借方登记发生的应收账款的增加,贷方登记应收账款的收回和确认坏账损失的冲销额。期末借方余额反映企业尚未收回的应收账款,应收账款如果出现期末贷方余额,反映企业预收的账款。该账户应当按照债务人进行明细核算。

【例 3-11】 东方公司在 2006 年 9 月 1 日销售商品一批,增值税专用发票上注明售价为 200 000 元,增值税额为 34 000 元,以银行存款代垫运杂费 16 000 元,上述款项共 250 000 元已一并向银行办妥托收手续。

(1)公司销售商品时,编写的会计分录为:

借:应收账款   250 000
    贷:主营业务收入   200 000
        应交税费——应交增值税(销项税额)   34 000
        银行存款   16 000

(2)公司接到银行收款通知收到上述款项时,编写的会计分录为:

借:银行存款   250 000
    贷:应收账款   250 000

【例 3-12】 东方公司在 2006 年 7 月 10 日销售商品一批,增值税专用发票上注明售价为 300 000 元,增值税额为 51 000 元。公司为了及时收回货款而在合同中规定的现金折扣条件为 2/10,1/20,n/30(折扣金额中不包括增值税额)。

企业采用总价法核算。

(1)东方公司 7 月 10 日销售实现时,应按总售价确认收入

借:应收账款   351 000

    贷:主营业务收入   300 000

        应交税费——应交增值税（销项税额）   51 000

(2)如果 7 月 18 日对方付清货款,即可按售价 300 000 的 2‰享受现金折扣 6 000(300 000×2‰)元,东方公司实际收款额为 345 000(351 000−6 000)元。

借:银行存款   345 000

    财务费用   6 000

    贷:应收账款   351 000

(3)如果 7 月 28 日对方付清货款,即可按售价 300 000 的 1‰享受现金折扣 3 000(300 000×1‰)元,实际付款额为 348 000(351 000−3 000)元。

借:银行存款   348 000

    财务费用   3 000

    贷:应收账款   351 000

(4)如果对方 8 月 5 日付清货款,则需要全额付款。

借:银行存款   351 000

    贷:应收账款   351 000

3.3.3　预付账款的核算

企业在购买材料物资的过程中,为了避免价格风险,或者受市场供应的限制,或者受生产季度的限制等原因,对于某些材料物资有时需要采取预先订购的方式,即按照购货合同规定预付一部分货款,这部分预先付给供货单位的订货款就构成企业的预付账款。显然预付账款是由于购货而非销货所引起的一种短期债权。同时,预付账款与应收账款不同,虽然两者都是企业的短期债权,但应收账款是因为销售货物而产生的债权,而预付账款是在企业购货时产生的债权。

预付账款是指企业按照购货合同规定预付给供应单位的款项。预付账款是企业暂时被供货单位占用的资金,企业预付账款后,有权要求对方按照购货合同的规定发货。预付账款必须以购销双方签订的购货合同为条件,按照规定的程序和方法进行核算。

为了反映和监督预付账款增减变动情况,企业通常设置"预付账款"账户进行核算,该科目借方登记预付给供应单位的货款及补付的货款,贷方登记收到货物时应付的货物按发票金额冲销的预付账款及退回的多付款项。该账户期末如

果是借方余额,表示企业实际已付但尚未收到货物的预付款项,性质上属于资产;该账户期末如果是贷方余额,表示企业已收到货物而尚未补付的款项,性质上属于负债。预付账款应按供应单位分别设置明细账进行明细核算。

预付账款情况不多的企业,可以不设置"预付账款"账户,而直接在"应付账款"账户核算。但在编制"资产负债表"时,应将"预付账款"和"应付账款"项目的金额分别反映。

【例 3-13】　康达公司 2006 年 6 月 20 日按照合同规定以银行存款240 000元预付给某单位订购材料。7 月 12 日公司收到发来的材料并验收入库,增值税专用发票上注明价款为 300 000 元,增值税额为 51 000 元。7 月 13 日公司以银行存款补付余款 111 000 元。

(1)6 月 20 日公司预付款项时,应作如下会计分录:

借:预付账款　　　　　　　　　　　　　　　　　240 000

　　贷:银行存款　　　　　　　　　　　　　　　　　　240 000

(2)7 月 12 日公司收到材料时,应作如下会计分录:

借:原材料　　　　　　　　　　　　　　　　　　300 000

　　应交税费——应交增值税(进项税额)　　　　　51 000

　　贷:预付账款　　　　　　　　　　　　　　　　　351 000

(3)7 月 13 日公司补付余款时,应作如下会计分录:

借:预付账款　　　　　　　　　　　　　　　　　111 000

　　贷:银行存款　　　　　　　　　　　　　　　　　111 000

3.3.4　其他应收款的核算

其他应收款是指除应收票据、应收账款、预付账款以外的其他各种应收、暂付款项,包括应收的各种赔款、罚款、出租包装物租金、备用金、存出保证金及应向职工收取的各种垫付款项等。企业应设置"其他应收款"账户,核算各项其他应收款的发生及结算情况。该账户属于资产类,借方登记其他应收款的增加额,贷方登记其他应收款的收回或转销。期末余额在借方,表示企业尚未收回的其他应收款。该账户可按其他应收款的具体内容设置明细账。

备用金是指由企业财务部门预付给企业内部某单位周转使用的备用款项。企业的业务部门经常会因业务需要发生一些零星的日常开支,如差旅费、日常购买小额办公用品、交际应酬等等,这些开支金额小,发生次数频繁。为了减少审批、领用、报销及记账工作量,企业事先付给业务人员一定数额的备用金,供其日常零星开支使用。备用金使用以后,由备用金负责人收集有关支付事项的发票、单据、凭证并加以保管,然后在规定的时间内到财务部门集中办理报销。企业的备用金可通过"其他应收款"账户进行核算,也可以单独设置"备用金"账户。

备用金分为定额备用金和非定额备用金两种。定额备用金是指根据使用部门的实际需要,先核定其备用金定额并依此拨付备用金,使用部门使用后再拨付现金、补足其定额的制度。非定额备用金是指为了满足临时性需要而暂付给有关部门和个人现金,使用后实报实销的制度。

【例 3-14】 南方公司 2006 年 2 月 1 日采用定额备用金制度核定公司办公室定额备用金 20 000 元,财务部门开出现金支票拨付。编制会计分录如下:

借:其他应收款——备用金(办公室)   20 000
 贷:银行存款   20 000

2 月 8 日,办公室持发票单据向财务部门报销日常办公用品费 16 750 元,财务部门开出现金支票补足定额。编制会计分录如下:

借:管理费用   16 750
 贷:银行存款   16 750

【例 3-15】 腾大公司销售部王林出差预借差旅费 5 000 元,以现金付讫。编制会计分录如下:

借:其他应收款——王林   5 000
 贷:库存现金   5 000

王林出差回来报销差旅费 4 500 元,退回现金 500 元。编制会计分录如下:

借:管理费用   4 500
  库存现金   500
 贷:其他应收款——王林   5 000

3.3.5 坏账损失的核算

在市场经济条件下,企业会越来越多地借助于商业信用扩大销售,以提高产品的市场占有率。但是,商业信用也会带来一定的风险,企业的应收账款、预付账款、其他应收款等应收款项在未来存在着收不回来的可能。应收款项中最终无法收回的款项称为坏账,由此产生的损失称为坏账损失。对于坏账损失的核算会计上有两种办法可以选择,即直接转销法和备抵法。

1. 直接转销法

直接转销法是指在实际发生坏账时确认坏账损失,并注销相应的应收款项金额的一种核算方法。这种核算方法平时账务处理比较简单,但是不符合权责发生制的要求,发生坏账损失的会计期间的利润将处于较低的水平,而没有发生坏账损失的会计期末,却夸大了资产负债表中应收款项的可实现价值。

2. 备抵法

备抵法是按期估计并确认可能发生的坏账损失,建立坏账准备金,待实际发生坏账时,冲销已经提取的坏账准备金。采用备抵法核算坏账损失就避免了直接转销法的缺点。企业在会计核算中遵循权责发生制和谨慎性原则的要求对应收款项提取坏账准备金,可以将预计未来不能收回的应收款项确认为损失,既保持了成本费用和利润的稳定性,避免虚盈实亏,又在一定程度上消除或减少损失给企业带来的风险。同时,在财务报告上列示扣除坏账准备后的应收款项净额,使企业应收款项可能发生的坏账损失得到及时的反映,能真实反映企业的财务状况。

根据《企业会计准则第 22 号——金融工具确认和计量》的规定,对于企业的应收款项,如果有客观证据表明其发生了减值,应当根据其账面价值与预计未来现金流量现值之间差额计算确认减值损失。例如,当债务人发生严重财务困难,债务人违反了合同条款偿付款项逾期,债务人可能倒闭或进行其他财务重组,债务人经营所处的技术、市场、经济或法律环境等发生重大不利变化时,企业应对应收款项的预计未来现金流量进行减值测试,计提减值准备。企业对应收款项进行减值测试,应根据本单位的实际情况分为单项金额重大和非重大的应收款项。

对于单项金额重大的应收款项,应当单独进行减值测试,有客观证据表明其发生了减值的,应当根据其未来现金流量现值低于其账面价值的差额,确认减值损失,计提坏账准备。

对于单项金额非重大的应收款项可以单独进行减值测试,确定减值损失,计提坏账准备。也可以与经单独测试后未发生减值的单项金额重大的应收款项,采用组合方式进行减值测试,分析判断是否发生减值。通常情况下,可以将这些应收款项按类似信用风险特征划分为若干组合,再按这些应收款项组合在资产负债表日余额的一定比例,计算确定减值损失,计提坏账准备。企业应当根据以前年度与之相同或相类似的、具有类似信用风险特征的应收款项组合的实际损失率为基础,结合现时情况确定本期各项组合计提坏账准备的比例,据此计算本期应计提的坏账准备。根据应收款项组合的一定比例计算确定的坏账准备,应当反映各项目实际发生的减值损失,即应当反映各项目组合的账面价值超过其未来现金流量现值的金额。

为核算企业计提各项资产减值准备所形成的损失,应设置"资产减值损失"账户。"资产减值损失"账户属于费用类账户,该账户的借方登记企业提取的各项减值损失,贷方登记已计提准备后又得恢复的资产价值,会计期末应将该账户余额转入"本年利润"账户,结转后本账户无余额。本账户应当按照资产减值损失的项目进行明细核算。

采用备抵法核算坏账,需要设置"坏账准备"账户进行核算。"坏账准备"账户属于资产备抵账户,其贷方登记提取的坏账准备、已转销的坏账又收回时冲销的坏账准备,借方登记实际发生坏账时冲销的坏账准备、期末冲销多提的坏账准备,期末贷方余额反映企业已计提但尚未转销的坏账准备。

企业各期提取坏账准备时,首先应按照会计准则的规定对单项金额重大和非重大的应收款项分别进行减值测试,确定本期应提取的坏账准备金,并在此基础上结合以前期间已经提取(或提取不足)的坏账准备进行调整(注意观察"坏账准备"的余额方向),确定本期计提的坏账准备金额。

期末企业确定应收款项发生减值的,按应计提的坏账准备金额,借记"资产减值损失"账户,贷记"坏账准备"账户。当本期计提的坏账准备大于其账面余额的,应按其差额计提;应计提的坏账准备小于其账面余额的差额时,则应做相反的会计分录。

对于确实无法收回的应收款项,按管理权限报经批准后作为坏账损失,转销应收款项,借记"坏账准备"账户,贷记"应收账款"、"预付账款"、"其他应收款"等账户。

对已确认并转销的应收款项以后又收回的,应按实际收回的金额,借记"应收账款"等账户,贷记"坏账准备"账户;同时,借记"银行存款"账户,贷记"应收账款"等账户。

【例3-16】 康达公司2006年末通过对应收账款进行减值测试后确定,公司所有单项金额重大的应收款项均未出现明显减值风险。公司将全部应收账款划分为未到期、过期一个月、过期二个月、过期三个月及过期三个月以上五种组合,分别按0.5%、2%、3%、4%和6%的比例计提减值准备。公司2006年末未到期、过期一个月、过期二个月、过期三个月及过期三个月以上五种组合应收账款金额分别为100万元、50万元、30万元、20万元、10万元。公司2005年12月31日应收账款减值测试如表3-2所示。2006年年末提取准备金前"坏账准备"账户的贷方余额为8 000元。

2006年年末应收账款余额为210万元。2007年2月发生一笔坏账10 000元。2007年3月上一年度已经转销的坏账又收回5 000元。试计算各年度提取的坏账准备并进行相关的账务处理。

表 3-2　　　　　　　　　　　　　　　　　　　　　单位:元

应收账款组合	应收账款金额	减值损失(%)	减值损失金额
未到期	1 000 000	0.5	5 000
过期一个月	500 000	2	10 000
过期二个月	300 000	3	9 000
过期三个月	200 000	4	8 000
过期三个月以上	100 000	6	6 000
合计	2 100 000		38 000

(1)2006 年年末应提取的坏账准备为 30 000 元(38 000－8 000)。其会计分录为:

借:资产减值损失　　　　　　　　　　　　　　　　　30 000
　　贷:坏账准备　　　　　　　　　　　　　　　　　　　　30 000

(2)2007 年 2 月发生坏账 10 000 元。其会计分录为:

借:坏账准备　　　　　　　　　　　　　　　　　　　10 000
　　贷:应收账款　　　　　　　　　　　　　　　　　　　　10 000

(3)2007 年 3 月收回已经转销的坏账 5 000 元。其会计分录为:

借:应收账款　　　　　　　　　　　　　　　　　　　5 000
　　贷:坏账准备　　　　　　　　　　　　　　　　　　　　5 000
借:银行存款　　　　　　　　　　　　　　　　　　　5 000
　　贷:应收账款　　　　　　　　　　　　　　　　　　　　5 000

3.4　存货

存货是企业流动资产的重要组成部分,在企业资产中占有较大的比重。存货核算不仅是计算和确定企业生产成本和销售成本、确定期末存货成本的重要依据,而且也是恰当地反映企业财务状况、正确计算企业经营成果的主要依据。

3.4.1　存货的概念及其分类

存货是指企业在日常活动中持有以备出售的产成品或商品、处在生产过程中的在产品、在生产过程或提供劳务过程中耗用的材料和物料等，包括库存的、加工中的、在途的各种原材料、燃料、包装物、低值易耗品、在产品、产成品、商品等。应当注意的是，存货是企业在生产经营等日常活动中耗用或销售而持有的流动资产，而不包括非生产经营用的各类物料，如工程使用的物资等。

不同类型企业存货构成各不相同。制造业企业的存货按其用途的不同可以分为以下几类：

1. 原材料。是指企业在生产过程中经过加工改变其形态或性质，并构成产品实体的各种原料及主要材料、辅助材料、外购半成品、燃料、修理用备件、包装材料等。

2. 在产品。是指企业正在制造、尚未完工的生产产品，包括正在生产工序加工中的产品和已加工完毕但未检验或未入库的产品。

3. 自制半成品。是指经过一定生产过程并已检验合格交付半成品仓库，但尚未制造完成为商品产品仍要继续加工的中间产品。

4. 产成品。这是指已完成全部生产过程，经检验符合规定的质量标准并已验收入库，可作为商品对外销售的产品。

5. 库存商品。是指企业购入的可随时用来销售的商品，包括外购或委托加工完成、已验收入库的商品。

6. 周转材料。是指企业能够多次使用、逐渐转移其价值但仍保持原有形态不确认为固定资产的材料，如包装物和低值易耗品。包装物是指企业用于包装本企业的产品而储备和在销售过程中周转使用的各种容器，如桶、箱、袋、坛等。低值易耗品是指使用年限较短，单位价值较低，使用时不作固定资产核算的各种用具物品。

7. 委托代销商品。是指企业委托其他单位代销的商品。

3.4.2 存货的入账价值

按照《企业会计准则第 1 号——存货》的规定："存货应当按照成本进行初始计量。"存货的初始成本是企业发生的使存货达到目前场所和状态而发生的各种成本。

存货由于取得来源不同，其成本包含的内容也不同。

1. 外购存货。存货从购买到验收入库之前的整个过程中所发生的各项支出，构成外购存货的初始成本，一般包括购买价款、相关税费、运输费、装卸费、保险费以及其他可归属于存货采购成本的费用。但一般纳税人企业为购买存货而支付的增值税，凡在增值税专用发票等完税凭证中注明的应作为进项税额单独核算,不计入外购存货的成本。

2. 自制存货。自制存货的成本主要是指存货的加工成本,包括直接材料、直接人工以及按照一定方法分配的制造费用。其中,制造费用是指企业为生产产品和提供劳务而发生的各项间接费用。

3. 投资者投入的存货。投资者投入的存货应当按照投资合同或协议约定的价值确定,但合同或协议约定价值不公允的除外。

企业发生的使存货达到目前场所和状态而发生的其他成本也应作为初始成本计入上述存货成本。但根据会计准则规定,下列费用不应计入存货成本,而应当计入当期损益:

(1)非正常消耗的直接材料、直接人工和制造费用;

(2)仓储费用(但不包括在生产过程中为达到下一个生产阶段所必需的费用);

(3)不能归属于使存货达到目前场所和状态的其他支出。

3.4.3　存货购进的核算

企业取得存货可以通过不同途径。不同渠道取得的不同种类的存货,其核算方法也各不相同。存货的日常核算方法主要有实际成本法和计划成本法两种。在此,我们仅以外购材料实际成本法为例来说明存货增加的核算方法。

(一)账户设置

企业采用实际成本进行原材料日常核算时,应设置的主要账户有"原材料"、"在途物资"、"应付账款"、"预付账款"等。[①]

"原材料"属于资产类账户,用于核算企业材料实际成本的增加、减少与结存情况。借方登记外购、自制、接受投资等各种途径取得的原材料的实际成本;贷方登记发出材料的实际成本,期末余额在借方,表示月末库存原材料的实际成本。该账户应按照原材料的保管地点、材料类别、品种和规格设置原材料的明细账。

"在途物资"账户属于资产类账户,用于核算企业已付货款尚未验收入库的购入材料或商品的采购成本。借方登记已付货款(或已承兑商业汇票)购买但尚未到达或尚未入库的材料实际成本,贷方登记已验收入库材料的实际成本,期末

---

① 企业采用计划成本进行材料日常核算时,应设置"原材料"、"材料采购"、"材料成本差异"等账户。其中,"材料采购"账户核算企业采用计划成本进行核算而购入材料的采购成本;"原材料"账户核算企业库存材料的计划成本;"材料成本差异"账户核算材料计划成本与实际成本的差额。

借方余额反映企业已付款（或已承兑商业汇票）但尚未到达或尚未验收入库的在途材料、商品的采购成本。该账户应按供应单位设置明细账。

"应付账款"账户属于负债类账户，用于核算企业购买材料、商品和接受劳务等应付给供应单位的款项。贷方登记企业因购入材料、商品等所欠的款项，借方登记已偿还的款项，期末余额一般在贷方，表示尚未偿还的应付账款。不设置"预付账款"的企业，期末可能出现借方余额，表示预付的货款金额。该账户应按供货单位设置明细账。

（二）存货购进的会计处理

由于结算方式不同，原材料入库和付款时间不一致的情况，其账务处理也有所不同。

1. 单货同时到达的业务。对于发票账单与材料都已经到达的材料采购业务，企业在承付货款、材料验收入库后，应根据结算凭证、发票账单和收料单等确定的材料成本，借记"原材料"，根据增值税专用发票等完税凭证上注明的税额，借记"应交税费——应交增值税（进项税额）"，按实际结算或承付的款项，贷记"银行存款"、"应付票据"、"应付账款"等账户。

【例3-17】 南方公司为一般纳税人，2006年6月5日该企业购入的一批甲材料验收入库，取得的增值税专用发票上注明原材料价款为50 000元，增值税额为8 500元，发票账单等结算凭证已收到，货款未支付。

借：原材料——甲材料　　　　　　　　　　　　　　　　50 000

　　应交税费——应交增值税（进项税额）　　　　　　　　8 500

　　　贷：应付账款　　　　　　　　　　　　　　　　　　　　58 500

2. 单到货未到的业务。当企业已经付款或已开出承兑商业汇票，但材料尚未到达（或尚未验收入库）时，这部分材料应确认为企业的存货，就形成为在途物资。此时，应根据结算凭证、发票账单等，借记"在途物资"、"应交税费——应交增值税（进项税额）"，贷记"银行存款"、"应付票据"等账户。待材料到达验收入库后，再根据收料单，借记"原材料"，贷记"在途物资"账户。

【例3-18】 南方公司2006年5月8日购入一批乙材料，取得的增值税专用发票上注明的原材料价款为100 000元，增值税额为17 000元，对方代垫运杂费3 000元，全部款项均以银行存款支付。材料于5月17日验收入库。

（1）5月8日根据结算凭证、发票账单，编制会计分录如下：

借：在途物资——乙材料　　　　　　　　　　　　　　103 000

　　应交税费——应交增值税（进项税额）　　　　　　　17 000

　　　贷：银行存款　　　　　　　　　　　　　　　　　　　120 000

(2)5 月 17 日根据乙材料收料单,编制会计分录如下:

借:原材料　　　　　　　　　　　　　　　　　103 000

　　贷:在途物资　　　　　　　　　　　　　　　　　103 000

3. 货到单未到的业务。由于材料已到并验收入库,但发票账单未到,外购材料成本无法计量。为简化核算,这时材料一般暂不入账,待凭证到达后再入账。如果到了月末,有关凭证仍未到达,应按暂估价(或合同价格)确认存货入账,借记"原材料",贷记"应付账款"账户,下月初再用红字冲回,以便有关凭证到达之后,按单货同时到达的业务进行账务处理。

【例 3-19】　南方公司 2006 年 7 月 8 日购入一批丙材料并已验收入库,但发票账单等结算凭证直到月末也未到达。材料合同价款为 200 000 元。

(1)由于材料已到但账单未到,因而 7 月 8 日无需进行账务处理。7 月末按合同价暂估入账:

借:原材料——丙材料　　　　　　　　　　　　　200 000

　　贷:应付账款　　　　　　　　　　　　　　　　　200 000

(2)8 月 1 日用红字冲账:

借:原材料——丙材料　　　　　　　　　　　　　200 000

　　贷:应付账款　　　　　　　　　　　　　　　　　200 000

注:□□□表示红字。

(3)如果 8 月 6 日收到发票账单,增值税专用发票上注明实际原材料价款为 200 000 元,增值税额为 34 000 元,代垫运杂费 10 000 元,公司以银行存款支付款项。

借:原材料——丙材料　　　　　　　　　　　　　210 000

　　应交税费——应交增值税(进项税额)　　　　　 34 000

　　贷:银行存款　　　　　　　　　　　　　　　　　244 000

3.4.4　发出存货的核算

(一)发出存货的计价方法

企业的存货是处于不断流转过程中的,存货流转包括实物流转和成本流转两个方面。理论上,成本流转与实物流转应当是一致的,但在实际工作中,由于企业的存货进出量非常大,存货的品种繁多,不同批次同种存货的单位成本也往往不一致,会计核算上难以保证各种存货的成本流转与实物流转相一致,于是,就产生了存货成本的流转假设。不同的存货成本流转的假设就构成了存货发出的不同计价方法。发出存货计价方法主要有个别计价法、先进先出法、后进先出法、全月一次加权平均法、移动加权平均法等。我国《企业会计准则第1号——存货》第14条规定:"企业应当采用先进先出法、加权平均法或者个别计价法确定发出存货的实际成本。"

1. 个别计价法

个别计价法又称分批实际计价法,是指对发出的存货分别认定,并以该批存货入库时的个别实际单位成本作为该批存货发出时的实际单位成本的计价方法。采用个别计价法的特点是:存货的成本流转与实物流转相一致,计算出的发出存货成本和期末存货成本比较客观。但是,采用这种方法的实务操作工作量较大,因此,个别计价法通常适用于不能替代使用的存货、为特定项目专门购入或制造的存货以及提供的劳务等的发出计价。

【例3-20】 南方公司甲存货收发存明细表(表3-3)记录表明,1月15日发出的甲种存货300件中,有200件是月初库存存货,有100件是1月10日购入存货;1月25日发出存货250件,有150件是1月10日购入存货,100件是1月20日购入存货。

表3-3 存货收发存明细表

(个别计价法)

日期	摘要	收 入			发 出			结 存		
		数量	单价	金额	数量	单价	金额	数量	单价	金额
1.1	期初结存							200	1.80	360
1.10	购入	300	2.00	600				200	1.80	360
								300	2.00	600
1.15	发出				200	1.80	360	200	2.00	400
					100	2.00	200			
1.20	购入	200	2.20	440				200	2.00	400
								200	2.20	440
1.25	发出				150	2.00	300	50	2.00	100
					100	2.20	220	100	2.20	220
1.31	购入	200	2.40	480				50	2.00	100
								100	2.20	220
								200	2.40	480

通过计算可以确定本月发出存货成本和月末库存成本：

　　　本月发出存货成本＝200×1.80＋100×2.00＋150×2.00＋100×2.20

　　　　　　　　　　　＝360＋200＋300＋220＝1 080(元)

　　　月末库存成本＝200×2.40＋50×2.00＋100×2.20

　　　　　　　　　＝480＋100＋220＝800(元)

2. 全月一次加权平均法

全月一次加权平均法又简称为加权平均法，是指以月初存货数量和本月收入存货数量作为权数，于月末一次计算加权平均单位成本，据以确定发出存货和期末存货成本计价方法。采用加权平均法，每月月末计算一次存货平均单位成本，因此，计算手续比较简单，而且在市价上涨或下跌时所计算出来单位成本平均化，对存货成本的分摊较为折中。但是，由于加权平均法成本只有到期末才能确定，因而平时在账面上无法提供存货的发出结存余额，不利于存货的管理，影响了存货核算工作的及时性。

加权平均法的计算公式：

$$存货加权平均单位成本＝\frac{月初结存存货实际成本＋本月收入存货实际成本}{月初结存存货数量＋本月收入存货数量}$$

　发出存货成本＝发出存货数量×存货加权平均单位成本

　期末结存存货成本＝期末结存存货数量×存货加权平均单位成本

【例 3-21】　以例 3-20 数据为例，南方公司甲存货采用全月一次加权平均法计算其存货成本如下：

$$加权平均单位成本＝\frac{200×1.80＋300×2.00＋200×2.20＋200×2.40}{200＋300＋200＋200}$$

　　　　　　　　　＝2.089(元/件)

　本月发出存货成本＝550×2.089＝1 148.95(元)

　月末结存存货成本＝350×2.089＝731.05(元)

3. 移动加权平均法

移动加权平均法是每次收入存货后，以每次收入存货前的结存数量和该次收入的存货数量为权数，计算新的平均单位成本的一种方法。采用这种方法时，每次收货以后，立即为库存存货计算新的平均单位成本，以作为随后发出存货的计算依据。其计算公式如下：

$$移动平均单位成本＝\frac{上次结存存货金额＋本次收入存货金额}{上次结存存货数量＋本次收入存货数量}$$

　发出存货成本＝发出存货数量×移动平均单位成本

　结存存货成本＝结存存货数量×移动平均单位成本

【例 3-22】 以例 3-20 数据为例,该企业采用移动加权平均法计算其存货成本如表 3-4 所示。

表 3-4 材料收发存明细表

（移动加权平均法）

日期	摘要	收 入			发 出			结 存		
		数量	单价	金额	数量	单价	金额	数量	单价	金额
1.1	期初结存							200	1.8	360
1.10	购入	300	2.00	600				500	1.92	960
1.15	发出				300	1.92	576	200	1.92	384
1.20	购入	200	2.20	440				400	2.06	824
1.25	发出				250	2.06	515	150	2.06	309
1.31	购入	200	2.40	480				350	2.25	789

$$1 月 10 日购货后的移动平均单位成本 = (360+600)/(200+300)$$
$$= 1.92(元/件)$$
$$1 月 20 日购货后的移动平均单位成本 = (384+440)/(200+200)$$
$$= 2.06(元/件)$$
$$1 月 31 日购货后的移动平均单位成本 = (309+480)/(150+200)$$
$$\approx 2.25(元/件)$$

本月发出存货成本 $= 300 \times 1.92 + 250 \times 2.06 = 1\ 091(元)$

月末结存存货成本 $= 150 \times 2.06 + 200 \times 2.40 = 789(元)$

4. 先进先出法

先进先出法是以先购进存货先发出的假定为前提确定存货成本流转顺序,据此对发出存货进行计价的方法。先进先出法可以随时结转存货的发出成本,但较繁琐;如果存货收发业务较多且存货单价不稳定时,其工作量较大。在物价持续上升时,期末存货成本接近于市价,而发出成本偏低,当期利润偏高。

【例 3-23】 以例 3-20 数据为例,该企业采用先进先出法计算其存货成本如表 3-5 所示。

表 3-5 材料收发存明细表

（先进先出法）

日期	摘要	收入			发出			结存		
		数量	单价	金额	数量	单价	金额	数量	单价	金额
1.1	上期结存							200	1.80	360
1.10	购入	300	2.00	600				200 300	1.80 2.00	960
1.15	发出				200 100	1.80 2.00	360 200	200	2.00	400
1.20	购入	200	2.20	440				200 200	2.00 2.20	400 440
1.25	发出				200 50	2.00 2.20	400 110	150	2.20	330
1.31	购入	200	2.40	480				150 200	2.20 2.40	330 480

本月发出存货成本 = 200×1.80＋100×2.00＋200×2.00＋50×2.20

　　　　　　　　= 1070（元）

月末库存存货成本 = 150×2.20＋200×2.40 = 810（元）

（二）发出存货的账务处理

依据上述发出存货的计价方法，可以确定发出存货的实际成本。发出存货要依据其具体用途，分别在不同账户进行核算。

由于企业材料的日常收发业务频繁，为了简化日常核算工作，平时一般只登记材料明细账，反映各种材料的收发和结存金额，月末根据发料凭证，按领用部门和用途，汇总编制"发料凭证汇总表"，据以登记总分类账，进行材料发出的总分类核算。生产经营领用材料，应按实际成本，借记"生产成本"、"制造费用"、"管理费用"等账户，贷记"原材料"账户；对在建工程项目领用的原材料，应按实际成本加上不予抵扣的增值税额等，借记"在建工程"等账户，按材料实际成本，贷记"原材料"账户，按不予抵扣的增值税额，贷记"应交税费——应交增值税（进项税额转出）"账户。

【例 3-24】 南方公司 2006 年 8 月份根据各部门领料情况编制的发料凭证汇总如表 3-6 所示。

表 3-6　发料凭证汇总表

2006 年 8 月 31 日　　　　　　　　　　　　　　　　单位:元

应借账户	应 贷 账 户			
	原材料——材料	原材料——燃料	应交税费——应交增值税	合 计
生产成本	30 000	10 000		40 000
制造费用	12 000	8 000		20 000
管理费用	8 000	2 000		10 000
在建工程	10 000		1 700	11 700
合　计	60 000	20 000	1 700	81 700

根据发料凭证汇总表编制的会计分录为:

借:生产成本　　　　　　　　　　　　　　　40 000

　制造费用　　　　　　　　　　　　　　　20 000

　管理费用　　　　　　　　　　　　　　　10 000

　在建工程　　　　　　　　　　　　　　　11 700

　贷:原材料——材料　　　　　　　　　　　　　　60 000

　　　——燃料　　　　　　　　　　　　　　20 000

　应交税费——应交增值税(进项税额转出)　　　　1 700

3.4.5　期末存货的计价

　　企业的存货可能由于市价下跌、毁损、陈旧过时等原因,使存货的可收回金额低于账面价值,由此形成损失。为了使财务会计报告能客观、真实地反映企业期末存货的实际价值,《企业会计准则第 1 号——存货》规定:"资产负债表日,存货应当按照成本与可变现净值孰低计量。"

　　(一)成本与可变现净值孰低法的含义

　　成本与可变现净值孰低法是指对期末存货按照成本与可变现净值两者之中较低者计价的方法。这种计价方法是谨慎性原则在存货会计中的具体运用。当成本低于可变现净值时,期末存货按成本计价;当可变现净值低于成本时,期末存货按可变现净值计价。这里的"成本"是指存货的实际成本;"可变现净值",是指在日常活动中,存货的估计售价减去至完工时估计将要发生的成本、估计的销售费用以及相关税费后的金额。

　　企业确定存货的可变现净值,应当以取得的确凿证据为基础。存货可变现净值的确凿证据,是指对确定存货的可变现净值有直接影响的客观证明,如商品的市场销售价格,与商品相同或类似商品的市场销售价格,销售方提供的有关资料和生产成本资料等。

应该注意的是,可变现净值是指预计售价减去预计成本、费用后的未来净现金流入,而不是指存货的售价或合同价。企业销售存货预计取得的现金流入,并不完全等于存货的可变现净值。由于存货在销售过程中可能发生相关税费和销售费用,以及为达到预定可销售状态还可能发生进一步的加工成本,这些相关税费、销售费用和成本支出,均构成存货销售产生现金流入的抵减项目,只有在扣除这些现金流出后,才能确定存货的可变现净值。例如,产成品、商品和用于出售的材料等直接用于出售的商品存货,在正常生产经营过程中,应当以该存货的估计售价减去估计的销售费用和相关税费后的金额确定其可变现净值;再如,用于生产的材料、在产品或自制半成品等需要经过加工的材料存货,在正常生产经营过程中,应当以所生产的产成品的估计售价减去至完工时估计将要发生的成本、估计的销售费用以及相关税费后的金额确定其可变现净值。

(二)成本与可变现净值的比较

企业按成本与可变现净值孰低法对存货计价时,有三种不同的比较方法可供选择。

1. 单项比较法。亦称逐项比较法,指对库存中每一种存货的成本的可变现净值逐项进行比较,每项存货均以较低的数额确定存货的期末成本。

2. 分类比较法。亦称类比法,指按存货类别的成本与可变现净值进行比较,每类存货均以较低的数额确定存货的期末成本。

3. 综合比较法。亦称总额比较法,指按全部存货的总成本与可变现净值总额相比较,以较低的数额作为期末全部存货的成本。

【例3-25】　腾大公司2006年12月31日库存A、B、C、D、E五种存货,分别按三种计算方法确定的期末存货成本如表3-7所示。

从表3-7可以发现,单项比较法计算的期末成本合计最低,分类比较法次之,综合比较法最高。其原因在于单项比较法所确定的期末成本均为各项存货的最低价,据此计算的结果最符合谨慎性原则,但这种方法的工作量最大,存货品种繁多的企业更是如此;综合比较法虽然比其他方法均简单,但过于粗糙;分类比较法介于两者之间。

表 3-7　成本与可变现净值的比较分析

2006 年 12 月 31 日　　　　　　　　　　　　单位:元

存货种类	成本	可变现净值	单项比较法	分类比较法	综合比较法
甲类存货:					
A	72 560	70 480	70 480		
B	32 500	36 000	32 500		
C	24 600	22 300	22 300		
小计	129 660	128 780	125 280	128 780	
乙类存货:					
D	68 400	68 200	68 200		
E	32 000	35 000	32 000		
小计	100 400	103 200	100 200	100 400	
合计	230 060	231 980	225 480	229 180	230 060

我国《企业会计准则第 1 号——存货》规定:"企业通常应当按照单个存货项目计提存货跌价准备。对于数量繁多、单价较低的存货,可以按照存货的类别计提存货跌价准备。与在同一地区生产和销售的产品系列相关、具有相同或类似最终用途或目的,且难经与其他项目分开计量的存货,可以合并计提存货跌价准备。"从以上规定不难看出,我国会计准则要求企业应采用单项比较法确定期末存货成本,仅当采用单项比较法比较困难时,才可以采用分类比较法和综合比较法。但无论企业采用何种方法,都要遵循可比性原则,一经选定不得随意变更。

（三）存货跌价准备的账务处理

期末存货采用成本与可变现净值孰低法计价时,如果存货成本低于可变现净值,期末存货应按成本计价,不需要计提存货跌价准备,也不需要进行账务处理,资产负债表的存货项目按账面成本列示;如果存货成本高于可变现净值,表明存货减值给企业带来了损失,资产负债表的存货项目按可变现净值列示,应当确认存货减值损失,计提存货跌价准备。

为核算企业存货发生减值时计提的存货跌价准备,应设置"存货跌价准备"账户,该账户属于资产抵减账户。存货相关账户余额抵减"存货跌价准备"账户余额后的差额,即为按成本与可变现净值法确定的存货期末计价金额。该账户贷方反映存货跌价准备的计提数;借方反映存货跌价准备的转销数;期末贷方余额反映企业已计提但尚未转销的存货跌价准备。按单项比较法核算时,该账户总账下按存货项目设置明细账户。

资产负债表日,企业应比较存货的账面成本与可变现净值,计算出存货减值金额即应计提的跌价准备额。按存货可变现净值低于成本的差额,借记"资产减值损失"账户,贷记"存货跌价准备"账户。已计提跌价准备的存货价值以后又得以恢复,应在原已计提的存货跌价准备金额内,按恢复增加的金额,借记"存货跌价准备"账户,贷记"资产减值损失"账户。发出存货结转计提的存货跌价准备的,借记"存货跌价准备"账户,贷记"主营业务成本"等账户。

【例 3-26】　南方公司采用单项比较法计算提取存货跌价准备。甲商品2005 年年末存货成本为 55 000 元,可变现净值为 52 000 元。2006 年 12 月末,该商品的市价回升,可变现净值为 54 500 元。

(1)2005 年年末应提取的存货跌价准备金为 3 000 元(55 000－52 000)。其会计分录为:

借:资产减值损失　　　　　　　　　　　　　　　　　　　3 000
　　贷:存货跌价准备　　　　　　　　　　　　　　　　　　　3 000

(2)2006 年 12 月末应提取的存货跌价准备金为－2 500 元(54 500－55 000－3 000)。其会计分录为:

借:存货跌价准备　　　　　　　　　　　　　　　　　　　2 500
　　贷:资产减值损失　　　　　　　　　　　　　　　　　　　2 500

【进一步学习指南】

货币资金的会计核算比较简单,但有关现金和银行存款收支的内部控制制度很重要,有兴趣的读者可以进一步阅读一些关于内部控制的文献,如《内部控制制度——货币资金》。企业经常通过银行办理各种款项结算,本章省略了很多结算制度规定的具体实施办法,这些具体实施办法在会计实务中非常重要,建议大家阅读《中华人民共和国票据法》和中国人民银行颁布的《支付结算办法》等有关规定。

交易性金融资产的核算属于金融工具会计的一部分内容。企业在开展经济活动时经常要涉及传统金融工具和衍生金融工具,金融工具会计已经成为近年来国际会计界最热门的课题,有兴趣的读者可以进一步阅读《企业会计准则第22 号——金融工具确认和计量》、《企业会计准则第 23 号——金融资产转移》和其他一些关于金融工具会计相关会计文献。

在会计实务中,存货核算是较为复杂的会计问题之一。在市场经济条件下,存货价格波动很大,企业可以采用实际成本法或计划成本法对存货的收发存进行日常核算,本章介绍了实际成本法的会计核算方法,感兴趣的读者可以继续深入学习存货按计划成本法的会计核算,并阅读《企业会计准则第 1 号——存货》等参考资料。

➡️【复习思考题】

1. 银行存款支付结算方式有哪些？分别对银行存款的核算产生什么影响？

2. 什么是未达账项？导致企业银行存款日记账余额大于银行对账单余额的未达账项包括哪几种情况？试举例说明。

3. 采用备抵法核算坏账有哪些优点？

4. 采用实际成本法核算下，发出存货计价方法有哪些？它们如何影响企业本期利润和期末资产价值？

➡️【练习题】

1. 康达公司 2006 年 7 月 31 日收到银行存款对账单的余额为 47 400 元，银行存款日记账余额为 77 900 元，通过核对，发现下列情况：

(1)公司 7 月 25 日因购货开出支票一张，金额为 12 000 元，收款单位尚未兑现。

(2)委托银行代收的劳务费 5 400 元，银行已于 7 月 28 日存入康达公司账号，企业尚未接到收款通知。

(3)公司 7 月 30 日销货收到支票 20 700 元，但尚未交付银行。

(4)银行于 7 月 30 日支付公司到期的银行承兑汇票 24 000 元，公司尚未入账。

(5)银行于 7 月 30 日扣除公司本月利息 3 200 元，公司尚未收到通知。

要求：根据上述资料编制银行存款余额调节表（表 3-8）。

表 3-8　银行存款余额调节表　　　　　　单位:元

项目	金额	项目	金额
调节后余额		调节后余额	

2. 某企业 2006 年 5 月 15 日从证券市场购入乙公司股票 5 000 股，每股买入价为 6.2 元，其中含有 0.3 元已宣告发放但尚未领取的股利，支付的税费为 200 元。5 月 25 日收到上述股利 1 500 元。6 月 30 日，该股票的市价为 7.1 元。7 月 8 日，企业将该股票按每股 6.8 元价格全部出售。

要求:对该企业股票相关业务进行会计处理。

3. 某企业2006年5月销售商品,价款为100 000元,增值税为17 000元,收到购货方开来的商业承兑汇票一张,票据票面金额为117 000元,期限为5个月。该企业在2个月后将票据向银行贴现,根据约定,票据贴现为无追索权票据贴现,贴现利率为8%。

要求:编写票据取得、贴现的相关会计分录。

4. 2006年11月20日,康达公司对外销售商品,增值税专用发票注明商品价款为200 000元,增值税为34 000元,商品价款的现金折扣条件是"2/10,1/20,n/30"。该公司在12月6日收到全部款项。

要求:采用总价法编制该企业销售和收款的会计分录。

5. 某公司为增值税一般纳税人,2006年7月份发生以下材料采购和收发业务:

(1)7月5日,购入甲材料并验收入库10吨,增值税专用发票上注明的材料价款为50 000元,增值税为8 500元,公司当即开出转账支票支付全部价款及税金。

(2)7月22日,从外地购入乙材料15吨,增值税专用发票上注明的材料价款为80 000元,增值税为13 600元,同时发生运杂费1 000元。公司以银行存款支付运杂费,材料货款尚未支付,材料尚未验收入库。

(3)7月25日从外地购入丙材料8吨,材料已到达企业并已验收入库。

(4)7月28日乙材料15吨全部验收入库。

(5)7月31日仍未收到丙材料的结算凭证,按暂估价70 000元入账。

要求:编写上述业务的会计分录。

6. 某企业11月库存A商品收发结存情况如表3-9所示。

表3-9　A商品收发结存明细表　　　　单位:公斤、元

日期	摘要	收　入			发　出			结　存		
		数量	单价	金额	数量	单价	金额	数量	单价	金额
11.1	期初结存							2 000	40	
11.8	购入	1 000	41					3 000		
11.12	发出				2 000			1 000		
11.22	购入	1 500	44					2 500		
11.28	发出				1 000			1 500		
11.30	购入	500	45					2 000		

要求:分别采用先进先出法、全月一次加权平均法、移动加权平均法计算本期发出和期末结存存货的实际成本,并对计算结果进行比较评价。

➼【案例分析题】

1. 某企业 2003 年 2 月赊销一批商品给乙企业,价税共计 10 万元。虽经多次催收,款项仍未收回,于是企业在 2005 年 6 月作为坏账处理。然而,2006 年 3 月乙企业将应付给该企业的 10 万元款项全部予以偿还,该企业经理要求会计人员不予入账而作为小金库处理。

问题:

(1)该经理的这种做法将产生什么影响?

(2)会计人员将应收账款作为坏账处理,应如何编制会计分录?

(3)当企业收回原已作为坏账核销的应收账款时,会计人员应如何进行正确的账务处理?

2. 会计卞中贪挪公款两亿案

国家自然科学基金委员会(以下简称基金委)是国务院直属事业单位,其主要职责是运用国家财政投入的自然科学基金,资助自然科学基础研究和部分应用研究,每年能够掌管数以亿计资金的使用。但是,2003 年却传出基金委会计卞中贪污挪用公款两亿元的消息,在全国引起一片哗然,案件发人深省。

2003 年春节刚过,基金委财务局经费管理处新来的大学生李刚上班伊始便到定点银行拿对账单。以往,这一工作由会计卞中负责。一笔金额为 2 090 万元的不明支出引起了李刚的注意,并向领导报告,卞中罪行终于被发现。卞中案件震惊了整个基金委。在同事们的普遍印象里,卞中实在很不起眼,沉默寡言,有点不太合群,"卞中做了这么大一件事,大家都觉得不可思议。"

卞中的犯罪始于 1995 年。这一年 6 月,卞中在和邻居聊天时提到自己的单位"特有钱,有大量闲置资金可以拆借"。邻居马上说,他朋友的公司在湖北搞一个项目正缺钱,不知能否从基金委借点儿,如能搞到钱,公司可出高息。经过与经费管理处副处长吴某商量后,他们向对方提出三个条件:①钱不能直接给单位,需找一家银行存入再由银行借出;②借期 6 个月,利息归个人并且现金支付;③事成后请两人到美国旅游一次。同年 8 月,吴某和卞中采取不记账和偷盖公章的手段,将公款 1 000 万元挪出,存入中国农村发展信托投资公司基金事业部,后又在该部以委托贷款的方式将 1 000 万元贷出。在这次交易中卞中和吴某共获得利息 294.5 万元,这些利息由吴某交卞中隐匿,除 2002 年底吴某分得 1 万元外,余下的钱已被卞中用于购买房屋等。时过三年,那 1 000 万元仍然在外,这很让吴某着急,他多次催卞中让对方赶快还钱。1998 年 4 月,1 000 万元终于打回基金委账上。

卞中更多的作案是基于个人的私欲,他采用最多的作案手段便是伪造银行信用凭证、电汇凭证、进账单等。从 1995 年作案至案发,他所有共计 26 笔贪污和挪用犯罪绝大多数以此法炮制。但是,从 1995 年至 2003 年的 8 年时间,如此频繁的大批资金的不明流转并没有引起基金委主管部门的注意。2002 年 12 月,卞中通过伪造银行进账单、编造银行对账单直接将 6 000 万元巨款挪用至北京某建筑装饰工程有限公司,用于该公司的工程验资及日常开支使用。

卞中担任会计期间,主管部门都未很好地查过财务账目。仅有的几次,卞中也以正在调整账目为由得以逃避。当受资助单位打电话催款时,卞中要么说手续还没到财务,要么通过倒账先打一部分钱过去救急。就这样,他一个人悄悄地导演着这"进进出出"的大戏。案发前手中掌握着大量公款的卞中,每天骑自行车上下班,衣着也十分朴素,中午吃饭让人带盒饭。而在其女友面前,卞中却是一副大款派头,甚至经常吹嘘自己是"国内首富",给女友买名贵首饰,送她豪华住宅……据调查,卞中多次贪污挪用公款的行为,都与其女友有关。

据调查,卞中在担任基金委财务局经费管理处会计期间,利用掌管国家基础科学研究的专项资金下拨权,采用谎称支票作废、偷盖印鉴、削减拨款金额、伪造银行进账单和信汇凭证、编造银行对账单等手段贪污、挪用公款人民币 2 亿余元。2004 年 11 月 9 日上午,北京市第一中级人民法院对国家自然科学基金委员会财务局经费管理处会计卞中贪污、挪用两亿元巨额公款案作出判决。卞中因贪污罪、挪用公款罪被判处死缓,剥夺政治权利终身,并处没收个人全部财产。

问题:

(1)这个案例说明一个经济管理工作者需要哪些职业素养?

(2)这个案例说明当时基金委的内部控制中存在哪些漏洞?

(3)作为一个经济管理工作者,卞中的教训能给你带来什么启发?

(4)假如你是基金委的业务主管,卞中的教训能给你带来什么启发?

第4章

非流动资产

本章导读

　　企业拥有或者控制的经济资源除了流动资产以外,还有非流动资产。非流动资产主要包括可供出售金融资产、持有至到期投资、投资性房地产、长期股权投资、长期应收款、固定资产、生产性生物资产、油气资产、无形资产、商誉、长期待摊费用、递延所得税资产和其他非流动资产等。会计核算时,除长期股权投资等投资类资产外,企业应当将购建这些非流动资产的支出加以资本化,待实际产生经济利益时以折旧、摊销或折耗的方式计入各期的成本费用。本章重点阐述持有至到期投资、长期股权投资、固定资产和无形资产的确认、计量等会计问题。通过本章学习,要求达到下列目标:

　　1. 理解持有至到期投资的含义与确认条件,掌握持有至到期投资取得时的初始计量及其会计处理,利息调整的摊销以及到期收回的会计处理;

　　2. 理解长期股权投资的涵义与确认条件,掌握长期股权投资取得时的初始计量,长期股权投资成本法、权益法的会计处理方法;

　　3. 理解固定资产的涵义与确认条件,掌握固定资产取得时的初始计量,固定资产折旧的计算方法及其会计处理,固定资产处置的会计处理;

　　4. 了解无形资产的涵义与确认条件,掌握无形资产取得时的初始计量及其会计处理,无形资产摊销和无形资产处置的会计处理。

4.1 持有至到期投资

企业持有的金融资产包括四类：交易性金融资产、持有至到期投资、贷款和应收款项以及可供出售金融资产。其中贷款是金融企业所特有的金融资产，交易性金融资产、应收款项在本书的第三章已有详细介绍，本节重点阐述持有至到期投资的会计核算问题，可供出售的金融资产不再阐述。

4.1.1 持有至到期投资的范围

持有至到期投资，是指到期日固定，回收金额固定或可确定，且企业有明确意图和能力持有至到期的非衍生金融资产。

在界定一项金融资产是否属于持有至到期投资时，应当注意以下几点：(1)持有至到期投资属于非衍生金融资产，说明它不是权证等金融衍生工具；(2)持有至到期投资的到期日是固定的，这说明它不可能是股票，而是债权性质的投资；(3)企业持有该投资并不准备随时变现，而是准备持有至到期日，这就说明它不是交易性金融资产。

持有至到期投资通常具有长期性质，但期限较短(1年以内)的债券投资，如符合持有至到期投资的条件，也可将其划分为持有至到期投资。这时在编制资产负债表时需要将该投资在"一年内到期的非流动资产"项目中反映。

综上所述，持有至到期投资是那些准备持有至到期的国债、金融债券和公司债券，以及企业委托银行或其他金融机构向其他单位贷出的款项等。

4.1.2 持有至到期投资初始投资成本的确定

企业通常以货币购买持有至到期投资。按规定，取得持有至到期投资，应当按取得时的公允价值和相关交易费用之和作为初始投资成本。公允价值，是指在公平交易中，熟悉情况的交易双方自愿进行资产交换或者债务清偿的金额。支付的价款中包含的已到付息期但尚未领取的债券利息，不应当计入初始投资成本，而应单独确认为应收项目。

4.1.3　持有至到期投资的核算

（一）应设置的账户

为了核算持有至到期投资的增减变动及其结存情况，应设置"持有至到期投资"账户。该账户应当按照投资的类别和品种，分别设置下列明细账户进行核算：(1)成本；(2)利息调整；(3)应计利息。

（二）取得投资的核算

企业取得持有至到期投资，应按前面确定的初始投资成本，借记"持有至到期投资"账户，其中债券面值（本金）计入该账户的"成本"明细账户，初始成本高于或低于面值（本金）的差异计入"利息调整"明细账户，贷记"银行存款"、"应交税费"等账户。

【例 4-1】　亚细亚投资发展有限公司 2007 年购入以下两种债券：

(1)3 月 31 日购入力拉钢丝绳有限公司 2007 年 3 月 31 日发行的 3 年期公司债券，债券面值 750 000 元，票面利率为 9％，付息日为每年的 3 月 31 日和 9 月 30 日，本金到期一次偿还。亚细亚公司购入价格为 769 658 元。

(2)12 月 31 日购入斯达橡胶股份有限公司 2007 年 12 月 31 日发行的 5 年期公司债券，债券面值 600 000 元，票面利率为 7.5％，规定到期一次还本付息，购入价格为 588 022 元。

上述两种债券的风险相当，设债券市场中同类金融产品的市场利率为 8％[①]，并假设无交易费用，亚细亚公司准备将债券持有至到期。

根据上述资料，亚细亚公司购入债券的会计处理如下：

(1)购入的力拉公司债券的初始成本为 769 658 元，面值为 750 000 元，利息调整（借方）为 19 658 元。编制会计分录如下：

借：持有至到期投资——成本　　　　　　　　　　750 000

　　　　　　　　——利息调整　　　　　　　　　　19 658

　　贷：银行存款　　　　　　　　　　　　　　　　　769 658

(2)购入的斯达公司债券的初始成本为 588 022 元，面值为 600 000 元，利息调整（贷方）为 11 978 元。编制会计分录如下：

借：持有至到期投资——成本　　　　　　　　　　600 000

---

① 这里 8％的市场利率不能随意假设。实际上，按照 8％的市场利率便能计算出本例中两种债券的价格；反之，根据债券的价格便能计算出其市场利率必然为 8％。具体计算方法见财务管理教材中的相关内容。

　　贷:银行存款 588 022

　　　　持有至到期投资——利息调整 11 978

（三）投资收益的确认与利息调整的摊销

　　根据会计核算的权责发生制基础和重要性原则,企业应当在付息日和会计期末(通常是年末)确认持有至到期投资的投资收益。本例中亚细亚公司购入的力拉公司债券应当在每年的 3 月 31 日、9 月 30 日和 12 月 31 日确认持有至到期投资的投资收益;而对购入的斯达公司债券应当在每年的 12 月 31 日确认持有至到期投资的投资收益。

　　在确认持有至到期投资的投资收益金额时,应当考虑利息调整对投资收益的影响。利息调整是持有至到期投资的初始投资成本与面值的差额,它是由于投资的票面利率与市场利率存在一定差异而形成的。利息调整借方发生额是投资者在投资时为未来收取(以市场利率计算的利息)更多利息而预先付出的代价;利息调整贷方发生额则是投资者在投资时由于未来收取更少利息而预先得到的补偿。因此,购入债券的利息调整借方或贷方发生额必须分期摊销,作为各期(票面)利息收入的调整项目。

　　按会计准则的规定,企业应当采用实际利率法计算投资收益并摊销利息调整。实际利率法是指按照金融资产或金融负债的实际利率计算其摊余成本及各期利息收入或利息费用的方法。

　　这里的实际利率,是指将金融资产或金融负债在预期存续期间或适用的更短期间内的未来现金流量,折现为该金融资产或金融负债当前账面价值所使用的利率。[①]

　　采用实际利率法计算投资收益并摊销利息调整的基本思路是:以每期期初持有至到期投资的账面摊余成本(首次摊销时为其初始投资成本)和实际利率计算确定各期的投资收益金额,该金额与按票面利率计算的利息之差额,便是该期的利息调整摊销额。用公式表示如下:

　　　　投资收益金额＝投资账面摊余成本×实际利率

　　　　利息调整摊销额＝按票面利率计算的利息收入－投资收益金额

　　　　或　　　　　　　＝投资收益金额－按票面利率计算的利息收入

　　前面例 4-1 中亚细亚公司购入的两种债券,按照实际利率法,各期的投资收益和利息调整摊销额分别见表 4-1 和表 4-2(表中计算结果精确到元,数据存在误差系四舍五入所致)。

---

　　① 这里的实际利率类似于财务管理中投资项目的内含报酬率。

表 4-1　力拉公司债券的投资收益与利息调整摊销表（半年票面利率 4.5%，实际利率 4%）

日　期	账面摊余成本	投资收益	票面利息收入	利息调整摊销额
2007. 9. 30	769 658	30 786	33 750	2 964
2008. 3. 31	766 694	30 668	33 750	3 082
2008. 9. 30	763 612	30 544	33 750	3 206
2009. 3. 31	760 406	30 416	33 750	3 334
2009. 9. 30	757 072	30 283	33 750	3 467
2010. 3. 31	753 605	30 144	33 750	3 606

表 4-2　斯达公司债券的投资收益与利息调整摊销表（票面年利率 7.5%，实际年利率 8%）

日　期	账面摊余成本	投资收益	票面利息收入	利息调整摊销额
2008. 12. 31	588 022	47 042	45 000	2 042
2009. 12. 31	590 064	47 205	45 000	2 205
2010. 12. 31	592 269	47 382	45 000	2 382
2011. 12. 31	594 651	47 572	45 000	2 572
2012. 12. 31	597 223	47 778	45 000	2 778

可以看出，采用实际利率法确认投资收益并摊销利息调整，能使每期的投资收益与投资的期初账面摊余价值相匹配。而且，以高于面值的成本购入的投资，随着借方利息调整的摊销，持有至到期投资的账面摊余成本呈递减变动，其投资收益也呈递减变动，但利息调整摊销额呈递增变动；而以低于面值的成本购入的投资，随着贷方利息调整的摊销，持有至到期投资的账面摊余成本呈递增变动，其投资收益也呈递增变动，利息调整摊销额同样呈递增变动。

下面运用实际利率法的计算结果，给出例 4-1 确认投资收益和摊销利息调整的会计处理。

1. 购入的力拉公司债券的会计处理如下：

(1)2007 年 9 月 30 日，首次收到债券利息 33 750 元，确认投资收益 30 786 元，并摊销利息调整 2 964 元。会计分录为：

借：银行存款　　　　　　　　　　　　　　　　　　33 750
　　贷：持有至到期投资——利息调整　　　　　　　　　　　2 964
　　　　投资收益　　　　　　　　　　　　　　　　　　30 786

(2)2007 年 12 月 31 日,计算债券应计利息 16 875 元(750 000×9%÷4),确认投资收益 15 334 元(30 668÷2),并摊销利息调整 1 541 元(3 082÷2)。会计分录为:

借:应收利息 16 875
   贷:持有至到期投资——利息调整 1 541
      投资收益 15 334

(3)2008 年 3 月 31 日,第二次收到债券利息 33 750 元,上年末已记入"应收利息"账户 16 875 元;2007 年 9 月 30 日至 2008 年 3 月 31 日应摊销利息调整 3 082元,上年末已摊销 1 541 元,本次摊销 1 541 元。编制会计分录如下:

借:银行存款 33 750
   贷:持有至到期投资——利息调整 1 541
      应收利息 16 875
      投资收益 15 334

2008 年 9 月 30 日及以后的会计处理同上。

2. 购入的斯达公司债券的会计处理如下:

(1)2008 年 12 月 31 日,按票面利率计算债券应计利息 45 000 元,确认投资收益 47 042 元,其差额 2 042 元应冲销利息调整。会计分录为:

借:持有至到期投资——应计利息 45 000
           ——利息调整 2 042
   贷:投资收益 47 042

(2)2009 年 12 月 31 日,债券应计利息仍为 45 000 元,确认投资收益为 47 205元,其差额 2 205 元冲销利息调整。会计分录为:

借:持有至到期投资——应计利息 45 000
           ——利息调整 2 205
   贷:投资收益 47 205

2010—2012 年每年年末需要编制与上面类似的会计分录,其应计利息金额均为 45 000 元,投资收益数额依次为 47 382 元、47 572 元和 47 778 元,而利息调整的摊销额依此为 2 382 元、2 572 元和 2 778 元。

需要指出的是,例 4-1 中,对于购入的力拉公司债券属于分期付息、到期还本的持有至到期投资,在期末(非付息日)计算应计利息时,应通过"应收利息"账户核算。而购入的斯达公司债券为到期一次还本付息,在期末计算应计利息时,应通过"持有至到期投资——应计利息"账户核算。

（四）到期收回投资的核算

持有至到期投资到期时，应冲销持有至到期投资的账面投资成本和应计利息（利息调整明细账户余额已经摊销完毕）。对于分期付息、到期还本的投资，应按其面值，借记"银行存款"账户，贷记"持有至到期投资——成本"等账户；对于到期一次还本付息的投资，应按其收到的面值和利息，借记"银行存款"账户，按面值贷记"持有至到期投资——成本"，按其应计利息累计额，贷记"持有至到期投资——应计利息"账户。

例 4-1 中亚细亚公司购入的两种债券，到期时的会计处理如下：

1. 购入的力拉公司债券到期时的会计处理

由于购买的力拉公司债券属于分期付息、到期一次还本债券，每年 3 月 31 日和 9 月 30 日均已按规定收取利息，2010 年 3 月 31 日到期时除收取最后一期利息和确认投资收益并摊销利息调整外（会计分录同上），还应收回债券本金。收回本金的会计分录如下：

借：银行存款　　　　　　　　　　　　　　　　　750 000

　　贷：持有至到期投资——成本　　　　　　　　　　　　750 000

2. 购入的斯达公司债券到期时的会计处理

由于购买的斯达公司债券属于到期一次还本付息债券，每年 12 月 31 日均已按规定计算应计利息，并摊销利息调整。至 2012 年 12 月 31 日到期时，"持有至到期投资——应计利息"明细账户的余额为 225 000 元，利息调整明细账户余额已摊销完毕。到期时收回债券本金和利息的会计分录如下：

借：银行存款　　　　　　　　　　　　　　　　　825 000

　　贷：持有至到期投资——成本　　　　　　　　　　　　600 000

　　　　　　　　　　——应计利息　　　　　　　　　　　225 000

应当指出，如果企业在到期日前出售持有至到期投资，应按收到的金额，借记"银行存款"等账户，已计提减值准备的，借记"持有至到期投资减值准备"账户，按其账面余额，贷记"持有至到期投资"账户（成本、利息调整、应计利息），按其差额，贷记或借记"投资收益"账户。

按照会计准则的规定，如果企业将尚未到期的某持有至到期投资在到期前的某一会计年度内出售或重分类为可供出售金融资产的金额，相对于该类投资在出售或重分类前的总额较大（通常指超过 5%，不含 5%）时，应当将该类投资的剩余部分重分类为可供出售金融资产，且在本会计年度及以后两个完整的会计年度内不能再将金融资产划分为持有至到期投资。

4.2 长期股权投资

长期股权投资,是指企业持有的期限在1年以上(不含1年)的各种股权性质的投资,包括购入的股票和其他股权投资等。会计核算中的长期股权投资包括两部分:一是企业持有的对子公司、联营企业及合营企业的投资;二是对被投资单位不具有共同控制或重大影响、在活跃市场中没有报价、公允价值不能可靠计量的权益性投资。

4.2.1 长期股权投资的类型

按照对被投资单位产生的影响程度不同,长期股权投资可分为以下四种类型:

(一)控制性股权投资

控制,是指有权决定一个企业的财务和经营政策,并能据以从该企业的经营活动中获取利益。投资企业能够对被投资单位实施控制的,被投资单位为其子公司,投资企业拥有子公司的股权投资称为控制性股权投资。

控制性股权投资又包括两种情形:(1)投资企业直接拥有被投资单位50%以上的表决权资本;(2)虽不拥有被投资单位50%以上的表决权资本,但具有实质控制权。这里的实质控制权表现为:①通过与其他投资者的协议,拥有被投资单位50%以上的表决权资本;②根据章程或协议,投资企业有权控制被投资单位的财务和经营政策;③有权任免被投资单位董事会等类似权力机构的多数成员;④在类似董事会权力机构会议上有半数以上投票权。

(二)共同控制性股权投资

共同控制,是指按照合同约定对某项经济活动所共有的控制,仅在与该项经济活动相关的重要财务和生产经营决策需要分享控制权的投资方一致同意时存在。投资企业与其他方对被投资单位实施共同控制的,被投资单位为其合营企业,所形成的股权投资称为共同控制性股权投资。

(三)重大影响性股权投资

重大影响,是指对一个企业的财务和经营政策有参与决策的权利,但并不能够控制或者与其他方一起共同控制这些政策的制定。投资企业能够对被投资单位施加重大影响的,被投资单位为其联营企业,所形成的股权投资称为重大影响性股权投资。

一般来说,当投资企业直接拥有被投资单位 20％或 20％以上至 50％以下有表决权资本时,可以认为对被投资单位具有重大影响。如果所占表决权资本低于 20％,但有以下情况之一的,也可认为对被投资单位具有重大影响:(1)可以在被投资单位的董事会及类似权力机构中派有代表;(2)可以参与被投资单位的政策制定过程;(3)可以向该投资单位派出管理人员;(4)被投资单位依赖投资企业的技术资料等。

(四)无控制、无共同控制且无重大影响性股权投资

无控制、无共同控制且无重大影响,是指上述三种类型以外的情况。具体表现为:(1)投资企业直接拥有被投资单位 20％以下的表决权资本,且不存在其他实施重大影响的途径。(2)投资企业直接拥有被投资单位 20％以上的表决权资本,但实质上对被投资单位不具有控制、共同控制和重大影响。例如,甲企业和乙企业共同出资兴建丙企业,双方出资比例分别为 30％和 70％。假设甲企业除了持股 30％以外,无其他任何施加重大影响的途径。这种情况表明乙企业已经控制了丙企业,一般认为甲企业对丙企业的投资属于无控制、无共同控制且无重大影响性投资。

对长期股权投资类型的认定是选用股权投资核算方法的重要依据。例如,我国会计准则规定,投资企业能够对被投资单位实施控制或对被投资单位不具有共同控制或重大影响,并且在活跃市场中没有报价、公允价值不能可靠计量的长期股权投资,应采用成本法核算。投资企业对被投资单位具有共同控制或重大影响的长期股权投资,应采用权益法核算。

4.2.2 长期股权投资初始投资成本的确定

企业取得长期股权投资有两种情形:一是通过企业合并形成长期股权投资;二是通过其他方式取得长期股权投资。长期股权投资的类型和取得的途径不同,其初始投资成本的构成内容也有所不同。由于企业合并中形成的长期股权投资的初始投资成本的确定属于企业合并的会计问题,比较复杂,这里不进行论述。除企业合并外的其他方式取得的长期股权投资,应当按照下列规定确定其初始投资成本:

1. 以支付现金取得的长期股权投资,应当按照实际支付的购买价款作为初始投资成本。初始投资成本包括与取得长期股权投资直接相关的费用、税金及其他必要支出,但实际支付的价款中包含的已宣告但尚未领取的现金股利,应作为应收项目单独核算,不计入初始投资成本。

2. 以发行权益性证券取得的长期股权投资,应当按照发行权益性证券的公允价值作为其初始投资成本。

3. 投资者投入的长期股权投资,应当按照投资合同或协议约定的价值作为初始投资成本。但如果投资者在合同或协议中约定的价值显失公允的,应当按照取得长期股权投资的公允价值作为其初始投资成本,所确认的长期股权投资初始投资成本与计入企业实收资本(或股本)金额之间的差额,应调整资本公积(资本溢价)。

4. 非货币性资产交换取得的长期股权投资,如该交换具有商业实质且换入资产或换出资产的公允价值能够可靠计量的,应当按照换出资产的公允价值和应支付的相关税费作为入账价值。发生补价的,支付补价方应在按照上述方法确定的入账价值基础上加上支付的补价;收到补价的,应减去收到的补价。

如取得长期股权投资所发生的非货币性资产交换不具有商业性质,或换入资产、换出资产的公允价值无法可靠计量的,应当以换出资产的账面价值和应支付的相关税费作为换入长期股权投资的初始投资成本,发生的补价同上处理。

5. 通过债务重组取得的长期股权投资,其初始投资成本应当按取得长期股权投资的公允价值确定。

长期股权投资存在活跃市场的,应当参照活跃市场中的价格确定其公允价值;不存在活跃市场、无法参照市场价格取得其公允价值的,应当按照一定的估价技术(如收益现值法等合理的方法)确定其公允价值。

企业无论以何种方式取得长期股权投资,实际支付的价款或对价中包含的已宣告但尚未领取的现金股利或利润,不作为长期股权投资的初始投资成本,而应作为应收项目单独核算。

4.2.3 长期股权投资的核算

为了核算企业持有的长期股权投资增减变动情况,需要设置"长期股权投资"账户,企业取得长期股权投资时,或者长期股权投资按权益法核算时根据规定需要做增加长期股权投资账面价值的调整时,应借记该账户;收回或转让长期股权投资时,或者收到的属于被投资单位在取得投资前实现净利润的分配额等,应贷记该账户;借方期末余额表示企业至期末止持有的长期股权投资的价值。该账户应当按照被投资单位进行二级明细核算;长期股权投资采用权益法核算的,还应设置"投资成本"、"损益调整"、"其他权益变动"明细项目。

长期股权投资有两种会计核算方法:成本法和权益法。这两种方法的焦点在于:如何确认长期股权投资的投资收益,以及投资企业对被投资单位所有者权益价值变动是否需要调整长期股权投资的账面价值。

（一）长期股权投资的成本法核算

1. 成本法核算的基本要点

成本法，是指对长期股权投资始终按投资成本进行计价的方法。其会计核算要点是：

（1）长期股权投资的账面价值反映的是该项投资的历史成本；除非转让投资，否则以成本反映长期股权投资的账面价值一般保持不变。追加投资时，按照其初始投资成本增加长期股权投资的账面价值；被投资单位净资产发生增减变动时，投资企业一般不调整投资的账面价值。

（2）被投资单位宣告分派的现金股利或利润，投资企业一般应确认为投资收益。采用成本法核算的长期股权投资，除取得投资时实际支持的价款中包含的已宣告但尚未发放的现金股利或利润外，投资企业应当按照享有被投资单位宣告发放的现金股利或利润确认投资收益。

长期股权投资采用成本法核算的，应按被投资单位宣告发放的现金股利或利润中属于本企业的部分，借记"应收股利"账户，贷记"投资收益"账户。

2. 成本法核算的适用范围

按照会计准则规定，下列两种情况下企业应当对长期股权投资采用成本法核算：

（1）投资企业能够对被投资单位实施控制的长期股权投资。也就是说，投资企业对子公司的股权投资，日常会计实务应采用成本法核算，但编制合并财务报表时需要调整为权益法。

（2）投资企业对被投资单位不具有共同控制或重大影响，并且在活跃市场中没有报价、公允价值不能可靠计量的长期股权投资。

【例 4-2】　亚细亚投资发展有限公司 2005 年 3 月 31 日以银行存款购入金昌股份有限公司 5% 的股份，合计 100 万股，准备长期持有。购买价格为 1.80 元/股（其中包括金昌公司在 2005 年 3 月 28 日已经宣告但尚未支付的现金股利 0.12 元/股），总价款 1 800 000 元，并支付交易税费 3 600 元。投资后发生的相关会计事项如下：

（1）亚细亚公司 2005 年 4 月 4 日收到金昌公司支付的现金股利 120 000 元；

（2）2005 年度金昌公司实现净利润 3 500 000 元，其中 1—3 月份实现 700 000 元；

（3）金昌公司 2006 年 3 月 18 日宣告分派 2005 年度现金股利 0.08 元/每股；

（4）亚细亚公司 2006 年 3 月 25 日收到金昌公司支付的现金股利 80 000 元。

根据上述资料,亚细亚公司对金昌公司长期股权投资的有关会计分录如下:

(1)2005 年 3 月 31 日投资时:

借:长期股权投资——金昌公司   1 683 600

    应收股利——金昌公司   120 000

    贷:银行存款   1 803 600

(2)2005 年 4 月 4 日收到金昌公司支付的现金股利时:

借:银行存款   120 000

    贷:应收股利——金昌公司   120 000

(3)2005 年金昌公司实现净利润 3 500 000 元,亚细亚公司不必进行会计处理。

(4)金昌公司于 2006 年 3 月 18 日宣告分派 2005 年现金股利 0.08 元/股,应全额确认为投资收益。

借:应收股利——金昌公司   80 000

    贷:投资收益   80 000

(5)2006 年 3 月 25 日亚细亚公司收到现金股利时:

借:银行存款   80 000

    贷:应收股利——金昌公司   80 000

从上述会计处理可以看出,成本法将投资企业和被投资单位视为两个法律主体,被投资单位实现的净利润或净亏损不影响投资企业的投资收益;只有当被投资单位宣告分配现金股利时,投资企业才能确认投资收益。这种核算方法虽然能够清晰地反映投资企业的长期股权投资账面价值和投资收益,却不能真实反映投资企业在被投资单位中享有的权益份额。当投资企业拥有被投资单位较高比例的股份时,此方法显得不够合理。

（二）长期股权投资的权益法核算

权益法,指长期股权投资最初以初始投资成本计价,以后根据投资企业享有被投资单位所有者权益份额的变动对投资的账面价值进行调整的方法。

投资企业对被投资单位具有共同控制或重大影响的长期股权投资,应当采用权益法核算。即投资企业持有的对联营企业或合营企业的投资应当采用权益法核算。

在权益法下,长期股权投资的账面价值要随着被投资单位所有者权益的变动而变动,包括被投资单位实现的净利润、发生的净亏损以及其他影响所有者权益项目变动的情形。权益法核算的基本要点如下:

1. 对初始投资成本的调整

取得投资时,如果长期股权投资的初始投资成本大于投资时应享有被投资单位可辨认净资产公允价值份额的,不调整已确认的初始投资成本;初始投资成本小于投资时应享有被投资单位可辨认净资产公允价值份额的,应将投资成本调整到应享有的净资产公允价值份额,其中的差额计入"营业外收入"账户。

【例4-3】 2007年1月初亚细亚投资发展有限公司以银行存款2 500万元购入飞达股份有限公司25％的股份,并准备长期持有。已知飞达公司2006年12月31日账面股东权益总额为9 600万元,其中股本5 000万元(5 000万股,每股面值1元),资本公积金1 400万元,盈余公积金800万元,未分配利润2 400万元,由于飞达公司股票未在证券交易所交易,经业内权威机构测算,其公允价值与账面价值相当。

根据以上资料,亚细亚公司取得飞达公司股权投资应编制如下会计分录:

借:长期股权投资——飞达公司(投资成本)　　　　　25 000 000

　　贷:银行存款　　　　　　　　　　　　　　　　　　　　25 000 000

由于飞达公司可辨认净资产公允价值与其账面价值(9 600万元)基本相等,亚细亚公司应享有的份额为2 400万元,而初始投资成本为2 500万元,高于投资时应享有净资产公允价值份额,不需要调整已确认的初始投资成本。

2. 被投资单位实现净利润和发生净亏损的处理

投资企业在投资后,被投资单位实现净利润和发生净亏损时,需要相应调整投资的账面价值。会计处理时,应在资产负债表日,根据被投资单位实现的净利润计算应享有的份额,借记"长期股权投资(损益调整)"账户,贷记"投资收益"账户;被投资单位发生亏损的,按应分担的亏损份额,借记"投资收益"账户,贷记"长期股权投资(损益调整)"账户。被投资单位以后宣告发放现金股利或利润时,投资企业计算应分得的部分,借记"应收股利"账户,贷记"长期股权投资(损益调整)"账户;收到被投资单位发放的股票股利,不进行账务处理,但应在备查簿中登记。

【例4-4】 引用例4-3资料,假设飞达股份有限公司2007年至2008年实现盈利(亏损)及其分配(弥补)情况如下:

(1)2007年度发生亏损480万元,用以前年度的未分配利润弥补;

(2)2008年度实现净利润1 200万元;

(3)2009年2月14日决定向全体股东分配现金股利800万元;

(4)2009年2月28日亚细亚公司收到飞达公司分给的股利200万元。

对于上述经济业务,亚细亚公司应编制以下会计分录:

(1)2007年飞达公司发生亏损480万元,亚细亚公司应确认投资损失120万元。

借:投资收益　　　　　　　　　　　　　　　　1 200 000

　　贷:长期股权投资——飞达公司(损益调整)　　　　　　1 200 000

注意:飞达公司用以前年度未分配利润弥补亏损,亚细亚公司不必进行会计处理。

(2)2008 年飞达公司实现净利润 1 200 万元,亚细亚公司应确认投资收益 300 万元。

借:长期股权投资——飞达公司(损益调整)　　　　3 000 000

　　贷:投资收益　　　　　　　　　　　　　　　　　3 000 000

(3)2009 年 2 月 14 日飞达公司向投资者分配利润 800 万元,亚细亚公司确认应收股利 200 万元,同时冲减长期股权投资的账面价值。

借:应收股利——飞达公司　　　　　　　　　　　2 000 000

　　贷:长期股权投资——飞达公司(损益调整)　　　　2 000 000

(4)2009 年 2 月 28 日亚细亚公司收到现金股利。

借:银行存款　　　　　　　　　　　　　　　　　2 000 000

　　贷:应收股利——飞达公司　　　　　　　　　　　2 000 000

需要说明的是,投资企业确认被投资单位发生的净亏损,应当以长期股权投资的账面价值以及其他实质上构成对被投资单位净投资的长期权益减记至零为限(投资企业负有承担额外损失的情况除外)。发生亏损的被投资单位以后实现净利润的,投资企业计算应享有的份额,如有未确认投资损失的,应先弥补未确认的投资损失,弥补损失后仍有余额的,才能恢复确认收益分享额。

3. 被投资单位除净损益以外其他所有者权益变动的处理

除实现净利润或发生净损失以外,被投资单位还会发生其他引起所有者权益变动的事项,如被投资单位增发新股,由于增发新股的每股价格高于发行前账面净资产而引起的每股净资产增加,被投资单位会计政策变更、会计差错更正等调整前期所有者权益。

企业对于被投资单位除净利润以外其他原因引起所有者权益的变动,在持股比例不变的情况下,按照持股比例与所有者权益的变动额计算应享有或承担的部分,调整长期股权投资的账面价值,借记或贷记"长期股权投资(其他权益变动)"账户,同时增加或减少资本公积(其他资本公积)。

以上介绍了长期股权投资成本法和权益法的核算方法。按会计准则的规定,当投资企业不同程度持有被投资单位权益资本的比例时,要分别按照两种不同方法进行会计处理。然而持股比例也会由于各种原因而发生变化,当这种变化得以改变投资企业对被投资单位的影响时,长期股权投资的会计核算方法也需要作相应的改变。这里主要有下列两种情形：

一是投资企业因减少投资等原因对被投资单位不再具有共同控制或重大影响的，并且长期股权投资在活跃市场中没有报价、公允价值不能可靠计量的，应当由权益法改按成本法核算，并以权益法下长期股权投资的账面价值作为按照成本法核算的初始投资成本。

二是因追加投资等原因能够对被投资单位实施共同控制或重大影响但不构成控制的，长期股权投资应当由成本法改按权益法核算，并以成本法下长期股权投资的账面价值作为按照权益法核算的初始投资成本。[①]

（四）长期股权投资处置的核算

处置长期股权投资，其账面价值与实际取得价款的差额，应当计入当期损益。采用权益法核算的长期股权投资，因被投资单位除净损益以外所有者权益的其他变动而计入所有者权益的，处置该项投资时应当将原计入所有者权益的部分按相应比例转入当期损益。

4.3 固定资产

固定资产是企业的劳动资料，属于最重要的非流动资产，在企业资产中占有很大的比重。固定资产初始成本计量、固定资产折旧和期末计价都是会计核算中的重要问题，对企业的财务状况和经营业绩会产生重大影响。

4.3.1 固定资产的概念和分类

（一）固定资产的概念

固定资产是指为生产产品、提供劳务、出租或经营管理持有的使用寿命超过一个会计期间的有形资产。由此可见，固定资产具有以下特征：

（1）固定资产是用于生产经营活动而不是为了出售。这一特征是区别固定资产与商品等流动资产的重要标志。例如，房屋对于一般企业来说属于固定资产，但对房地产企业来说则属于存货；汽车对于汽车制造企业来说属于存货，而

---

① 如果投资企业持有的被投资单位的股权投资属于交易性金融资产或可供出售金融资产，则需要按照《企业会计准则第 22 号——金融工具确认和计量》确定的投资账面价值，作为按照权益法核算的初始投资成本。

对于交通运输企业和一般的工商企业来说则属于固定资产。

(2)固定资产的使用寿命超过一个会计期间。这一特征表明,企业为了获得固定资产并把它投入生产经营而发生的支出,能够使企业在较长时间内受益,属于资本性支出而不是收益性支出。

(3)固定资产的寿命是有限的(土地除外)。这一特征说明了固定资产计提折旧的必要性。

(二)固定资产的确认条件

与其他资产一样,固定资产的确认需要同时满足下列条件:(1)该固定资产包含的经济利益很可能流入企业;(2)该固定资产的成本能够可靠计量。

同时符合固定资产特征和确认条件的有形资产,应当确认为固定资产;不符合的确认为存货。这里有几点需要说明:(1)我国将不符合固定资产定义的耐用生产经营资料作为低值易耗品,会计上归属为存货。(2)企业的环保设备和安全设备,虽然不能直接为企业带来经济利益,却有助于企业从相关资产获得经济利益,也应确认为固定资产。(3)由于我国在法律上不允许将土地作为商品买卖,因此企业无法取得土地的所有权,只能取得土地的使用权。因此在会计上,土地使用权并不作为固定资产处理,而是作为无形资产处理。(4)固定资产的各组成部分具有不同使用寿命或者以不同方式为企业提供经济利益,使用不同折旧率或折旧方法的,应当分别将各组成部分确认为单项固定资产。

(三)固定资产的分类

固定资产的种类繁多,规格不一,为了加强管理,便于组织会计核算,正确反映固定资产的取得、使用、处置等情况,有必要对其进行科学、合理的分类。企业的固定资产根据不同的管理需要和核算要求以及不同的分类标准,可以进行不同的分类,主要有以下几种:

1. 按固定资产的经济用途分类

按固定资产的经济用途不同,可将固定资产分为生产经营用固定资产和非生产经营用固定资产。

(1)生产经营用固定资产,是指直接服务于企业生产经营过程中的各种固定资产。如生产经营用的房屋、建筑物、机器、设备、器具、工具等。

(2)非生产经营用固定资产,是指不直接服务于企业生产经营过程的各种固定资产。如职工宿舍、食堂、浴室、理发室等使用的房屋、设备和其他固定资产等。

2. 按固定资产使用情况分类

按固定资产使用情况不同,可将固定资产分为使用中固定资产、未使用固定资产和不需使用固定资产。

(1)使用中固定资产,是指处于正在使用中的经营性和非经营性固定资产。由于季节性经营或大修理等原因,暂时停止使用的固定资产仍属于企业使用中固定资产;企业出租(指经营性租赁)给其他单位使用的固定资产和内部替换使用的固定资产也属于使用中固定资产。

(2)未使用固定资产,是指已完工或已购建的尚未正式使用的新增固定资产,以及因进行改建、扩建等原因暂停使用的固定资产。如企业购建的尚未正式使用的固定资产、经营任务变更停止使用的备用设备等。

(3)不需使用固定资产,是指本企业多余或不适用的各种固定资产。这类固定资产将由企业处置(出售、报废等),不久便会退出企业。

3. 按固定资产的所有权分类

按企业是否拥有固定资产的所有权,可将固定资产分为自有固定资产和租入固定资产。

自有固定资产,是指企业拥有其所有权的固定资产,企业使用的固定资产大多属于自有固定资产。租入固定资产,是指企业采用租赁方式从其他单位租入的固定资产。企业对租入固定资产依照租赁合同拥有其使用权,同时负有支付租金的义务,但资产的所有权归属出租单位。租入固定资产可分为经营性租赁租入固定资产和融资性租赁租入固定资产。按照实质重于形式的原则,融资性租赁租入固定资产应当如同自有固定资产在承租方账簿加以记录,并计提折旧,期末在承租方资产负债表中加以反映;而经营性租赁租入固定资产则只将其在备查账簿中记录,不在承租方资产负债表中反映,也不需计提折旧,只要对所支付的租金进行会计处理便可。

4. 按固定资产的经济用途和使用情况综合分类

采用这一分类方法,可把企业的固定资产分为以下七大类:

(1)生产经营用固定资产。

(2)非生产经营用固定资产。

(3)租出固定资产,指在经营性租赁方式下出租给外单位使用的固定资产。

(4)不需使用固定资产。

(5)未使用固定资产。

(6)土地,指过去已经估价单独入账的土地。因征地而支付的补偿费,应计入与土地有关的房屋、建筑物价值内,不单独作为土地价值入账。企业取得的土地使用权应作为无形资产处理,不作为固定资产入账。

(7)融资租入固定资产。

由于企业的经营性质不同,经营规模各异,对固定资产的分类不可能完全一致,也没必要强求统一。企业应根据会计准则和会计制度中规定的固定资产标准,结合各自的具体情况,制定适合本企业实际情况的固定资产目录和分类方法、每类或每项固定资产的折旧年限和折旧方法并编制成册,按照管理权限,经股东大会或董事会,或经理(厂长)会议或类似机构批准,按照法律、行政法规的规定报送有关各方备案,同时备置于企业所在地,以供投资者等有关各方查阅。上述固定资产核算的有关会计政策,一经确定不得随意变更;如需变更,仍然应当按照上述程序,经批准后报送有关各方备案,并在会计报表附注中予以说明。

4.3.2 固定资产的初始计量

固定资产应当按照成本进行初始计量。这里的成本是指历史成本,也称原始价值。固定资产的历史成本是指企业购建某项固定资产达到可使用状态前所发生的一切合理、必要的支出。历史成本计价方法突出会计核算的客观性和可靠性,这种方法确定的资产价值,均是实际发生并有支付凭据的支出。历史成本是固定资产的基本计价标准,也是资产后续计量的基础。

各种不同方式取得的固定资产,其历史成本(入账价值)的确定有所不同。主要有以下几种情形:

1. 外购的固定资产,按实际发生的购买价格、相关税费(一般纳税人购进固定资产的增值税进项税额可以抵扣,不计入固定资产成本),以及使固定资产达到预定可使用状态前所发生的可归属于该项固定资产的运输费、装卸费、安装费和专业人员服务费等作为入账价值。

以一笔款项购入多项没有单独标价的固定资产,应当按照各项固定资产公允价值比例对总成本进行分配,分别确定各项固定资产的入账价值。

2. 自行建造的固定资产,按建造该项资产达到预定可使用状态前所发生的必要支出作为入账价值,其中包括购建该项资产的专门借款所发生的应资本化的借款费用。

3. 投资者投入的固定资产,应当按照投资合同或协议约定的价值作为入账价值,但合同或协议约定价值不公允的除外。

4. 融资租入的固定资产,按租赁开始日租赁资产的公允价值与最低租赁付款额现值两者中较低者作为入账价值。

5. 以非货币性资产交换取得的固定资产,如该交换具有商业实质且换入资产或换出资产的公允价值能够可靠计量的,应当按照公允价值和应支付的相关税费作为入账价值。若发生补价,支付补价的应在按照上述方法确定的入账价值基础上加上支付的补价；收到补价的应减去收到的补价。

如取得固定资产所发生的非货币性资产交换不具有商业实质，或换入资产、换出资产的公允价值无法可靠计量的，应当以换出资产的账面价值和应支付的相关税费作为换入固定资产的入账价值，发生补价的同上处理。

6. 以债务重组方式取得的固定资产，按取得固定资产的公允价值作为入账价值。

4.3.3 固定资产取得的核算

（一）固定资产核算应设置的账户

固定资产的核算应设置"固定资产"、"累计折旧"、"在建工程"、"工程物资"等账户。

1. "固定资产"账户

"固定资产"账户用来核算企业固定资产的原始价值，借方记录增加固定资产的原始价值，贷方记录减少固定资产的原始价值，期末借方余额反映期末固定资产的原始价值。该账户所记录的金额，除企业按国家规定进行资产评估外，一般不得随意变动。同时，企业应设置"固定资产登记簿"和"固定资产卡片"，按固定资产的类别、使用部门和每项固定资产进行明细核算。

2. "累计折旧"账户

"累计折旧"账户用来核算企业对固定资产计提的折旧，它是"固定资产"的备抵账户。贷方反映所计提的固定资产折旧额，借方反映减少的固定资产所应转销的累计折旧额，期末贷方余额反映期末固定资产已经计提的累计折旧额。该账户应当按照固定资产的类别或项目进行明细核算。

3. "在建工程"账户

"在建工程"账户用来核算企业基建、技改等在建工程发生的价值。借方记录在建工程成本的增加额，贷方记录应冲减在建工程成本额及工程完工后应结转到固定资产的成本，期末借方余额表示尚未完工的固定资产建造工程的成本。

工程项目较多且工程支出较大的企业，应当按照工程项目的性质分项核算。通常按照"建筑工程"、"安装工程"、"在安装设备"和"待摊支出"设置明细账户。

4. "工程物资"账户

"工程物资"账户用来核算企业为基建工程、技改工程和大修理工程准备的各种物资。借方记录工程物资成本的增加额，贷方记录工程物资成本的减少额，期末借方余额反映为工程购入但尚未领用的工程物资的实际成本。该账户应按"专用材料"、"专用设备"、"工器具"等设置明细账户。

（二）固定资产取得的会计处理

企业取得固定资产有多种方式和途径，如购入、自行建造、接受投资转入、融资租赁租入、非货币性资产交换取得、以债务重组方式取得等，其会计处理存在较大差异，有些也比较复杂。这里只介绍购入、自行建造和接受投资取得固定资产的会计处理。

1. 购入固定资产的核算

购入固定资产的核算分为两种情况：一是购入不需要安装的固定资产，按应计入固定资产成本的金额，借记"固定资产"账户，贷记"银行存款"等账户；二是购入需要安装的固定资产时，其相关成本应先计入"在建工程"账户，待安装完毕交付使用时再将发生的工程成本转到"固定资产"账户。

【例 4-5】　天然化工有限公司购入运输设备（汽车）一辆，买价为 133 800元，增值税额为 22 746 元，车辆购置有关的税费 8 700 元，全部款项均以银行存款支付，车辆已经交付公司运输部门使用。

购置固定资产的会计分录如下：

借：固定资产——生产经营用固定资产　　　　　　　142 500
　　应交税费——应交增值税（进项税额）　　　　　　22 746
　　贷：银行存款　　　　　　　　　　　　　　　　　165 246

【例 4-6】　天然化工有限公司购入一套机械设备，买价为200 000元，增值税额为34 000元，已签发商业承兑汇票结算。设备购入后立即投入安装，安装过程中发生支出 9 800 元，其中：耗用工程物资 4 500 元，以银行存款向设备供应方支付安装调试费用 5 300 元。设备安装完毕后交付生产车间使用。

该设备购入、安装及其交付使用有关业务的会计分录如下：

（1）购入设备

借：在建工程——在安装设备　　　　　　　　　　　200 000
　　应交税费——应交增值税进项税额　　　　　　　　34 000
　　贷：应付票据　　　　　　　　　　　　　　　　　234 000

（2）发生安装支出

借：在建工程——在安装设备　　　　　　　　　　　　9 800
　　贷：工程物资　　　　　　　　　　　　　　　　　　4 500
　　　　银行存款　　　　　　　　　　　　　　　　　　5 300

（3）安装完工交付使用，该工程总成本为 225 000 元，转入固定资产

借：固定资产——生产经营用固定资产　　　　　　　209 800
　　贷：在建工程——在安装设备　　　　　　　　　　209 800

2. 自行建造固定资产的核算

自行建造固定资产有自营工程和出包工程两种。对于自营工程,购入的各项工程物资,应先计入"工程物资"账户,领用工程物资及支付各种工程支出时,记入"在建工程"账户,工程完工经验收后转作固定资产成本。对于出包工程,支付给承包单位的工程款,先通过"预付账款"账户核算,以后按工程进度结算工程价款,转入"在建工程"账户,工程结束时,应将工程成本转为固定资产成本。

【例4-7】 天然化工有限公司采用出包方式委托大通建筑公司建造一职工食堂。合同规定:总造价275万元,工程期限为3个月;合同签约后由天然公司预付40%的工程款计110万元,工程完工经验收合格后再支付另60%的工程款。全部款项均以银行存款支付。

根据以上资料,天然公司建造职工食堂及其交付使用的会计分录如下:

(1)签订建造合同,预付工程款1 100 000元。

借:预付账款——大通建筑公司　　　　　　　　　　1 100 000
　　贷:银行存款　　　　　　　　　　　　　　　　　　1 100 000

(2)3个月后工程完工,与建筑公司结算工程款,支付余下工程款1 650 000元。

借:在建工程——建筑工程　　　　　　　　　　　　2 750 000
　　贷:预付账款——大通建筑公司　　　　　　　　　　1 100 000
　　　　银行存款　　　　　　　　　　　　　　　　　　1 650 000

(3)3个月后工程完工交付使用,结转工程成本2 750 000元。

借:固定资产——非生产经营用固定资产　　　　　　2 750 000
　　贷:在建工程——建筑工程　　　　　　　　　　　　2 750 000

注意:已达到预定可使用状态但尚未办理竣工决算手续的固定资产,可先按估计价值记账,待确定其实际价值后再进行调整。

3. 投资者投入固定资产的核算

投资者投入的固定资产,按投资各方确认的价值计入"固定资产"账户,按出资者享有的资本份额登记"实收资本"(或"股本")账户,固定资产的价值与投资者拥有的资本份额之间的差额作为资本溢价计入"资本公积"账户。

【例4-8】 天然化工有限公司实施增资,由三明公司投入厂房一幢,双方确认的价值为资产评估公司的评估价值600万元。并协商确定:按出资额的75%折算资本份额,即三明公司因此拥有天然公司450万元资本。投入的厂房可以直接交付使用。

根据以上资料,天然公司接受三明公司固定资产投资的会计分录如下:

借:固定资产——生产经营用固定资产	6 000 000
贷:实收资本	4 500 000
资本公积——资本溢价	1 500 000

4.3.4 固定资产折旧

固定资产折旧属于固定资产的后续计量问题,它不仅涉及期末资产的计价,还直接影响会计期间的损益。因此,固定资产的折旧是一个十分重要的会计核算问题。

(一)固定资产折旧的概念

固定资产会在一个以上的会计期间内参加企业的生产经营活动,这个过程中,它一方面为企业带来经济利益,另一方面其价值却因为使用或技术进步等原因而逐渐损耗和贬值。固定资产损耗的这部分价值,应当在固定资产的有效使用年限内逐期合理、系统地分摊,计入相关资产的成本或者各期损益,并从各期的收益中得到补偿,这部分随着固定资产磨损而逐渐转移的价值,就是固定资产的折旧。

会计准则对固定资产折旧是这样定义的:折旧,是指在固定资产使用寿命内,按照确定的方法对应计折旧额进行的系统地分摊。就是说,会计上所说的折旧是对固定资产成本的一种分摊。其中,应计折旧额,是指应当计提折旧的固定资产的原价扣除其预计净残值后的金额;已计提减值准备的固定资产,还应当扣除已计提的固定资产减值准备累计金额。

例如,例 4-5 中天然化工有限公司购入的运输设备的固定资产原价为142 500元,如果预计使用年限为 8 年,预计 8 年后的净残值为 5 700 元(净残值率为 4%),则其应计折旧额为 136 800 元。

(二)计提折旧的基本因素

固定资产的应计折旧额应在其使用年限内系统、合理地进行摊销。为了保证合理、正确地计提固定资产折旧,首先要了解影响固定资产折旧的因素。主要包括:

1. 计提折旧的基数

固定资产计提折旧的基数是该固定资产的原始价值,企业对固定资产计提折旧,应在其基数范围内计提。西方一些国家有时也允许企业以固定资产的重置价值作为基数计提折旧。

2. 折旧年限

固定资产的折旧年限,指固定资产的预计经济服务寿命。企业在确定固定资产折旧年限时，要考虑该资产的预计生产能力或实物产量、有形损耗和无形损耗以及法律或者类似规定对资产使用的限制。估计的折旧年限是影响每期折旧额高低的重要因素，在其他条件不变的前提下，折旧年限越短，每期计提的折旧额越大；反之亦然。

3. 预计净残值

固定资产的预计净残值，是指假定固定资产预计使用寿命已满并处于使用寿命终了的预期状态，从该项资产处置中获得收入扣除预计处置费用后的金额。一般按固定资产原始价值的百分比（称为净残值率）来估计。固定资产原值减去预计净残值的差额才是应计提折旧的总额（若不计提减值准备），显然，残值估计越大，计提的折旧额越少；反之亦然。

按照会计准则的规定，企业应当根据固定资产的性质和使用情况，合理确定固定资产的使用寿命和预计净残值。固定资产的使用寿命、预计净残值一经确定，不得随意变更。

（三）固定资产折旧方法

折旧方法是指固定资产应计提的折旧总额在各使用期间进行分配的方法。不同的折旧方法，决定了固定资产各使用期间的折旧金额的不同，从而影响各会计期间损益的计算。按照会计准则的规定，企业应当根据固定资产所包含的经济利益预期实现方式，合理选择固定资产折旧方法。可选用的折旧方法包括平均年限法、工作量法、双倍余额递减法和年数总和法等。固定资产的折旧方法一经确定，不得随意变更。

1. 平均年限法

平均年限法也称直线法，是指将固定资产的应计折旧额均衡地分摊于各会计期间的一种方法。采用这种方法每期的固定资产折旧额是相等的。计算年折旧额的公式如下：

年折旧额＝（固定资产原价－预计净残值）÷预计使用年限

固定资产折旧通常应当按月计提，月折旧额按如下公式计算：

月折旧额＝年折旧额÷12

在会计实务中，企业取得一项固定资产后，会计部门先要为该项固定资产建立卡片，合理预计该项固定资产的折旧年限和净残值，并以此核定其折旧率（折旧额与原始价值之比率）。折旧率的计算公式如下：

年折旧率＝年折旧额÷原始价值

或　年折旧率＝（1－预计净残值率）÷预计使用年限

月折旧率＝年折旧率÷12

平均年限法下,会计部门通常按照固定资产原始价值与月折旧率的乘积来计算月折旧额,即

月折旧额＝固定资产原始价值×月折旧率

下列举例说明平均年限法的运用。

【例 4-9】　例 4-6 中天然化工有限公司购置的机械设备已经交付使用,其原始价值为 225 000 元,预计使用 5 年,预计报废时的净残值为 9 000 元(净残值率为 4%)。

采用平均年限法的计算结果如下:

年折旧额＝(225 000－9 000)÷5＝43 200(元)

年折旧率＝43 200÷225 000＝19.2%

或　年折旧率＝(1－4%)÷5＝19.2%

月折旧额＝43 200÷12＝3 600(元)

月折旧率＝3 600÷225 000×100%＝1.6%

采用平均年限法计提折旧相当简单,在实际工作中被广泛运用。但是,此方法对某些固定资产并不合理,尤其是那些技术进步较快的固定资产,或者那些各期使用时间和价值损耗不均匀的固定资产。

2. 工作量法

工作量法是根据固定资产的实际工作量计提折旧的一种方法。采用这种方法先要预计固定资产在使用寿命内的总工作量,由此核定单位工作量的折旧额,再根据该固定资产在各期的工作量大小来计算其折旧额。工作量法由于考虑了固定资产的使用强度,比起平均年限法所计提的折旧额要准确一些。相关计算公式如下:

单位工作量折旧额＝(固定资产原始价值－预计净残值)÷预计总工作量

某项固定资产月折旧额＝该项固定资产当月工作量×单位工作量折旧额

其中,工作量应按照固定资产的功能确定,如运输工具可以是行驶里程,机器设备可以是工作小时等。

【例 4-10】　例 4-5 中天然化工有限公司购入的汽车已经交付使用,其原始价值为 142 500 元,预计使用 8 年,预计报废时的净残值为 5 700 元。预计该类运输工具在寿命期内的总工作量为 150 000 千米,假设某月的行驶里程为 1 750 千米。

采用工作量法计提折旧的计算结果如下:

单位工作量折旧额＝(142 500－5 700)÷150 000＝0.912(元/千米)

该月应计提折旧额＝1 750×0.912＝1 596(元)

工作量法通常适用于那些各期工作量不均匀的固定资产,如专用设备、从事货物运输业务的运输工具等。

3. 双倍余额递减法

双倍余额递减法是指不考虑固定资产净残值的情况下,根据每期期初固定资产账面余额和双倍的直线折旧率计算固定资产折旧的一种方法。采用这种方法计算折旧时,每年固定资产的折旧率是相等的(直线法折旧率的两倍),但由于每期期初固定资产的账面净值呈(等比级数)递减变化,所以各期折旧额也呈(等比级数)递减变化。其计算公式如下:

> 年折旧率＝2÷预计使用年限
>
> 年折旧额＝期初固定资产账面净值×年折旧率
>
> 月折旧额＝年折旧额÷12

为使固定资产在其使用寿命内所计提的折旧总额等于其应计折旧额,采用双倍余额递减法计提折旧时,应当在其折旧年限到期的前2年内,将固定资产净值扣减预计净残值后的余额平均摊销。

例4-9中天然公司的机械设备如果采用双倍余额递减法,计算结果如下:

> 年折旧率＝(2÷5)×100％＝40％
>
> 第一年折旧额＝225 000×40％＝90 000(元)
>
> 第二年折旧额＝(225 000－90 000)×40％＝54 000(元)
>
> 第三年折旧额＝(225 000－90 000－54 000)×40％＝32 400(元)

第三年止累计折旧为176 400元,该固定资产的账面净值为48 600元,扣除预计报废时的净残值9 000元,最后两年应计提的折旧额合计为39 600元,则

> 第四、第五年每年折旧额＝39 600÷2＝19 800(元)

4. 年数总和法

年数总和法是指将固定资产的原始价值减去净残值后的净额(应计折旧额)乘以一个逐年递减的折旧率计算每年折旧额的一种方法。采用这种方法计算折旧时,虽然计提折旧的基数是不变的,但由于每年的折旧率呈(等差级数)递减,所以各期折旧额也呈(等差级数)递减。其计算公式如下:

> 年折旧率＝(预计使用年限－已使用年限)÷预计使用年限的年数总和
>
> 年折旧额＝(固定资产原始价值－预计净残值)×年折旧率

例4-9中天然公司的机械设备如果采用年数总和法,其各年的折旧额分别为:

> 第一年:(225 000－9 000)×5÷(1＋2＋3＋4＋5)＝72 000(元)
>
> 第二年:(225 000－9 000)×4÷(1＋2＋3＋4＋5)＝57 600(元)

第三年:$(225\ 000-9\ 000)\times3\div(1+2+3+4+5)=43\ 200(元)$

第四年:$(225\ 000-9\ 000)\times2\div(1+2+3+4+5)=28\ 800(元)$

第五年:$(225\ 000-9\ 000)\times1\div(1+2+3+4+5)=14\ 400(元)$

将例4-6中天然公司的机械设备按照上述各种折旧方法计算得出的折旧额汇总,结果见表4-3。

表4-3 平均年限法、双倍余额递减法和年数总和法折旧额汇总表 　　　　单位:元

年 份	平均年限法		双倍余额递减法		年数总和法	
	折旧额	折旧率	折旧额	折旧率	折旧额	折旧率
1	43 200	19.2%	90 000	40%	72 000	5/15
2	43 200	19.2%	54 000	40%	57 600	4/15
3	43 200	19.2%	32 400	40%	43 200	3/15
4	43 200	19.2%	19 800		28 800	2/15
5	43 200	19.2%	19 800		14 400	1/15

从表中可以看出,采用平均年限法计算固定资产折旧较为简单,如果固定资产各期的磨损程度相同,各期应分摊相同的折旧费,这时采用平均年限法计提折旧是合理的。但是,若固定资产在各期使用不均匀,采用平均年限法计算折旧就不能反映固定资产的实际使用情况,提取的折旧数与固定资产的损耗程度也不尽相符。

与平均年限法不同,双倍余额递减法计算折旧时采用了递减的折旧基数和固定的折旧率,年数总和法则采用了固定的折旧基数和递减的折旧率,每期的折旧额因此而递减。这两种方法均属于加速折旧法,其结果是前期多提折旧,后期少提折旧,实现快速收回固定资产价值的目的。从理论上讲,加速折旧的方法符合某些固定资产效用递减的规律,在其预计使用年限的早期多提折旧并与早期创造较高的收益相配比,因此遵循了谨慎原则。同时,如果税法允许,加速折旧法还可以使企业因此获得推迟纳税的好处。

(四)关于计提折旧的有关规定

由于计提固定资产折旧会对企业的财务状况和经营成果产生重大影响,因此折旧政策也就成为会计核算中的一个特别重要的问题,会计准则和会计制度中对固定资产折旧政策均作出了明确的规定。关于固定资产折旧年限的规定、预计净残值的确定、折旧方法的选择等,在前面已经作了详细的论述。除此之

外,对于某些特殊情形的固定资产,其折旧政策有其特殊规定。

1. 除已提足折旧仍继续使用的固定资产外,企业应当对所有固定资产计提折旧;单独入账作为固定资产管理的土地不需计提折旧。所谓提足折旧,是指已经提足该项固定资产的应计折旧额,而不是固定资产原始价值。

2. 已达到预定可使用状态的固定资产,无论是否交付使用,尚未办理竣工决算的,应当按照估计价值确认为固定资产,并计提折旧;待办理了竣工决算手续后,再按实际成本调整原来的暂估价值,但不需要调整原已计提的折旧额。

3. 符合固定资产确认条件的固定资产装修费用,应当在两次装修期间与固定资产剩余使用寿命两者中较短的期间内计提折旧;融资租赁方式租入的固定资产发生的装修费用,如符合固定资产确认条件的,应当在两次装修期间、剩余租赁期与固定资产剩余使用寿命三者中较短的期间内计提折旧。

4. 处于修理、更新改造过程而停止使用的固定资产,符合固定资产确认条件的,应当转入在建工程,停止计提折旧;不符合固定资产的确认条件的,不应转入在建工程,照提折旧。

5. 提前报废的固定资产,不再补提折旧。

6. 企业应当按月提取折旧。实务中为了简化核算,当月增加的固定资产,当月不计提折旧,从下月起开始计提;当月减少的固定资产,当月照提折旧,从下月起停止计提。

【例 4-11】 杭州钢铁股份有限公司 2005 年度固定资产折旧政策的具体内容(摘自杭州钢铁股份有限公司 2005 年年报附注)。

固定资产及折旧核算方法:

1. 固定资产是指同时具有以下特征的有形资产:(1)为生产商品、提供劳务、出租或经营管理而持有的;(2)使用年限超过一年;(3)单位价值较高。

2. 固定资产按取得时的成本入账。融资租入的固定资产,按租赁开始日租赁资产的原账面价值与最低租赁付款额的现值中较低者,作为入账价值。(如果融资租赁资产占资产总额的比例等于或小于 30%的,在租赁开始日,按最低租赁付款额,作为固定资产的入账价值。)

3. 固定资产折旧采取双倍余额递减法。在不考虑减值准备的情况下,按固定资产类别、预计使用年限和预计净残值率(原值的 3%;土地使用权规定使用年限高于相应的房屋、建筑物预计使用年限的影响金额,也作为净残值预留;符合资本化条件的固定资产装修费用、经营租赁方式租入固定资产的改良支出,不预留残值)确定折旧年限如下:

固定资产类别	折旧年限（年）
房屋及建筑物	20—30
通用设备	5
专用设备	10—15
运输工具	5

（五）固定资产折旧的会计处理

在会计实务中,企业应当以月初可提取折旧的固定资产原始价值为依据,计算各类固定资产的折旧额。一般是通过编制"固定资产折旧计算表"来完成的。企业各月计算折旧时,可以在上月计提折旧额的基础上,对上月固定资产的增减情况进行调整后计算当月应计提的折旧额。即:当月固定资产应计提的折旧额等于上月固定资产计提的折旧额加上上月增加固定资产应计提的折旧额减去上月减少固定资产应计提的折旧额

企业按月计提固定资产折旧时,应根据固定资产用途计入相关成本账户或损益(费用)账户的借方,贷记"累计折旧"账户。其中,对于生产车间使用的固定资产折旧应借记"制造费用"账户(辅助生产车间不设"制造费用"账户的,计入"生产成本——辅助生产成本"账户),行政管理部门使用的固定资产折旧应借记"管理费用"账户,专设销售机构使用的固定资产折旧应借记"销售费用"账户,经营性租赁租出的固定资产(归类为按公允价值计价的投资性房地产,不应计提折旧)折旧应借记"其他业务成本"账户,从事技术开发和新产品研制使用的固定资产折旧应借记"研发支出"账户,等等。

【例 4-12】 表 4-4 为信联模具制造有限公司 2005 年 10 月份的固定资产折旧计算表。

根据上述折旧计算表,编制会计分录如下:

借:制造费用——A 车间	35 656
——B 车间	23 700
——C 车间	19 620
管理费用	15 900
销售费用	1 200
贷:累计折旧	96 076

表 4-4　信联模具制造有限公司固定资产折旧计算表

2005 年 10 月　　　　　　　　　　　　　单位：元

使用部门	固定资产项目	上月折旧额	上月增加		上月减少		本月折旧额	分配费用
			原价	折旧额	原价	折旧额		
A 车间	厂房	14 700					14 700	制造费用
	机器设备	18 600			42 500	680	17 920	
	其他设备	1 980	27 500	1 056			3 036	
	小计	35 280	27 500	1 056	42 500	680	35 656	
B 车间	厂房	12 000					12 000	
	机器设备	10 500	75 000	1 200			11 700	
	小计	22 500	75 000	1 200			23 700	
C 车间	厂房	8 700					8 700	
	机器设备	11 400			30 000	480	10 920	
	小计	20 100			30 000	480	19 620	
行政管理部门	建筑物	10 800					10 800	管理费用
	运输工具	3 600	150 000	1 500			5 100	
	小计	14 400	150 000	1 500			15 900	
专设销售机构	建筑物	1 200					1 200	销售费用
	运输工具	1 440			144 000	1 440	0	
	小计	2 640			144 000	1 440	1 200	
合计		94 920	252 500	3 756	216 500	2 600	96 076	

4.3.5　固定资产的处置

　　固定资产使用期满，或者虽然未到期满但已不能使用，或者由于各种原因企业不需使用的，应当对其进行处置。固定资产处置包括出售、报废和毁损、对外投资、非货币性资产交换转出、债务重组转出等。处置固定资产应通过"固定资产清理"账户核算，转入清理时，应按该项固定资产账面净额，借记"固定资产清理"账户，按已提的累计折旧，借记"累计折旧"账户，原已计提减值准备的，应借记"固定资产减值准备"账户，按其账面余额，贷记"固定资产"账户。处置过程中所发生的清理费用和相关税金应计入"固定资产清理"账户的借方，处置时取得的收入应计入"固定资产清理"账户的贷方，清理完毕后，应将"固定资产清理"账户结平，余额转入"营业外收入"或"营业外支出"账户。

【例 4-13】　天然化工有限公司于 2006 年 9 月 20 日经批准将一项设备作提前报废处理,该设备原始价值为 50 000 元,于 1997 年 3 月份投入使用,投入使用时预计使用年限为 10 年,当时预计净残值为 2 000 元,按照平均年限法折旧,确定的月折旧率为 0.8%。9 月 24 日该设备变卖取得收入 1 500 元,存入银行;同时清理过程中发生运输费 150 元,以现金支付。

该设备至报废时共使用 114 个月,已计提累计折旧额为 45 600 元(114×0.8%×50 000)。处置该设备的有关会计分录如下:

(1)2006 年 9 月,设备转入清理。

借:固定资产清理　　　　　　　　　　　　　　　4 400

　　累计折旧　　　　　　　　　　　　　　　　　45 600

　　贷:固定资产　　　　　　　　　　　　　　　　　　50 000

(2)取得设备残料出售收入 1 500 元。

借:银行存款　　　　　　　　　　　　　　　　　1 500

　　贷:固定资产清理　　　　　　　　　　　　　　　　1 500

(3)清理设备支付清理费用 150 元。

借:固定资产清理　　　　　　　　　　　　　　　150

　　贷:库存现金　　　　　　　　　　　　　　　　　　150

(4)设备清理完毕,将清理损益转入营业外收支。

借:营业外支出　　　　　　　　　　　　　　　　3 050

　　贷:固定资产清理　　　　　　　　　　　　　　　　3 050

4.4　无形资产及其他资产

除了前面介绍的持有至到期投资、长期股权投资和固定资产以外,企业还可能拥有其他形式的非流动资产。本节简单介绍无形资产和长期待摊费用的会计核算。

4.4.1　无形资产

(一)无形资产的概念及其确认条件

无形资产,是指企业拥有或者控制的没有实物形态的可辨认非货币性资产。这一定义表明了无形资产的基本特征:(1)无形资产是没有实物形态的资产;

(2)无形资产属于非货币性资产;(3)无形资产具有可辩认性。

会计核算时,必须同时满足下列条件的无形项目,才能确认为无形资产:(1)符合无形资产的定义;(2)与该资产相关的预计未来经济利益很可能流入企业;(3)该资产的成本能够可靠计量。如果企业有权获得一项无形资产产生的经济利益,并能约束其他方获取这些利益。则表明企业控制了该项无形资产。客户关系、人力资源等,由于企业无法控制其带来的未来经济利益,不应将其确认为无形资产。

无形资产按照其是否能够单独辩认,传统上可以划分为可辩认无形资产和不可辩认无形资产。可辩认无形资产必须符合下列条件:(1)能够从企业中分离或者划分出来,并能单独或者与相关合同、资产或负债一起用于出售、转移、授予许可、租赁或者交换;(2)源自合同性权利或其他法定权利,无论这些权利是否可以从企业或其他权利和义务中转移或者分离。现行会计准则中所指无形资产只包括可辩认无形资产。

不可辩认无形资产是指不能从企业整体分离出来的无形资产。商誉是典型的不可辩认无形资产,它是企业合并成本大于合并时取得被购买方各项可辩认资产、负债公允价值份额的差额,其存在无法与企业自身分离,不具有可辩认性。商誉只有在企业合并时才可能在会计核算中加以确认和记录[①]。

（二）无形资产的内容

可辩认无形资产一般包括专利权、商标权、土地使用权、著作权、特许权、非专利技术等。

1. 专利权。专利权是国家依法授予专利发明人对某一产品的造型、配方、结构、制造工艺和流程在一定期限内制造、出售或使用其发明的特殊权利。拥有专利权可使企业在这些方面取得垄断地位和优势。专利权具有一定的有效期,并只在其适用的专利法规管辖区域内有效。

2. 商标权。商标权是指企业专门在某种指定的商品上使用特定的名称、图案、标记的权利。

3. 土地使用权。土地使用权是指国家准许某一企业在一定期间内对国有土地享有开发、利用、经营的权利。

4. 著作权。著作权是指著作权人对其著作依法享有的出版、发行等方面的专有权利。

---

① 企业合并中形成的商誉价值单独在"商誉"账户核算,并在资产负债表的非流动资产中单设"商誉"项目反映。

5. 特许权。特许权也称为专营权,指在某一地区经营或销售某种特定商品的权利或是一家企业接受另一家企业使用其商标、商号、技术秘密等的权利。

6. 非专利技术。非专利技术也称专有技术,是指发明人垄断的、不公开的、具有实用价值的先进技术、资料、技能、知识等。它与专利权不同,不受法律保护。

（三）无形资产核算应设置的账户

无形资产的核算应设置"无形资产"、"研发支出"和"累计摊销"等账户。

1. "无形资产"账户。该账户是一个资产类账户,用来核算企业持有无形资产的成本,借方记录无形资产的增加,贷方记录无形资产的减少,借方余额反映期末无形资产的成本。该账户可按无形资产项目进行明细核算。

2. "研发支出"账户。该账户是一个成本类账户,用来核算企业进行研究、开发无形资产过程中发生的各项支出,借方归集企业发生的各项研究费用和开发费用;将符合资本化条件的开发项目支出余额转入"无形资产"账户,期末将归集的不符合资本化条件的研发支出全部转入"管理费用"账户;账户期末余额在借方,反映企业正在进行的符合资本化条件的开发项目的支出。该账户应按研究开发项目,分别设置"费用化支出"、"资本化支出"进行明细核算。

3. "累计摊销"账户。该账户是"无形资产"的备抵账户,用来核算企业对使用寿命有限的无形资产计提的累计摊销,贷方反映按期计提无形资产的摊销额,借方反映减少无形资产的累计摊销额,贷方余额反映企业期末无形资产的累计摊销额。

（四）取得无形资产的初始计量及会计核算

与其他资产一样,企业的无形资产可以通过各种方式取得,如外购、自行开发、投资者投入、企业合并中取得、非货币性资产交换取得和债务重组取得等。不同方式取得的无形资产,其入账价值各有其规定。

1. 外购无形资产,应以购买价款、相关税费以及直接归属于使该项资产达到预定用途所发生的其他支出作为入账价值。

【例4-14】　荣耀服饰有限公司于2007年1月12日与开开实业股份有限公司签订一项合同,规定:在产品质量达到"开开"牌产品质量要求的前提下,允许荣耀服饰有限公司生产的羊毛衫使用"开开"牌商标,该项使用权的有效期为3年,每年使用量控制在10万件,荣耀公司需要向开开公司一次性支付450万元的特许权使用费。

由于荣耀公司一次性支付的商标使用费能够使该公司在3年内受益,故该项支出应当资本化,计入无形资产的价值。而荣耀公司获得的是"开开"商标的使用权,而不是所有权,故不能将所支付的使用费作为商标权来处理,而应确认为特许权。编制会计分录如下：

借:无形资产——特许权   4 500 000

 贷:银行存款   4 500 000

2. 自行开发并依法申请取得的无形资产,其入账价值包括依法取得时发生的注册费、律师费等费用和符合资本化条件的开发阶段的支出。企业内部研究开发项目的支出,应当分为研究阶段的支出与开发阶段的支出。企业研究阶段的支出和不符合资本化条件的开发阶段的支出应费用化,计入当期损益(管理费用)。如果企业无法区分研究阶段支出和开发阶段支出,应当将所发生的研发支出全部费用化,计入当期损益。

按会计准则规定,企业内部研究开发项目开发阶段的支出,能够证明下列各项时,应当确认为无形资产:(1)从技术上来讲,完成该无形资产以使其能够使用或出售具有可行性。(2)具有完成该无形资产并使用或出售的意图。(3)无形资产产生未来经济利益的方式,包括能够证明运用该无形资产生产的产品存在市场或无形资产自身存在市场;无形资产将在内部使用时,应当证明其有用性。(4)有足够的技术、财务资源和其他资源支持,以完成该无形资产的开发,并有能力使用或出售该无形资产。(5)归属于该无形资产开发阶段的支出能够可靠计量。

【例 4-15】 天然化工有限公司近一年多来一直致力于有机硅化合物新产品的研制与开发,至本年末,为该项技术的研究与产品开发已发生支出 327 500元,会计核算时已全部归集在"研发支出"账户(有机硅技术项目)中,其中"资本化支出"明细账户余额为 213 000 元,"费用化支出"明细账户余额为 114 500 元。该项新产品现研发成功,并已依法申请一项专利权,法律规定的有效期为 15 年,申请时支付的注册费、律师费等费用 6 000 元。

本例中,新产品开发已经获得成功,并已注册为专利权,说明该研究开发项目达到预定用途,形成无形资产,应将"研发支出"账户中"资本化支出"的余额213 000 元转为无形资产成本,申请时支付的注册费、律师费等费用也计入无形资产成本;而"费用化支出"的余额 114 500 元转为管理费用。编制如下会计分录:

借:无形资产——专利权   213 000

 贷:研发支出——资本化支出   213 000

借:无形资产——专利权   6 000

 贷:银行存款   6 000

借:管理费用   114 500

 贷:研发支出——费用化支出   114 500

3. 投资者投入的无形资产,应当按照投资合同或协议约定的价值作为入账价值,如果合同或协议约定价值显失公允的,应当由评估机构对其进行评估,按评估确定的价值作为入账价值。

企业接受无形资产投资时,应按上述方法确定的价值借记"无形资产"账户,按投资方在企业中享有的资本份额贷记"实收资本",两者若存在差额,计入"资本公积"账户。

4. 企业合并取得的无形资产,其公允价值能够可靠计量的,应当单独确认为无形资产。企业合并取得的无形资产,通常按照合同或法律规定产生的权利加以确认;某些并非合同或法律规定的权利,但能够与被购买企业的其他资产区分并单独出售或转让的,应当确认为无形资产。其会计处理比较复杂,这里不再说明。

需要特别指出的是,企业取得的土地使用权通常应确认为无形资产。这里有几点应引起注意:

(1)房地产开发企业取得的土地使用权用于建造对外出售的房屋建筑物,相关的土地使用权成本应当计入所建造的房屋建筑物成本;

(2)非房地产开发企业将土地使用权用于自行开发建造厂房等地上建筑物时,土地使用权与地上建筑物分别进行摊销和提取折旧;

(3)企业外购的房屋建筑物支付的价款无法在地上建筑物与土地使用权之间分配的,应当按照《企业会计准则第 4 号——固定资产》规定,确认为固定资产原始价值;

(4)企业改变土地使用权的用途,将其作为用于出租或增值目的时,应将其账面价值转为投资性房地产。

(五)无形资产的摊销

与固定资产类似,无形资产给企业带来的经济利益具有长期性,因此,会计核算时应当将无形资产的账面价值以某种方式进行分摊,转为各期费用,这和固定资产折旧相同,这个价值转移的过程就称为无形资产摊销。无形资产摊销在会计上要明确三个问题:摊销期限、摊销方法和摊销时应转为何种费用。

1. 关于无形资产摊销期限

无形资产摊销期限的长短直接影响无形资产成本转化为费用的快慢程度。按照会计准则规定,企业应当于取得无形资产时分析判断其使用寿命;使用寿命有限的无形资产应当摊销,使用寿命不确定的无形资产不予摊销。确定无形资产摊销期限时应注意以下几点:

(1)企业摊销无形资产,应当自无形资产可供使用时起,至不再作为无形资产确认时止。

(2)企业持有的无形资产,通常来源于合同性权利或是其他法定权利,而且合同规定或法律规定有明确的使用年限的,其摊销期限不应超过合同性权利或其他法定权利的期限;如果合同性权利或其他法定权利能够在到期时因续约等延续,且有证据表明企业续约不需要付出大额成本的,摊销期限应当包括续约期。

(3)合同或法律没有规定使用寿命的,企业应当综合各方面情况,聘请相关专家进行论证、或与同行业的情况进行比较以及参考历史经验等,确定无形资产为企业带来未来经济利益的期限。

(4)若经过上述努力仍无法合理确定无形资产为企业带来经济利益期限的,则将其作为使用寿命不确定的无形资产。使用寿命不确定的无形资产,不进行摊销。

2. 关于无形资产摊销方法

企业选择的无形资产摊销方法,应当反映企业预期消耗该项无形资产所产生的未来经济利益的方式。无法可靠确定消耗方式的,应当采用直线法摊销,即将无形资产成本在其摊销期限内平均摊销。无形资产的应摊销金额为其入账价值扣除残值后的金额(使用寿命有限的无形资产,一般其残值应当视为零①),已经计提无形资产减值准备的,还应扣除已经提取的减值准备金额。

3. 关于无形资产摊销的会计处理

无形资产的摊销金额一般应当计入当期损益。摊销无形资产价值时,应借记"管理费用"、"其他业务成本"等账户,贷记"累计摊销"账户。

【例 4-16】 引用例 4-14 的资料,荣耀服饰有限公司受让的无形资产——特许权,合同约定的有效期为 3 年,采用直线法摊销,每年应摊销 1 500 000 元。2007—2009 年每年年末应编制如下会计分录:

借:管理费用——无形资产摊销　　　　　　　　　　　1 500 000

　　贷:累计摊销——特许权　　　　　　　　　　　　　　　1 500 000

【例 4-17】 引用例 4-15 的资料,天然化工有限公司自行开发的无形资产——专利权,法律规定的有效期为 15 年,采用直线法摊销,每年应摊销 14 600 元。以后每年应编制如下会计分录:

借:管理费用——无形资产摊销　　　　　　　　　　　14 600

　　贷:累计摊销——专利权　　　　　　　　　　　　　　　14 600

(六)无形资产的转让

企业拥有的无形资产,可以依法转让。转让无形资产有两种方式:一是使用

---

① 按《企业会计准则第 6 号——无形资产》的规定,存在下列两种情形之一的,可以估计无形资产残值不为零:① 有第三方承诺在无形资产使用寿命结束时购买该无形资产;②可以根据活跃市场得到残值信息,并且该市场在无形资产使用寿命结束时很可能存在。

权转让;二是所有权转让。使用权是指按照无形资产的性能和用途加以利用,以满足生产经营需要的权利;所有权是指企业在规定的范围内对其无形资产享有的占有、使用、收益、处置的权利。无形资产使用权转让和所有权转让,其会计处理方法存在很大差异。

1. 无形资产使用权转让

转让无形资产的使用权,出让方仍保留对该项无形资产的所有权,对其仍拥有占有、使用、收益、处置的权利,它仅仅是将使用权让渡给其他企业;受让方对其只能根据合同规定使用该无形资产,不享有其所有权。从会计核算看,转让无形资产使用权所获得的收入属于让渡资产使用权收入;属于与企业日常活动相关的其他经营活动取得的收入,应确认为营业收入(一般作为企业的其他业务收入)。而该项无形资产的账面余额、累计摊销和计提的减值准备仍保留在账簿中,不得转销,只将转让使用权有关的税费作为转让成本(计入其他业务成本)。

2. 无形资产所有权转让

转让无形资产所有权,出让方对无形资产不再享有占有、使用、收益、处置的权利,其会计处理与固定资产处置基本相同。转让方应将该项无形资产的账面余额、累计摊销和计提的减值准备在账簿中予以转销,与转让所取得的收入相抵,最后的差额作为资产处置利得或损失转入营业外收入或营业外支出(确定营业外收支净额时需考虑转让无形资产过程中所发生的相关税费)。

【例4-18】 引用例4-15和4-17的资料,假设天然化工有限公司自行开发的无形资产——专利权,其所有权在4年后转让给新安化工股份有限公司,转让价格400 000元。转让时,该专利权的账面余额为219 000元,4年中累计摊销额58 400元,账面价值160 600元(公司没有为该无形资产计提减值准备)。同时天然公司应按转让收入的5%计算营业税,再按应交营业税的7%计算城建税,4%计算教育费附加,收支相抵后的转让净收益为217 200元。天然公司编制会计分录如下:

借:银行存款	400 000	
累计摊销	58 400	
贷:无形资产		219 000
应交税费——应交营业税		20 000
——应交城建税		1 400
——应交教育费附加		800
营业外收入——处置非流动资产利得		217 200

需要指出的是,无形资产预期不能为企业带来未来经济利益的,应当将该无

形资产的账面价值全部予以转销。即按已计提的累计摊销额,借记"累计摊销"账户,按其账面余额,贷记"无形资产"账户,按其差额借记"营业外支出"账户。

4.4.2　其他资产

企业的非流动资产除了前面介绍的持有至到期投资、长期股权投资、固定资产和无形资产以外,还有投资性房地产、长期应收款、生产性生物资产、油气资产、长期待摊费用、递延所得税资产等。有些资产是特殊企业才拥有或控制的,如投资性房地产、生产性生物资产、油气资产等;而长期应收款产生于某些特殊行业的经济交易;递延所得税资产则是采用纳税影响会计法处理可抵扣暂时性差异形成的所得税资产。上述非流动资产的会计处理相对较为复杂。下面只简单介绍长期待摊费用的会计核算。

长期待摊费用是指企业已经支出,但摊销期限在 1 年以上(不含 1 年)的各项费用,包括固定资产大修理支出、租入固定资产改良支出(特指经营性租赁)、股票发行费等。

长期待摊费用实质上是一种预付费用,属于不可变现的资产。由于这些费用支出数额较大,对企业经营影响的时间较长,若将其全部计入当期损益,势必造成当年收益的大幅波动,会计核算时应先将这些费用加以资本化,在一定的期限内加以分摊,这样能使各期的费用和收入更好地配比,以合理反映各期的损益。

企业应当设置"长期待摊费用"账户,核算企业已经发生但应由本期和以后各期负担的分摊期限在 1 年以上的各项费用,并按费用项目进行明细核算。发生上述各项费用时,借记"长期待摊费用"账户,贷记"银行存款"等账户。摊销或转销时,借记"制造费用"、"销售费用"、"管理费用"等账户,贷记"长期待摊费用"账户。期末借方余额,反映企业尚未摊销完毕的长期待摊费用的摊余价值。

【例 4-19】　冰霜啤酒有限公司 2006 年 12 月对生产车间主要设备进行大修,这类大修理一般每 3 年进行一次,并委托专门的安装维修公司实施。本次大修在 12 月底全部完成,向安装维修公司支付大修理费用 720 000 元。

本例中冰霜啤酒有限公司支付的大修理费用应当在未来 3 年内摊销,考虑到各期生产成本的相对均匀,内部会计核算规定该类费用按月分摊,从完成大修的次月(2007 年 1 月)起每月摊销 20 000 元。编制会计分录如下:

(1)2006 年 12 月向安装维修公司支付款项 720 000 元

借:长期待摊费用——生产设备大修理费用　　　　　　　720 000

　　　贷:银行存款　　　　　　　　　　　　　　　　　　　720 000

(2)2007 年 1 月末应摊销 20 000 元

| 借:制造费用——修理费 | 20 000 | |
| 贷:长期待摊费用——生产设备大修理费 | | 20 000 |

以后每月编制上述会计分录,直到 2009 年 12 月底止。

➩【进一步学习指南】

除交易性金融资产、持有至到期投资和应收款项外,金融资产还包括贷款和可供出售金融资产。贷款是金融机构最重要的金融资产,读者若在金融机构工作或对金融企业会计感兴趣,可以阅读金融企业会计、银行会计等有关书籍,了解贷款的会计核算方法。可供出售金融资产实际上是除交易性金融资产、持有至到期投资、贷款和应收款项外的金融资产,从某种意义上说它是持有至到期投资的重分类,即如果企业没有能力将具有固定期限的金融资产持有至到期,就属于可供出售金融资产。读者可以参阅《企业会计准则 22 号——金融工具确认和计量》,了解可供出售金融资产的会计处理。

长期股权投资的形成与企业合并密切相关,企业合并分为同一控制下的企业合并和非同一控制下的企业合并,而两种合并形式下形成的长期股权投资,其初始投资成本的计量及其会计处理与本章第二节"长期股权投资"中阐述的核算方法存在很大差异。同时同一控制下的企业合并和非同一控制下的企业合并,其会计处理又有购买法和权益结合法两种,对这方面有兴趣的可以学习《企业会计准则第 20 号——企业合并》。

企业内部研究与开发支出的资本化与费用化是会计核算中的重要问题。本章只介绍了会计准则中的原则规定,究竟如何合理划分研究阶段支出与开发阶段支出,以及开发阶段的支出在何种情况下能够资本化,如何确认资本化金额,本书中并未涉及。读者需要在这方面继续学习的,可参阅《企业会计准则第 6 号——无形资产》及其解释。

长期股权投资、固定资产和无形资产都有可能从非货币性资产交换中取得,在这种情况下如何确定取得资产的入账价值呢?本章的相关部分均做了简单的介绍。非货币性资产交换准则将交换区分为"具有商业实质"和"不具有商业实质"两种情形,两种情形下取得的非货币性资产的初始成本计量和交换中损益的确认存在很大差异。建议读者学习《企业会计准则第 7 号——非货币性资产交换》和注册会计师全国统一考试辅导教材《会计》中的相关内容。

➩【复习思考题】

1. 高于面值购入的债券作为持有至到期投资,如果采用实际利率法确认投资收益并摊销利息调整,随着时间的推移,各期利息调整摊销额呈递增变动还是递减变动?以低于面值的价格购入债券的情形又是如何呢?

2. 什么情况下长期股权投资应当采用成本法核算?在成本法下,被投资单位宣告分配现金股利或利润时,投资企业应当做怎样的会计处理?

3. 什么情况下长期股权投资应当采用权益法核算?在权益法下,长期股权投资在哪些情况下能够确认投资收益或投资损失?

4. 企业外购一项设备作为固定资产,共支付价款 526 500 元,如果取得了供货单位的增值税发票,其中注明的价格为 450 000 元,增值税为 76 500 元。试问:该增值税应计入固定资产价值还是作为进项税额加以抵扣? 76 500 元的增值税计入固定资产价值和作为进项税额对企业的账面盈利和应纳税额会产生怎样不同的影响?

5. 按照《企业会计准则第 6 号——无形资产》的规定,企业研究与开发支出应当资本化,还是费用化? 对一笔研发支出,资本化处理和费用化处理究竟对企业的当期账面盈利和期末资产总额产生何种不同的影响?

▷【练习题】

1. 林云集团有限公司 2007 年 1 月 31 日以银行存款 1 738 134 元购入东港建设股份有限公司发行的公司债券,该债券面值 1 800 000 元,票面利率为 6%,付息日为每年的 1 月 31 日和 7 月 31 日,本金于 2011 年 1 月 31 日债券到期时一次偿还。已知债券市场中同类金融产品的市场利率为 7%,交易费用忽略不计,林云公司准备将该债券持有至到期,并规定在付息日和年末采用实际利率法确认投资收益并摊销利息调整。

要求:根据以上资料,编制债券利息调整摊销表(格式可参考表 4-2),并为林云公司编制下列业务的会计分录:

(1)2007 年 1 月 31 日买入债券;

(2)2007 年 7 月 31 日首次收到利息、确认投资收益并摊销利息调整;

(3)2007 年 12 月 31 日计算应计利息、确认投资收益并摊销利息调整;

(4)2008 年 1 月 31 日再次收到利息、确认投资收益并摊销利息调整;

(5)2011 年 1 月 31 日收回债券本金。

2. 林云集团有限公司 2007 年 1 月初通过协议方式受让开山股份有限公司 1 800 万股限制性流通股,占该公司总股份的 30%,受让价格按照当时流通股交易的平均价格确定,为每股 3.50 元,总价款为 6 300 万元,全部以银行存款支付,并准备长期持有。已知开山公司 2006 年 12 月 31 日的总股本为 6 000 万元

(6 000 万股,每股面值 1 元),账面股东权益总额为 10 800 万元。假设林云公司享有开山公司可辨认净资产公允价值的份额与所支付的价款相等。

假设开山股份有限公司 2007 年至 2008 年实现盈利及其分配情况如下:

(1)2007 年 3 月 15 日宣告分配 2006 年度的利润,每股派发现金股利 0.15 元;

(2)2007 年实现净利润 2 700 万元;

(3)2008 年 3 月 4 日决定向全体股东分配现金股利 1 200 万元;

(4)2008 年 3 月 11 日向股东支付股利 1 200 万元。

要求:

(1)根据以上资料,以林云公司为会计主体,按照权益法对开山公司长期股权投资进行核算,编制相关会计分录;

(2)根据上述所做的会计分录,分别计算 2007 年末和 2008 年 3 月 11 日止林云公司对开山公司长期股权投资的账面价值。

3. 友邦有限公司 2006 年 8 月 20 日购入一设备,并取得增值税专用发票一份,发票上注明的价格为 375 000 元,增值税额为 63 750 元,全部价款以银行承兑汇票结算,设备由供货单位负责安装,安装成本已包含在买价中。设备于 8 月 22 日已经安装完毕交付生产车间使用。

会计部门为该设备设置固定资产卡片,预计使用年限 8 年,预计报废时的净残值为 17 550 元。

要求:根据以上资料:

(1)确定该设备的原始价值,并编制购入设备的会计分录;

(2)如果公司分别采用平均年限法、双倍余额递减法和年数总和法计提折旧,试计算该设备前三年每年的折旧额和三年后的账面净值。

4. 三花公司将一栋不需用的建筑物出售给外单位,该建筑物的原始价值为 450 万元,出售时已经计提折旧 320 万元,出售价款为 400 万元,按收入的 5％计算营业税,并分别按营业税的 7％和 5％计算城建税和教育费附加,最后将出售该固定资产的净损益转为当期损益。请编制出售建筑物、计算相关税费和结转损益有关的会计分录。

5. 绿源公司于 2006 年 12 月从某高校购入一项专利权,共支付价款 120 万元,该专利权的法定有效期为 10 年。公司内部会计政策规定:该专利权从 2007 年起分 10 年摊销(按年摊销)。

要求:

(1)编制绿源公司取得该专利权的会计分录;

(2)编制绿源公司 2007 年底摊销该专利权成本的会计分录;

(3)按照上述会计政策,计算绿源公司2007年年末该项无形资产的账面价值。

⇨【案例分析题】

1. 股权投资的权益法和成本法

飞达公司是一家上市公司,目前总股本为17 500万股(每股面值1元),其中流通股7 500万股,发起人法人股10 000万股,思达公司为其发起人之一,拥有飞达公司35%的股份(即6 125万股)。假设至2007年3月31日止,飞达公司的股东权益总额为42 000万元,其中股本17 500万元,资本公积金13 050万元,盈余公积金2 700万元,未分配利润8 750万元。当日公司流通股票的收盘价为每股4.48元。

伟业公司2007年4月初以每股2.68元的价格(被认为是公允价值)从思达公司受让飞达公司的法人股3 500万股,取得该股权的代价如表4-5(表中商品的增值税税率为17%):

表 4-5　资产账面价值和公允价值(评估价值)一览表

资产名称	账面价值	公允价值或评估价值
货币资金	454.8万元	454.8万元
存货(商品)	账面成本500万元	(含税价)655.2万元
房屋、建筑物	原价5 500万元,累计折旧1 350万元	7 320万元
专利权	原入账成本500万元,累计摊销75万元	950万元
合计	5 529.8万元	9 380万元

取得股权后,伟业公司作为飞达公司的法人股股东,能够对飞达公司实施重大影响。

飞达公司于2007年4月23日向全体股东分配2006年度的现金股利每股0.25元。设飞达公司2007年全年实现净利润11 200万元,其中1—3月份为3 500万元,4—6月份为2 800万元。公司于2007年10月21日又以2007年上半年的利润向股东分配现金股利每股0.15元。

问题:

(1)伟业公司对飞达公司的长期股权投资应当采用成本法还是权益法核算?

(2)伟业公司2007年4月初取得长期股权投资的初始投资成本应该是多少?

(3)采用成本法核算和采用权益法核算,伟业公司2007年该项股权投资应确认的投资收益分别为多少?

2. 三星公司的固定资产折旧政策

三星微电子技术有限公司是一家中外合资企业,1995 年在某沿海城市工商行政管理部门注册设立,其注册资本为 1 500 万美元,其中外方出资 60%,中方40%,从 1996 年开始经营,享受"两免三减半"的所得税优惠政策,税率为 30%。该公司 1995 年底建成了一大型生产线项目,总成本为 1 200 万元,预计该设备的寿命期为 8 年,税法规定的折旧年限为 5~8 年,预计报废时的净残值为 48 万元,会计制度规定有三种折旧方法可供选择:平均年限法、双倍余额递减法和年数总和法。

在确定该固定资产折旧政策时,公司会计人员有不同的意见。

负责成本核算工作的张杏认为,本公司属于高新技术企业,按照税法规定设备可以采用加速折旧;从谨慎原则考虑,公司应当对固定资产加速折旧,折旧年限定为 5 年,折旧方法采用双倍余额递减法或年数总和法。

主办会计王娟认为,本公司属于高新技术企业,能够享受"两免三减半"的所得税优惠政策,从减轻税负考虑,应当将折旧年限定得尽可能长(如 8 年),并采用平均年限法计提折旧。

负责固定资产会计工作的鲁敏则认为,本公司属于高新技术企业,技术进步迅速,设备更新较快,采用加速折旧能够促进设备更新和技术改造,故应当在 5 年内采用双倍余额递减法或年数总和法计提折旧。

问题:

(1)如果上述大型生产线从 1996 年 1 月开始计提折旧,请你在税法允许范围内选择使第一年折旧额最大和最小的两种折旧政策,并分别计算这两种折旧政策下第一年折旧额的差异。

(2)第一年多提折旧一定会以相同的数额减少当年的税前利润数额吗?

(3)请你分别代表上述三位会计人员进一步解释她们选择相应折旧政策(折旧年限和折旧方法)的理由。

(4)你认为该公司对上述固定资产应当选择怎样的折旧政策?

第5章

负 债

本章导读

负债是指企业过去的交易或者事项形成的、预期会导致经济利益流出企业的现时义务。按偿还期限的长短,负债可分为流动负债和长期负债。负债是重要的会计要素之一,是企业筹措资金的重要来源,企业负债情况直接影响到企业资本结构的优化程度,加强负债的核算和管理是至关重要的。本章主要介绍流动负债和长期负债的内容及其核算方法。通过本章的学习,要求达到下列目标:

1. 了解负债的产生原因,掌握借款费用的确认与计量方法;

2. 掌握流动负债的内容及核算方法,重点掌握短期借款、应付账款、应付票据、应付职工薪酬、应交税费等流动负债的核算方法;

3. 掌握长期负债的内容及核算方法,重点掌握长期借款的核算方法,了解应付债券的核算方法。

5.1 流动负债

流动负债是指将在一年或超过一年的一个营业周期内偿还的债务,它包括短期借款、应付票据、应付账款、预收账款、应付职工薪酬、应交税费、应付股利、应付利息、其他应付款、预计负债等。流动负债按其形成原因来分,可分为以下几类：因借贷形成的流动负债（如短期借款、应付利息等）、因结算形成的流动负债（如应付票据、应付账款、预收账款等）、因利润分配形成的流动负债（如应付股利等）、因承担法定义务形成的流动负债（如应交税费）等。为了便于管理，这些流动负债在实际工作中往往按照债权人的不同进行分类核算，大致可以分为对贷款人、供销商、职工、税务机关、所有者的流动负债。

5.1.1　对贷款人的流动负债

企业对贷款人的流动负债主要有短期借款和应付利息。

（一）短期借款

短期借款是指企业向银行或其他金融机构等借入的期限在一年以下（含一年）的各种借款。短期借款一般是企业为维持正常的生产经营所需的资金而借入的款项。当企业取得短期借款，就构成了一项流动负债。

为了核算短期借款业务，企业应设置"短期借款"账户。该账户属于负债类账户，贷方登记借入的各种短期借款金额，借方登记归还借款的金额，期末余额在贷方，反映企业尚未偿还的短期借款的本金。本账户应当按照借款种类、贷款人和币种进行明细核算。

（二）应付利息

企业取得各类借款，要按合同约定支付借款利息。企业取得的短期借款或长期借款，通常要分期支付借款利息。企业按合同约定分期支付的应付利息，就成为企业的流动负债。

为核算企业按照合同约定应支付的利息，企业应设置"应付利息"账户，该账户的贷方核算按合同计算确定的应付未付利息，借方核算实际支付的利息，期末贷方余额，反映企业应付未付的利息。分期付息到期还本的长期借款、企业债券等应支付的利息也应通过本账户核算。

【例 5-1】　南方公司 2006 年 7 月 1 日向银行取得半年期限的贷款 100 万元，贷款年利率为 6%，按季付息。

（1）7 月 1 日取得银行贷款时：

借：银行存款　　　　　　　　　　　　　　　　　　1 000 000

　　贷：短期借款　　　　　　　　　　　　　　　　　　　1 000 000

（2）7 月至 12 月每月计算提取利息 5 000 元（1 000 000×6%÷12）时：

借：财务费用　　　　　　　　　　　　　　　　　　5 000

　　贷：应付利息　　　　　　　　　　　　　　　　　　　5 000

（3）9 月 1 日归还季度利息时：

借：应付利息   15 000

  贷：银行存款   15 000

（4）12 月 31 日归还借款本金和季度利息时：

借：短期借款   1 000 000

  应付利息   15 000

  贷：银行存款   1 015 000

若企业的短期借款利息是按月支付的，或者虽然利息是在借款到期时连同本金一起归还，但利息金额较小，可以不通过"应付利息"账户进行核算，而在实际支付利息时，直接计入当期损益，借记"财务费用"账户，贷记"银行存款"账户。

5.1.2 对供销商的流动负债

企业对供应商的流动负债主要有应付票据和应付账款，对销售商的流动负债主要有预收账款。

（一）应付票据

应付票据是企业购买材料、商品和接受劳务供应等而开出、承兑的商业汇票，包括银行承兑汇票和商业承兑汇票。根据规定，我国商业汇票的付款期限最长不超过 6 个月，因此，应付票据应归于流动负债进行核算和管理。

为了客观地反映因签发商业汇票而承担的负债及其归还情况，企业应设置"应付票据"账户。该账户属于负债类账户，贷方登记企业开出并承兑的商业汇票金额，借方登记实际支付应付票据款的金额，期末余额一般在贷方，期末贷方余额，反映企业尚未到期的商业汇票的票面金额。企业应当设置"应付票据备查簿"，详细登记每一商业汇票的种类、号数和出票日期、到期日、票面余额、交易合同号和收款人姓名或单位名称以及付款日期和金额等资料。应付票据到期结清时，应当在备查簿内逐笔注销。

企业因商品交易签发承兑商业汇票时，应根据增值税专用发票及商业汇票的面值，借记"库存商品"、"在途物资"、"原材料"、"应交税费——应交增值税（进项税额）"等账户，贷记"应付票据"账户；企业因以前的商品交易而形成的尚未支付的应付账款，经购销双方商定，改为商业汇票结算方式支付货款，企业的应付账款流动负债转化为应付票据流动负债，应按商业汇票的面值，借记"应付账款"账户，贷记"应付票据"账户。支付银行承兑汇票的手续费，借记"财务费用"账户，贷记"银行存款"账户。

应付票据到期支付款项时，借记"应付票据"账户，贷记"银行存款"账户。如企业无力支付商业承兑汇票票款，按应付票据的票面价值，借记"应付票据"账户,贷记"应付账款"账户;如果银行承兑汇票到期,企业无力支付票款,则按应付票据的票面金额,借记"应付票据"账户,贷记"短期借款"账户。

【例 5-2】 南方公司 2006 年 3 月 1 日向沪海公司赊购一批材料,双方协商采用商业承兑汇票结算方式结算货款,增值税专用发票标明价款 100 000 元,增值税税款 17 000 元。当日材料验收入库,公司开出并承兑商业承兑汇票 117 000 元,期限 3 个月。

(1)南方公司在材料验收入库,签发并承兑商业承兑汇票时:

借:原材料	100 000
应交税费——应交增值税(进项税额)	17 000
贷:应付票据	117 000

(2)到期付款时:

借:应付票据	117 000
贷:银行存款	117 000

如果票据到期,南方公司无力支付票据款项,则应将其转为应付账款:

借:应付票据	117 000
贷:应付账款	117 000

(二)应付账款

应付账款是指企业因购买商品、材料或接受劳务供应等经营活动应支付给供应者的款项。应付账款与其他应付款不同,因购销活动或提供劳务而产生的应付未付款属于应付账款,因购销活动或提供劳务以外的事项而产生的应付款属于其他应付款。另外,应付账款与应付票据不同,应付账款是因购销活动或提供劳务而产生的尚未结清的债务,而应付票据虽然也是因购销活动或提供劳务而产生的债务,但它具有商业汇票这一承诺付款的书面证明。

为了核算企业应付账款的形成及其偿还情况,企业应设置"应付账款"账户。该账户属于负债类账户,贷方登记形成的应付未付款项,借方登记应付账款的偿还额,期末余额一般在贷方,表示期末企业尚未支付的应付款项。该账户应当按照不同的债权人进行明细核算。

应付账款是企业因购买商品、材料或接受劳务供应等应支付给供应单位的款项。因此,企业应在所购货物的所有权已经转移或对方提供已经使用的时点确认应付账款并登记入账。但在实际工作中,通常是依据货物与账单是否到达来区别情况处理,若发票账单及货物同时到达,则待货物验收入库后,应付账款按发票账单登记入账,借记"原材料"、"库存商品"、"应交税费——应交增值税(进项税额)"账户,贷记"应付账款"账户;若发票账单未到,平时则不予登记,月份终了将所购货物及应付账款按暂估价入账,借记"原材料"、"库存商品"账户,贷记"应付账款"账户,并于下月初用红字冲回。企业归还款项时,应借记"应付账款"账户,贷记"银行存款"等账户。

【例 5-3】 南方公司 2006 年 8 月 1 日赊购一批材料,增值税专用发票标明价款 50 000 元,增值税税款 8 500 元。当日材料验收入库,价税款均未支付。8 月 20 日以银行存款归还全部款项。

(1)8 月 1 日购货时:

借:原材料	50 000
应交税费——应交增值税(进项税额)	8 500
贷:应付账款	58 500

(2)8 月 20 日支付货款时:

借:应付账款	58 500
贷:银行存款	58 500

(三)预收账款

预收账款是指企业按照合同规定向购货方预先收取的款项。根据购销合同的规定,销货企业可向购货企业先收取部分购货定金或部分货款,待实际出售商品、产品或提供劳务时再收取其余货款。企业在发货前所收取的款项,就成为企业的负债,它要求销货企业将来以其商品、产品或提供劳务偿还。

企业在核算预收账款时,常用的方法有两种:

1. 单独设置"预收账款"账户。该账户属于负债类账户,贷方登记预收账款的数额和购货单位补付的数额,借方登记企业向购货单位发货后冲销的预收货款数额或退回购货单位发货款的数额。该账户期末贷方余额,反映企业预收的款项,属于负债;期末如为借方余额,反映企业已实现销售但尚未收取的款项,属于资产。单独设置"预收账款"账户能完整地反映这项流动负债的发生及偿付情况,并便于填报财务会计报告。

2. 将预收的货款直接作为应收账款的减项,反映在"应收账款"账户的贷方。收到预收账款时,记入"应收账款"账户的贷方,偿付债务时,再在"应收账款"账户的借方进行结算。这种方法也能完整地反映购货方货款的发生及偿付情况,但在填报财务会计报告时,需要根据"应收账款"的明细账户分析填列。

企业可根据具体情况选择适当的方法核算预收账款。如果企业预收账款较多,可以通过设置"预收账款"账户详细核算各个购货企业预收账款增减变动及结存情况,而如果企业预收账款不多,则可合并在"应收账款"账户简化核算。

【例 5-4】 南方公司于 2006 年 7 月 5 日与杭印公司签订一项 300 000 元的

销货合同,适用增值税税率为 17%,并预收 40% 的货款。南方公司在 8 月 10 日按合同发出全部货物。余款在 8 月 15 日全部结清。

1. 南方公司单独设置"预收账款"账户核算

(1)7 月 5 日收到货款 40% 时:

借:银行存款	120 000
贷:预收账款——杭印公司	120 000

(2)8 月 10 日发出商品时:

借:预收账款——杭印公司	351 000
贷:主营业务收入	300 000
应交税费——应交增值税(销项税额)	51 000

(3)8 月 15 日收到余款时:

借:银行存款	231 000
贷:预收账款——杭印公司	231 000

2. 南方公司将预收账款合并在"应收账款"账户核算

(1)7 月 5 日收到货款 40% 时:

借:银行存款	120 000
贷:应收账款——杭印公司	120 000

(2)8 月 10 日发出商品时:

借:应收账款——杭印公司	351 000
贷:主营业务收入	300 000
应交税费——应交增值税(销项税额)	51 000

(3)8 月 15 日收到余款时:

借:银行存款	231 000
贷:应收账款——杭印公司	231 000

5.1.3 对职工的流动负债

对职工的流动负债主要是指应该支付而尚未支付的职工薪酬——应付职工薪酬。

(一)职工薪酬的范围

职工薪酬是指企业为获得职工提供的服务而给予各种形式的报酬以及其他相关支出。这里所指职工既包括与企业订立劳动合同的所有人员(含全职、兼职和临时职工),也包括虽未与企业订立劳动合同但由企业正式任命的人员(如董事会成员、监事会成员),还包括在企业的计划和控制下,虽未与企业订立劳动合同或由企业正式任命,但为企业提供与职工类似服务的人员(如劳务用工人员)。

企业为获得职工提供服务而给与职工的各种形式的报酬或对价全部属于职工薪酬的范围,这既包括企业为职工在职期间和离职后提供的全部货币性薪酬和非货币性福利,也包括企业采取将自产产品发放给职工、将企业的资产无偿提供给职工使用、为职工无偿提供医疗保健服务等各种形式提供给职工的非货币性福利,还包括提供给职工配偶、子女或其他被赡养人的福利等。职工薪酬的内容具体包括:

(1)职工工资、奖金、津贴和补贴。

(2)职工福利费。

(3)医疗保险费、养老保险费、失业保险费、工伤保险费和生育保险费等社会保险费。其中,养老保险费包括根据国家规定的标准向社会保险经办机构缴纳的基本养老保险费,和根据企业年金计划向企业年金基金相关管理人员缴纳的补充养老保险费。企业以购买商业保险形式提供给职工的各种保险待遇都属于职工薪酬的范围。

(4)住房公积金。包括企业根据国家规定的标准缴存的基本住房公积金和补充住房公积金。

(5)工会经费和职工教育经费。

(6)非货币性福利。包括企业以自产产品发放给职工作为福利、将企业拥有的资产无偿提供给职工使用、为职工无偿提供医疗保健服务等。

(7)辞退福利。辞退福利即因解除与职工的劳动关系给予的补偿,包括:①职工劳动合同到期前,不论职工本人是否愿意,企业决定解除与职工的劳动关系而给与的补偿;②职工劳动合同到期前,为鼓励职工自愿接受裁减而给与的补偿,职工有权选择继续在职或接受补偿离职。

(8)股份支付。是指企业为获取职工提供服务而授予权益工具或承担以权益工具为基础确定的负债的交易。

(9)其他与获得职工提供的服务相关的支出。

(二)职工薪酬的确认与计量

根据《企业会计准则第9号——职工薪酬》的规定,企业应当在职工为其提供服务的会计期间,根据职工提供服务的受益对象,将应确认的除辞退福利以外的职工薪酬全部计入相关资产成本或当期费用,同时确认应付职工薪酬负债。

职工薪酬的确认与计量应注意如下事项:

1. 按国家规定的标准对职工薪酬进行计量。企业在确认应付职工薪酬金额时,对国家统一规定了计提基础和计提比例的,应当在职工为其提供会计服务的会计期间按照国家规定的标准计提。例如,应向社会保险经办机构缴纳的医疗保险费、养老保险费、失业保险费、工伤保险费、生育保险费等社会保险费,应向住房公积金管理中心缴存的住房公积金,以及应向工会部门缴纳的工会经费等。

2. 合理预计当期应付职工薪酬金额。对国家没有明确规定计提基础和计提比例的,企业应当根据历史经验数据和自身实际情况,合理预计当期应付职工薪酬金额。当期实际发生金额大于预计金额的,应当补提应付职工薪酬;反之,当期实际发生金额小于预计金额的,应当冲回多提的应付职工薪酬。

3. 非货币性福利也应在职工为其提供服务的会计期间,根据职工提供服务的受益对象,计入相关资产成本或当期费用,同时确认应付职工薪酬负债。当企业以其自产产品作为非货币性福利发给职工时,应当按照该产品的公允价值,计入相关资产成本或当期损益,并确认应付职工薪酬。企业把拥有的房屋或租赁的房屋无偿提供给职工使用的,应当根据受益对象,将该住房每期应提取的折旧或应付的租金计入相关资产成本或当期损益,并确认应付职工薪酬。难以认定收益对象的非货币性福利,直接计入当期损益和应付职工薪酬。

4. 辞退福利应当计入当期管理费用,并确认应付职工薪酬。企业通常采取在解除劳动关系时一次性支付补偿的方式,也有通过提高退休后养老金或其他离职后福利的标准,或者将职工工资支付至辞退后未来某一期间的福利等方式支付辞退福利。同时满足以下条件的辞退福利应当确认应付职工薪酬负债,并计入当期管理费用:(1)企业已经制定正式的解除劳动关系或提出自愿裁减建议,并即将实施。(2)企业不能单方面撤回解除劳动关系计划或裁减建议。正式的辞退计划或建议应当经过批准。辞退工作一般应当在一年内实施完毕,但因付款程序等原因使部分款项推迟一年后支付的,视为符合应付职工薪酬的确认条件。

企业应当严格按照辞退计划条款的规定,合理预计并确认辞退福利而产生的应付职工薪酬。对于职工没有选择权的辞退计划,应当根据辞退计划条款规定的拟解除劳动关系的职工数量、每一职位的辞退补贴标准等,计提应付职工薪酬;企业对于自愿接受裁减的建议,应当预计将会接受裁减建议的职工数量,根据预计的职工数量和每一职位的辞退补偿标准等计提应付职工薪酬。对符合应付职工薪酬确认条件、但付款时间超过一年的辞退福利,企业应当选择恰当的折现率,以折现后的金额计量应付职工薪酬。

(三)应付职工薪酬的核算

为全面核算企业根据有关规定应付给职工的各种薪酬,企业应设置"应付职工薪酬"账户。该账户属于负债类账户,借方登记的各种应付职工薪酬减少金额,贷方登记应付职工薪酬的增加金额,账户期末贷方余额反映企业应付职工薪酬的结余金额。该账户应当按照"工资"、"职工福利"、"社会保险费"、"住房公积金"、"工会经费"、"职工教育经费"、"非货币性福利"、"辞退福利"、"股份支付"等应付职工薪酬项目进行明细核算。

企业发生应付职工薪酬时,应当根据职工提供服务的受益对象,对职工薪酬分别以下情况进行处理:生产部门人员的职工薪酬应借记"生产成本"、"制造费用"账户,管理部门人员的职工薪酬应借记"管理费用"账户,销售人员的职工薪酬应借记"销售费用"账户,由在建工程、研发支出负担的职工薪酬应借记"在建工程"、"研发支出"账户,因解除与职工的劳动关系给予的补偿应借记"管理费用"账户,贷记"应付职工薪酬"账户。

企业发放职工薪酬时,按照支付的银行存款或现金金额借记"应付职工薪酬"账户,贷记"银行存款"、"库存现金"等账户;企业以其自产产品发放给职工时,按照自产产品的公允价值借记"应付职工薪酬"账户,贷记"主营业务收入"、"应交税费——应交增值税"等账户;按企业支付租赁住房等资产供职工无偿使用所发生的租金,借记"应付职工薪酬"账户,贷记"银行存款"等账户;企业无偿向职工提供住房等固定资产使用的,按应提取的折旧额借记"应付职工薪酬"账户,贷记"累计折旧"账户。企业从应付职工薪酬中扣还的各种款项(如代垫的家属药费、个人所得税等),借记"应付职工薪酬"账户,贷记"其他应收款"、"应交税费——应交个人所得税"等账户。企业向职工支付职工福利费,借记"应付职工薪酬"账户,贷记"银行存款"、"库存现金"账户。企业因解除与职工的劳动关系向职工给予的补偿,借记"应付职工薪酬"账户,贷记"银行存款"、"库存现金"等账户。

企业支付工会经费和职工教育经费用于工会运作和职工培训,借记"应付职工薪酬"账户,贷记"银行存款"等账户。企业按照国家有关规定缴纳社会保险费和住房公积金,借记"应付职工薪酬"账户,贷记"银行存款"账户。

【例5-5】 南方公司2007年1月末将工资结算单汇总如表5-1所示,应分配的职工工资总额分别为:生产车间工人工资80 000元,生产车间管理人员工资10 000元,行政管理人员工资20 000元,销售人员工资30 000元;根据规定,该企业按职工工资的28%、12%承担职工基本养老费、基本医疗保险费及失业保险费等社会保险费和住房公积金,并按职工工资的14%提取职工福利费;企业按规定代扣职工社会保险费39 200元,代扣职工住房公积16 800元,代扣职工个人所得税2 670元;另外,企业本月因租赁住房给30名单身生产职工免费居住应负担租金 12 000 元,因租赁住房给驻外地的销售人员免费居住应负担租金 30 000 元。

2007 年 2 月 5 日企业以银行存款支付职工住房租金 42 000 元;2 月 10 日企业通过银行支付职工工资 137 330 元;2 月 14 日企业以银行存款缴纳个人所得税 2 670 元。

表 5-1　职工薪酬费用分配表

2007 年 1 月　　　　　　　　　　　单位:元

应借账户 ＼ 分配对象	工　资	社会保险 (28%)	住房公积 (12%)	职工福利 (14%)	合　计	代扣个人 所得税
生产成本	80 000	22 400	9 600	11 200	123 200	1 100
制造费用	10 000	2 800	1 200	1 400	15 400	250
管理费用	20 000	5 600	2 400	2 800	30 800	600
销售费用	30 000	8 400	3 600	4 200	46 200	720
合　计	140 000	39 200	16 800	19 600	215 600	2 670

(1)1 月末根据上述职工薪酬费用分配表编写会计分录如下:

借:生产成本　　　　　　　　　　　　　　　　123 200

　制造费用　　　　　　　　　　　　　　　　　15 400

　管理费用　　　　　　　　　　　　　　　　　30 800

　销售费用　　　　　　　　　　　　　　　　　46 200

　　贷:应付职工薪酬——工资　　　　　　　　　　　140 000

　　　　　　　　——社会保险费　　　　　　　　39 200

　　　　　　　　——住房公积金　　　　　　　　16 800

　　　　　　　　——职工福利　　　　　　　　　19 600

(2)1 月末代扣个人所得税应编写会计分录如下:

借:应付职工薪酬——工资　　　　　　　　　　2 670

　　贷:应交税费——应交个人所得税　　　　　　　　2 670

(3)1 月份因租赁住房给职工免费居住而负担的非货币性福利,编写会计分录如下:

借:生产成本　　　　　　　　　　　　　　　　12 000

　销售费用　　　　　　　　　　　　　　　　　30 000

　　贷:应付职工薪酬——非货币性福利　　　　　　　42 000

（4）2月5日企业以银行存款支付职工住房租金42 000元时，应编写会计分录如下：

借：应付职工薪酬——非货币性福利　　　　　　　42 000
　　贷：银行存款　　　　　　　　　　　　　　　　　　42 000

（5）2月10日企业通过银行支付职工工资时，应编写会计分录如下：

借：应付职工薪酬——工资　　　　　　　　　　　137 330
　　贷：银行存款　　　　　　　　　　　　　　　　　　137 330

（6）2月14日企业以银行存款缴纳个人所得税时，应编写会计分录如下：

借：应交税费——应交个人所得税　　　　　　　　2 670
　　贷：银行存款　　　　　　　　　　　　　　　　　　2 670

5.1.4 对税务机关的流动负债

企业对税务部门的流动负债主要是各种应交税费。

企业应按照税法规定向国家缴纳各种税费。目前企业应缴纳的税费主要有增值税、消费税、营业税、所得税、资源税、土地增值税、城市维护建设税、房产税、土地使用税、车船税、教育费附加、矿产资源补偿费等。在企业发生纳税义务时，应该按照权责发生制原则，将有关税款计入费用或其他相应项目，这些税金在尚未缴纳之前时暂留在企业，从而形成对税务机关的流动负债。

为了反映各种税金的形成和缴纳情况，企业应设置"应交税费"账户。该账户属于负债类账户，贷方登记应缴纳的各种税费，借方登记实际缴纳的税费或可抵扣的税费，期末贷方余额反映企业尚未缴纳的税费，借方余额则反映企业多交或尚未抵扣的税金。该账户应当按照应交税费的种类进行明细核算。企业代扣代交的个人所得税，也通过本账户核算。

值得注意的是，并非所有的税金都通过"应交税费"账户，例如印花税、耕地占用税等，税金的确认和缴纳发生在同一时点，税金在缴纳的同时直接计入相关费用，企业无需预计应缴税费数额，也就没有必要通过"应交税费"账户核算。

（一）应交增值税

增值税是对在我国境内销售货物、进口货物，或提供加工、修理修配劳务的单位和个人为纳税义务人征收的一种流转税。按照纳税人经营规模大小及会计核算健全与否分为一般纳税人和小规模纳税人。年销售额在规定标准以上，并且会计核算健全的为一般纳税人，否则为小规模纳税人。

1. 一般纳税企业的会计处理

一般纳税人增值税的计算采用购进抵扣法，即企业购入货物或接受应税劳务支付的增值税(即进项税额)可以从销售货物或接受提供劳务按规定收取的增值税(即销项税额)中抵扣。一般纳税人增值税的基本税率为17%,低税率为13%。用计算公式表示为:

当期应交增值税税额=销项税额-进项税额

销项税额=不含税销售额×税率

(1)增值税核算账户设置

一般纳税企业增值税的核算应在"应交税费"总账下设置"应交增值税"和"未交增值税"两个明细账。

"应交税费——应交增值税"明细账下设置进项税额、已交税金、销项税额、进项税额转出、出口退税、转出未交增值税、转出多交增值税等专栏。"应交税费——应交增值税"明细账户,借方核算进项税额、已交税金、转出未交增值税,贷方核算销项税额、进项税额转出、出口退税、转出多交增值税。月份终了,企业应将本期应交而未交或多交的增值税转入"应交税费——未交增值税"明细账的贷方或借方。

为了分别反映增值税一般纳税人欠交增值税款和抵扣增值税的情况,确保企业及时足额上交增值税,避免出现企业用以前月份欠交增值税抵扣以后月份未抵扣的增值税的情况,企业应设置"应交税费——未交增值税"明细账。"应交税费——未交增值税"明细账的贷方反映月末从"应交税费——应交增值税"明细账转入的未交增值税,借方反映月末从"应交税费——应交增值税"明细账转入的多交增值税以及实际缴纳的未交增值税,期末借方余额反映多交的增值税,贷方余额则反映未交增值税。

(2)一般购销业务的会计处理

增值税一般纳税人,从税务角度看,一是企业销售货物或提供劳务可以开具增值税专用发票;二是购入物资取得的增值税专用发票或完税凭证上注明的增值税额可以从销项税额中抵扣;三是购进免税农产品、收购废旧物资以及外购除固定资产外的物资支付的运输费用,可以根据购进免税农产品凭证、收购废旧物资的收购凭证,对免税农产品的买价依据13%的扣除率计算进项税额,对收购废旧物资的金额依据10%的扣除率计算进项税额,对运输费用按运输发票所列运费(不包括装卸费、保险费等其他杂费)的7%计算进项税额;四是如果企业销售物资或提供劳务采用销售额和销项税额合并定价方法的,按公式"销售额=含税销售额÷(1+税率)"还原为不含税销售额,并按不含税销售额计算销项税额。

【例5-6】 南方公司为增值税一般纳税人(适用增值税率为17%),2006年8月购进原材料一批,取得的增值税专用发票列示买价为200 000元,增值税额为 34 000 元，另支付运费 6 000 元并取得运输发票；为收购免税农产品支付价款 100 000 元（取得了收购凭证）。上述材料均已验收入库，款项均以银行存款支付。该企业当期实现含税销售额为 702 000 元，款项已收到。

①应交税费计算如下：

运费可抵扣进项税额＝6 000×7％＝420（元）

收购农产品可抵扣进项税额＝100 000×13％＝13 000（元）

销售额＝702 000÷（1＋17％）＝600 000（元）

本期销项税额＝600 000×17％＝102 000（元）

②购进货物的会计分录为：

借:原材料	292 580
应交税费——应交增值税（进项税额）	47 420
贷:银行存款	340 000

③销售货物的会计分录为：

借:银行存款	702 000
贷:主营业务收入	600 000
应交税费——应交增值税（销项税额）	102 000

（3）不予抵扣项目的会计处理

按照《增值税暂行条例》及其实施细则的规定，下列项目的进项税额不得从销项税额中抵扣：第一，用于非增值税应税项目、免征增值税项目、集体福利或者个人消费的购进货物或应税劳务；第二，非正常损失的购进货物及相关的应税劳务；第三，非正常损失的在产品、产成品所耗用的购进货物或者应税劳务。第四，国务院财政、税务主管部门规定的纳税人自用消费品及相关的应税劳务。

对于按规定不予抵扣的进项税额，账务处理上采用两种不同的方法：第一，购入货物时即能认定其进项税额不能抵扣的，如购入货物直接用于免税项目的，或者直接用于非应税项目，或者直接用于集体福利和个人消费的，其增值税专用发票上注明的增值税额，直接记入所购货物及接受劳务的成本。第二，购入货物时不能认定其进项税额能否抵扣的，其增值税专用发票上注明的增值税额，按照增值税会计处理方法先记入"应交税费——应交增值税（进项税额）"账户，当这部分购入货物以后用于不得抵扣进项税额的项目时，应将原已入账的进项税额转出，通过"应交税费——应交增值税（进项税额转出）"账户转入有关的"应付职工薪酬"、"待处理财产损溢"等账户。

【例 5-7】 南方公司为增值税一般纳税人（适用增值税率为 17％），2006 年

9 月购入材料一批，买价为 300 000 元，增值税为 51 000 元；上述材料已验收入

库,款项均以银行存款支付。10月,该企业为取得运输服务收入领用上述材料20 000元,该批材料购入时的增值税额为3 400元。

①9月购入商品的会计分录为:

借:原材料   300 000

　　应交税费——应交增值税(进项税额)   51 000

　　贷:银行存款   351 000

②领用材料运输服务的会计分录为:

借:其他业务成本   23 400

　　贷:原材料   20 000

　　　　应交税费——应交增值税(进项税额转出)   3 400

(4)视同销售的会计处理

按照《增值税暂行条例》及其实施细则的规定,对于企业下列行为,视同销售货物计算缴纳增值税:第一,将货物交付他人代销;第二,销售代销货物;第三,设有两个以上机构并实行统一核算的纳税人,将货物从一个机构移送其他机构用于销售,但相关机构设在同一县市的除外;第四,将自产或委托加工的货物用于非应税项目;第五,将自产、委托加工或购买的货物分配给股东或投资者;第六,将自产、委托加工的货物用于集体福利或个人消费;第七,将自产、委托加工或购买的货物无偿赠送他人。

对于视同销售行为,如果符合收入确认的条件,会计中应确认收入,并按税法规定计算缴纳增值税。如企业以其自产产品发给职工,应确认销售收入,借记"应付职工薪酬"账户,贷记"主营业务收入"账户,贷记"应交税费——应交增值税"账户"销项税额"专栏。

对于某些视同销售的行为,如将自产货物用于非应税项目等,企业不会由于这些行为而增加货币流量或导致经济利益的流入,不符合会计收入确认的条件,因此会计核算中不作为销售处理,而只是按成本进行转账。但是,按税法规定这些行为视同企业销售,需要按规定计算缴纳增值税,因此计算缴纳的增值税仍然作为销项税额,记入"应交税费——应交增值税"账户"销项税额"专栏。

【例5-8】 南方公司为增值税一般纳税人(适用增值税率为17%),2006年9月南方公司将自产产品转作职工集体福利使用。该批产品成本为800 000元,市场价格为1 000 000元。南方公司的会计处理为:

借:应付职工薪酬   1 170 000

　　贷:主营业务收入   1 000 000

　　　　应交税费——应交增值税(销项税额)   170 000

借:主营业务成本   800 000
  贷:库存商品   800 000

(5)缴纳增值税的会计处理

对于一般纳税人而言,销售货物收取的增值税额抵扣其本期的进项税额后的余额,才是纳税人实际应缴纳的增值税额。企业缴纳本期应交增值税额时,应借记"应交税费——应交增值税(已交税金)",贷记"银行存款"账户。

本期缴纳税金后,企业应将期末未交或多交增值税转入"应交税费——未交增值税"明细账,以分别反映增值税一般纳税人欠交增值税款和待抵扣增值税的情况,避免出现企业用当期尚未抵扣的进项税额抵以前月份欠交增值税的情况。月份终了,企业应将当月应交未交的增值税额或当月多交增值税额,分别从"应交税费——应交增值税"明细账的"转出未交增值税"或"转出多交增值税"专栏,转入"应交税费——未交增值税"明细账。经过结转后,"应交税费——应交增值税"明细账的借方余额,反映企业尚未抵扣的增值税,而"应交税费——未交增值税"明细账的借方余额表示企业多交的增值税,贷方余额表示企业欠交的增值税。对于企业缴纳以前期间欠交的增值税,应借记"应交税费——未交增值税",贷记"银行存款"账户。

因此,企业缴纳当月应交增值税额时,应通过"应交税费——应交增值税(已交税金)"账户核算,而缴纳以前月份欠交的增值税时,则通过"应交税费——未交增值税"账户核算。

【例5-9】 康达公司2006年6月1日"应交税费——应交增值税(已交税金)"账户借方余额为20 000元,6月份进项税额为300 000元,销项税额为500 000元。由于资金紧张,经税务部门批准同意本月缴纳增值税额80 000元,余额在7月份缴纳。

①应交税费计算如下:

6月份应交税额=500 000-300 000-20 000=180 000(元)

②6月份应编制的会计分录为:

借:应交税费——应交增值税(已交税金)   80 000
  贷:银行存款   80 000

借:应交税费——应交增值税(转出未交增值税)   100 000
  贷:应交税费——未交增值税   100 000

③7月份缴纳税金应编制的会计分录为:

借:应交税费——未交增值税   100 000
  贷:银行存款   100 000

2. 小规模纳税企业的会计处理

小规模纳税人销售货物或提供劳务,实行简易办法计算应纳税额,其公式为:应交增值税额＝不含税销售额×征收率。小规模纳税人增值税征收率一般为3％。

由于小规模纳税人销售货物不能开具增值税专用发票,只能采用价税合并开具普通发票,因此在确认销售收入进行会计处理时,应按照公式:销售额＝含税销售额÷(1＋征收率),还原为不含税销售额,并据以计算应交增值税入账。小规模纳税企业购进货物无论是否能取得增值税专用发票,其支付的增值税均不计入进项税额,而计入购入货物成本。

小规模纳税企业增值税的核算通过设置"应交税费——应交增值税"三栏式账户核算,"应交增值税"明细账下不再设置专栏。该账户贷方登记应缴纳的增值税,借方登记已缴纳的增值税,期末贷方余额为尚未缴纳的增值税,借方余额为多缴纳的增值税。

【例 5-10】 某企业为小规模纳税企业,本月购入原材料增值税专用发票上注明价款为 500 000 元,增值税额为 85 000 元,材料已入库,款项已支付。该企业本月销售商品,含税销售价格为 900 000 元,货款已收讫。

①购进货物时应作如下会计分录:

借:原材料 585 000

　　贷:银行存款 585 000

②销售货物时应作如下会计分录:

不含税销售价格＝900 000÷(1＋3％)＝873 786.41(元)

应交增值税＝849 057×3％＝26 213.59(元)

借:银行存款 900 000

　　贷:主营业务收入 873 786.41

　　　　应交税费——应交增值税 26 213.59

(二)应交消费税

消费税是对我国境内从事生产、委托加工和进口烟、酒及酒精、化妆品、贵重首饰及珠宝玉石、高档手表、鞭炮焰火、汽油、柴油、小汽车、摩托车、汽车轮胎、高尔夫球及球具、游艇、木制一次性筷子、实木地板等应税消费品的单位和个人征收的一种税。消费税的征收实行从价定率和从量定额两种方法,计算公式为:

从价定率应纳税额＝不含增值税的销售额×税率

从量定额应纳税额＝计税数量×单位税额

消费税的核算通过设置"应交税费——应交消费税"账户核算,该账户贷方登记应缴纳的消费税,借方登记已缴纳的消费税,期末贷方余额为尚未缴纳的消费税,借方余额为多缴纳的消费税。

与增值税不同,消费税是价内税。一般来说,凡是销售产品,含在售价内的税金,都应作为一项费用记入"营业税金及附加"账户,抵减产品销售收入。企业销售需要缴纳消费税的物资应交的消费税,应借记"营业税金及附加"账户,贷记"应交税费——应交消费税"账户。当企业以生产的应税消费品对外投资,或用于在建工程、非生产机构等其他方面,按规定应缴纳消费税,并计入有关的成本,借记"长期股权投资"、"固定资产"、"在建工程"、"营业外支出"等账户,贷记"应交税费——应交消费税"账户。

【例 5-11】 某企业 2006 年 7 月份销售小轿车 20 辆,每辆售价 150 000 元(不含增值税),货款已收到。公司另将一辆小轿车转作交通工具使用。小轿车每辆成本 90 000 元,适用消费税率为 12%,增值税率为 17%。

①应交税费计算如下:

增值税销项税额＝150 000×21×17%＝535 500(元)

应交消费税＝150 000×21×12%＝378 000(元)

②公司销售时应作会计分录为:

借:银行存款	3 510 000	
贷:主营业务收入		3 000 000
应交税费——应交增值税(销项税额)		510 000
借:营业税金及附加	360 000	
贷:应交税费——应交消费税		360 000
借:主营业务成本	1 800 000	
贷:库存商品		1 800 000

③公司将小轿车转作交通工具使用时应作会计分录为:

借:固定资产	133 500	
贷:库存商品		90 000
应交税费——应交增值税(销项税额)		25 500
应交税费——应交消费税		18 000

(三)应交营业税

营业税是对在我国境内提供应税劳务、转让无形资产或销售不动产的单位和个人征收的一种流转税。其中应税劳务是指属于交通运输业、建筑业、金融保险业、邮电通信业、文化体育业、娱乐业、服务业等,不包括应交增值税的加工和修理修配劳务。营业税的计税依据是营业额,包括向对方收取的全部价款和价外费用。其计算公式是：

$$应纳税额＝营业额×营业税税率$$

营业税的核算通过设置"应交税费——应交营业税"账户核算,该账户贷方登记应缴纳的营业税,借方登记已缴纳的营业税,期末贷方余额为尚未缴纳的营业税,借方余额为多缴纳的营业税。

1. 提供应税劳务的会计处理

由于营业税是价内税,对企业营业收入是起抵减作用的。企业开展经营活动发生的相关税费,都在"营业税金及附加"科目核算。不论是从事交通运输业、建筑业、金融保险业等税目征收范围的企业,还是工业企业提供应税劳务所取得的收入,按其规定的营业额的规定的税率计算应缴纳的营业税,借记"营业税金及附加"账户,贷记"应交税费——应交营业税"账户。

【例 5-12】 康达公司为制造企业,2006 年 8 月对外提供运输劳务取得收入 300 000 元并已收款,营业税税率为 3％,营业税已用银行存款缴纳。该公司应作如下会计处理:

应交营业税＝300 000×3％＝9 000(元)

借:银行存款	300 000
贷:其他业务收入	300 000
借:营业税金及附加	9 000
贷:应交税费——应交营业税	9 000
借:应交税费——应交营业税	9 000
贷:银行存款	9 000

2. 转让无形资产的会计处理

无形资产的转让包括无形资产所有权转让和无形资产使用权转让。无形资产所有权转让即无形资产出售,因转让损益作为营业外收支核算,因此按出售收入应交的营业税应通过"营业外收入"或"营业外支出"账户核算。无形资产使用权转让即无形资产出租时应缴纳的营业税,应通过"营业税金及附加"账户核算。

3. 销售不动产的会计处理

企业销售房屋建筑物等不动产,应按销售收入计算应交营业税作为固定资产清理支出处理,借记"固定资产清理",贷记"应交税费——应交营业税"账户。但房地产开发企业经营房屋不动产所缴纳的营业税,计入"营业税金及附加"。

(四)应交房产税、土地使用税、车船税和印花税

房产税是以房产为征税对象,依据房产原值或房产租金收入向房产所有人或经营人征收的一种税。房产税依照房产原值一次减除 10％ 至 30％ 后的余额

计算缴纳；房产出租的，以房产租金收入为房产税的计税依据。

土地使用税是国家为了合理利用城镇土地，调节土地级差收入，提高土地使用效益而开征的一种税。土地使用税以纳税人实际占用的土地面积为计税依据，按照规定税额计算征收。

车船税是国家对拥有并使用车船的单位和个人征收的，其按纳税人拥有并使用车船的数量及吨位为计税依据，按规定税额计算缴纳。

为了详细反映这三种税金的形成和缴纳情况，在"应交税费"总账下，按税种设置明细账户进行核算。企业在按规定计算应交的房产税、土地使用税和车船税时，应借记"管理费用"，贷记"应交税费——应交房产税（土地使用税、车船税）"账户。缴纳税金时，则应借记"应交税费——应交房产税（土地使用税、车船税）"，贷记"银行存款"账户。

印花税是对书立、使用、领受具有法律效力凭证的行为征收的一种税。应税凭证包括各类合同、产权转移凭证、营业账簿、权利许可证照等。纳税人根据应税凭证的性质，分别按比例税率或按件定额计算应纳税额。企业缴纳印花税是由纳税人根据规定自行计算应纳税额，以购买并一次贴足印花税税票的方法缴纳。企业缴纳的印花税，不会发生应付未付税款的情况，不需要预计应纳税金额，因此企业缴纳的印花税不需要通过"应交税费"账户核算，在购买印花税票时，可将付款额直接借记"管理费用"账户，贷记"银行存款"或"库存现金"账户。

（五）应交城市维护建设税

城市维护建设税（简称城建税）是国家为了维护城市建设资金需要而开征的一种税。城建税具有附加税的性质，它本身没有特定的、独立征税对象，是以纳税人实际缴纳的增值税、营业税、消费税税额为计税依据，附加于增值税、营业税、消费税的税额。其计算公式为：

$$应交城建税额＝（增值税额＋营业税额＋消费税额）×适用税率$$

为了核算城建税，应在"应交税费"账户下设置"应交城市维护建设税"明细账户。应交的城建税在进行会计核算时，应按照增值税、营业税、消费税来源不同分别处理，如果增值税、营业税、消费税是由于企业的日常经营活动而产生，其据以计算的应交城建税，借记"营业税金及附加"，贷记"应交税费——应交城市维护建设税"账户；如果增值税、营业税、消费税是由于企业出售不动产而产生，则据以计算的应交城建税，借记"固定资产清理"等，贷记"应交税费——应交城市维护建设税"账户。

【例 5-13】 康达公司 2006 年 8 月销售商品实际应缴纳增值税 30 000 元，应缴纳消费税 14 000 元，出售固定资产应缴纳营业税 9 000 元，该企业适用的城建税率为 7%。其会计处理为：

应交城建税＝(30 000＋14 000＋9 000)×7%＝3 710(元)

其中：应由"固定资产清理"承担的城建税＝9 000×7%＝630(元)

借：营业税金及附加 3 080

固定资产清理 630

贷：应交税费——应交城市维护建设税 3 710

（六）应交教育费附加、矿产资源补偿费

教育费附加是国家或地方为了发展教育事业，提高人民的文化素质而征收的一项费用，包括教育费附加和地方教育费附加。教育费附加作为一种附加费用，按照企业缴纳增值税、营业税、消费税税额为计税依据计算。矿产资源补偿费是对在中华人民共和国领域和其他管辖海域开采矿产资源而征收的一项费用。矿产资源补偿费按照矿产品销售收入的一定比例计征，由采矿权享有人缴纳。

企业按规定计算应交的教育费附加、矿产资源补偿费，应分别借记"营业税金及附加"、"管理费用"等账户，贷记"应交税费（应交教育费附加、应交矿产资源补偿费）"账户。缴纳的教育费附加、矿产资源补偿费，借记"应交税费（应交教育费附加、应交矿产资源补偿费）"账户，贷记"银行存款"等账户。

【例 5-14】 康达公司 2006 年 8 月销售商品实际应缴纳增值税 30 000 元，应缴纳消费税 14 000 元，对外出售固定资产应交营业税 9 000 元，该企业适用的教育费附加率为 3%，地方教育费附加率为 2%。其会计处理为：

应交教育费附加＝(30 000＋14 000＋9 000)×(3%＋2%)＝2 650(元)

其中：应由"固定资产清理"负担的教育费附加＝9 000×(3%＋2%)

＝450(元)

借：营业税金及附加 2 200

固定资产清理 450

贷：应交税费——应交教育费附加 2 650

5.1.5 对所有者的流动负债

企业作为独立核算的经济实体，对其实现的经营成果除了按照税法及有关法规规定纳税外，还必须对投资者投入的资金给予一定的回报，作为投资者应该分享的投资收益。企业分配给投资者的现金股利或利润，在股东大会作出决议到实际支付给投资者之前，就形成了一笔对投资者的负债。

为了核算企业对投资者分配的现金股利或利润，应设置"应付股利"账户，该账户属于负债类账户,贷方登记应分配给投资者的利润数,借方反映实际支付给投资者的利润数,期末余额一般在贷方,反映企业尚未支付的现金股利或利润。该账户一般按投资者设置明细账。

企业按规定计算出应付投资者的利润,借记"利润分配——应付现金股利或利润",贷记"应付股利"账户。这部分计算的应付利润,在未支付给投资者前,属于企业的一笔流动负债,待实际支付时,借记"应付股利",贷记"银行存款"账户。

在我国,股份公司股利的支付主要有现金股利和股票股利两种形式。现金股利是反映企业以现金形式向股东派发的股利;股票股利又称红股,俗称送股,是企业用增发的股票向股东派发股利。当企业经股东大会或类似机构决议确定分配现金股利时,自宣告之日起,应付的股利就构成企业的一项流动负债。但企业股东大会或类似机构决议确定分配股票股利,它只是从未分配利润转为股本,是企业权益内部的一种变化,并不构成企业的负债。

通常企业派发现金股利需经历两个步骤,首先是企业股东大会或类似机构决议确定并宣告股利分配方案,这时,按应支付的现金股利,借记"利润分配——应付现金股利或利润",贷记"应付股利"账户;然后,企业如数拨出一笔现款存入受托的证券公司或银行,用于实际支付股东的现金股利,应借记"应付股利",贷记"银行存款"账户。

【例 5-15】 某股份公司股东大会根据 2006 年盈利情况,决定每 10 股普通股分配 1 元现金股利的股利分配方案,共计 100 000 元。

(1)计算应付现金股利时:

借:利润分配——应付现金股利或利润　　　　　　　　　100 000

　　贷:应付股利　　　　　　　　　　　　　　　　　　　100 000

(2)支付现金股利时:

借:应付股利　　　　　　　　　　　　　　　　　　　　100 000

　　贷:银行存款　　　　　　　　　　　　　　　　　　　100 000

5.1.6 其他流动负债

企业除了上述对贷款人、供销商、职工、所有者、税务机关的流动负债外,往往还有其他应付款等其他流动负债。

其他应付款是指企业除短期借款、应付票据、应付账款、预收账款、应付职工薪酬、应付利息、应付股利、应交税费等以外的其他各项应付、暂收的款项,包括应付租入包装物等周转材料的租金、经营租入固定资产的应付租金、出租出借周转材料的押金、应付及预收所属单位及个人的款项等。

企业应设置"其他应付款"账户核算这些应付、暂收的款项。该账户属于负债类账户,贷方登记发生的各种应付、暂收的款项,借方登记偿还或转销的各种应付、暂收款项,期末贷方余额,反映企业应付未付的其他应付、暂收款项。该账户可按其他应付款的项目和对方单位(或个人)进行明细核算。企业发生各种应付、暂收款项时,借记"管理费用"、"银行存款"账户,贷记"其他应付款"账户;支付或退回有关款项时,借记"其他应付款"账户,贷记"银行存款"账户。

5.2 长期负债

长期负债是指偿还期在一年或者超过一年的一个营业周期以上的负债,包括长期借款、应付债券、长期应付款等。采用举借长期负债筹集资金不会影响企业原有的股权结构,不会影响原有投资者对企业的影响力和控制力;长期负债的债权人仅按固定利率获取利息,当企业的投资报酬率高于长期负债的利率时,可为投资者带来剩余收益;且利息是税前扣除项目,举借长期负债还能起到抵税作用。因此,运用长期负债方式筹集资金也是一种合理选择。与流动负债相比,长期负债具有债务金额大、偿还期限长、偿还风险高、偿付利息大等特点。

5.2.1 借款费用

(一)借款费用的内容

借款费用是指企业因借款而发生的利息及其他相关成本。借款费用本质上是企业因借入资金所付出的代价,利息和作为利息费用调整的借款折价或溢价的摊销等是借款费用的主要组成部分,为安排借款所发生的外币借款汇兑差额和辅助费用,也属于借款费用。因此,借款费用的内容包括借款利息、折价或者溢价的摊销、辅助费用以及因外币借款而发生的汇兑差额等。

(二)借款费用的确认

《企业会计准则第17号——借款费用》规定,借款费用的确认主要有如下两种处理方法:

1. 借款费用资本化

企业发生的借款费用,可直接归属于符合资本化条件的资产的购建或者生产的,应当予以资本化,确认计入相关资产成本。符合资本化条件的资产,是指需要经过相当长时间的购建或者生产活动才能达到预定可使用或者可销售状态的资产。

2. 借款费用计入当期损益

这种方法要求借款费用应于发生的当期确认为费用,计入当期损益。我国企业会计准则要求,除了可直接归属于符合资本化条件的资产的购建或者生产的其他借款费用,都应当在发生时根据其发生额确认为费用,计入当期损益。

（三）借款费用资本化的范围与条件

借款费用资本化是目前多数国家允许采用的一种方法,国际会计准则23号也将借款费用资本化作为被允许选用的会计方法。但国际会计准则和我国会计准则都对借款费用资本化的资产范围和资本化时间等作了严格规定。

1. 借款费用资本化的资产范围

符合资本化条件的资产,是指需要经过相当长时间的购建或者生产活动才能达到预定可使用或者可销售状态的资产,包括需要相当长时间才能达到预定可使用或者可销售状态的固定资产、投资性房地产及存货等资产。其中符合资本化条件的存货是指需要经过相当长时间（通常为1年以上）的建造或者生产活动,才能达到预定可使用或者可销售状态的存货,如房地产开发企业开发的用于出售的房地产开发产品、机械制造企业制造的用于对外出售的大型机械设备等。

2. 借款费用资本化的条件

（1）开始资本化的条件

为购建或者生产符合资本化条件的资产而借入专门借款及占用了一般借款,当同时满足下列条件的,才能开始资本化:(1)资产支出已经发生,资产支出包括为购建或者生产符合资本化条件的资产而以支付现金、转移非现金资产或者承担带息债务形式发生的支出;(2)借款费用已经发生;(3)为使资产达到预定可使用或者可销售状态所必要的购建或者生产活动已经开始。

只有上述三个条件同时具备,借款费用才能开始资本化。有的企业在工程建设时,已经使用银行存款购置了工程物资,固定资产工程项目也已经开始动工兴建,但借款资金尚未到达,这时由于工程建造使用的是自有资金,不符合借款费用已经发生的条件,不允许将借款费用资本化。再如,企业建造厂房借入的款项已经开始计息,也使用借入的款项购置了土地,但厂房尚未动工兴建,不符合借款费用资本化的第三个条件,这时发生的借款费用也不允许资本化。

（2）暂停资本化的条件

资产在进行购建或生产时,会由于某些原因而发生中断。中断按其原因可分为正常中断和非正常中断。但无论何种原因造成的中断,中断的时间都会有长有短。国际会计准则在判断中断期间所发生的借款费用是否应该继续资本化时,主要从中断原因和中断时间长短两个方面进行综合判断,即发生的是非正常中断,而且持续时间较长,则应暂停资本化。

我国借鉴了上述做法,借款费用会计准则规定:符合资本化条件的资产在购建或者生产过程中发生非正常中断、且中断时间连续超过3个月的,应当暂停借款费用的资本化。在中断期间发生的借款费用应当确认为费用,计入当期损益,直至资产的购建或者生产活动重新开始。如果中断是所购建或者生产的符合资本化条件的资产达到预定可使用或者可销售状态必要的程序,借款费用的资本化应当继续进行。

从中断原因上看,非正常中断与正常中断是显著不同的。非正常中断通常是由于企业管理决策上的原因或其他不可预见的原因所导致的中断。例如,企业因与施工方发生质量纠纷,或施工生产发生安全事故,或资金周转发生困难等原因,导致购建或生产活动发生中断,都属于非正常中断。而正常中断通常仅限于因购建或生产符合资本化条件的资产达到预定可使用或者可销售状态所必要的程序,或者事先可预见的不可抗力因素导致的中断。例如,有的工程建造到一定阶段必须暂停下来进行质量检查,之后才可继续下一阶段的建造工作,这类中断是可预见的,而且是工程建造必须经过的程序,属于正常中断。再如,某企业在北方施工建造工程期间,适逢季节性冰冻期,工程施工因此而中断,需待冰冻季节结束后才能继续施工,这种由于该地区季节性冰冻气候等可预见的不可抗力因素导致的中断,属于正常中断。

(3)停止资本化的条件

借款费用停止资本化,意味着所发生的借款费用不允许再计入工程成本,而应计入当期损益,因此,在企业借款费用金额较大的情况下,合理确定停止资本化的时点,对于资产价值的高低和利润的大小均会产生较大的影响。

关于停止资本化的时点,国际会计准则和我国会计准则规定,当购建或者生产符合资本化条件的资产达到预定可使用或者可销售状态时,借款费用应当停止资本化。购建或者生产符合资本化条件的资产达到预定可使用或者可销售状态,可从下列几个方面进行判断:(1)符合资本化条件的资产的实体建造(包括安装)或者生产工作已经全部完成或者实质上已经完成。(2)所购建或者生产的符合资本化条件的资产与设计要求、合同规定或者生产要求相符或者基本相符,即使有极个别与设计、合同或者生产要求不相符的地方,也不影响其正常使用或者销售。(3)继续发生在所购建或生产的符合资本化条件的资产上的支出金额很少或者几乎不再发生。购建或者生产符合资本化条件的资产需要试生产或者试运行的,在试生产结果表明资产能够正常生产出合格产品、或者试运行结果表明资产能够正常运转或者营业时,应当认为该资产已经达到预定可使用或者可销售状态。

5.2.2　长期借款

长期借款是企业向银行或其他金融机构借入的期限在一年以上(不含一年)的各种借款。

企业应设置"长期借款"账户核算企业长期借款的借入及归还情况。该账户属于负债类账户,贷方登记企业取得的长期借款,借方登记归还的长期借款,期末余额在贷方,反映企业尚未偿还的长期借款的摊余成本。该账户应按贷款单位和贷款种类,分别设置"本金"、"利息调整"等账户进行明细核算。

企业取得长期借款应按照合同按期支付利息,为此企业应设置"应付利息"账户,用于核算企业长期借款利息的提取和归还情况。该账户属于负债类账户,贷方登记分期提取的利息,借方登记归还的利息,期末贷方余额反映企业按照合同约定应支付但尚未支付的利息。

企业借入长期借款时,借记"银行存款"账户,贷记"长期借款——本金"账户。如存在差额,还应借记"长期借款——利息调整"账户。

对长期借款来说,由于实际利率与合同约定的名义利率差异不大。因此,在会计期末,企业通常可以采用合同约定的名义利率计算确定利息费用,对符合资本化条件的借款费用应借记"在建工程"、"制造费用"、"研发支出"账户,对计入当期损益的借款费用,应借记"财务费用"账户,贷记"应付利息"账户。但如果实际利率与合同约定的名义利率差异较大,企业应按《企业会计准则第17号——借款费用》的要求,采用实际利率法确定长期借款的利息费用,应按摊余成本和实际利率计算确定的长期借款的利息费用,借记"在建工程"、"财务费用"、"制造费用"、"研究支出"等账户,按合同利率计算确定的应付未付利息贷记"应付利息"账户,按其差额,贷记"长期借款——利息调整"账户。

企业归还长期借款本金和利息时,借记"长期借款"和"应付利息"账户,贷记"银行存款"账户。

【例 5-16】　康达公司为建造一条生产线,于 2004 年 1 月 1 日向银行取得期限为 3 年、年利率为 6% 的 2 000 万元专门借款(同期市场利率为 6%),并当即将该资金投入到生产线的建造工程中。合同规定借款利息按年支付。生产线于 2005 年年末竣工交付使用。相关会计分录如下:

(1)2004 年 1 月 1 日取得借款时:

借:银行存款　　　　　　　　　　　　　　　　20 000 000

　　贷:长期借款——本金　　　　　　　　　　　　　　20 000 000

(2)2004 年和 2005 年(两年的利息应当资本化)年末分别计算和支付利息时：

借：在建工程　　　　　　　　　　　1 200 000(20 000 000×6％)

　　贷：应付利息　　　　　　　　　　　　　　1 200 000

借：应付利息　　　　　　　　　　　　1 200 000

　　贷：银行存款　　　　　　　　　　　　　　1 200 000

(3)2006 年各月月末分别计提利息时：

借：财务费用　　　　　　　　　　　100 000(20 000 000×6％/12)

　　贷：应付利息　　　　　　　　　　　　　　100 000

(4)2006 年末偿还借款本金和利息时：

借：长期借款——本金　　　　　　　　20 000 000

　　应付利息　　　　　　　　　　　　 1 200 000

　　贷：银行存款　　　　　　　　　　　　　　21 200 000

5.2.3　应付债券

（一）应付债券的核算内容

债券是企业为筹集资金而依照法定程序发行,约定在一定日期还本付息的有价证券。企业发行债券必须经国家有关部门批准,委托银行或其他金融机构代理发行。企业发行的超过一年以上的债券,就构成了企业的一项长期负债。企业发行 1 年期及 1 年期以内的短期债券,是交易性金融负债,属于企业的流动负债。

企业发行的债券必须载明债券面值、债券利率(又称为票面利率或名义利率)、付息日及到期日。债券上注明的应付利息的年利率,往往与债券实际发行时的市场利率不相一致。企业通常按市场利率把到期应偿还的面值和应付利息折算为现值,并以此确定债券的发行价格。债券的面值与实际发行价格会由于市场利率与票面利率的不同而形成差异。发行债券时,发行价格如果等于面值,称为面值发行;发行价格如果高于面值,称为溢价发行;发行价格如果低于面值,称为折价发行。溢价发行的实质是发行企业为以后多付利息而事先得到的补偿,折价发行的实质是发行企业为以后少付利息而事先付出的代价,溢价或折价的形成会对发行企业的利息费用产生影响。

（二）应付债券的计量

根据《企业会计准则第 22 号——金融工具确认和计量》的规定,对于企业发行债券形成的金融负债,应当按照公允价值和相关交易费用之和作为初始计量金额。对债券发行来说,交易费用是指可直接归属于发行债券、如果不发行债券就不会发生的新增外部费用,包括支付给代理机构、咨询公司、券商等的手续费和佣金及其他必要支出,但不包括债券溢价、折价、融资费用、内部管理成本及其他与交易不直接相关的费用。

发行债券后,企业应当按照采用实际利率法,按摊余成本对其进行后续计量。企业债券的摊余成本,是指债券的初始确认金额在扣除已偿还的本金、加上或减去采用实际利率法将该初始确认金额与到期日金额之间的差额进行摊销形成的累计摊销额之后的金额。实际利率法,是指按照负债的实际利率计算其摊余成本及各期利息收入或利息费用的方法。

(三)应付债券的会计处理

企业发行的长期债券,应设置"应付债券"账户,核算企业为筹集长期可供使用的资金而实际发行债券的本金及利息。该账户属于负债类账户,贷方登记发行债券实际收到的金额及利息,借方登记已偿付的债券本金及利息金额,期末贷方余额反映企业尚未偿还的企业长期债券的摊余成本。为了详细核算企业发行的债券面值及溢折价利息的增减变动情况,企业应在"应付债券"账户下设置"面值"、"利息调整"、"应计利息"等明细账户。对于一次还本付息的债券,期末按票面利率计算确定的应付未付利息,通过"应付债券——应计利息"核算。而对于分期付息的债券利息,期末按票面利率计算确定的应付未付利息应通过"应付利息"账户核算。此外,企业应当设置"企业债券备查簿",详细登记每一企业债券的票面金额、债券票面利率、还本付息期限与方式、发行总额、发行日期和编号、委托代售单位、转换股份等资料。

1. 债券发行的核算

企业发行债券,如果发行时的市场利率与债券票面利率相同,企业可按面值发行债券,按债券的发行价格(即面值),借记"银行存款"账户,贷记"应付债券——面值"账户。

如果发行时的市场利率低于债券票面利率,企业可按超过面值的价格发行债券,即溢价发行,企业应按债券的发行价格借记"银行存款"账户,以债券面值贷记"应付债券——面值"账户,以溢价额贷记"应付债券——利息调整"账户。

如果发行时的市场利率高于债券票面利率,企业以低于面值的价格发行债券,即折价发行,企业应按债券的发行价格借记"银行存款"账户,以折价额借记"应付债券——利息调整"账户,以债券面值贷记"应付债券——面值"账户。

【例 5-17】 南方公司为筹集扩大生产经营规模所需资金于 2004 年 1 月 1 日发行期限为 3 年,一次还本的债券 1 000 000 元,债券利息每半年支付一次,债券发行时市场利率为年利率8%。

(1)假定债券发行时票面利率也为8%,则上述债券按面值发行。

借:银行存款   1 000 000

  贷:应付债券——面值   1 000 000

(2)假定债券发行时票面利率为10%,上述债券按1 052 405元的价格溢价发行。

借:银行存款   1 052 405

  贷:应付债券——面值   1 000 000

    应付债券——利息调整   52 405

(3)假定债券发行时票面利率为6%,上述债券按947 563元的价格折价发行。

借:银行存款   947 563

  应付债券——利息调整   52 437

  贷:应付债券——面值   1 000 000

2. 应付利息及溢(折)价摊销的核算

企业发行债券时,应在债券存续期间按期计提利息,确认利息费用。企业在计算债券利息时,不仅要考虑本期该债券的应计利息,还要考虑本期应承担的溢价或折价的摊销额。债券的溢价和折价是整个债券期间发行公司应计利息费用的一项调整。溢价发行是对未来各期多付利息而事先得到的补偿,因此溢价的摊销就是要调减企业的利息费用;折价发行是对未来各期少付利息而事先给债券购买者的补偿,因此折价的摊销就是要调增企业的利息费用。根据《企业会计准则第17号——借款费用》规定,企业要采用实际利率法确定每一会计期间应摊销的折价或者溢价金额,调整每期的利息费用。当然,为简化核算,当实际利率与合同约定的名义利率差异不大的,也可以采用合同约定的名义利率计算确定利息费用。

实际利率法是指先用每期期初债券账面价值乘以实际利率算出各期的利息费用,再与应计利息相比较,求得各期债券溢价或折价摊销额的摊销方法。实际利率是企业在借款期限内未来应支付的利息和本金折现为债券当前账面价值的利率。由于债券的账面价值逐期不同,因此采用实际利率法计算出来的利息费用也就逐期不同。溢价发行的债券,由于随着债券溢价的摊销账面价值逐期减少,利息费用也就逐期减少;折价发行的债券,由于随着债券折价的摊销账面价值逐期增加,利息费用也就逐期增加。

会计期末,应按摊余成本和实际利率计算确定的长期债券的利息费用,对符合资本化条件的利息费用应借记"在建工程"、"制造费用"、"研发支出"账户,对计入当期损益的利息费用,应借记"财务费用"账户,贷记"应付债券——应计利息"账户(对于分期付息、到期一次还本的长期债券利息金额,贷记"应付利息"账户),按其差额,借记或贷记"应付债券——利息调整。"

【例 5-18】 依例 5-17,南方公司为筹集扩大生产经营规模所需资金于 2004 年 1 月 1 日发行期限为 3 年,一次还本的债券 1 000 000 元,债券利息每半年支付一次,债券发行时市场利率为年利率 8%。

(1)假定债券发行时票面利率也为 8%,按面值发行债券,企业 2004 年至 2006 年 6 月末和 12 月末计提和支付利息时,应作会计分录如下:

借:财务费用　　　　　　　　　　　　　　　　　　40 000
　　贷:应付利息　　　　　　　　　　　　　　　　　　　40 000

(2)假定债券发行时票面利率为 10%,债券按 1 052 405 元的价格溢价发行,企业 2004 年至 2006 年 6 月末和 12 月末计提和支付利息、按实际利率法摊销溢价(如表 5-1 所示)时应编写相关会计分录。

表 5-1　南方公司债券溢价摊销表　　　　　　单位:元

时间	贷:应付利息 ①=面值×5%	借:财务费用 ②=上期④×4%	借:应付债券——利息调整 ③=①—②	期初账面价值 ④=上期④—③
2004.1.1				1 052 405.00
2004.6.30	50 000	42 096.20	7 903.80	1 044 501.20
2004.12.31	50 000	41 780.05	8 219.95	1 036 281.25
2005.6.30	50 000	41 451.25	8 548.75	1 027 732.50
2005.12.31	50 000	41 109.30	8 890.70	1 018 841.80
2006.6.30	50 000	40 753.67	9 246.33	1 009 595.47
2006.12.31	50 000	40 404.53	9 595.47	1 000 000.00
合计	300 000	247 595.00	52 405.00	—

如 2004 年 6 月 30 日应编写相关会计分录如下:

借:财务费用　　　　　　　　　　　　　　　　　42 096.20
　　应付债券——利息调整　　　　　　　　　　　　 7 903.80
　　　贷:应付利息　　　　　　　　　　　　　　　　　　50 000
借:应付利息　　　　　　　　　　　　　　　　　　50 000
　　贷:银行存款　　　　　　　　　　　　　　　　　　　50 000

(3)假定债券发行时票面利率为 6%,债券按 947 563 元的价格折价发行,企业 2004 年至 2006 年 6 月末和 12 月末计提和支付利息、按实际利率法摊销溢价

(如表 5-2 所示)时应编写相关会计分录。

表 5-2　南方公司债券折价摊销表　　　　　　单位：元

时间	贷：应付利息 ①＝面值×3％	借：财务费用 ②＝上期④×4％	贷：应付债券——利息调整③＝②—①	期初账面价值④＝上期④＋③
2004.1.1				947 563.00
2004.6.30	30 000	37 902.52	7 902.52	955 465.52
2004.12.31	30 000	38 218.62	8 218.62	963 684.14
2005.6.30	30 000	38 547.37	8 547.37	972 231.51
2005.12.31	30 000	38 889.26	8 889.26	981 120.77
2006.6.30	30 000	39 244.83	9 244.83	990 365.60
2006.12.31	30 000	39 634.40	9 634.40	1 000 000.00
合计	180 000	232 437.00	52 437.00	—

如 2004 年 6 月 30 日应编写相关会计分录如下：

借：财务费用　　　　　　　　　　　　　　　　37 902.5

　　贷：应付债券——利息调整　　　　　　　　　　　　7 902.52

　　　　应付利息　　　　　　　　　　　　　　　　30 000.00

借：应付利息　　　　　　　　　　　　　　　　30 000

　　贷：银行存款　　　　　　　　　　　　　　　　30 000

3. 到期偿还债券的核算

债券到期应归还债券持有者本金和所欠利息。在债券的整个偿还期内，溢价和折价都已摊销完毕，因此，在偿付应付债券时，就不再考虑债券的溢价和折价，全部按债券的面值和应计利息归还，借记"应付债券——面值"和"应付债券——应计利息"，贷记"银行存款"账户。

【例 5-19】　依例 5-17，南方公司于 2004 年 1 月 1 日发行期限为 3 年，一次还本的债券 1 000 000 元，债券利息每半年支付一次。债券票面利率为 8％。2006 年 12 月 31 日债券到期归还本金 1 000 000 元和 2006 年下半年利息 40 000 元。作如下会计分录：

借：应付债券——面值　　　　　　　　　　　　1 000 000

　　应付利息　　　　　　　　　　　　　　　　40 000

　　贷：银行存款　　　　　　　　　　　　　　　　1 040 000

➩【进一步学习指南】

本章介绍了一些常见的负债项目的主要核算方法。应付职工薪酬、应交税费等负债项目的核算与国家社会保障制度和税收法规联系紧密,感兴趣的读者可以进一步查阅《企业会计准则第 9 号——职工薪酬》和财政部网站的相关法规制度。对于借款费用问题,本书主要介绍了借款费用的确认、借款费用资本化条件,为借款费用的会计处理厘清了思路。感兴趣的读者可以深入学习《企业会计准则 17 号—借款费用》及其应用指南。本书也没有介绍那些不是每一个企业都会涉及到的一些负债项目,如交易性金融负债、或有负债、可转换债券、长期应付融资租赁款和专项应付款等业务的会计处理方法,需要进一步学习的,可以阅读《企业会计准则第 13 号——或有事项》、《企业会计准则第 21 号——租赁》、《企业会计准则第 22 号——金融工具确认与计量》及相关书籍。

☞【复习思考题】

1. 一般纳税人和小规模纳税人在增值税会计核算方面有何区别?
2. 职工薪酬包括哪些内容? 职工薪酬应该如何核算?
3. 借款费用应如何进行会计处理?
4. 应付债券的溢价和折价应如何进行摊销?

☞【练习题】

1. 某公司于 2006 年 2 月 1 日购入一批材料,材料价款为 50 000 元,增值税额为 8 500 元,对方公司代垫运杂费为 1 500 元,材料已经验收入库,上述款项均未支付。3 月 28 日,公司开出一张期限为 6 个月、面值为 60 000 元的商业承兑汇票。公司在票据到期日按期支付全部款项。

要求:编写该公司上述业务的会计分录。

2. 某企业为增值税一般纳税人(适用 17％的增值税税率),2006 年 9 月发生下列业务:

(1)采购材料一批,增值税专用发票上注明的价款为 100 000 元,增值税为 17 000 元,运输发票所列运费 3 000 元,材料已收到,上述款项全部支付。

(2)销售一批产品,售价为 200 000 元,增值税额为 34 000 元,收到一张金额为 234 000 元的商业汇票。

(3)购入需要安装的设备一台,买价为 150 000 元,增值税额为 25 500 元,款项已支付。设备在安装时,领用库存的生产用原材料一批,该材料的买价为 40 000元。

(4)将自产的产品对外投资,经双方协议,产品投资按市场价格计价。该批产品成本为 70 000 元,市场价格为 100 000 元。

(5)附属宾馆本月对外提供服务,取得服务收入 120 000 元,上述款项均已收到(适用营业税税率为 5％)。

(6)按照本月应交增值税和营业税计算应交城市维护建设税(7％)及教育费附加(3％)。

要求:

(1)计算本月应交增值税、营业税、城市维护建设税及教育费附加。

(2)编写上述业务的会计分录。

3. 某企业于 2003 年 1 月 1 日发行期限为 4 年、面值为 100 000 元的债券,票面利率为 10％,每年 6 月末和 12 月末付息两次。债券发行时的市场利率为 8％,债券的实际发行价格为 106 675 元。债券发行所筹集资金当即全部用于工程建设,工程于 2005 年 12 月 31 日竣工。

要求:

(1)按实际利率法对债券溢折价进行摊销。

(2)对该企业债券发行、利息计提、溢折价摊销、利息支付及到期还款的业务进行会计处理。

➪【案例分析题】

东风公司为建设一项工程,于 2004 年 2 月 1 日向银行借款 5 000 万元,借款期限为 4 年,借款利率为 6％。工程项目采用出包方式建设,并于 2004 年 3 月 1 日开工,建设周期为 2 年。工程建设过程中发生款项支出情况如下:

(1)2004 年 3 月 1 日预先支付工程款 1 000 万元。

(2)2004 年 9 月 1 日按照工程进度支付工程款 800 万元。

(3)2005 年 3 月 1 日按照工程进度支付工程款 1 000 万元。

(4)2005 年 11 月 1 日工程主体交付使用,支付剩余的全部款项 1 100 万元。

(5)2006 年 6 月末,工程办理竣工决算。

公司财务经理要求主管会计将 2006 年 6 月前的全部利息,都计入工程成本。

要求:

(1)公司财务经理的这种做法目的是什么?这样处理是否正确?将对该公司的资产、费用和利润将产生什么影响?

(2)对这些借款利息应该如何处理?

第6章

所有者权益

本章导读

　　所有者权益是会计恒等式的三大要素之一,它是企业的所有者在企业资产中享有的经济利益,在数额上等于资产扣除负债后的差额(净资产)。从财务角度看,所有者权益也是企业的重要资金来源。所有者权益主要包括投资者向企业投入的资本以及企业在生产经营过程中形成的留存收益。本章主要介绍公司制企业所有者权益的构成内容及其会计核算方法。通过本章的学习,要求达到下列目标:

　　1. 理解所有者权益的特点及其构成内容;

　　2. 掌握投入资本的核算;

　　3. 掌握盈余公积和未分配利润的核算。

6.1 所有者权益概述

6.1.1 所有者权益的特点

　　所有者权益是指企业资产扣除负债后由所有者享有的剩余权益。所有者权益既是所有者对企业资产的一种所有权,又是企业的一种资金来源。在业主产权论基础下,所有者权益就是投资者权益。它具有以下特点:

第一,所有者权益与负债都是企业资产的归属权。如果说负债是债权人权益,那么所有者权益便是投资人权益。这两种权益的区别在于:(1)负债是债权人对资产的索偿权,而所有者权益是企业所有者对企业资产的所有权;(2)负债是企业承担的一项责任,是需要以资产或劳务偿还的,而所有者权益没有明确的偿还期,除非企业出现清算(非持续经营假设),否则企业不需要偿还所有者权益;(3)当企业出现清算时,所有者与债权人分配企业资产的顺序不同,所有者只能在企业偿还了所欠债权人的全部债务后的剩余财产中进行分配。

第二,所有者权益是企业资产减去负债后的剩余权益,在数量上与企业的净资产相等,但它是一个抽象的概念,并不能找到特定的资产与其对应。例如,公司的某一投资者将一栋价值200万元的房屋作为出资投入到该公司,获得200万元的资本份额。这项资本投入业务的结果是:公司拥有了一栋价值200万元的房屋,其实收资本也增加了200万元;而该投资者不再拥有该房屋的所有权,他转让房屋所有权换得的是该公司的股权。这里200万元的所有者权益只说明该投资者在企业中拥有200万元的股份,并不能说200万元的那栋房屋仍属于该投资者所有。

第三,企业当期损益的多少会导致所有者权益发生变化。确切地说,实现净利润会导致期末所有者权益的增加,而发生亏损会导致期末所有者权益的减少。但是损益并不是导致所有者权益变动的唯一原因,因为企业也会发生不应计入当期损益、而应直接计入所有者权益的利得和损失。

第四,从计量属性看,所有者权益的金额取决于企业资产与负债的计量。即会计对资产、负债的确认与计量会直接影响所有者权益的数额。例如,当某项资产发生减值时,会计人员按规定计提资产减值准备,使期末资产负债表中反映的资产价值由历史成本转为其可变现净值或公允价值,这属于资产计量问题,这种对资产计量的改变会导致净利润的减少,从而影响期末所有者权益的计量。

第五,期末所有者权益虽然在数量上等于其账面净资产,但它并不代表净资产的公允价值;从一定意义上说,净资产的公允价值高于或低于其所有者权益的差额构成了企业的商誉或负商誉。

6.1.2 企业组织形式与所有者权益

企业按照其组织形式的不同可以分为三类:独资企业、合伙企业和公司制企业。独资企业的所有者权益又称为业主权益,合伙企业的所有者权益又称合伙人权益,公司制企业的所有者权益又称股东权益。因为法律对不同组织形式企业的所有者权益有不同的规定,因此,不同组织形式的企业其所有者权益的会计处理存在明显的差异。

（一）独资企业与业主权益

这里所说的独资企业即个人独资企业，它是指依法在中国境内设立，由一个自然人投资，财产为投资人个人所有，投资人以其个人财产对企业债务承担无限责任的经营实体。[①] 由此可见，独资企业具有以下特征：

1. 独资企业不是独立的法人。根据法律规定，独资企业在法律上不具有独立人格，因而不拥有行为能力。企业行为被认为实质上是业主的个人行为。企业的财产、债务在法律上被视为是业主个人的财产和债务。

2. 业主对企业的债务负无限清偿责任。按照法律规定，独资企业在清算时，如果企业的财产不足清偿债务，业主应以个人的财产予以清偿。个人独资企业投资人在申请企业设立登记时明确以其家庭共有财产作为个人出资的，应当依法以家庭共有财产对企业债务承担无限责任，这种责任更有利于保护债权人的利益。

3. 独资企业不是企业所得税纳税主体。按照我国有关税法和税收条例的规定，个人独资企业和合伙企业不属于企业所得税的纳税主体。独资企业的收益被视为业主个人的收益，只按照个人所得税法缴纳个人所得税，而不缴纳企业所得税。

鉴于以上特点，独资企业的财产与出资人的财产是很难作出严格区分的，业主可以依法增加对企业的投资，也可以从企业提取款项或处置资产，但不能隐匿或转移财产。

独资企业虽然不是法律主体，却是会计主体，应当单独建账。独资企业的所有者权益称为业主权益。业主权益的核算内容主要包括：业主的初始投资和在以后经营过程中的追加投资；企业盈利或亏损对业主权益的影响；业主和企业之间往来事项对业主权益的影响。业主权益的会计处理也比较简单，理论上说只须设立一个资本账户，业主的投资、提款，企业的盈亏，最终都归集在这个资本账户中。

（二）合伙企业与合伙人权益

合伙企业是指依法在中国境内设立的由各合伙人订立合伙协议，共同出资、合伙经营、共享收益、共担风险，并对合伙企业债务承担无限连带责任的营利性组织。

---

① 我国《公司法》规定中的一人有限责任公司与国有独资公司属于公司制企业，不属于个人独资企业。

从法律意义上说,合伙企业与独资企业没有本质区别,合伙企业具有独资企业类似的特点。例如,合伙企业既不是法人也不是纳税主体;合伙人对企业债务负无限连带责任等。

但是合伙企业是由几个合伙人共同出资设立的,合伙人应当订立合伙契约等书面协议,以明确合伙人的责任和权利。这种契约关系具有下列显著特征:(1)合伙人互相代理,即在企业业务范围内,任何一个合伙人所执行的业务,均视为所有合伙人共同执行的业务。(2)合伙人共同拥有企业的财产,即合伙人投入合伙企业的任何财产,如现金、存货、设备等,都成为企业全部合伙人的共同财产。同时,每个合伙人对其在企业利润中应享有的份额都有要求权。(3)有限存续期,即合伙企业的存续期以全部合伙人持续拥有企业的时间为限,无论是原合伙人的退出还是新合伙人的加入,都会使原合伙契约终止。

合伙企业虽然不是独立法人,但也是会计主体,应当单独建账。合伙企业的所有者权益称为合伙人权益,会计核算中应为每个合伙人分别设立资本账户。各合伙人对企业的投资,分别记入各合伙人资本账户;各合伙人从企业提款,将减少其资本账户数额,并意味着该合伙人在企业合伙人权益中的份额减少;合伙企业的损益,应按照合伙契约中规定的方法进行分配,分别记入各合伙人资本账户;就某个合伙人而言,不论是向企业投入资本还是从企业提款或转让出资给他人,都要受到其他合伙人意愿的制约。

(三)公司制企业与股东权益

公司是指依法在中国境内设立的有限责任公司和股份有限公司。有限责任公司的股东以其认缴的出资额为限对公司承担责任。股份有限公司的全部资本分为等额股份,股东以其认购的股份为限对公司承担责任。股份有限公司的设立,可以采取发起设立或者募集设立的方式。发起设立是指由发起人认购公司应发行的全部股份而设立公司;募集设立是指由发起人认购公司应发行股份的一部分,其余股份向社会公开募集或者向特定对象募集而设立公司。

公司是企业法人,有独立的法人财产,享有法人财产权。公司以其全部财产对公司的债务承担责任。与独资企业和合伙企业相比,公司制企业具有以下特点:

1. 股东对公司的债务负有限责任

股东对公司的负债没有个人偿还的义务,股东对公司投资可能承担的最大损失是其投资成本,而不必担心由于公司经营失败而失去投资以外的财产。公司的这一特点使其可以比独资和合伙企业拥有更广泛的投资者。

2. 公司既是独立的法律主体也是纳税主体

公司一经批准成立,就具有独立于其所有者的法人地位和资格,具有同自然人一样的权利和义务。公司可以用自己的名义取得资产、承担债务、签订合同、提出诉讼和被诉。这一点与独资企业、合伙企业完全不同。因此,公司也是所得税纳税主体。公司如有盈利,要缴纳企业所得税;而个人股东从公司分得的现金股利还要依法缴纳个人所得税。

3. 所有权和经营权相分离

大部分公司制企业的投资人不亲自管理公司,而是由股东选举董事会,由董事会聘任的总经理等专业管理人员负责企业的经营管理,便形成了现代企业管理中的委托－代理关系。

4. 所有权可依法转让

公司的所有者可以依法转让其拥有的股份,特别是股份公开上市的股份有限公司(即上市公司),股东可以在证券交易所随意转让自己持有的股票,而无须经过其他股东的同意,且公司的持续经营不因股东的变更而受到影响,因而公司具有较为长久的存续期。

5. 严格的法律监管

由于所有者仅对公司债务负有限责任,为了保护债权人的利益,各国政府对公司都实施比较严格的法律管制。尤其对上市公司,政府监管部门和证券交易所对其股份的发行、交易和会计信息的披露均有严格的规定。

与独资企业和合伙企业相比,公司所有者权益的会计处理相对比较复杂。例如,公司必须将股东投入资本、资本公积与其实现的利润加以区分,分别设置账户核算;资本公积的使用和盈余公积的提取与使用都有严格的规定;公司回购已经发行的股份形成库存股或实施减资等行为都有严格的限制,其会计处理也有特别的要求。总之,公司制企业所有者权益的会计处理不仅仅依据会计准则,还受制于法律的规定。

鉴于公司制企业所有者权益的会计处理最能体现企业会计准则和会计制度的要求,本书后面关于所有者权益的会计处理仅就公司制企业进行介绍。

6.1.3 所有者权益的构成内容

概括地说,企业的所有者权益包括所有者投入的资本、直接计入所有者权益的利得和损失、留存收益等。

(一)所有者投入的资本

它是指企业的投资者出资时所形成的资本份额及其资本溢价,包括企业最初设立时由出资者投入资产形成的资本和企业设立后由出资者追加投资形成的资本。所有者投入企业的资本总额等于其实收资本数额,但不一定等于其在工商行政管理部门登记的注册资本。

（二）直接计入所有者权益的利得和损失

这是指不应计入当期损益、会导致所有者权益发生增减变动的、与所有者投入资本或者向所有者分配利润无关的利得或者损失。（直接计入所有者权益的）利得是指由企业非日常活动所形成的、会导致所有者权益增加的、与所有者投入资本无关的经济利益的流入。如自用房地产或存货转为采用公允价值模式计量的投资性房地产时，对于转换当日的公允价值大于账面价值的，其差额不能计入当期损益，而应直接计入所有者权益(资本公积项目)。（直接计入所有者权益的）损失是指由企业非日常活动所发生的、会导致所有者权益减少的、与向所有者分配利润无关的经济利益的流出。

（三）留存收益

它是指企业实现的净利润中留存的或者尚未分配的部分，也称保留盈余。留存收益包括盈余公积和未分配利润两部分。从财务活动看，留存收益也是企业筹资的一种方式，称为内源融资。[①] 企业留存收益的多少取决于净利润的多少和企业采用的股利分配政策。

6.2 投入资本

投入资本是企业最初形成所有者权益的主要途径。它构成了所有者权益的主体部分，具有很强的固定性。投入资本业务虽不经常发生，但通常为会计信息使用者所关注。

6.2.1 公司资本金制度

资本是企业生产经营的"本钱"。企业的资本有广义和狭义两种涵义，广义的资本泛指企业的长期资金(包括所有者权益和非流动负债)，狭义的资本仅指企业在工商行政管理部门登记的注册资本。企业的注册资本为在登记机关登记的全体投资者认缴的出资额。由于投入资本涉及到很多法律规定，所以企业应当建立资本金制度。下面简单介绍公司制企业资本金制度的主要内容。

---

① 财务管理中将融资分为两种：一种称为外源融资，是指向企业外部筹措资金；一种称为内源融资，是指向企业内部筹措资金，即留存收益。

（一）关于注册资本最低限额的规定

按照《公司法》的规定，有限责任公司由五十个以下股东出资设立，有限责任公司注册资本的最低限额为人民币三万元。设立股份有限公司，应当有二人以上二百人以下为发起人，其中须有半数以上的发起人在中国境内有住所，股份有限公司注册资本的最低限额为人民币五百万元。法律、行政法规对公司注册资本的最低限额有较高规定的，从其规定。

（二）出资期限的规定

我国公司的资本金制度已经由"实收制"逐步过渡到"注册制"，公司的注册资本可以一次缴足，也可以分期缴足。按照《公司法》规定，有限责任公司全体股东的首次出资额不得低于注册资本的20％，也不得低于法定的注册资本最低限额，其余部分由股东自公司成立之日起两年内缴足；其中，投资公司可以在五年内缴足。

股份有限公司采取发起设立方式设立的，注册资本为在公司登记机关登记的全体发起人认购的股本总额。公司全体发起人的首次出资额不得低于注册资本的20％，其余部分由发起人自公司成立之日起两年内缴足；其中，投资公司可以在五年内缴足。在缴足前，不得向他人募集股份。股份有限公司采取募集方式设立的，注册资本为在公司登记机关登记的实收股本总额；以募集设立方式设立股份有限公司的，发起人认购的股份不得少于公司股份总数的35％；法律、行政法规另有规定的，从其规定。

（三）出资形式的规定

股东可以用货币出资，也可以用实物、知识产权、土地使用权等可以用货币估价并可以依法转让的非货币财产作价出资。对作为出资的非货币财产应当评估作价，核实财产，不得高估或者低估作价。而且，全体股东的货币出资金额不得低于有限责任公司注册资本的30％。

（四）资本保全的规定

资本保全是指保证公司投入资本的完整与安全。我国《公司法》中相关条文体现了资本保全原则，主要有：

（1）股东应当按期足额缴纳公司章程中规定的各自所认缴的出资额。股东以货币出资的，应当将货币出资足额存入公司在银行开设的账户；以非货币财产出资的，应当依法办理其财产权的转移手续。股东缴纳出资后，必须经依法设立的验资机构验资并出具证明，以保证缴入资本的真实性。股东如不按照规定缴纳出资的，除应当向公司足额缴纳外，还应当向已按期足额缴纳出资的股东承担违约责任。

（2）公司成立后，股东不得抽逃出资。但股东可以依法转让其股份。

(3)公司不能以股利形式将资本分配给股东。实际经营亏损的公司,如果通过不正当手段编造虚假盈利,又将盈利分配给股东,这就等于将公司的资本退还给了股东,损害了资本的完整性,这很可能侵犯了公司债权人的权益。

6.2.2 投入资本核算应设置的账户

为了核算企业投资者投入资本的增减变动情况,企业应当设置"实收资本"(除股份有限公司以外的企业设置)、"股本"(股份有限公司设置)和"资本公积"账户。它们都属于所有者权益类账户。

"实收资本"是核算企业(除股份有限公司以外)实收资本增加、减少和结存情况的账户,其贷方反映企业资本的增加额,借方反映由于企业减资而引起的资本减少额,期末贷方余额表示资本的结存数额,即至期末该企业实际收到的资本数额。

"股本"是核算股份有限公司股本增减变动和结存情况的账户。其贷方反映公司发行股票(股东认购股份)的面值(并非发行价格),借方反映公司回购股份实施减资而引起的股份面值减少额,期末贷方余额表示公司至期末止发行在外的股份面值总额。

"资本公积"核算企业收到投资者出资超出其在实收资本或股本中所占的份额以及直接计入所有者权益的利得和损失等。该账户贷方反映资本公积的增加额,借方反映资本公积的减少额,期末贷方余额表示至期末止企业结存的资本公积数额。"资本公积"账户应当设置下列明细账户,进行明细核算:(1)资本溢价或股本溢价;(2)其他资本公积。其他资本公积的内容相当丰富,在本书其他章节的相关内容中有所阐述,这里不再详细说明。

6.2.3 投入资本的会计处理

由于不同类型的企业其资本投入业务的会计处理有所不同,以下仅按照有限责任公司和股份有限公司分别介绍投入资本业务的会计处理。

(一)有限责任公司投入资本的核算

初建有限责任公司时,各投资者按照合同、协议或公司章程将资产投入公司,形成公司的资本,会计核算时应按照确认的资产价值全部记入"实收资本"科目;公司增资时新介入的投资者所缴纳的出资额大于其按约定比例计算的注册资本中份额的部分,不记入"实收资本"科目,而作为资本公积(资本溢价)处理。由国家授权投资的机构或部门,以国有资产单独投资设立的国有独资公司,其投入资本的会计处理与上述一般有限责任公司基本相同。只是作为唯一的出资者向企业投入资本时(无论是最初出资还是追加出资),应全部计入实收资本,一般不产生资本溢价。

【例 6-1】 天翔服装有限公司是在 2002 年 3 月由天龙服饰有限公司和张翔自然人共同投资设立的有限责任公司,其注册资本为 280 万元,天龙服饰有限公司出资额为 210 万元,其中货币资金 150 万元,机器设备等固定资产价值 60 万元;张翔个人出资 70 万元,全为货币资金。

公司初次设立时,投资者投入的资产价值等于其实收资本数额,会计处理时全部计入"实收资本"账户。天翔公司 2002 年 3 月接受上述两投资者出资的会计分录如下:

借:银行存款	2 200 000
固定资产	600 000
贷:实收资本——天龙服饰有限公司	2 100 000
——张翔	700 000

【例 6-2】 接上例,经过几年的经营,天翔服装有限公司生产的"天翔"服饰已在市场上具有一定的知名度,其市场占有率显著提高,公司盈利水平也高于同类企业。由于前几年的积累,截止 2005 年 12 月底公司账面所有者权益总额为 420 万元,其中实收资本 280 万元,留存收益 140 万元。2006 年 10 月,该公司拟实施增资,准备吸收绿叶服装厂的出资,注册资本将增加至 400 万元。绿叶服装厂获得该公司 120 万元资本份额的代价为:(1)货币资金 474 500 元;(2)土地使用权,评估确认的价值为 1 150 000 元;(3)原材料一批,取得增值税发票一份,发票所记载的价款为 150 000 元,增值税 25 500 元,经协商,双方协议按 175 500 元确认投资价值。

2006 年天翔公司吸收绿叶服装厂投入资本而取得上述资产,其入账价值为 1 800 000 元(474 500＋1 150 000＋175 500),而其享有的资本份额为 1 200 000 元,应计入"实收资本"账户,二者的差额 600 000 元应作为资本溢价处理,计入"资本公积"账户。天翔公司接受绿叶服装厂投入资本的会计分录如下:

借:银行存款	474 500
原材料	150 000
应交税费——应交增值税(进项税额)	25 500
无形资产——土地使用权	1 150 000
贷:实收资本	1 200 000
资本公积——资本溢价	600 000

(二)股份有限公司投入资本的核算

股份有限公司的股本是以面值表示的,它由等额股份构成。在我国,股份有限公司股票的票面金额为每股人民币 1 元。公司通过发行股票筹集股本时,股东可以用货币资金认购股票,也可以用非现金资产(如原材料、房屋、机器设备、无形资产等)认购股票,非现金资产应按投资各方确认的价值(必要时按评估确认的价值)计价。股票发行价格可以按票面金额(称为平价发行),也可以超过票面金额(称为溢价发行),但不得低于票面金额。公司溢价发行股票时,收到的股款高于面值的部分应计入"资本公积——股本溢价"。

【例 6-3】 用友软件股份有限公司 2001 年 4 月 23 日首次向社会公开发行人民币普通股 2 500 万股,每股发行价格 36.68 元,筹资总额 91 700 万元,发行费用 2 948.85 万元(每股 1.18 元),筹资净额 88 751.15 万元。会计处理时,记入"股本"的金额为 2 500 万元,记入"资本公积——股本溢价"的金额为 86 251.15 万元。编制会计分录如下:

借:银行存款　　　　　　　　　　　　　　887 511 500
　贷:股本　　　　　　　　　　　　　　　　　25 000 000
　　　资本公积—股本溢价　　　　　　　　　862 511 500

发行完成后,该公司总股本 10 000 万股,其中发起人法人股 7 500 万股,社会公众股 2 500 万股。

需要指出的是,公司发行股票的发行费用应在溢价中扣除,溢价不足列支的或者按面值发行股票的,发行费用可以直接计入当期损益,数额较大的应计入长期待摊费用,在不超过 2 年的期限内分期摊销。

6.2.4 其他引起资本增加业务的会计处理

企业的实收资本(股本)除了由投资者投入资本形成外,还有其他增资途径,如资本公积转增资本,盈余公积金转增资本,分配股票股利(俗称送股),可转换债券持有人将债券转换为股票,采用以债务转为资本方式实施债务重组,等等。这些业务的会计处理在此不一一介绍,下面仅就两种比较常见的情形作简单的介绍。

(一)资本公积转增资本

公司的资本公积由资本溢价和各种利得形成,包括的内容很多。公司的资本公积按法定程序可以转增资本。资本公积转增资本属于公司所有者权益内部项目的变化,它会使公司的实收资本(或股本)增加,但不会影响其所有者权益总额的变化。

【例 6-4】 用友软件股份有限公司 2001 年 4 月 23 日向社会公开发行的 2 500万股人民币普通股于 2001 年 5 月 18 日在上海证券交易所上市。该公司 2003—2005 年每年均按照 10∶2 的比例实施资本公积转增股本的方案。2006

年 5 月 18 日又一次以 10∶3 的比例实施资本公积转增股本的方案,转增金额为
5 184 万元①,其会计分录如下:

借:资本公积　　　　　　　　　　　　　　　　　　　 51 840 000

　　贷:股本　　　　　　　　　　　　　　　　　　　　 51 840 000

上述方案实施后,公司的资本公积减少 5 184 万元,而股本总额增加 5 184
万元。应当指出的是,上市公司实施资本公积转增股本并不是股利分配的形式。

（二）分配股票股利

股票股利俗称送股,是公司利润分配的一种形式,它是指公司以增加股东所
持股票的形式作为股利分配给股东。对公司而言,向股东分配股票股利,既无需
支付现金或其他非现金资产,也不会增加负债,资产及负债都没有发生任何变化
（如果不考虑分配给个人投资者的股票股利所应缴纳的个人所得税）;但是,它会
引起所有者权益各项目的构成发生变化,即一部分未分配利润转为股本,使公司
股份总数增加,实现注册资本的增加。对股东而言,发放股票股利没有收到现金
和非现金资产,并不直接增加股东的财富,仅仅是股东手中持股数量的增加,但
各股东的持股比例仍保持不变。

公司利润分配方案须经过股东大会审议通过才能实施,股东大会批准的利
润分配方案中属于分配的股票股利,应在办理增资手续后进行会计处理,借记
“利润分配——转作股本的股利”账户,贷记“股本”账户。

【例 6-5】　邯郸钢铁股份有限公司于 2005 年 6 月 22 日召开 2004 年年度股
东大会,审议通过了 2004 年度的利润分配方案。2005 年 8 月 8 日董事会发布
了 2004 年度利润分配方案实施公告。具体内容如下:

邯郸钢铁股份有限公司实施 2004 年度利润分配方案为:以公司总股本
1 508 692 307 股为基数,每 10 股送 5 股派 1.50 元（含税）,扣税后实际派发的现
金为每 10 股 0.85 元。股权登记日:2005 年 8 月 11 日,除权除息:2005 年 8
月 12 日,新增可流通股份上市日:2005 年 8 月 15 日,现金红利发放日:2005 年
8 月 19 日。

注意:按现行税法规定,公司向个人投资者分配现金股利和股票股利都需要
按 10％的比例代扣代缴个人所得税②,本例中,公司向股东每 10 股分配现金股
利和股票股利合计 6.50 元,每 10 股应扣税 0.65 元,故扣税后发放的现金股利

---

①　公司上市之初总股本为 10 000 万元,经过 2003—2005 连续 3 年 10∶2 的比例转增后,公司的股
本总额已达到 17 280 万元,故 2006 年转增的金额为:17 280×30％＝5 184 万元。

　　②　按税法规定,个人投资者获得的股息收入的法定税率为 20％,2005 年开始减半征收。

为每 10 股 0.85 元。上述分配股票股利的会计分录如下：

    借：利润分配——转作股本的股利   754 346 154

        贷：股本   754 346 154

本例中分配现金股利的会计处理，请读者阅读第八章第二节的相关内容后自行完成。

6.2.5 减资的会计处理

根据资本保全原则，企业的资本（股本）一般情况下不能减少；但在某些特殊情况下也可以减少，如由于企业资本过剩、发生重大亏损或其他原因而实施股份回购。

企业实施减资时，如果支付的价款（货币资金或非现金资产价值）等于资本份额（股票面值）的，应借记"实收资本"或"股本"账户，贷记"银行存款"等账户；如果支付的价款低于资本份额（股票面值）的，其差额应作为利得，直接计入"资本公积——股本溢价"账户；如果支付的价款高于资本份额（股票面值）的，其差额应作为损失，依此冲减资本公积和留存收益，即先冲销"资本公积"账户，如有不足，再冲销"盈余公积"、"利润分配——未分配利润"账户。

【例 6-6】 2000 年 11 月 15 日，云南云天化股份有限公司刊登回购股份注销公告，内容如下：公司将协议回购云天化集团所持有的公司国有法人股 46 818.18 万股中的 20 000 万股，占公司总股本的 35.2%。回购完成后，公司总股本将减至 36 818.18 万股，云天化集团持股将降至 26 818.18 万股，占总股本的 72.84%。公司以 2000 年 6 月 30 日经云南亚太会计师事务所有限公司审计确认的每股净资产值 2.83 元作为股份回购价格。公司以现金资产回购，资金总额为 56 600 万元。股份回购所需要的现金由公司自筹，一次性以现金支付。股份回购期限自公司股东大会作出股份回购决议起半年内。

回购并注销股份时应减少公司注册资本（即股本）20 000 万元，同时减少银行存款 56 600 万元，其差额 36 600 万元冲减公司的资本公积。会计分录如下：

    借：股本   200 000 000

        资本公积   366 000 000

        贷：银行存款   566 000 000

值得一提的是，公司为实施奖励等原因而收购本公司股份，不应注销其股份，而应通过"库存股"核算，即按收购股份时实际支付的金额，借记"库存股"账户，贷记"银行存款"等科目。同时，需要在备查簿中按实际支付的金额，借记"利润分配——未分配利润"账户，贷记"资本公积——其他资本公积"账户。当公司将收购的股份奖励给本公司有关人员时,再借记"资本公积——其他资本公积"账户,贷记"库存股"账户。

6.3 留存收益

企业实现的净利润归属于投资者所有,但投资者往往并不要求企业将全部净利润分配给投资者,而是愿意将一部分收益留存于企业,这部分留存在企业的净利润就是留存收益,它是企业净利润的一种积累,是由企业内部形成的一种资金来源。它虽然不是投资者直接投入的资本,但在性质上与投入资本没有什么差异,可以认为是投资者的一种追加投资。留存收益包括两个部分:盈余公积和未分配利润。

6.3.1 盈余公积

盈余公积是指公司按规定从净利润中提取的各种留利。它是依据《公司法》等相关法律、法规和公司章程的规定,按净利润的一定比例提取的。公司的盈余公积根据其用途不同分为法定公积金和任意公积金两类。

（一）盈余公积的提取

按《公司法》规定,公司分配当年税后利润时,应当提取净利润的百分之十列入公司法定公积金。公司法定公积金累计额为公司注册资本的50%以上的,可以不再提取。公司从税后利润中提取法定公积金后,经股东会或者股东大会决议,还可以从税后利润中提取任意公积金。

提取盈余公积是企业利润分配的一种形式,它并不需要企业从银行存款账户提取现金或专款存储,而只是给一定数额的利润规定一个名称和用途。

从税后利润中提取法定公积金和任意公积金时,应借记"利润分配——提取法定盈余公积"、"利润分配——提取任意盈余公积"账户,贷记"盈余公积"账户。

【例6-7】 经山东正源和信有限责任会计师事务所审计,山东华泰纸业股份有限公司2005年度实现净利润344 192 602.25元。公司于2006年6月12日召开了2005年度股东大会,审议通过了公司董事会提出的2005年度利润分配方案如下:按照2005年实现的净利润344 192 602.25元提取10%法定盈余公积金34 419 260.22元,10%的任意盈余公积金34 419 260.22元。

提取盈余公积的会计分录如下:

借:利润分配——提取法定盈余公积   34 419 260. 22

     ——提取任意盈余公积   34 419 260. 22

 贷:盈余公积——法定盈余公积   34 419 260. 22

     ——任意盈余公积   34 419 260. 22

（二）盈余公积的使用

法定公积金和任意公积金只是计提的法定要求不同，其用途是相同的。按《公司法》规定，公司的公积金可以用于弥补公司的亏损、扩大公司生产经营或者转为增加公司资本。但是，资本公积金不得用于弥补公司的亏损。法定公积金转为资本时，所留存的该项公积金不得少于转增前公司注册资本的 25%。

用盈余公积弥补亏损时，应借记"盈余公积"账户，贷记"利润分配——盈余公积补亏"账户。

【例 6-8】 2006 年 1 月 4 日新疆天山水泥股份有限公司刊登 2005 年第三次临时股东大会决议公告，该公司 2005 年第三次临时股东大会于 2005 年 12 月 31 日召开，大会审议通过了《关于本公司用公积金弥补累计亏损的议案》。内容如下：

根据五洲联合会计师事务所《审计报告》，截至 2005 年 10 月 31 日，公司资本公积 378 846 434. 23 元，盈余公积 119 510 460. 55 元，累计未分配利润－142 859 771. 78 元。根据中国证监会有关规定，公司依次以截至 2005 年 10 月 31 日的盈余公积 59 755 230. 28元和资本公积 60 000 000 元弥补累计亏损，进行上述弥补后公司未分配利润为－23 104 541. 42 元，留待以后年度用税前利润弥补。

用盈余公积弥补亏损时，应通过"利润分配——盈余公积补亏"账户。上述天山股份有限公司弥补亏损的会计分录如下：

借:盈余公积——法定盈余公积   59 755 230. 28

 资本公积   60 000 000

 贷:利润分配——盈余公积补亏   119 755 230. 28

公司以盈余公积转增资本，其会计处理与资本公积转增股本类似，应借记"盈余公积"账户，贷记"实收资本"（或"股本"）账户。现实中绝大多数上市公司都是以资本公积转增股本，以盈余公积转增股本的几乎没有。这可能是因为我国上市公司在股票发行中积累了大量的资本公积，而盈余公积相对于资本公积要少得多。

6.3.2 未分配利润

未分配利润是企业留待以后年度进行分配结转的利润。企业年末的未分配利润是一个累计数，应按下列公式计算：

年末未分配利润＝年初未分配利润＋本年净利润－本年度分配的利润

【例 6-9】 山东华泰纸业股份有限公司 2005 年年初未分配利润为
472 468 749.69元,当年实现净利润 344 192 602.25 元。公司实施 2005 年度利润分配
方案,提取法定盈余公积金 34 419 260.22 元,任意盈余公积金 34 419 260.22 元,再按
公司 2005 年末总股本 300 258 361 股为基数,向全体股东按每 10 股派发现金 3.44 元
(含税),共派发现金股利103 288 876.18元,年末未分配利润为 644 533 955.32 元(472
468 749.69 ＋ 344 192 602.25 － 34 419 260.22 － 17 209 630.11 － 34 419 260.22 －
103 288 876.18)。

⊏▷【进一步学习指南】

资本公积是所有者权益中的特殊项目,许多经济交易和会计事项的处理都
涉及到资本公积,其会计核算也比较复杂。除资本溢价(或股本溢价)外,资本公
积还包括其他很多内容,如长期股权投资采用权益法核算时,对被投资单位除净
损益以外所有者权益的其他变动需要记录资本公积;以权益结算的股份支付换
取职工或其他方提供服务的,在权益工具授予日会计处理也涉及资本公积;可供
出售金融资产的公允价值高于或低于其账面余额的差额,也需要记录在资本公
积账户。请读者参阅《企业会计准则第 11 号——股份支付》和《企业会计准则第
22 号——金融工具确认和计量》等。

公司回购股份可能实行减资,也可能形成库存股。公司持有库存股可能为
了实施期权激励的需要,也可能为提高每股收益,抑制股价下跌。库存股是所有
者权益的减项,相关会计事项包括库存股的取得、用于奖励、转让和注销,本章对
这些事项的会计核算没有具体展开,有兴趣的读者可以参阅《企业会计准则第
11 号——股份支付》和《企业会计准则第 20 号——企业合并》。

⊏▷【复习思考题】

1. 直接计入所有者权益的利得和损失与计入当期损益的利得和损失有何
区别? 请举例说明。

2. 企业计提盈余公积金是否会引起未分配利润的减少? 是否引起所有者
权益总额的增加或减少?

3. 企业以盈余公积弥补亏损并不增加其所有者权益,企业这样做可能的目
的是什么?

4. 我国上市公司增加股本的可能途径有哪些?

⇨【练习题】

1. 三环有限责任公司原有资本总额 80 万元。经投资各方协商,准备实施增资方案,将公司的注册资本增加至 100 万元。现接受 A 投资者投入的设备一台,确认价值为 17 万元;专利权一项,评估确认的价值为 13 万元。A 投资者因此拥有三环公司增资后总股份的 20%。请为三环公司编制接受投资(实施增资)的有关会计分录。

2. 红蕾服装有限公司 2002 年 1 月初的所有者权益总额为 7 875 650 元,其中资本总额 5 000 000 元,资本公积 264 650 元,盈余公积 1 789 750 元,未分配利润 821 250 元。

2002 年 1 月公司发生下列所有者权益增减业务:

(1)接受投资者(喜新公司)投入的无形资产(土地使用权)一项,评估确认的价值为 900 000 元,经双方协商,喜新公司因此拥有红蕾公司 600 000 元的资本;

(2)公司股东会决定,以盈余公积 400 000 元转增公司的资本 400 000 股;

(3)公司股东会通过 2001 年的利润分配方案:以 2001 年末资本为基数,向全体投资者按资本的 10% 分配现金股利。

要求:

(1)对上述经济业务,编制会计分录;

(2)计算红蕾公司 2002 年 1 月末所有者权益总额和所有者权益各项目的余额。

⇨【案例分析题】

申能股份的股本扩张轨迹

申能股份有限公司(以下简称申能股份)是一家从事电力、石油、天然气的投资建设和经营管理的上市公司,它的前身是申能电力开发公司,1992 年改制为申能股份有限公司,1993 年 4 月 16 日,公司股票在上海证券交易所上市,成为全国电力能源行业第一家上市公司。

上市之初,公司的股本结构如下:

股份类型	拥有股份数(万股)	持股比例
国家股	212 285.67	88.35%
法人股	25 000	10.4%
个人股	2 988	1.24%

合计　　　　　　　　　　240 273.67　　　　　　　100%

上市之后，公司实施了一系列资本运营举措，股本总额和结构发生了错综复杂的变化。下面列示的是该公司股本增减变化及其结构变化的全部事项。

(1)定向转让。为改变公司国有股比例过大、股本结构不合理的状况，1993年7月，公司国有股按1∶2比例，每股3.50元的价格，向社会公众股股东定向转让5 976万股。此次转让，开创了国有股定向转让的先河，是证券市场的一次金融创新。它改善了公司的股本结构，盘活了国有资产，并实现了国有资产保值增值。

(2)配股筹资。1996年10月，申能股份在全国首家实施了10配8转配10的超比例配股方案，即以1995年末总股本240 273.67万股为基数，每10股配售8股，社会公众股最多可按10∶10比例受让国家股股东和募集法人股股东转让的部分配股权。实际配售数量为230 351 069股，价格为3.20元。1996年12月9日，配股资金全部到位，公司实际募集资金(已扣除发行费用)约7.2亿元。主要用于投资建设外高桥电厂一期等国家和上海市重大电力工程项目。通过高比例配股，提高了公司社会公众股比例，进一步完善和规范了公司的股本结构。

(3)回购股份。1999年12月，申能股份以协议方式向申能(集团)有限公司回购部分国有法人股；公司回购并注销10亿股国有法人股，按审计确认的公司截止1999年6月30日调整后的每股净资产2.51元的价格回购，回购资金总额为25.1亿元，全部使用公司自有资金并以现金支付。回购完成后公司总股本变更为16.33亿股，其中社会公众股2.51亿股，占总股本15.37%，达到了《公司法》的要求。同时申能集团公司承诺将用本次回购所得部分资金，收购置换申能股份的部分非经营性资产，并继续支持申能股份投资重大基础设施项目。

(4)增发新股。为积极参与"西气东输"工程等国家重点项目的建设和上海能源结构调整，2002年2月，公司成功完成增发新股1.6亿股，价格10.50元，增发共计募集资金168 000万元，扣除发行费用34 024 331.48元，实收募集资金净额1 645 975 668.52元。主要用于投资上海天然气高压输气管网一期工程、上海外高桥电厂二期工程、浙江桐柏抽水蓄能电站和上海化学工业区热电联供等项目。以上项目的投资建设，将提高公司以后年度的获利能力，进一步增强公司的主业和综合竞争力。

(5)送转股本。2004年6月8日，申能股份刊登利润分配及资本公积金转增股本实施公告。公司实施2003年度利润分配及资本公积金转增股本方案为：按2003年末公司总股本1 793 087 769股为基数，每10股送2股派发现金红利3.00元(扣税后10送2派2)，资本公积金转增股本为每10股转增3股；股权登记日:2004年6月11日;除权除息日:2004年6月14日;新增可流通股份上市日:2004年6月15日;现金红利发放日:2004年6月18日。

(6)实施股改。2005年8月17日,申能股份实施了股权分置改革方案:以2005年6月17日公司总股本2 689 631 654股为基数,由申能(集团)有限公司和国泰君安证券股份有限公司向方案实施股权登记日登记在册的流通股股东支付197276160股对价,即流通股股东每持有10股流通股将获得3.2股对价。在该股份支付完成后,公司的非流通股份即获得上市流通权。实施股权分置改革方案后,公司总股本仍为2 689 631 654股,其中有限售条件的流通股合计1 875 867 494股(包括国有股股东持有的股份1 472 368 890股和募集法人持有的股份403 498 604股),无限售条件的流通股合计813 764 160股。公司资产、负债、所有者权益、每股收益等财务指标均保持不变。

(7)再次增发。2006年5月,申能股份实施了增发2亿股的方案,发行价格确定为5.92元/股,募集资金总额为11.84亿元,发行费用合计24 592 123.42元,募集资金净额为1 159 407 876.58元。主要投资上海外高桥第三发电厂项目、上海化学工业区热电联供项目、收购秦山三核公司10%股权项目和收购池州发电公司20%股权及后续投入项目。

截止到2006年6月30日,公司股本总额为2 889 631 654股,其中有限售条件的流通股1 903 727 550股,无限售条件的流通股985 904 104股。

问题:

(1)请你指出:申能股份上述七个事项中,哪些会引起公司股本发生增减变化? 哪些不影响股本总额的变化,而只是股本内部结构的变化?

(2)对于上述七个事项,该公司会计人员需要作出会计处理吗? 如果需要,请你写出其会计分录;如果不需要,请说明为什么?

第7章

费用与成本

本章导读

准确开展费用与成本的核算,既是正确计算产品生产成本的前提,又是实现收入与费用配比,合理确定经营损益的关键。本章主要介绍费用与成本的基本概念及组成内容,以及期间费用与生产成本的核算方法。通过本章的学习,要求达到下列目标:

1. 了解费用与成本的内容;
2. 理解费用与成本的基本概念及其关系;
3. 掌握费用的确认及生产成本的计算方法;
4. 掌握期间费用的核算方法。

7.1 费用与成本概述

7.1.1 费用与成本的关系

（一）费用的概念

费用的概念有广义和狭义之分。广义的费用泛指企业生产经营过程中发生的各种耗费和损失。会计等式"收入－费用＝利润"中所指的费用就是指广义的费用。狭义上的费用是指企业在日常生产经营过程中发生的各项耗费,即费用是指企业在取得营业收入时，进行商品销售、提供劳务或让渡资产使用权等日常活动所发生的耗费。狭义的费用仅包括企业的开展日常活动发生的经营费用，包括主营业务成本、营业税金及附加、其他业务成本、管理费用、销售费用、财务费用等，但不包括企业非日常活动所发生的各种耗费和损失，如投资损失和营业外支出等。我国《企业会计准则——基本准则》第33条指出："费用是指企业在日常活动中发生的、会导致所有者权益减少的、与向所有者分配利润无关的经济利益的总流出。"可见，我国企业会计准则将费用界定为狭义的费用。因此，本章讨论的费用是指狭义的费用。

（二）成本的概念

与费用一样，成本也有广义和狭义之分。广义的成本泛指企业为取得资产所付出的代价，如材料采购成本、产品生产成本、固定资产工程建造成本等。这些为取得各种资产所发生的耗费支出，最终都要由这些支出所形成的资产来承担，计入这些资产的成本。狭义的成本仅指为生产一定种类和一定数量而发生的费用，即产品生产成本。在此，我们涉及的成本是指狭义的产品生产成本。

（三）费用与成本的关系

费用与成本既相互联系又相互区别。

成本与费用之间是相互联系和相互转化的。成本是按照产品品种等成本计算对象对发生的费用进行归集形成的。对于这些生产产品的费用来说，费用的发生过程，就是产品成本的形成过程。当产品生产完工并销售出去后，产品在生产过程中形成的生产成本又转化为产品的销售成本。这些产品销售成本应按照规定从产品销售期间的销售收入中予以补偿，从而转化成为费用计入产品销售期间的损益。

成本与费用两者之间也有明显的区别，成本与费用是两个不同的概念。首先，费用与一定的会计期间相联系，而成本则与一定的成本计算对象相联系。其次，当期的成本不一定等于当期的费用。产品生产成本在产品没有销售之前，是一种资产——存货，只有在产品销售以后才能作为产品销售成本转化为当期费用。

7.1.2 费用的分类

为了更好地理解费用，加强对费用的管理，需要对生产经营中发生的费用根据不同的标准进行恰当的分类。

（一）费用按经济内容分类

经济内容是指企业进行经济活动应具备的要素内容。费用按经济内容（或性质）分类称为费用要素，它包括劳动对象、劳动资料和活劳动方面的消耗。具体可分为下列几种要素：

1. 外购材料。指为进行生产经营而耗用的一切从外部购进的原材料及主要材料、半成品、辅助材料、包装物、修理用备件和低值易耗品等。

2. 外购燃料。指为进行生产经营而耗用的一切从外部购进的各种燃料，包括固体、液体和气体燃料。

3. 外购动力。指为进行生产经营而耗用的由外部购进的各种动力，包括热力、电力等。

4. 职工薪酬。指企业为获得职工提供服务而给予各种形式的报酬及其他相关支出。

5. 折旧费。指各生产单位房屋建筑物、机器设备等固定资产按照规定的折旧率计算提取的折旧费用。

6. 利息支出。指应计入生产经营费用的银行借款利息支出减利息收入后的净额。

7. 税金。指应计入生产经营费用的各种税金，包括房产税、车船税、土地使用税、印花税等。

8. 其他支出。指不属于以上各要素的费用支出。

这种分类可以反映企业在生产经营过程中都消耗了什么，消耗了多少，可以为企业计算工业净产值，为国家计算国民收入提供数据资料，还可以为核定企业流动资金定额，考核分析企业各个时期各种耗费水平，为编制材料采购资金计划提供依据。

（二）费用按经济用途分类

费用按经济内容（或性质）分类，只能说明企业在生产经营过程中发生了哪些费用，说明不了费用具体用到哪些方面。例如：材料费用的发生有的被生产产品直接耗用，有的被生产车间或管理部门一般耗用，有的则被在建工程所耗用等。为了掌握费用的用途，还需要将费用按经济用途进行分类。经济用途是指费用在生产经营中发挥的作用。企业的费用按经济用途可分为生产费用和期间费用两大类。

1. 生产费用

生产费用是指最终能够构成产品或劳务的费用，具体又可以划分为以下若干项目：

（1）直接材料。指直接用于生产构成产品实体的各种原料、主要材料和外购半成品以及有助于产品形成的辅助材料、燃料等。

（2）直接人工。指直接参加产品生产的职工的薪酬。

（3）制造费用。指企业各生产车间（部门）为组织和管理生产所发生的各种费用，包括：生产单位管理人员薪酬、固定资产的折旧费、修理费、租赁费、办公费、水电费、差旅费、机物料消耗、保险费、低值易耗品摊销、劳动保护费、季节性修理期间的停工损失、运输费、试验检验费、设计制图费及其他应计入制造费用的支出。

2. 期间费用

期间费用是指不能直接归属于某个特定产品成本，而应直接计入其发生期间损益的费用。它又可以分为以下三项：

（1）管理费用。是指企业行政管理部门为组织和管理生产经营活动而发生的各项费用。

（2）销售费用。是指企业在销售过程中为销售产品而发生的，应由企业负担的各项费用。

（3）财务费用。是指企业为筹集生产经营所需资金而发生的费用。

7.1.3 费用的确认

费用的确认是指在什么时间或者在哪一个会计期间将发生的费用登记入账。费用的确认将直接影响到企业利润的核算。根据《企业会计准则——基本准则》的规定："费用只有在经济利益很可能流出从而导致企业资产减少或者负债增加、且经济利益的流出额能够可靠计量时才能确认。"理解费用的确认标准应注意以下三点：（1）如果某项资产的减少或负债的增加不能与企业的经济利益的减少相联系，就不能确认为费用。生产产品领用原材料，虽然导致原材料这种资产的减少，但它又转化为产成品这种资产的增加，企业的经济利益并没有因此而减少，因此它应是成本而不能确认为费用。（2）经济利益的流出必须能够可靠地计量。如果某项经济利益的流出不能够加以计量，也无法作出合理的估计，就不能确认为费用。（3）在确认费用的同时，也要确认资产的减少（如计提固定资产折旧）或负债的增加（计提应付职工薪酬）。

根据费用与收入之间的相互关系，企业费用的确认可以归纳为以下三种情况：

（一）按配比原则确认

这种确认方法是以所发生的费用与所取得的具体收入项目之间的直接联系为基础，将同一交易、事项直接产生或间接产生的收入和费用同时予以确认。例如，企业为生产产品、提供劳务等发生的可归属于产品成本、劳务成本等的费用，应当在确认产品销售收入、劳务收入时，按配比原则将已销售产品、已提供劳务的成本确认为费用，计入当期损益。

（二）按分配方法确认

如果经济利益的产生会涉及若干会计期间，而且只能大致和间接地确定费用与收入的联系，就应当以系统、合理的分配程序为基础来确认费用。例如，确认与固定资产、无形资产等资产的消耗有关的费用，就应该采用系统、合理的分配方法进行确认。

（三）直接确认

某些发生在某一会计期间的、不能与特定收入相联系的支出，这项支出不产生未来经济利益，或者即使能产生经济利益但不符合或不再符合资产确认条件的，就应当在它们发生时立即确认为费用，计入当期损益。例如，销售费用、管理费用和财务费用等期间费用的发生，与产品生产的多少没有直接联系，既不能计入产品成本，也不能由以后会计期间的收入来负担，只能在费用发生的当期直接确认为费用。

企业发生的交易或事项导致其承担了一项负债而又不能确认为一项资产的，也应当在发生时确认为费用，计入当期损益。例如，企业的产品质量保证负债，就应当在产品售出时进行合理估计并确认为当期费用。

7.2 生产成本

根据企业生产经营特点和成本计算对象的不同，成本核算包括生产成本核算、劳务成本核算和施工成本核算。在此我们主要介绍工业企业生产成本核算的原理和方法。

7.2.1 成本核算的一般程序

生产成本是指一定期间内生产某种产品所发生的生产费用的总和。生产成本是相对于一定的产品而言所发生的费用，是按照产品品种等成本计算对象对当期发生的费用进行归集所形成的，是对象化的生产费用。因此，生产费用的发生过程同时也就是产品成本的形成过程。成本核算的一般程序是：

第一，对生产经营费用进行审核和控制，确定生产经营费用是否应该开支，对开支的费用确定应计入产品成本还是期间费用。

第二,将计入产品成本的要素费用在各种产品之间进行归集和分配,计算各种产品的生产成本。

第三,将计入某种产品的生产费用在其完工产品和在产品之间进行归集和分配,计算某种产品的完工产品和在产品成本。

7.2.2 成本核算应设置的账户

为了按照经济用途归集生产费用,进行产品成本核算,企业应设置"生产成本"和"制造费用"账户。

"生产成本"账户用来核算企业进行工业性生产发生的各项生产费用,包括生产各种产品(产成品、自制半成品等)、自制材料、自制工具、自制设备等。该账户属于成本类账户,产品生产时发生消耗的材料费用、生产职工薪酬费用及月末分配的制造费用记入该账户的借方,期末按实际成本结转的生产完工产品的成本记入该账户的贷方,期末余额在借方,反映企业尚未加工完成的在产品的成本。基本生产成本应当分别按照基本生产车间和成本核算对象(如产品的品种、类别、定单、批别等)设置明细账,并按照"直接材料"、"直接人工"、"制造费用"等成本项目设置专栏进行明细核算。

"制造费用"账户用来核算企业生产车间、部门为生产产品和提供劳务而发生的各项间接费用。实际发生的制造费用登记在该账户的借方,月末按一定的分配方法分配给各成本计算对象(如产品的品种、类别、定单、批别等)时记入该账户的贷方,期末分配后该账户一般无余额。该账户应当按照不同的生产车间、部门和费用项目进行明细核算。

7.2.3 成本核算的主要内容

(一)要素费用的分配

各种要素费用发生后,直接费用直接计入各种产品成本明细账,间接费用则应采取适当的分配方法,分配计入各种产品成本明细账。所谓分配方法的适当,就是分配所依据的标准既要与所分配的费用有紧密的联系,分配结果比较客观、符合实际,又要使分配的资料容易取得,计算较为简便。分配间接费用的分配标准主要有三类:一是成果类,如产品的重量、体积、产量等;二是消耗类,如生产工时、机器工时、直接材料消耗量、直接材料费用等;三是定额类,如定额消耗量、定额费用等。分配间接费用的计算公式,可概括如下:

$$费用分配率=\frac{待分配费用总额}{各分配对象的分配标准之和}$$

　　某分配对象应负担的费用＝该分配对象的分配标准额×费用分配率

　　各种间接费用通常都按上述公式计算分配,下面以外购材料和燃料、职工薪酬、折旧费等主要要素费用为例说明要素费用的归集与分配方法。

　　1. 外购材料和燃料的分配

　　企业进行生产经营活动会消耗各种原材料、辅助材料和燃料。它们有的用于产品生产;有的用于维护生产设备和管理组织生产;此外,还有的用于非工业生产。其中应记入产品成本并构成产品实体的原料及主要材料费用和有助于产品形成的辅助材料费用,应记入“生产成本”账户中的“直接材料”项目;生产车间用于维护生产设备和管理生产消耗等各种材料费用,应记入“制造费用”账户;不应记入产品成本而属于期间费用的材料费用则应按其用途分别记入“管理费用”和“销售费用”等账户。

　　直接用于产品生产并构成产品实体的原料及主要材料,如果是按照产品分别领用,则属于直接费用,可在领用时根据领料凭证将其耗用的金额直接记入各种产品成本明细账中的“直接材料”项目。如果是各种产品共同耗用的一种材料并在领用时没有分产品区别,则需要采用合理简便的分配方法,分配记入各种产品的成本。在各种产品之间分配材料费用时,可以采用产品的重量、体积、产量或定额消耗量等作为分配标准,按比例分配记入各种产品的成本。

　　【例 7-1】　华达公司 2006 年 11 月发料凭证汇总如下:甲产品直接耗用材料 40 000 元,乙产品直接耗用材料 30 000 元,两种产品共同耗用材料 10 000 元,按产量分配;基本生产车间机物料消耗材料 10 000 元,行政管理部门耗用材料 5 000元。编制材料费用分配表如表 7-1 所示。

表 7-1　材料费用分配表

2006 年 11 月　　　　　　　　　　　　单位:元

分配对象		直接耗用材料	共同消耗材料			合计
应借账户	成本项目		产量	分配率	分配金额	
生产成本	甲产品　直接材料	40 000	250	25	6 250	46 250
	乙产品　直接材料	30 000	150	25	3 750	33 750
	小　计	70 000			10000	80 000
制造费用	机物料消耗	10 000				10 000
管理费用	公司经费	5 000				5 000
合　计		85 000			10 000	95 000

根据材料费用分配表编制会计分录如下：

借：生产成本——甲产品   46 250
       ——乙产品   33 750
  制造费用   10 000
  管理费用   5 000
  贷：原材料   95 000

2. 职工薪酬的分配

职工薪酬是企业为获得职工提供的服务而给予各种形式的报酬以及其他相关支出。具体包括：职工工资、奖金、津贴和补贴；职工福利费；医疗保险费、养老保险费、失业保险费、工伤保险费和生育保险费等社会保险费；住房公积金；工会经费和职工教育经费；非货币性福利；因解除与职工的劳动关系给予的补偿；其他与获得职工提供的服务相关的支出。企业应当根据职工提供服务的受益对象，对职工为其提供服务的会计期间发生的职工薪酬分别以下情况进行处理：凡是生产部门直接从事产品生产人员的职工薪酬借记"生产成本"账户，生产车间为组织和管理生产发生的管理人员的职工薪酬应借记"制造费用"账户，企业行政管理部门人员的职工薪酬应借记"管理费用"账户，销售人员的职工薪酬应借记"销售费用"账户，应由在建工程、研发支出负担的职工薪酬应借记"在建工程"、"研发支出"账户，贷记"应付职工薪酬"账户。

直接进行产品生产人员职工薪酬，由于薪酬制度不同，其计入产品成本的方法也不同。职工薪酬中工资部分如果采用计件工资形式支付，生产人员工资就可以根据产量记录计算并可直接计入产品成本；如果采用计时工资形式支付，如果只生产一种产品，生产工人的工资仍属直接费用，应直接计入该种产品成本，但在生产多种产品时，生产工人的工资就属于间接费用，应采用适当的分配办法分配计入各种产品成本。分配标准一般采用实际工时或定额工时。

此外，企业应按国家统一规定的计提基础和计提比例，提取应向社会保险经办机构缴纳的医疗保险费、养老保险费、失业保险费、工伤保险费、生育保险费等社会保险费，应向住房公积金管理中心缴存的住房公积金等一并计入相关成本费用账户。

【例7-2】 华达公司 2006 年 11 月应分配的职工工资总额为：生产车间工人工资 50 000 元（按工时比例分配）。生产车间管理人员工资 10 000 元，行政管理人员工资 8 000 元，销售人员工资 20 000 元。根据规定，该企业按职工工资的 20%、6%、2%、10%分别承担职工基本养老费、基本医疗保险费、失业保险费、住房公积金，并按职工工资的 14%提取职工福利费。

编制职工薪酬费用分配表如表 7-2 所示。

表 7-2　职工薪酬费用分配表

2006 年 11 月　　　　　　　　　　　单位:元

分配对象		工　资			社会保险	住房公积	职工福利	合计
应借账户		生产工时	分配率	分配金额	28%	10%	14%	
生产成本	甲产品	5 000	6.25	31 250	8 750	3 125	4 375	47 500
	乙产品	3 000	6.25	18 750	5 250	1 875	2 625	28 500
小　计		8 000	6.25	50 000	14 000	5 000	7 000	76 000
制造费用				10 000	2 800	1 000	1 400	15 200
管理费用				8 000	2 240	800	1 120	12 160
销售费用				20 000	5 600	2 000	2 800	30 400
合　计				88 000	24 640	8 800	12 320	133 760

根据上述职工薪酬费用分配表作会计分录如下:

借:生产成本——甲产品　　　　　　　　　　　　　47 500

　　　　　　——乙产品　　　　　　　　　　　　28 500

　　制造费用　　　　　　　　　　　　　　　　　15 200

　　管理费用　　　　　　　　　　　　　　　　　12 160

　　销售费用　　　　　　　　　　　　　　　　　30 400

　　贷:应付职工薪酬——工资　　　　　　　　　　　　88 000

　　　　　　　　——社会保险费　　　　　　　　　24 640

　　　　　　　　——住房公积金　　　　　　　　　8 800

　　　　　　　　——职工福利　　　　　　　　　　12 320

3. 固定资产折旧费的分配

固定资产折旧费,应根据规定的折旧方法计算提取。企业发生的折旧费由于没有专设成本项目,因而一般应按固定资产使用的车间和部门分别归集分配。在实际工作中,通常是编制"固定资产折旧计算表",并据此编制会计分录,借记"制造费用"、"管理费用"等账户,贷记"累计折旧"账户。

【例 7-3】　华达公司 2006 年 11 月计提固定资产折旧费总额为 21 800 元,其中生产车间折旧费 14 800 元,企业管理部门折旧 7 000 元。应作会计分录如下:

　　　　借:制造费用　　　　　　　　　　　　　　　　　14 800

管理费用	7 000	
贷：累计折旧		21 800

（二）制造费用的归集与分配

制造费用是指企业生产车间、部门为组织管理生产所发生的各项费用。制造费用大都是间接用于产品生产的费用，如生产车间发生的机物料消耗等；也有一部分直接用于产品生产，但管理上不要求或不便于单独核算，因而未专设成本项目的费用，也包括在制造费用中，如生产用机器设备的折旧费。为了核算和监督制造费用的发生和分配情况，应设置"制造费用"账户，并按车间设置明细账，该账户按照费用项目设立专栏核算。制造费用包括的内容很多，为了便于核算和加强管理，应该按照管理的要求，设立若干费用项目。制造费用的项目有的是按费用的经济内容设立。如为了分析和考核整个车间的机器设备和房屋建筑物等固定资产情况，可按费用的折旧内容，设立"折旧费"项目；有的是按费用的经济用途设立，如为了分析和考核车间修理费用的支出情况，可按费用的经济用途，设立"修理费"项目。

车间所归集的制造费用，在月末都需要进行分配。在生产一种产品的车间，制造费用可以直接计入该种产品生产成本。在生产多种产品的车间，则应当采用适当的标准分配计入各种产品的生产成本。在实际工作中，制造费用的分配标准通常有生产工人工时、生产工人工资、机器工时、产品产量以及年度计划等。

【例 7-4】 华达公司 2006 年 11 月生产车间本月归集的制造费用共计 40 000 元，采用生产工时比例法在甲乙两种产品之间进行分配。产品生产工时 为 8 000 小时，其中甲产品生产工时为 5 000 小时，乙产品生产工时为 3 000 小时。编制"制造费用"分配表如表 7-3 所示。

表 7-3　制造费用分配表

2006 年 11 月　　　　　　　　　　　　单位：元

分配对象	生产工时	分配率	分配金额
甲产品	5 000	5	25 000
乙产品	3 000	5	15 000
合计	8 000	5	40 000

根据制造费用分配表编制会计分录如下：

借：生产成本——甲产品	25 000	
——乙产品	15 000	
贷：制造费用		40 000

（三）生产费用在完工产品与在产品之间的分配

通过上述生产费用的归集和分配,应计入本月产品成本的各项费用,都归集在生产成本明细账中,当某种产品全部完工,没有在产品,该种产品的全部生产费用就是完工产品成本;当某种产品全部未完工,计入该产品的全部生产费用就都是在产品成本;当某种产品月末既有完工产品,又有在产品,计入该产品的全部生产费用就需要采用适当的分配方法,在本月完工产品与在产品之间进行分配,以计算确定完工产品成本和在产品成本。月初在产品费用、本月生产费用、本月完工产品成本、月末在产品成本之间的关系用公式表示如下:

月初在产品费用＋本月生产费用＝本月完工产品成本＋月末在产品成本

从上述公式可以看出,将生产费用在完工产品与在产品之间分配主要有两类方法,一是将生产费用总额在完工产品与在产品之间按比例分配,这一类方法主要有约当产量比例法和定额比例法等;二是先确定月末在产品成本(或完工产品成本),再计算确定完工产品成本(或月末在产品成本),这一类方法主要有在产品按所耗直接材料计算法、在产品按定额成本计算法等。

1. 在产品按所耗直接材料计算法

在产品按所耗直接材料计算法,是指月末在产品只计算其所耗用的直接材料费用,其他费用则全部由完工产品成本负担。这样,全部生产费用减去按直接材料费用计算的在产品完工产品成本后的余额,即为完工产品成本。这种方法主要适用于直接材料在成本中所占比重较大,而且原材料在生产开始时一次就全部投入的情况。

【例 7-5】 华达公司丙产品直接材料在成本中所占比重较大,而且原材料在生产开始时一次就全部投入,在产品只计算直接材料费用。该产品 2006 年 5 月初在产品直接材料费用 9 000 元;本月发生直接材料费用 21 000 元,直接人工费用 8 000 元,制造费用 7 000 元;本月完工 80 台,月末在产品 20 台。试计算完工产品与在产品成本。

由于该产品原材料在生产开始时一次就全部投入,因此完工产品和在产品可以以产品产量作为分配标准分配材料费用。

材料费用分配率＝(9 000＋21 000)÷(80＋20)＝300(元/台)

月末在产品成本＝20×300＝6 000(元)

完工产品直接材料费用＝80×300＝24 000(元)

完工产品成本＝24 000＋8 000＋7 000＝39 000(元)

2. 在产品按定额成本计算法

在产品按定额成本计算法,是指月末计算产品成本时,先按定额成本计算出在产品成本,然后用该种产品的全部生产费用,减去按定额成本计算的在产品成本,倒挤计算出完工产品成本的方法。这种方法通过事先调查研究、技术测定或按定额资料,对各个加工阶段的在产品,直接确定定额单位成本,月终根据在产品数量,分别乘以各项定额单位成本,计算出月末在产品的定额成本,并据此倒挤计算出完工产品成本。显然,这种方法将实际生产费用脱离定额的差异全部计入完工产品成本,因此,这种方法适用于各项消耗定额或费用定额比较准确、稳定,并且各月末在产品数量变化不大的产品。

月末在产品成本=月末在产品数量×在产品定额单位成本

完工产品成本=(月初在产品费用+本月生产费用-月末在产品成本)

3. 约当产量比例法

所谓约当产量,是指在产品按其完工程度折合成完工产品的产量。例如,在产品 10 件,平均完工 60%,则约当于完工产品 6 件。约当产量比例法,就是将月末结存的在产品,按其完工程度折合成约当产量,然后再将产品应负担的全部生产费用,按完工产品产量和在产品约当产量的比例进行分配的一种方法。当然,采用这种方法的关键,是要根据月末在产品的数量,用技术测定或其他方法,准确确定各成本项目的在产品完工程度。这种方法适用于月末在产品数量较多且变化较大,产品成本中各项目费用构成比例差别不大的产品。计算公式如下:

在产品约当产量=月末在产品数量×完工程度

$$费用分配率=\frac{月初在产品费用+本月生产费用}{完工产品数量+在产品约当产量}$$

完工产品费用=完工产品数量×费用分配率

月末在产品费用=在产品约当产量×费用分配率

【例 7-6】 华达公司生产的甲产品,原材料在生产开始时一次投入。本月投产 250 件,完工 200 件,月末在产品 50 件,完工程度为 50%。无月初在产品费用,本月生产费用合计为 118 750 元,其中直接材料费用为 46 250 元,直接人工费用为 47 500 元,制造费用为 25 000 元。要求:采用约当产量法分配计算完工产品和月末在产品成本。计算分配结果如表 7-4 所示(精确到元)。

(1)分配直接材料费用

由于材料在生产开始时一次投入,因此月末在产品的投料程度为 100%,应按 100% 投料程度计算在产品的约当产量。

直接材料分配率=46 250÷(200+50×100%)=185(元/件)

完工产品的直接材料费用=200×185=37 000(元)

月末在产品的直接材料费用=50×185=9 250(元)

（2）分配直接人工费用

直接人工费用分配率＝47 500÷(200＋50×50％)＝211.11(元/件)

完工产品的直接人工费用＝200×211.11＝42 222(元)

月末在产品的直接材料费用＝25×211.11＝5 278(元)

（3）分配制造费用

制造费用分配率＝25 000÷(200＋50×50％)＝111.11(元/件)

完工产品的制造费用＝200×111.11＝22 222(元)

月末在产品的制造费用＝25×111.11＝2 778(元)

表 7-4　甲产品生产成本明细账

项　　目	直接材料	直接人工	制造费用	合　　计
月初在产品成本	—	—	—	—
本月生产费用	46 250	47 500	25 000	118 750
合　　计	46 250	47 500	25 000	118 750
约当总产量	250	225	225	
分配率	185	211.11	111.11	—
完工产品成本	37 000	42 222	22 222	101 444
月末在产品成本	9 250	5 278	2 778	17 306

4. 定额比例法

定额比例法是指按照完工产品和在产品的定额消耗量或定额费用的比例分配生产费用,计算完工产品与在产品成本的方法。采用这种方法时,材料费用通常按定额消耗量比例分配,而其他费用按定额工时或定额费用比例分配。这种方法适用于各项消耗定额或费用定额比较准确、稳定,各月在产品数量变动较大的产品。材料费用按定额消耗量比例分配的计算公式如下,其他费用分配的计算公式与此类同。

$$材料费用分配率＝\frac{月初在产品实际材料费用＋本月发生实际材料费用}{完工产品材料定额消耗量＋月末在产品材料定额消耗量}$$

完工产品直接材料费用＝完工产品材料定额消耗量×材料费用分配率

月末在产品费用＝月末在产品材料定额消耗量×材料费用分配率

【例 7-7】　华达公司生产的乙产品,月初在产品 100 件,本月投产 150 件,完工 130 件,月末在产品 120 件。月末在产品和完工产品定额消耗量分别为 900 公斤和 1 600 公斤,月末在产品和完工产品定额工时分别为 1 500 工时和 2 500

工时。月初在产品成本与本月生产费用如表 7-5 所示。要求：采用定额比例法分配计算完工产品和月末在产品成本。

表 7-5　乙产品生产成本明细账

成本项目	月初在产品费用	本月费用	生产费用合计	费用分配率	完工产品成本		月末在产品成本	
					定额	实际	定额	实际
1	2	3	4=2+3	5=4/(6+8)	6	7=5×6	8	9=5×8
直接材料	22 000	33 750	55 750	22.3	1 600	35 680	900	20 070
直接人工	19 500	28 500	48 000	12	2 500	30 000	1 500	18 000
制造费用	9 000	15 000	24 000	6	2 500	15 000	1 500	9 000
合计	50 500	77 250	127 750	—	—	80 680	—	47 070

　　企业的完工产品包括产成品、自制材料及自制工具、模型等低值易耗品。本月完工产品的成本应从"生产成本"账户的贷方转入有关账户；其中完工产品的成本转入"库存商品"账户的借方；完工自制材料的成本转入"原材料"账户；完工自制工具、模型等低值易耗品的成本转入"周转材料"账户。结转完工产品成本后，"生产成本"账户的余额就是月末在产品的成本。

　　【例 7-8】　依据例 7-6、7-7，华达公司 2006 年 11 月生产的产成品甲、乙验收入库，产成品甲、乙的成本分别为 101 444 元和 80 680 元。该公司 11 月末产品入库作会计分录如下：

　　　　借：库存商品——甲产品　　　　　　　　　　　　101 444

　　　　　　　　　——乙产品　　　　　　　　　　　　　 80 680

　　　　　贷：生产成本——甲产品　　　　　　　　　　　　　101 444

　　　　　　　　　——乙产品　　　　　　　　　　　　　　 80 680

7.3　期间费用

　　期间费用是指不能直接归属于某个特定产品成本而应计入发生期间损益的费用。期间费用难以判别其所归属的产品，容易确定其发生的期间，因而在发生的当期就从其损益中扣除。期间费用包括管理费用、销售费用和财务费用。

7.3.1 管理费用

管理费用是指企业行政管理部门为组织和管理企业生产经营所发生的各种费用。具体包括企业在筹建期间内发生的开办费（包括人员工资、办公费、培训费、差旅费、印刷费、注册登记费等）、企业的董事会和行政管理部门在企业的经营管理中发生的或者应由企业统一负担的公司经费（包括行政管理部门职工薪酬、修理费、物料消耗、低值易耗品摊销、办公费和差旅费等）、工会经费、董事会费（包括董事会成员津贴、会议费和差旅费等）、聘请中介机构费、咨询费（含顾问费）、诉讼费、业务招待费、房产税、车船税、土地使用税、印花税、技术转让费、矿产资源补偿费、研究费用、排污费等。企业生产车间（部门）和行政管理部门等发生的与固定资产有关的后续支出，如固定资产修理费，没有满足规定的固定资产确认条件的，也属于管理费用的内容。

为了反映和监督企业管理费用的发生和结转情况，企业应设置"管理费用"账户进行核算。该账户属于损益类账户，借方归集发生的各项管理费用；期末将本账户借方归集的管理费用全部由本账户的贷方转入"本年利润"账户的借方，计入当期损益；该账户期末无余额。该账户应当按照费用项目设置明细账进行明细核算。

商品流通企业管理费用不多的，可以不设置"管理费用"账户，该账户核算内容可以并入"销售费用"账户核算。

【例 7-9】 华达公司 2006 年 10 月发生以下管理费：以银行存款支付办公费 60 000 元；分配管理部门人员的职工薪酬 12 000 元；计提固定资产折旧7 000元；按规定计算应交的土地使用税 5 000 元；月末结转管理费用 84 000 元。

根据上述资料，应作会计分录如下：

（1）支付办公费

借:管理费用	60 000	
贷:银行存款		60 000

（2）分配管理部门人员的职工薪酬

借:管理费用	12 000	
贷:应付职工薪酬		12 000

（3）计提行政管理部门的固定资产折旧

借:管理费用	7 000	
贷:累计折旧		7 000

（4）计算应交土地使用税

借:管理费用   5 000

   贷:应交税费   5 000

(5)月末结转管理费用

借:本年利润   84 000

   贷:管理费用   84 000

7.3.2 销售费用

销售费用是指企业销售商品和材料、提供劳务的过程中发生的各种费用以及为销售本企业商品而专设的销售机构(含销售网点、售后服务网点等)的经营费用。具体包括的项目内容有:企业销售商品和材料,提供劳务的过程中发生的保险费、包装费、展览费、广告费、商品维修费、预计产品质量保证损失、运输费、装卸费等,以及为销售本企业商品而专设的销售机构的职工薪酬、业务费、折旧费、固定资产修理费等。

为了反映和监督企业销售费用的发生及结转情况,企业应设置"销售费用"账户进行核算。该账户属于损益类账户,借方归集发生的各项销售费用;期末将本账户借方归集的销售费用全部由本账户的贷方转入"本年利润"账户的借方,计入当期损益;该账户期末无余额。为了详细反映企业销售费用的构成情况,该账户应当按照费用项目设置明细账进行明细核算。

【例7-10】 华达公司2006年10月发生如下销售费用:销售产品时以银行存款支付应由本企业负担的运输费13 000元;以银行存款支付广告费10 000元;分配销售网点人员的职工薪酬20 000元;月末结转本月销售费用43 000元。

根据上述资料,应作会计分录如下:

(1)销售产品时支付应由本企业负担的运输费

借:销售费用   13 000

   贷:银行存款   13 000

(2)支付广告费

借:销售费用   10 000

   贷:银行存款   10 000

(3)分配销售网点人员的职工薪酬

借:销售费用   20 000

   贷:应付职工薪酬   20 000

(4)月末结转销售费用

借:本年利润   43 000

贷：销售费用   43 000

7.3.3 财务费用

  财务费用是指企业为筹集生产经营所需资金等而发生的筹资费用。财务费用具体包括利息支出（减利息收入）、汇兑损益以及相关的手续费、企业发生的现金折扣或收到的现金折扣等。根据《企业会计准则第 17 号——借款费用》的规定，为购建或生产满足资本化条件的资产发生的借款费用应予资本化，应记入"在建工程"、"研发支出"、"制造费用"等账户，而不应该在财务费用中核算。

  为了反映和监督企业财务费用的发生和结转情况，企业应设置"财务费用"账户进行核算。该账户属于损益类账户，借方归集发生的各项财务费用支出，贷方登记取得的利息收入、汇兑收益及收到的现金折扣等财务收益，期末将本账户借贷方相抵后的净额转入"本年利润"账户的借方。结转当期财务费用后，该账户期末无余额。为了详细反映企业财务费用的构成情况，该账户应当按照费用项目设置明细账进行明细核算。

  【例 7-11】 华达公司 2006 年 10 月发生如下财务费用：提取本期负担的流动资金短期借款利息 30 000 元；收到开户银行通知，公司在银行的存款应得利息 500 元已收入公司账户；企业收到前欠货款 60 000 元，根据现金折扣条件，客户可以享受 2% 的现金折扣，实际收到银行存款 58 800 元。月末结转财务费用。

  根据上述资料，应编写会计分录如下：

  （1）预提本月负担的流动资金短期借款利息

借：财务费用   30 000

  贷：应付利息   30 000

  （2）收到存款利息收入

借：银行存款   500

  贷：财务费用   500

  （3）收回前欠货款

借：银行存款   58 800

  财务费用   1 200

  贷：应收账款   60 000

  （4）月末结转财务费用

借：本年利润   30 700

  贷：财务费用   30 700

⏴【进一步学习指南】

本章主要介绍了成本与费用的基本概念、内容及确认等基本理论,介绍了工业企业生产成本核算的基本方法和期间费用核算的账务处理方法。在成本费用核算中,产品成本核算的内容较为复杂,也需要根据企业各种类型生产的特点和管理要求采用不同的成本计算方法。感兴趣的读者可以单独学习成本会计课程内容,也可以根据需要学习劳务成本核算或施工成本核算的相关内容。

⏴【复习思考题】

1. 费用的确认方法有哪些?

2. 成本与费用有什么联系与区别? 错误划分成本与费用的界限对资产、损益分别会产生什么影响?

3. 什么是期间费用? 期间费用与生产成本分别是如何影响当期损益的?

4. 制造费用与管理费用的核算内容有什么区别?

⏴【练习题】

1. 某企业本月发生的生产工人薪酬 50 000 元,车间管理人员薪酬 6 000 元。本月生产甲产品 600 件,每件甲产品的生产工时为 20 小时;本月生产乙产品 200 件,每件乙产品的生产工时为 40 小时。

要求:按照生产工时比例分配生产工人薪酬;编制相关会计分录。

2. 某企业生产甲产品,材料在开始生产时一次投入,当月入库的完工产品 1 400件,月末在产品 200 件,在产品的完工率为 50%。月初在产品成本为 10 000元,其中直接材料 6 000 元,直接人工 3 000 元,制造费用 1 000 元;本月发生生产费用为 35 500 元,其中直接材料 26 000 元,直接人工 4 500 元,制造费用 5 000 元。

要求:采用约当产量法分配计算甲产品的完工产品和月末在产品成本,并填列甲产品生产成本明细账(表7-6)。

3. 某企业主要生产经营 A、B 两种产品。2006 年 3 月发生的生产费用如下:

(1)本月消耗领用材料 200 000 元,其中:制造 A 产品领料 150 000 元,制造 B 产品领料 30 000 元,车间一般消耗领料 15 000 元,企业一般消耗领料 5 000 元。

表 7-6　甲产品生产成本明细账

项　目	直接材料	直接人工	制造费用	合　计
月初在产品成本				
本月生产费用				
合　计				
完工产品成本				
月末在产品成本				

(2)本月发生的职工薪酬 100 000 元,其中:制造 A 产品工人的职工薪酬 50 000 元,制造 B 产品工人的职工薪酬 30 000 元,车间管理人员的职工薪酬 10 000 元,企业管理人员的职工薪酬 10 000 元。

(3)计提本月固定资产折旧,其中车间使用的固定资产折旧为 10 000 元,管理部门使用的固定资产折旧为 6 000 元。

(4)以现金支付生产车间设备的大修理费用 4 000 元。

(5)以现金支付车间办公费用 900 元。

(6)支付本季度短期借款的利息 32 000 元(其中本月应负担 12 000 元)。

(7)以银行存款支付电视广告费 30 000 元。

(8)月末将制造费用按工资比例分配到 A、B 产品的生产成本。

(9)月末 A 产品全部生产完工入库,B 产品全部仍在加工生产过程中。

要求:

(1)根据上述资料编制会计分录。

(2)计算 A、B 产品的生产成本,编制 A、B 产品成本计算单。

▷【案例分析题】

1. 东海公司是一家民营机械制造企业。2006 年 3 月有关部门在检查其 2005 年财务会计报告及相关账务处理时发现,该公司会计对一些经济业务的会计处理如下:

(1)每月月末在分配公司三个生产车间的车间管理人员职工薪酬 50 000 元时,会计分录为:

借:管理费用　　　　　　　　　　　　　　　　　　　　50 000

　　贷:应付职工薪酬　　　　　　　　　　　　　　　　　　　50 000

(2)支付材料采购运杂费 20 000 元时,会计分录为:

借:销售费用　　　　　　　　　　　　　　　　　　　　20 000

　　贷:银行存款　　　　　　　　　　　　　　　　　　　　20 000

（3）公司每月计提为扩建厂房而借入的专门借款利息 60 000 元，该厂房正在建造过程中，并使用了专门借款借入的资金，会计分录为：

借：财务费用 60 000

　　贷：应付利息 60 000

当检查人员向公司会计人员提出质疑时，会计人员说是按照公司老板的安排进行的会计处理。

请分析：

（1）上述会计处理是否正确？如果错误，对各相关会计要素产生了什么影响？

（2）公司老板这样处理的目的是什么？

（3）应如何纠正？

2. 张先生是华达服装公司杭州分部新上任的会计主管。华达服装公司在过去的 5 年中每年都有至少 15% 的利润率，而同期杭州分部每年的利润率都超过 20%。今年服装业进入了竞争非常激烈的时期，公司的会计主管估计本公司今年将有 10% 的利润率。11 月 30 日即当年会计年度结束的前一个月，张先生估计杭州分部将只有 8% 的利润率。对此，杭州分部的李经理不太高兴，但是他却带着狡猾的微笑说："让我们做些年末游戏吧！"李经理提出了不少"年末游戏"的方法，而且这些方法是被前任分部会计主管所认同的。

（1）将于 12 月由独立承包商负责的包装机器的月度修理推迟至明年 1 月份进行。

（2）延长本会计年度的结束时间，以使得明年的一些销售能够被包括在今年当中。

（3）改变下年一月份运输文件的日期，而把这些销售收入记到今年来。

（4）给超过 12 月销售目标的销售人员双倍的红利。

（5）让华达服装公司的广告代理商推迟到明年初结算 12 月的广告费，从而把本期的广告费用递延到下期。

（6）说服运输商把明年初销售的商品在本年度 12 月末提前运走，尽管运输商们本来不愿意这样做。

问题：

（1）为什么杭州分部的李经理想进行上述"年末游戏"？

（2）这些"年末游戏"让分部的会计主管张先生犯难了。请你逐一评价这些做法是否符合会计准则？是否符合职业道德？并给张先生提一些建议。

（3）如果李经理说"年末游戏"在华达服装公司的每一个分部都存在，并且张先生不这样做的话，杭州分部的年度考核将受到严重的打击，张先生该怎么做？

第8章

收入与利润

本章导读

　　收入、费用和利润是利润表的三要素。利润是收入和费用配比的结果,收入和费用的确认与计量直接影响利润的多少。上一章我们简单介绍了成本费用的基本内容及其会计核算问题,本章将阐述收入的确认、计量等会计问题,同时介绍利润的构成内容,利润实现和利润分配的会计处理问题。通过本章的学习,要求达到下列目标:

　　1. 理解收入的含义及其构成内容;

　　2. 领会收入的确认条件与计量要求,掌握收入的会计核算;

　　3. 熟悉利润的构成内容、利润分配的程序和内容,掌握利润形成和利润分配基本业务的会计核算方法。

8.1 收　入

　　财务会计中所说的收入是指营业收入。营业收入是企业获得经济利益的主要来源,也是产生现金流量的主要源泉,收入的实现会导致利润增加或亏损减少。收入的会计核算主要是收入的确认与计量问题。

8.1.1 收入的含义及其构成内容

（一）收入的含义及其特点

收入是指企业在日常活动中形成的、会导致所有者权益增加的、与所有者投入资本无关的经济利益的总流入。理解收入的含义，应当把握以下几点：

第一，收入是企业在日常活动中形成的经济利益的流入。这里所说的"日常活动"，是指企业为完成其经营目标所从事的经常性活动以及与之相关的其他活动。如商品流通企业从事商品购销活动，工业企业制造和销售产品，施工企业的建造活动，金融企业从事存贷款业务、证券投资业务，都属于这里的日常活动。工业企业转让无形资产使用权、出售原材料、对外投资（指收取利息收入、股利收入等），都属于与经常性活动相关的其他活动，由此产生的经济利益的总流入也构成收入。企业日常活动以外的其他经济活动也可能产生经济利益，但不构成企业的营业收入，会计上称为利得。

第二，收入会导致企业所有者权益增加。收入的实现会导致利润的增加，最终导致所有者权益的增加。但是，导致所有者权益增加的并不一定是收入。因为，利得也会导致所有者权益的增加，如企业接受捐赠也会使所有者权益增加。

第三，收入的实现通常以费用的发生作为代价。收入能够使经济利益流入企业，但企业一般不可能无偿获得经济利益，而总是要以支付一定的资产（或形成负债）作为代价。例如，企业实现商品销售收入，是以商品所有权转让给客户为代价的；企业在实现收入的同时，也减少了存货。这就说明收入使经济利益流入企业，同时伴随着另一种与之相关的经济利益流出企业，收入总是与一定的费用相匹配的。需要指出的是，利得并不具有这一特征，利得也会产生经济利益，但它往往不需要流出相关资产作为代价。

（二）收入的构成内容

企业的日常活动主要包括销售商品、提供劳务和让渡资产使用权。因此，收入包括商品销售收入、提供劳务收入和让渡资产使用权收入。

1. 商品销售收入。它是企业以转移商品所有权为代价而取得的经济利益的流入。商品销售收入构成工商企业的主业收入，与它相对应的费用是售出商品的成本。

2. 提供劳务收入。这是指企业以提供劳务而获得的经济利益的流入。它是服务行业的主业收入，与提供劳务收入相对应的成本是劳务成本。

3. 让渡资产使用权收入。让渡资产使用权收入是指企业以资产使用权让渡给他人而获得的经济利益的流入，即他人使用本企业资产所获得的经济利益，包括利息收入和使用费收入（如租金）等。

一个企业从事的日常经济活动可能会产生各种不同的收入，有些企业的收入比较单一，有些企业比较综合。因此，收入按照其主次不同可以分为主营业务收入和其他业务收入。不同行业的企业其主营业务收入和其他业务收入的具体内容不尽相同。如工业企业的主营业务收入主要包括销售商品、自制半成品和提供工业性劳务等所取得的收入；商品流通企业的主营业务收入主要是商品销售收入；交通运输企业的主营业务收入主要是运输收入和相关的服务收入。一般来说，主营业务收入占营业收入的比重较大，对企业的经济效益产生的影响较大。其他业务收入是指除主营业务收入以外的营业收入，如工业企业转让技术所取得的收入、提供非工业性劳务的收入、销售材料取得的收入、出租固定资产的租金收入等。其他业务收入一般占企业营业收入的比重较小。

8.1.2　收入的确认和计量

（一）销售商品收入的确认与计量

1. 收入的确认

按照企业会计准则的规定，销售商品收入同时满足下列条件的，才能予以确认：

（1）企业已将商品所有权上的主要风险和报酬转移给购货方。这里所说的商品所有权有关的风险，可以理解为该商品可能发生减值或毁损等形成的损失；而与商品所有权有关的报酬，则是指商品价值增值或通过使用商品等形成的经济利益。如果售出的商品未来可能发生的减值、毁损等损失均不需要由企业（卖方）承担，未来可能带来的商品价值升值等经济利益也不归企业所有，则意味着该商品所有权的风险和报酬已发生转移。

通常情况下，转移商品所有权凭证或交付实物后，商品所有权上的主要风险和报酬随之转移，大多数商品零售、预收款销售商品、订货销售商品、托收承付方式销售商品等都是如此。但某些情况下，转移商品所有权凭证或交付实物后，商品所有权上的主要风险和报酬并未随之转移，如采用收取手续费方式委托代销的商品。

（2）企业既没有保留通常与所有权相联系的继续管理权，也没有对已售出的商品实施有效控制。企业将商品所有权上的主要风险和报酬转移给买方后，如仍然保留通常与所有权相联系的继续管理权，或仍然对售出的商品实施控制，则此项销售还不能成立，即不能确认相应的销售收入。

（3）收入的金额能够可靠计量。收入能否可靠地计量，是确认收入的基本前提；如果收入不能可靠地计量，则无法记录收入。有时，销售商品的售价虽然已经基本确定，但由于某些不确定因素的存在，销售商品的售价仍有发生变动的可能，则在最终的售价确定前不应确认销售收入。

（4）相关经济利益很可能流入企业。经济利益是指直接或间接流入企业的现金或现金等价物。这里，与销售商品的交易相关的经济利益就是销售商品的价款。销售商品的价款能否收回，是收入确认的一个重要条件。如果企业在销售商品时，估计其价款收回的可能性不大，即使收入确认的其他条件均已满足，也不应当确认为收入。

（5）相关的、已发生的或将发生的成本能够可靠计量。根据收入和费用配比的要求，与同一项销售有关的收入和成本应在同一会计期间予以确认。因此，如果相关的成本不能可靠地计量，即使其他条件均已满足，仍不能确认收入。

值得注意的是，企业代第三方收取的款项，应当作为负债处理，不应当确认为收入。

按照上述确认销售商品收入的原则，在会计实务中，对于不同方式和不同情况下的商品销售，其销售收入的确认有不同的规定。具体规定如下：

（1）采用收款交货方式销售商品，应在商品发出、收到价款并且发票和提货单已交给购买方时，确认销售收入。

（2）采用托收承付和委托银行收款方式销售商品，应在发出商品，已将发票和提货单提交银行，并办理了托收手续后，确认销售收入，同时确认应收债权。

（3）采用预收货款方式销售产品，应当在产品发出时确认销售收入，预收货款时先记录为负债。

（4）采用分期收款方式销售产品，应当在合同约定的收款日期确认销售收入；同时，还需结转与销售收入相配比的销售成本。

（5）采用收取手续费方式委托代销商品，应当在收到受托代销单位的代销清单时确认销售收入。

2. 收入的计量

明确了销售收入确认的条件和确认的时间，还必须进一步明确销售收入的入账金额，即销售收入的计量问题。按照企业会计准则的规定，企业应当按照从购货方已收或应收的合同或协议价款确定商品销售收入金额。在实际工作中，商品销售收入的入账金额按照销货发票的总金额扣除价外税以后的不含税金额确定。如果销售商品涉及商品折扣、销售折让等因素，还应当考虑这些因素后确定销售商品收入金额。

在具体确定商品销售收入数额时，应注意以下问题：

（1）关于增值税。企业销售货物和提供劳务应计征的增值税是一种价外税，尽管这部分税金作为商品销售货款的一部分，也要向购货方收取，但它不构成企业的销售收入，而是形成企业的一种负债（应交税费）。如果企业在销售产品或提供劳务时开具增值税专用发票，那么，销售收入就是发票中列示的不含税金额，即销售数量乘以单位售价的那个金额；如果开具普通发票，那么，发票上的单价、金额都是含增值税的，不能以此确定销售收入的入账金额，而应将其中的含税金额换算为不含税金额，换算公式为。

$$不含税金额＝含税金额÷(1＋增值税税率)$$

上述公式中的不含税金额就是会计核算意义上的销售收入，增值税税率按《增值税暂行条例》的规定确定，一般商品为 17%。

（2）关于商业折扣。商业折扣是指企业为促进商品销售而在商品标价上给予的价格扣除。企业销售商品如果涉及商业折扣的，则应当按照扣除商业折扣后的金额来确认销售商品收入金额。

（3）关于现金折扣。现金折扣是指在赊销情况下，债权人为鼓励债务人在规定的期限内付款，而向债务人提供的债务减让。即购货方在规定的折扣期内偿付货款，由销货方给予的一种优惠。对于现金折扣，会计上确认销售收入的金额有两种方法：一是净额法，即按照扣除现金折扣后的销售净额为基础确定销售收入的金额（不论购货方是否享受现金折扣）；二是全额法，即不论购货方是否享受现金折扣，销货方按照不扣除现金折扣的总额确定销售收入的入账金额。我国现行会计制度规定采用全额法核算，即销售商品中涉及现金折扣的，应当按照扣除现金折扣前的金额来确认销售商品收入金额。现金折扣在实际发生时计入当期损益（作为财务费用处理）。

（4）关于销售折让与退回。在确定销售收入的入账金额时，还要注意销售退回和折让对销售收入的影响。销售折让是指企业因售出商品的质量不合格等原因而在售价上给予的减让；销售退回是指企业售出的商品由于质量、品种不符合要求等原因而发生的退货。企业已经确认销售商品收入的售出商品发生销售折让或销售退回的，应当在发生时冲减当期销售商品收入。[①]

值得指出的是，在销售商品中，如果已收或应收的合同或协议价款与其公允价值相差较大的，应按照应收的合同或协议价款的公允价值确定销售商品收入金额，应收的合同或协议价款与其公允价值之间的差额，应当在合同或协议期间

[①] 销售折让和销售退回属于资产负债表日后事项的，适用《企业会计准则第 29 号——资产负债表日后事项》，读者若有兴趣可查阅相关会计准则的内容。

内采用实际利率法进行摊销,计入当期损益。

(二)提供劳务收入的确认与计量

现行会计制度规定,企业提供劳务的收入,应分别不同情况加以确认和计量:

1. 在同一会计年度内开始并完成的劳务,应在劳务完成时确认收入,确认的金额为合同或协议规定的金额,确认方法可参照商品销售收入。

2. 如果劳务的开始和完成分属不同的会计年度,且企业在资产负债表日(一般指 12 月 31 日)对该项劳务交易的结果能够可靠估计的,应当按照完工百分比法确认提供劳务收入。

需要说明的是,提供劳务交易的结果能够可靠估计,是指同时具备以下条件:

(1)收入的金额能够可靠计量;

(2)相关的经济利益很可能流入企业;

(3)交易的完工进度能够可靠确定;

(4)交易中已发生的和将发生的成本能够可靠计量。

在上述条件下,企业应当在年末确认劳务收入。劳务收入的计量可以采用完工百分比法。所谓完工百分比法,是指按照提供劳务交易的完工进度确认收入与费用的方法。而完工进度的确定,可以选用下列方法:(1)已完工工作的计量;(2)已经提供的劳务占应提供的劳务总量的比例;(3)已发生的成本占估计总成本的比例。

企业应当在资产负债表日按提供劳务收入总额乘以完工进度扣除以前会计年度累计已确认提供劳务收入后的金额,确认当期提供劳务收入。

当年开始但在年末尚未完工的劳务,本年度劳务收入的计量公式为:

本年度应确认的劳务收入=劳务收入总额×完工进度

以前年度开始但在本年末尚未完工的劳务,本年度劳务收入的计量公式为:

本年度应确认的劳务收入=劳务收入总额×完工进度-以前年度已经确认的劳务收入

其中,"劳务收入总额"应按企业从接受劳务方已收或应收的合同或协议价款确定。

同时,企业应按照提供劳务总成本乘以完工进度扣除以前会计期间累计已确认提供劳务的成本后的金额,确认当期提供劳务的成本。具体计算公式与前面劳务收入的确认相似。

3. 如果企业在资产负债表日提供劳务的交易结果不能够可靠估计,则应当分别下列情况处理:

（1）已发生的劳务成本预计能够得到补偿，应按已经发生的劳务成本金额确认收入，并按相同金额结转成本；

（2）已发生的劳务成本预计不能够得到补偿，应当将已经发生的劳务成本计入当期损益，不确认提供劳务收入。

值得一提的是，有时企业与其他企业签订的合同或协议包括销售商品和提供劳务，如果销售商品部分和提供劳务部分能够区分且能够单独计量的，企业应当将其分别确认与计量；如果销售商品部分和提供劳务部分不能区分的，或虽能区分但不能单独计量的，应当将销售商品部分和提供劳务部分全部作为销售商品处理。

（三）让渡资产使用权收入的确认与计量

1. 让渡资产使用权收入的内容

让渡资产使用权收入包括利息收入和使用费收入。

（1）利息收入。利息是企业让渡货币资产使用权而获得的收入，如企业以契约方式将资金出借给他人而获得的利息收入。利息收入是金融机构的主营业务收入。

（2）使用费收入。使用费是企业让渡非现金资产使用权而获得的收入。租赁公司出租资产的租金收入是典型的使用费收入。

2. 让渡资产使用权收入的确认

让渡资产使用权收入同时满足下列两个条件时，才能予以确认：

（1）相关的经济利益很可能流入企业；

（2）收入的金额能够可靠计量。

3. 让渡资产使用权收入的计量

企业应当分别下列情况确定让渡资产使用权收入金额：

（1）利息收入金额，按照他人使用本企业货币资金的时间和实际利率计算确定；

（2）使用费收入金额，按照有关合同或协议约定的收费时间和方法计算确定。

8.1.3 收入的核算

为了反映和监督企业销售商品、提供劳务和让渡资产使用权所实现的收入，应设置"主营业务收入"和"其他业务收入"账户，并按产品或劳务的种类进行明细核算。企业销售商品、提供劳务等实现营业收入时，按其确定的主营业务收入和其他业务收入范围，分别记入"主营业务收入"或"其他业务收入"账户的贷方，发生销售退回、销售折让，或退还劳务收入、让渡资产使用权收入而应冲减的营业收入，应记入"主营业务收入"或"其他业务收入"账户的借方，期末应将账户的余额转入"本年利润"账户,结转后两账户无余额。

企业在销售产品或提供劳务时,应向购货方或接受劳务方收取的增值税,属于价外税,会计核算时不通过"主营业务收入"或"其他业务收入"账户,而应通过"应交税费——应交增值税(销项税额)"账户核算。而除增值税以外的流转税及附加(如消费税、资源税、营业税、城建税和教育费附加等)包含在价款内,实现收入时不需要扣除,计算上述税金时通过"营业税金及附加"账户核算。

（一）销售商品收入的核算

对工商企业来说,销售商品收入构成了主营业务收入的主要内容。下面着重以工业企业为例,介绍销售商品收入的会计处理。

【例 8-1】　荣耀服饰有限公司系增值税一般纳税人,本年度生产经营甲、乙两种产品,增值税税率为 17%。2006 年 8 月发生下列产品销售业务:

(1)8 月 5 日,采用商业汇票结算方式向仁和商场销售甲产品 1 250 件,开具增值税专用发票一份,每件售价 80 元,价款 100 000 元,增值税额(按不含税价款的 17%计算,下同)17 000 元,同时收到仁和商场签发的商业承兑汇票一份,金额 117 000 元。

根据增值税专用发票(记账联)等原始凭证,编制如下会计分录:

借:应收票据　　　　　　　　　　　　　　　　117 000

　　贷:主营业务收入——甲产品　　　　　　　　　　100 000

　　　　应交税费——应交增值税(销项税额)　　　　 17 000

(2)8 月 7 日,采用直接收款交货方式向百龙商店(系小规模纳税人)销售甲产品 150 件,开具普通发票一份,每件售价 93.60 元,货款共计 14 040 元,收到该公司签发的转账支票一份,金额为 14 040 元,已送交银行。

企业对外销售产品或提供劳务,在某些场合(如本例中购买方为小规模纳税人)是不能够开具增值税专用发票的,只能开具普通发票。但销售方不能因此认为不必计算增值税的销项税额;会计处理时应将普通发票中列示的含税金额换算为不含税金额。本项业务的销售收入为 12 000 元[14 040÷(1+17%)],增值税额为 2 040 元(12 000×17%)。

根据普通发票(记账联)、转账支票交存银行的进账单回单等原始凭证,编制会计分录如下:

借:银行存款　　　　　　　　　　　　　　　　 14 040

　　贷:主营业务收入——甲产品　　　　　　　　　　 12 000

　　　　应交税费——应交增值税(销项税额)　　　　　 2 040

(3)8 月 8 日,发出甲产品、乙产品各 2000 件,委托利民商场代销。甲产品单位生产成本 50 元,单件售价 80 元;乙产品单位生产成本 40 元,单件售价 75 元。

采用代销方式销售商品,在商品发出时不能确认销售收入,而应将其成本从"库存商品"账户转入"委托代销商品"账户。会计分录如下:

借:委托代销商品——甲产品   100 000

      ——乙产品   80 000

 贷:库存商品——甲产品   100 000

     ——乙产品   80 000

(4)8 月 10 日,接银行通知,三星商贸公司为购买本公司甲产品预付的货款 50 000 元已进账。

此项业务不能在收到预付款时确认营业收入,应作为负债处理,先通过"预收账款"账户反映,编制会计分录如下:

借:银行存款   50 000

 贷:预收账款——三星商贸公司   50 000

(5)8 月 12 日,按合同规定向信合百货商场发运乙产品 800 件,开具增值税专用发票一份,每件售价 75 元,价款 60 000 元,增值税额 10 200 元,另以银行存款支付为该商场代垫的运输费 800 元,双方规定采用托收承付结算方式,本公司已向银行办理了托收手续。

荣耀服饰有限公司应在向银行办理托收手续后,确认销售商品收入,编制如下会计分录:

借:应收账款——信合百货商场   71 000

 贷:主营业务收入——乙产品   60 000

  应交税费——应交增值税(销项税额)   10 200

  银行存款   800

(6)8 月 20 日,按合同规定向三星商贸公司发出甲产品 725 件,开具增值税专用发票一份,每件售价 80 元,价款 58 000 元,增值税额 9 860 元,价税合计 67 860元,8 月 10 日已预收该公司 50 000 元,不足部分货款在发货时已由该公司通过银行付给。编制会计分录如下:

借:预收账款——三星公司   50 000

 银行存款   17 860

 贷:主营业务收入——甲产品   58 000

  应交税费——应交增值税(销项税额)   9 860

(7)8 月 31 日,据利民商场提供的代销清单,本公司委托其代销的产品中,甲产品销售 1 150 件,单件售价 80 元;乙产品销售 1 600 件,单件售价 75 元,价款合计 212 000 元,增值税额 36 040 元,价税合计 248 040 元。利民商场与本企业办理结算,收到其签发的转账支票一份,金额 248 040 元。编制会计分录如下:

```
借:银行存款                                    248 040
    贷:主营业务收入——甲产品                        92 000
              ——乙产品                       120 000
        应交税费——应交增值税(销项税额)              36 040
```

(8)月末根据产品出库单汇总计算本月销售产品的生产成本。销售甲产品 3 275 件,单位成本 50 元;乙产品 2 400 件,单位成本 40 元。将其生产成本从"库存商品"账户(其中委托代销商品所对应的销售成本需由"委托代销商品"账户转出)转入"主营业务成本"账户,编制会计分录如下:

```
借:主营业务成本——甲产品                       163 750
          ——乙产品                        96 000
    贷:库存商品——甲产品                       106 250
            ——乙产品                      32 000
        委托代销商品——甲产品                    57 500
              ——乙产品                    64 000
```

(二)劳务收入的核算

劳务的范围相当广泛,它既可以是一项技术开发、产品设计,也可以是一项咨询服务、培训服务,还可以是运输业务。一种劳务收入对某一企业属于主营业务收入还是其他业务收入,取决于该企业的行业性质及该类劳务收入在全部营业收入中所占的比重高低。例如运输收入对交通运输企业来说属于主营业务收入,而对一般工商企业来说应认定为其他业务收入。因此,在会计核算时,可以将劳务收入归属为主营业务收入,也可以归属为其他业务收入。

【例 8-2】 荣耀服饰有限公司除生产经营服饰以外,其内部设立的培训中心还对外提供服装设计培训业务。2005 年 12 月初承接利民服装厂 20 人的服装设计培训,与利民服装厂签订的协议规定:培训时间 3 个月,自 2005 年 12 月 1 日起至 2006 年 2 月底止,每人收费 1 200 元,合计 24 000 元,规定签订协议时利民厂应预付培训费的 50%,培训结束后再支付余下的 50%。上述培训业务相关劳务收入的会计处理如下:

(1)12 月 1 日,与利民厂签订培训协议,预收培训费 12 000 元,已收存银行,不能确认营业收入,收到的培训费应计入"预收账款"账户。

借:银行存款   12 000

  贷:预收账款——利民厂   12 000

（2）12月31日,虽然培训业务还没有结束,但已经完成了全部培训工作的1/3,培训班进展顺利,属于"提供劳务的结果能够可靠估计"的情形。因此,在资产负债表日应按照完工百分比法确认劳务收入8000元。编制会计分录如下:

借:预收账款——利民厂   8 000

  贷:其他业务收入——培训业务收入   8 000

（3）12月31日,按照培训中心的预算,上述培训班的全部劳务成本约为13 500元,至本月末止为上述培训共发生劳务成本5 000元（具体内容此处略）。根据确认的劳务收入计算并结转本月与收入相配比的劳务成本4 500元。编制会计分录如下:

借:其他业务成本——培训业务成本   4 500

  贷:劳务成本——服装设计培训班   4 500

（三）让渡资产使用权收入

让渡资产使用权收入主要包括利息收入和使用费收入等。对金融机构来说,利息收入属于主营业务收入;对租赁公司来说,资产（资金）使用费收入应作为主营业务收入。但对大多数企业来说,利息收入、使用费收入并不是其主营业务收入,而应作为其他业务收入。

【例8-3】 荣耀服饰有限公司2006年8月16日与联华服装厂签订一项商标使用权转让协议,由荣耀服饰有限公司向联华服装厂转让"荣耀"商标使用权。按协议规定,商标使用费按出售的服装数量计算,每件20元,按月支付。现收到联华厂支付的本月商标使用费4 780元,交存银行。

转让商标使用权收入属于让渡资产使用权收入,对于以服装生产销售为主要经营活动的企业来说,应将其归入其他业务收入范围。会计分录如下:

借:银行存款   4 780

  贷:其他业务收入——无形资产使用权转让收入   4 780

【例8-4】 2005年11月底荣耀服饰有限公司与联华服装厂签订一项厂房租赁协议,从2005年12月起,联华服装厂租用荣耀服饰有限公司一闲置生产车间（非投资性房地产）,协议规定租期为2年,每年租金12万元。2005年11月底联华服装厂预付半年租金计60 000元（已交存银行）,以后每过半年预付租金。

（1）2005年11月底收到联华服装厂预付半年租金60 000元不能直接确认为营业收入,而应作为负债处理。编制会计分录如下:

```
借:银行存款                                    60 000
    贷:预收账款——联华厂                            60 000
```

(2)2005 年 12 月 31 日应确认一个月租金收入作为营业收入。出租固定资产的租金收入是典型的让渡资产使用权收入。本例中荣耀服饰有限公司出租固定资产不是其主业,应作为其他业务收入处理。[①] 编制会计分录如下:

```
借:预收账款——联华厂                            10 000
    贷:其他业务收入——固定资产出租收入                10 000
```

8.2 利 润

利润是企业在一定会计期间的经营成果。从数量上看,它是收入和费用相抵后的差额,若收入不足补偿费用,其差额形成亏损。利润的会计核算包括利润形成的核算和利润分配的核算。

8.2.1 利润形成的核算

(一)利润的构成内容

利润有不同的计算口径,会计核算中主要有两种口径:税前利润和税后利润。税前利润即利润总额,是指扣除所得税前的利润,它由营业利润、直接计入当期利润的利得和损失等构成,用公式表示如下:

利润总额=营业利润+利得-损失

税后利润是利润总额扣除所得税后的净利润,即

净利润=利润总额-所得税

现对构成利润总额的主要项目说明如下:

1. 营业利润

营业利润是企业从事日常生产经营活动所实现的利润,它构成了企业利润总额的主要内容。营业利润是企业日常活动中实现的收入、收益减去费用、损失后的净额。由于投资收益和公允价值变动损益本质上属于营业范畴,是体现企业经营能力的组成部分,因此,营业利润的计算用公式表示如下:

---

① 企业根据投资性房地产准则确认的采用公允价值模式计量的投资性房地产的租金收入应当在"投资收益"账户核算,不通过"其他业务收入"账户核算。

营业利润＝主营业务收入＋其他业务收入－主营业务成本－其他业务
成本－营业税金及附加－管理费用－销售费用－财务费用
－资产减值损失＋公允价值变动收益＋投资收益

当收入、收益不足以补偿相应的费用、损失时，就会发生经营亏损。这时上述计算公式中的营业利润为负数。由于构成营业利润的大多数项目在前面已经有所介绍，下面着重说明资产减值损失、公允价值变动净收益和投资净收益的含义。

（1）资产减值损失，指各项资产由于减值可能发生的损失。我国《会计准则第8号——资产减值》规定，资产减值损失一经确认，在以后会计期间不得转回。因此，企业在会计核算中通常只会产生由于计提资产减值准备的损失，一般不会产生转回已计提的资产减值准备的收益。

（2）公允价值变动收益，指某些按照公允价值计价的资产由于其公允价值变动所产生的收益减去所产生的损失后的净额。如会计准则规定：交易性金融资产期末采用公允价值计量且其变动计入当期损益；在满足一定条件下，投资性房地产应当以资产负债表日该资产的公允价值为基础调整其账面价值，公允价值与原账面价值之间的差额计入当期损益。

（3）投资收益，指企业对外投资所取得的收益扣除所发生的损失后的净额。如企业转让交易性投资、长期股权投资、持有至到期投资等获得的价款高于或低于其账面价值的差额，股权投资采用权益法核算时被投资单位实现的净利润（或净损失）为投资方所享有（或负担）的份额，企业长期股权投资采用成本法核算时获得的现金股利收入（不应冲减投资成本的部分）等。

2. 利得和损失

利得和损失是指日常经营活动以外发生的经济利益的流入或流出。利得和损失不同于日常经营活动中的收入和费用。首先，收入和费用是与日常的经营活动有关的，是企业经常发生的，它们具有经常性；而利得和损失是偶发的交易或事项中产生的，它们与日常的经济活动无关。其次，收入和费用具有一定的配比关系，即企业一定会计期间的收入总是与一定的费用相匹配，费用是为取得收入而发生的，不可能只有收入没有费用；但利得和损失没有配比关系，也没有因果关系，利得和损失可以不依赖于另一方而单独发生，企业在某一会计期间可能只有利得，没有损失，也可能只有损失，没有利得。

会计上将利得和损失分为两类：一类是不计入当期损益而直接计入所有者权益的利得和损失，另一类是直接计入当期损益的利得和损失。

计入当期损益的利得是指企业发生的与其经营活动无直接关系的各项净收

入,主要包括处置非流动资产(处置固定资产、无形资产等非流动资产)利得、非货币性资产交换利得、债务重组利得、罚没利得、政府补助利得、确实无法支付而按规定程序经批准后转作营业外收入的应付款项等。

计入当期损益的损失是指企业发生的与其经营活动无直接关系的各项净支出,包括处置非流动资产损失、非货币性资产交换损失、债务重组损失、罚款支出、捐赠支出、非常损失等。

构成营业利润的各项目,其会计核算在本书其他章节中已有详细阐述,这里不再赘述。下面着重介绍利得和损失的核算。

(二)利得和损失的核算

为了核算和监督企业发生的应直接计入当期损益的利得和损失,应分别设置"营业外收入"和"营业外支出"账户,并按收支项目进行明细核算。企业取得的营业外收入应计入"营业外收入"账户的贷方,发生的营业外支出应计入"营业外支出"账户的借方,期末应将该两账户的余额分别转入"本年利润"账户,结转后两账户均无余额。

【例8-5】 荣耀服饰有限公司2005年12月发生下列利得和损失:

(1)12月9日,公司仓库保管员王莽违反公司有关规定,擅自离岗,虽未造成损失,但公司决定给予警告处分,并处以200元罚款。现收到王莽交付的200元现金。

企业取得罚款收入应作为营业外收入,编制会计分录如下:

借:库存现金　　　　　　　　　　　　　　　　200
　　贷:营业外收入　　　　　　　　　　　　　　　　　200

(2)12月18日,上月盘亏的一台设备,账面原价26 000元,已计提累计折旧17 000元,上月盘亏时已调整账面记录,本月经批准后将其损失转为营业外支出。

固定资产盘亏损失转为营业外支出的会计分录如下:

借:营业外支出　　　　　　　　　　　　　　　9 000
　　贷:待处理财产损溢——待处理固定资产损溢　　　9 000

(3)12月20日,公司向大华公司出售一项商标的所有权,转让收入为20 000元,该项无形资产的初始入账成本为32 000元,已累计摊销19 200元,本公司没有为该项无形资产计提减值准备。出售时应按转让收入的5%计算营业税,按营业税的7%和5%分别计算城建税和教育费附加(含地方教育费附加)。

企业转让无形资产的所有权,应同时结转无形资产的账面价值,初始入账成本应从"无形资产"账户冲销,已摊销额应从"累计摊销"账户冲销。转让收入扣

除相关的成本、税金及附加的差额作为营业外收入或营业外支出处理。本例中，
转让收入 20 000 元，扣除账面价值 12 800 元、营业税 1 000 元和城建税 70 元、
教育费附加 50 元后，净收益为 6 080 元记入营业外收入。其会计分录如下：

借：银行存款　　　　　　　　　　　　　　　　　　　20 000
　　累计摊销　　　　　　　　　　　　　　　　　　　19 200
　　贷：无形资产　　　　　　　　　　　　　　　　　　　　32 000
　　　　应交税费——应交营业税　　　　　　　　　　　　　1 000
　　　　　　　——应交城建税　　　　　　　　　　　　　　　70
　　　　　　　——应交教育费附加　　　　　　　　　　　　　50
　　　　营业外收入　　　　　　　　　　　　　　　　　　6 080

（三）利润实现的会计处理：损益类账户的结转

在会计分期假设下，企业应当按期结账，计算各期损益，以便编制会计报表。
因此，企业应当将一定时期的收入和利得、费用和损失汇总在一个账户中，这个
账户就是"本年利润"。企业一般只在期末才使用该账户进行登记，在期末结转
各项收入、利得时，应借记"主营业务收入"、"其他业务收入"、"公允价值变动损
益"、"投资收益"、"营业外收入"等账户，贷记"本年利润"账户；结转各项费用和
损失时，应借记"本年利润"账户，贷记"主营业务成本"、"营业税金及附加"、"销
售费用"、"管理费用"、"财务费用"、"资产减值损失"、"营业外支出"、"所得税费
用"等账户。结转后，"本年利润"账户如有贷方余额，表示企业自年初起至本期
止累计实现的利润（所得税费用结转后，表示累计实现的净利润）；若为借方余
额，则表示年初至期末累计发生的亏损。年度终了，应将"本年利润"账户的余额
全额转入"利润分配——未分配利润"账户，结转后"本年利润"账户无余额。

【例 8-6】 已知海乐塑料制品有限公司 2005 年 11 月末"本年利润"账户贷
方余额为 1 102 500 元，12 月末有关损益类账户的余额（结转前）如表 8-1 所示。

（1）根据表 8-1 资料，将 12 月份各项收入、利得账户的余额转入"本年利润"
账户，会计分录如下：

借：主营业务收入　　　　　　　　　　　　　　　　　832 500
　　其他业务收入　　　　　　　　　　　　　　　　　　74 500
　　营业外收入　　　　　　　　　　　　　　　　　　　2 830
　　投资收益　　　　　　　　　　　　　　　　　　　　26 800
　　贷：本年利润　　　　　　　　　　　　　　　　　　　936 630

表 8-1　损益类账户余额表　　　　　单位:元

账户名称	借方余额	贷方余额
主营业务收入		832 500
其他业务收入		74 500
营业外收入		2 830
投资收益		26 800
主营业务成本	592 000	
其他业务成本	56 090	
营业税金及附加	31 760	
销售费用	39 920	
管理费用	53 060	
财务费用	12 300	
营业外支出	9 000	

(2)将 12 月份各成本费用和损失账户的余额转入"本年利润"账户的借方,会计分录如下:

借:本年利润　　　　　　　　　　　　　　794 130
　贷:主营业务成本　　　　　　　　　　　　　592 000
　　　其他业务成本　　　　　　　　　　　　　56 090
　　　营业税金及附加　　　　　　　　　　　　31 760
　　　销售费用　　　　　　　　　　　　　　　39 920
　　　管理费用　　　　　　　　　　　　　　　53 060
　　　财务费用　　　　　　　　　　　　　　　12 300
　　　营业外支出　　　　　　　　　　　　　　9 000

上述会计处理后,"本年利润"账户的贷方余额为 1 245 000 元,为公司 2006 年的利润总额(所得税前利润)。

8.2.2　所得税的核算

所得税是财政参与企业分配的一种方式。从会计核算看,所得税是企业的一种费用,企业在计算净利润时应当将所得税作为减项予以扣除。企业的所得税应按税法或税收条例的规定计算和缴纳,其计算公式如下:

应纳税额＝应纳税所得额×税率

应纳税所得额＝收入总额－准予扣除项目金额

其中,收入总额包括生产经营收入、财产转让收入、利息收入、租赁收入、特许权使用费收入、股息收入及其他收入;准予扣除项目金额,是指与取得收入有关的成本、费用和损失①。必须注意:应纳税所得额不同于企业的利润总额,利润总额(也称会计利润)是指按照会计准则和会计制度的要求进行会计核算而得到的账面利润;而应纳税所得额(也称应税利润)是按照税法或税收条例的规定计算得到的计税基础。当然,它们两者也有一定的联系,在具体操作时,通常以利润总额为基础,加上按税法要求不应在税前列支的费用(损失)项目的金额,减去可在税前扣除的收入(收益)项目的金额,得到应纳税所得额,据以计算所得税额。

为了核算和监督企业按照规定从损益中扣除的所得税,应设置"所得税费用"账户,该账户属于损益类账户,企业期末计算应交所得税时,应借记"所得税费用"账户,贷记"应交税费——应交所得税"账户。期末将"所得税费用"账户的余额全部转入"本年利润"账户,结转后该账户无余额。

【例 8-7】 已知海乐塑料制品有限公司 2005 年 11 月末"本年利润"账户贷方余额为 1 102 500 元。根据前例知,该公司本月实现利润总额 142 500 元,全年利润总额为 1 245 000 元。该公司适用的所得税税率为 33％,假设该公司本年度无任何所得税纳税调整事项,前 11 个月没有计算和缴纳本年度应交所得税②。这样,2005 年应交所得税的金额为 410 850 元(1 245 000×33％)。编制会计分录如下:

借:所得税费用   410 850

　贷:应交税费——应交所得税   410 850

再将本年度的所得税费用转入"本年利润"账户,编制如下会计分录:

借:本年利润   410 850

　贷:所得税费用   410 850

上述处理完成后,"本年利润"账户的贷方余额为 834 150 元(1 245 000－410 850),表示公司 2005 年度实现的净利润额。

---

① 并不是与取得收入有关的所有成本、费用和损失都可以在计算所得税前允许扣除;准予扣除的项目范围及其金额在《中华人民共和国企业所得税法》中有明确规定。

② 按 2008 年开始施行的《中华人民共和国企业所得税法》规定,内资企业和外资企业一般执行 25％的税率;符合条件的小型微利企业,减按 20％税率征收企业所得税;国家需要重点扶持的高新技术企业,减按 15％的税率征收企业所得税。《税法》规定,企业所得税一般分月或分季预交,年度终了后 4 个月内汇总清算,多退少补。

8.2.3　利润分配的核算

(一)利润分配的程序和内容

首先需要说明,利润分配中所指的利润是指净利润,即扣除所得税费用以后的利润。不同组织形式的企业,其利润分配的程序和内容存在一定的差异。公司实现的利润应按国家有关法律、法规和公司章程等规定的程序和内容进行分配,发生的亏损应按照规定的方法加以弥补。下面着重介绍股份有限公司利润分配的程序和内容。

1. 弥补亏损

弥补亏损是利润的逆向分配,由于亏损的弥补可能会影响以前年度的留存收益或以后年度的利润分配,故弥补亏损也属于利润分配的内容。经营性亏损的弥补方式一般有三种:以前年度盈余公积金弥补、以后年度税前利润弥补和以后年度税后利润弥补。公司发生的经营性亏损,首先应当用以前年度盈余公积金弥补;不足弥补的,可以用以后年度的税前利润弥补,即以后年度实现的利润在其缴纳所得税前弥补亏损;如果发生的亏损在五年内用税前利润仍然不足弥补的,从第六年开始实现的利润需先缴纳所得税,然后以税后利润弥补亏损。显然税前弥补亏损对公司有利,它能够使某一年度发生的亏损在以后年度抵减所得税。

2. 提取法定公积金

企业的税后利润在弥补亏损后,应当计提法定公积金。法定公积金按照税后利润扣除用于税后补亏利润后差额的 10% 提取;法定公积金达到注册资本 50% 时,可不再提取。需要注意的是,提取法定公积金的基数,不是累计盈利,而是本年度实现的税后利润扣除用于弥补亏损的利润后的差额。

3. 分配优先股股利

优先股是比普通股在某些方面享有优先权利的股份。在股利分配上,优先股股东可以在普通股股利分配前,按照设定的股利率或金额优先分配股利。因此,发行了优先股的股份有限公司,公司的利润在提取法定公积金后,应先分配优先股股利,以确保优先股股东收益分配的优先权。

4. 提取任意盈余公积金

提取任意盈余公积金是股份有限公司税后利润分配的一个显著特点。其目的主要是为了让更多的利润留存于公司,用于公司今后发展的需要;另外,它也能起到限制普通股股利的分配,平衡各年股利分配的作用。任意盈余公积金的计提比例没有法定要求,可由公司董事会提出方案,经股东大会审议通过后实施。

5. 分配普通股股利

股份有限公司的利润在弥补亏损、提取法定公积金、分配优先股股利及提取任意公积金之后,可按照普通股股东所持股份的比例按同股同利的原则进行分配。公司是否分配普通股股利,分配多少,以何种形式分配,这些都是财务管理(利润分配决策)需要解决的问题,这里不再赘述。

值得一提的是,上述利润分配是有序的,在弥补亏损之前,不能提取法定公积金;在提取法定公积金之前不能向股东分配利润。如果公司股东会或董事会违背上述利润分配顺序,必须将违反规定发放的利润退还给公司。

(二)利润分配的会计处理

为了核算和监督企业利润分配或亏损弥补情况,以及历年分配利润或弥补亏损后的结存情况,应设置"利润分配"账户。一般企业(除外商投资企业外)该账户应设置"提取法定盈余公积"、"提取任意盈余公积"、"应付现金股利或利润"、"转作股本的股利"、"盈余公积补亏"和"未分配利润"等进行明细核算。

用盈余公积弥补亏损时,应借记"盈余公积"账户,贷记"利润分配——盈余公积补亏"账户。

从税后利润中提取法定盈余公积和任意盈余公积时,应借记"利润分配——提取法定盈余公积"、"利润分配——提取任意盈余公积"账户,贷记"盈余公积"账户。

应当分配给股东(投资者)的现金股利或利润,应借记"利润分配——应付现金股利或利润"账户,贷记"应付股利"账户。

经股东大会或类似机构批准分配股票股利,应于实际分配股票股利时,借记"利润分配——转作股本的股利"账户,贷记"股本"账户。

年度终了,企业应将全年实现的净利润,自"本年利润"账户转入"利润分配——未分配利润"账户,借记"本年利润"账户,贷记"利润分配——未分配利润"账户;如为发生的亏损,作相反的会计分录。同时,将"利润分配"账户内的其他明细账户的余额全部与"未分配利润"明细账户对冲,以结平利润分配的所有其他明细账户。年终结转后,除"未分配利润"明细账户外,其他利润分配的明细账户均无余额。"未分配利润"明细账户最终如为贷方余额,表示年末止累计结存的未分配利润;如为借方余额,则表示年末止累计发生的未弥补亏损。

【例 8-8】 接前例,海乐塑料制品有限公司 2005 年度实现净利润 834 150元。又已知该公司截止 2005 年年末的实收资本总额为 500 万元;2004 年年末"利润分配——未分配利润"账户的贷方余额为 697 450 元,全部为以前年度结存的未分配利润;2005 年前 11 个月公司未进行任何利润分配。年终,公司董事会决定按税后利润 10％的比例提取法定盈余公积;再向投资者按照年末实收资本总额的 10％分配利润,计 500 000 元。

上述利润分配事项的会计处理如下:

(1)将 2005 年实现的税后利润 834 150 元转入"利润分配——未分配利润"账户,编制会计分录如下:

借:本年利润　　　　　　　　　　　　　　　　　　834 150
　　贷:利润分配——未分配利润　　　　　　　　　　　　834 150

(2)根据本年度公司利润分配方案,编制有关利润分配业务的会计分录如下:

借:利润分配——提取法定盈余公积　　　　　　　　83 415
　　　　　　——应付现金股利或利润　　　　　　　　500 000
　　贷:盈余公积　　　　　　　　　　　　　　　　　　83 415
　　　　应付股利　　　　　　　　　　　　　　　　　500 000

(3)将上述利润分配的有关明细账户的余额与未分配利润明细账户对冲,结平所有其他明细账户,编制的会计分录如下:

借:利润分配——未分配利润　　　　　　　　　　　583 415
　　贷:利润分配——提取法定盈余公积　　　　　　　83 415
　　　　　　——应付现金股利或利润　　　　　　　　500 000

经过上述会计处理,最后,2005 年年末"利润分配——未分配利润"账户的余额为 948 185 元,就是 2005 年年末止公司累计结存的尚未分配的利润数额。

【进一步学习指南】

企业采用不同的销售方式和结算方式销售商品,其会计核算存在很大区别。本章着重介绍了直接交款提货等常见销售方式的会计核算方法。现实中企业也经常采用委托代销方式销售商品,有时也采用分期收款和售后租回等方式,这些商品销售方式的会计核算比较特殊,建议读者学习《企业会计准则第 14 号——收入》和注册会计师全国统一考试辅导教材《会计》中的相关内容。

建造合同收入的确认与计量是施工企业会计的重要问题。由于建造合同的执行通常需要超过一年的经营期间,对于期末尚未完成的建造合同,资产负债表日是否应该确认营业收入,如何确认营业收入和相关的成本,是会计核算中一个十分棘手的问题。《企业会计准则第 15 号——建造合同》规定采用完工百分比法加以确认和计量。那么,完工百分比究竟如何合理确定? 怎样使用完工百分比法计量收入？请读者学习第 15 号会计准则和注册会计师全国统一考试辅导教材《会计》中的相关内容。

由于会计准则和会计制度的规定与税法或税收条例的规定不尽相同,企业会计账面利润与应纳税所得额会出现暂时性差异,这种差异是所得税会计的基础。对于暂时性差异,会计准则规定应当采用纳税影响会计法核算,即根据差异的性质——可抵减暂时性差异和应纳税暂时性差异确定应交所得税资产和应交所得税负债。读者有兴趣可以参阅《中华人民共和国企业所得税法》和《企业会计准则第 18 号——所得税》的相关规定。

☞【复习思考题】

1. 销售商品收入的确认应满足哪些条件？

2. 会计中所指的"收入"主要包括哪几类？试分别举例说明。

3. 请你分别列出至少三项直接计入当期损益的利得和损失。

4. 企业经营性亏损可以采用哪些方式弥补？采用这些方式弥补亏损的会计处理有何不同？

5."利润分配"账户一般应设置哪些明细分类账户？试说明"利润分配——未分配利润"账户的结构。

☞【练习题】

1. 三环公司 2006 年 3 月 12 日出售给 A 公司甲产品 500 吨,每吨售价 400 元,增值税税率 17%,价税合计 234 000 元,同日收到 A 公司签发的商业汇票一份,票据金额 234 000 元,期限为 6 个月,票面利率为 6%。2006 年 9 月 12 日该商业汇票到期,三环公司收到 A 公司付给的票据本金和利息。编制三环公司出售商品和收到款项的会计分录。

2. 安达铝制品有限公司向外单位转让一项专有技术的使用权,现收取第一年的转让费 150 000 元,全部确认为当期收入,并按 5%的税率计算应交的营业税 7 500 元(其他税费此处不考虑)。编制确认收入和计算营业税的会计分录。

3. 三环公司 2005 年 12 月初起向外单位出租设备,约定租期为 2 年。由于出租方与承租方关系甚好,经协商租金每过 6 个月支付一次,每半年租金 60 000 元。假如三环公司按月计算租金收入,请你为三环公司的下列业务编制会计分录:(1)2005 年 12 月 31 日计算本月应计的租金收入;(2)2006 年 6 月 1 日收到第一期租金。

4. 青田公司 2008 年年初"利润分配——未分配利润"账户有贷方余额

75 000元,2008 年 1－11 月份实现利润总额 450 000 元,已转入"本年利润"账户。12 月份实现的各损益类账户的余额如下表所列:

表 8-2　损益类账户余额表　　　　　单位:元

项　目	借方余额	贷方余额
主营业务收入		750 000
主营业务成本	480 000	
营业税金及附加	10 500	
其他业务收入		45 500
其他业务成本	26 000	
销售费用	25 000	
管理费用	47 000	
财务费用	2 800	
投资收益	50 000	
营业外收入		17 000
营业外支出	21 200	

　　已知该公司 2008 年度按利润总额的 25% 计算缴纳所得税,前 11 个月没有计算和缴纳所得税。公司税后利润作如下分配:(1)按税后利润的 10% 提取法定盈余公积金;(2)向投资人分配利润 300 000 元。

　　要求:

　　(1)将 12 月份各损益类账户的余额转入"本年利润"账户,计算青田公司 2005 年度实现的利润总额;

　　(2)计算青田公司 2008 年度应交的所得税额,编制相应的会计分录;

　　(3)将"所得税费用"账户余额转入"本年利润"账户;

　　(4)编制青田公司税后利润分配业务的有关会计分录;

　　(5)将利润分配的各明细账户结平,转入"未分配利润"明细账户,编制有关会计分录,并计算"利润分配——未分配利润"账户的最后余额。

➡️【案例分析题】

1. 茅台酒销售收入如何确认与计量？

贵州茅台酒股份有限公司（以下简称茅台酒公司）2003 年 11 月 20 日销售 8 000 瓶（500 克/瓶）的茅台醇酒给大祥食品有限公司，出厂价格（含税）每瓶 195 元，茅台酒公司同意给买方 4% 的商业折扣，即每瓶 187.2 元，总价款为 149.76 万元。其中消费税按照 25% 的比例税率和 0.5 元/500 克的定额复合计算，计 32.4 万元；增值税税率为 17%，税额 21.76 万元，茅台酒公司对大祥食品有限公司一直采用赊销政策，规定的信用期限为 60 天，付款条件为（2/30，n/60）。

大祥食品公司未能在折扣期内付款，60 天到期时支付了 50% 的货款，即 74.88 万元，余款一直到 2004 年 6 月才支付 24.88 万元，尚欠 50 万元。之后大祥食品有限公司财务状况一直欠佳，最终于 2005 年 12 月实施清算，茅台酒公司只能收回 34 万元的货款，16 万元成为坏账。

问题：

（1）茅台酒公司应当何时确认销售商品收入？2003 年 11 月，收到货款时，还是 2005 年 12 月？

（2）茅台酒公司在计量销售收入时，其中的增值税和消费税是否应当扣除？

（3）茅台酒公司在计量销售收入时，4% 的商业折扣和 2% 的现金折扣如何处理？

（4）这项销售业务，应确认的销售收入是多少？

（5）16 万元的坏账应当作为收入的减少还是损失的增加？

（6）无论将坏账作为收入的减少还是损失的增加，应当作为何时的收入减少或损失增加？2003 年 11 月，还是 2005 年 12 月？

2. 会计专业学生郝脍纪的困惑

郝脍纪是一名会计学专业二年级学生，这学期他修学会计学课程，最近刚学完关于"收入的确认与计量"部分内容。尽管在课堂上会计教授对收入确认与计量的一般问题进行了系统阐述，教科书中也列举了一些实例加以说明，但是郝脍纪觉得，很多实际生活中与收入有关的问题无法从教科书中找到答案，按照老师课堂上的讲解也无法解释。郝脍纪感到很困惑，在学校图书馆找了一些会计学的参考书，还是找不到满意的答案。于是他决定询问会计教授。一个星期后他把自己这几天思考的问题整理出来，给会计教授发了一个 E-mail。其中列出的疑问有以下几项：

（1）供电局的销售收入如何确定？

我家的电费发票是由城北供电局每两个月邮寄到家的,我看了最近一次的电费发票,发现上面的日期是 2006 年 10 月 20 日,而我家的电费是委托工商银行在存折中扣付的,存折上的扣款日期却是 2006 年 11 月 11 日。我想供电局只有当用户耗电时才能实现销售收入。可是,供电局应当每个月编制会计报表,需要确定每个月的销售收入。然而,供电局不可能在每个月最后一天的晚上去查抄它所有用户的电表,那么,供电局如何确认它每一个月的销售收入呢?

(2)律师事务所的劳务费收入怎样计量?

我的舅舅是一位律师,他掌管着一家律师事务所。2006 年 3 月初该事务所与一企业签订一项法律咨询服务协议。由该企业在签订协议后即向事务所支付 30 000 元的劳务费,事务所对该笔款项的回报是:在一年的时间里,当该企业有要求时事务所应提供常规法律咨询服务。另外,当提供代表诉讼等法律服务时,企业还需另行付款。根据往年的情况,该企业每年涉及法律诉讼的费用很不均匀,过去 5 年平均每年诉讼费约为 45 000 元。对于未来的一年,我们无法知道客户会经常或何时要求法律服务,甚至有可能不会提出法律服务要求。我的问题有两个:①事务所已经收到的 30 000 元劳务费有多少应该计入 2006 年的收入;②对于未来一年中该企业可能会要求事务所提供诉讼服务的诉讼费,事务所在 2006 年是否应该先确认一部分收入?

(3)甲鱼尚未出售能确认收入吗?

我的叔叔是一个甲鱼养殖场的业主,2005 年 4 月初将 2 000 尾甲鱼苗放入池塘里养殖。到 2005 年年底为止,已经为养殖该批甲鱼发生各种成本约 46 000 元。此时一位水产批发商提出愿意以每只 45 元的价格购买全部甲鱼,我叔叔考虑后回绝了这笔生意。他觉得如果让这些甲鱼再生长半年的话,获利会更丰厚一些,大约每只能够卖到 75 元,而半年的养殖成本远低于价格的上涨水平。我不知道像这样的情况,养殖场在 2005 年是否应当确认收入? 如果不确认,养殖场 2005 年的利润表岂不是要出现亏损了;如果要确认收入,那应如何计量?

(4)超市购物券的收入如何确认与计量?

我家对面有一家大型超市,平时我们去超市购物都是一手交钱、一手交货,超市按月确认销售收入自然没有什么问题。但是,最近该超市接了一笔大业务,我表兄所在的工作单位想给职工搞点福利,工会派人于 2006 年 10 月 20 日向超市购买 1 500 张购物卡,每张面额 500 元,计 75 万元,有效期至 2007 年 12 月 31 日,超市收到支票后给企业开具发票一份。工会立即将 1 500 张购物卡发给每一个职工,但是这些职工不可能在同一月或同一年去超市使用购物卡购物消费。这里,我有几个问题弄不清楚。

①超市何时确认销售收入？是在 2006 年 10 月 20 日出售购物卡时就确认全部 75 万元的销售收入，还是在每个月最后一天根据当月消费者用卡购物的实际销售额确认，还是在购物卡有效期的最后一天即 2007 年 12 月 31 日再来确认全部 75 万元的销售收入呢？

②如果超市在 2006 年 10 月 20 日出售购物卡时确认全部销售收入，那么，如果持卡人没有能够在 2006 年 12 月 31 日前将购物卡上的钱使用完，超市如何计量与该笔收入有关的销售成本？

③如果超市在购物卡有效期的最后一天（2007 年 12 月 31 日）确认全部 75 万元的销售收入，那么，对于每个月消费者持卡购物时超市所售出的商品应如何进行会计处理？

问题：学习本章内容后，你准备如何回答郝睑纪提出的上述问题？

第9章

财务报表

本章导读

　　日常会计核算,通过填制和审核会计凭证,完成账簿记录,将反映在会计凭证中零乱的资料加以系统化。但是会计账簿所提供的资料仍分散在各个账户中,不能集中地揭示和反映企业在会计期间的经营活动和财务状况的全貌。因此,为了实现会计的目标,必须对日常核算资料进行整理、分类、计算和汇总,编制成财务会计报告,为会计信息使用者提供有用的、可理解的信息。本章介绍财务报表的内容及其编制方法。通过本章的学习,要求达到下列目标:

　　1. 理解财务会计报告的意义、主要内容及编制要求;

　　2. 理解资产负债表的作用,掌握其格式及其编制方法;

　　3. 理解利润表的作用,掌握其格式及其编制方法;

　　4. 了解现金流量表的作用、格式与编制方法;

　　5. 了解所有者权益变动表的作用及其格式;

　　6. 了解会计报表附注的主要内容。

9.1　财务报表概述

　　财务报表是对企业财务状况、经营成果和现金流量的结构性表述。它是企　　*259*

业财务会计信息的载体形式,是构成财务会计报告的核心内容。

9.1.1 财务会计报告的意义

在阐述财务报表之前,首先要说明什么是财务会计报告。我国《企业会计准则——基本准则》中指出:财务会计报告是指企业对外提供的反映企业某一特定日期的财务状况和某一会计期间的经营成果、现金流量等会计信息的文件。

这里需要注意财务会计报告、会计报表和财务报表的联系和区别。财务会计报告(简称财务报告)包括会计报表及其附注和其他应当在财务会计报告中披露的相关信息和资料,它是对外提供财务信息的载体,也是上市公司年度报告中的重要组成部分。包含在财务会计报告中的会计报表是指狭义的会计报表,即仅指对外编报的财务会计报表。广义的会计报表,是指以日常的会计核算资料和其他资料为依据,按照一定的格式编制的、反映某一经济主体在一定时期的会计信息的文件。它包括对外报送的财务会计报表(简称财务报表)和只供内部管理部门使用的管理会计报表(简称内部报表)。

由于对外报送的财务报表是企业外部信息使用者进行决策的直接依据,所以,对此类报表的列报项目、各项目的内容及其编制方法,必须加以严格规范。企业会计准则和会计制度就是规范会计核算和财务报表格式及其编制方法的行业性法规。而内部报表则没有这种强制性的要求,企业可以根据内部管理的需要,确定其内容、形式及其呈报程序。

综上所述,财务会计中所说的会计报表一般指财务报表,习惯上我们将“财务报表”和“会计报表”二词通用,有时甚至对“财务报表”和“财务会计报告”也不加区别。本章后面的讨论将不再严格区分会计报表、财务报表和财务会计报告。

编制财务会计报告既是会计核算的专门方法,也是会计工作的重要内容。通过编制财务会计报告,把大量的会计核算资料加以整理和汇总,将反映资产、负债、所有者权益和收入、费用、利润的会计信息通过表格或其他专业化、规范化的形式表达出来,为会计信息使用者进行决策提供依据。

9.1.2 财务报表的分类

财务报表至少应当包括以下组成部分:(1)资产负债表;(2)利润表;(3)现金流量表;(4)所有者权益(或股东权益,下同)变动表;(5)附注。财务报表可以按不同的标志进行分类。

(一)按报表反映的经济内容的分类

财务报表按照其反映的经济内容不同,可以分为反映财务状况的报表、反映经营成果的报表和反映现金流量的报表。

反映财务状况的报表,是指反映企业的资产、负债、所有者权益变动结果及其变动原因的会计报表。如资产负债表、所有者权益变动表等。

反映经营成果的报表,是指反映企业一定会计期间收入和收益、费用与损失及其盈亏情况的会计报表。此类报表最典型的是利润表。

反映现金流量的报表,是指反映企业在一定会计期间的现金流入、流出及结存情况的会计报表。如现金流量表。

(二)按报表编制的会计主体的分类

财务报表按照编制的会计主体不同,可以分为个别会计报表和合并会计报表。

个别会计报表是某一会计主体编制的反映单个经济实体的财务状况、经营成果和现金流量情况的会计报表。

合并会计报表是以母公司和子公司组成的企业集团为一会计主体,以母公司和子公司单独编制的个别会计报表为基础,由母公司编制的综合反映企业集团财务状况、经营成果及现金流量情况的会计报表。

个别会计报表是以会计账簿记录编制的,是每个经济实体都要编报的;而合并会计报表是以个别会计报表为基础编制的,是由母公司编报的。

(三)按报表所反映会计期间的长短的分类

财务报表按照其反映会计期间的长短不同,可以分为年度报表、半年度报表、季度报表和月度报表。由于财务会计报告的主要内容是财务报表,所以财务报表是通过财务会计报告定期公布的。会计准则中将半年度、季度和月度财务会计报告统称为中期财务会计报告。

我国政府监管部门规定,上市公司需要定期公布年度报表、半年度报表和季度报表,但不需要公布月度报表。

9.1.3 财务报表列报的基本原则和要求

(一)财务报表列报的基本原则

财务报表是会计工作的最终成果,也是相关利益主体进行决策的重要依据,为了保证财务报表的质量,发挥其在经济决策中的作用,企业编报财务报表应当遵循以下原则:

1. 以持续经营为前提

持续经营是企业会计核算的基本假设之一,也是财务报表列报的基础。在通常情况下,企业的经营活动不会间断,将长期进行下去,只有这样,根据账簿记录编制财务报表才是合理的。如果企业的经营活动不能持续,那么期末资产负债表的资产和负债数额就不能简单地按照账面价值(即账户记录)填列,而应当采用可变现净值加以列示。

在特殊情况下,如果以持续经营为基础编制财务报表不再合理的,企业应当采用其他基础编制财务报表,如非持续经营基础(清算基础),并在附注中披露这一事实。

2. 可比性原则

可比性是会计核算的原则之一,它有两层含义:一是不同企业的会计核算应当横向可比;二是同一企业在不同时期的会计处理方法应当保持一致。编制财务报表也应遵循可比性原则,它要求财务报表项目的列报在各个会计期间保持一致,不得随意变更。但如果具体会计准则的列报要求发生改变,或者企业的主要经营业务发生重大变化时,其项目列报也可以变更。

3. 重要性原则

财务报表列报必须遵循重要性原则,它主要体现在两个方面:(1)对于性质或功能不同的项目,应当在财务报表中单独列报,除非该项目不具有重要性。例如,固定资产与存货的性质和功能不同,在期末资产负债表中应当单独列报。(2)对于性质或功能类似的项目,但其所属类别具有重要性的,也应当按其类别在财务报表中单独列报。例如,应收账款与应收票据,都属于企业的债权,但这两种债权一般数额较大,在资产负债表中应当单独列报。

这里所说的重要性可以这样理解:财务报表某项目的省略或错报会影响使用者据此作出经济决策的,该项目具有重要性。重要性应当根据企业所处环境,从项目的性质和金额大小两个方面予以判断。明确地说,应当考虑该项目的性质是否属于企业日常活动、是否对企业的财务状况和经营成果具有较大影响等因素;判断项目金额大小的重要性,应当通过单项金额占资产总额、负债总额、所有者权益总额、营业收入总额、净利润等直接相关项目金额的比重加以确定。

4. 提供比较报表

为了便于会计信息使用者对本期会计资料与前期作出比较,企业编制当期财务报表时,至少应当提供上一会计期间所有列报项目的比较数据,以及与理解当期财务报表相关的说明。

对年度报告而言,资产负债表应当列示各项目的"期末余额"和"年初余额"栏目;利润表、现金流量表和所有者权益变动表应当列示"本年金额"和"上年金额"栏目。

对于中期报告而言,资产负债表应当提供本中期末的资产负债表和上年度末的资产负债表,即与年度资产负债表相同,列示各项目的"期末余额"和"年初余额"栏目;利润表中需要提供"本中期数"、年初至本中期末的"本年累计数"与上年度可比期间的数据;现金流量表中需要提供年初至本中期末的"本年累计数"与上年度可比期间的数据。例如,2006年三季度的利润表需要提供各项目2006年第3季度的数据和2006年1—9月的累计数,同时需要提供各项目2005年第3季度的数据和2005年1—9月的累计数。2006年三季度的现金流量表则只需要提供各项目2006年1—9月的累计数和2005年1—9月的累计数。

有时由于会计准则和会计制度的变化,财务报表项目的列报会发生变化,这时应当对上期比较数据按照当期的列报要求进行调整,并在附注中披露调整情况;如果企业难以对上期比较数据进行调整,应当在附注中披露不能调整的原因。

(二)财务报表列报的基本要求

财务报表列报是会计工作的重要环节,具有很强的政策性和技术性。采用电子计算机进行账务处理的企业,报表的编制只是计算机程序操作的结果;采用手工账务处理的企业,会计报表应当由会计人员根据有关账簿记录编制。但是,无论是哪种账务处理系统,附注必须由会计人员根据账簿记录和其他有关资料编制。概括地说,财务报表的编制应当做到:

1. 真实性

真实性是会计信息应具有的基本质量要求,也是企业编制财务会计报告最基本的要求。财务会计报告的真实性直接关系到会计信息的有用性,不真实的会计信息会误导信息使用者,导致投资者、债权人决策失误。由于会计报表是以核对无误的账簿记录为依据编制的,而账簿记录必须以真实合法的会计凭证为依据。因此,为了保证财务会计报告的真实性,必须事先做好账簿核对工作,使账证相符,账账相符;并按照规定的时间和要求进行财产清查,使账实核对相符。

2. 充分性

充分性也是体现财务报表列报质量特征的重要方面。它主要是为了减少由于存在信息不对称而使企业外部人士可能出现的决策失误。财务报表列报中的充分性主要体现在两个方面:一是企业在编制财务会计报告前,必须把本期发生的所有交易和事项全部登记入账,并以权责发生制为基础作出合理的账项调整,将应计的收入、费用全部入账;二是附注必须将应当披露的会计信息按照规定的详尽程度完整地反映出来。当然,过度充分的信息披露可能会泄露企业一些重要的商业秘密。因此,对企业来说,会计信息披露的充分性必须把握一个度。

3. 规范性

财务报表列报是一项规范性工作,企业必须按照会计准则和会计制度规定的格式和方式加以揭示，切忌随心所欲。财务会计报告编制完成以后，应当按照规定编定页数，加具封面，装订成册，并由企业负责人和主管会计工作的负责人、会计机构负责人（会计主管人员）签名并盖章；设置总会计师的企业，还应由总会计师签名并盖章。同时在财务报表的显著位置披露以下各项：(1)编报企业的名称；(2)财务报表是个别财务报表或合并财务报表；(3)资产负债表日或财务报表涵盖的会计期间；(4)列报货币及其金额的单位。

4．及时性

信息具有很强的时效性，尤其是在瞬息万变的证券市场中，及时公布会计信息是提高会计信息有用性的要求。因此，企业必须在规定的期限内编报财务会计报告。按现行会计制度规定，月度中期财务会计报告应当于月度终了后 6 天内（节假日顺延，下同）向有关部门提供；季度中期财务会计报告应当于季度终了后 15 天内对外提供；半年度中期财务会计报告应当于半年度中期结束后 2 个月内对外提供；年度财务会计报告应当于年度终了后 4 个半月内对外提供。

9.2 资产负债表

资产负债表是反映企业财务状况的会计报表，它主要揭示企业资源的分布情况和财务结构情况。由于企业经营活动和理财活动的结果最终都反映在期末资产、负债及所有者权益上，因此，资产负债表实际上总括反映了一定会计期间全部经济活动的最终影响，是一张非常有用的会计报表。

9.2.1 资产负债表的概念和作用

资产负债表是指反映企业在某一特定日期的财务状况的会计报表。简单地说，财务状况就是企业在某一日期的资产、负债和所有者权益分布情况及其相互关系。

资产负债表是最早出现的财务报表，它产生于 19 世纪中叶的英国，最初主要是为满足债权人了解债务人的资信状况而编制的。经过 100 多年的洗礼，资产负债表已经成为企业主体会计报表的核心，越来越受到会计信息使用者的重视。概括地说，资产负债表的作用主要表现在以下几个方面：

1．资产负债表揭示了至某一日期企业所拥有或控制的资产规模及其具体存在形态。通过对资产结构的分析，债权人、投资者等外部人士可以评价企业资产的流动性(变现能力),从而判断其资产质量及其预期的盈利能力。

2. 资产负债表揭示了企业至某一日期所承担的现有义务和所有者对净资产的要求权。即企业未来需要用多少资产或劳务偿清债务,负债的构成情况怎样;企业的所有者在企业资产中享有多少经济利益。

3. 根据资产负债表的要素构成,可以计算企业的资产负债率、流动比率、速动比率等财务指标,分析企业的偿债能力,判断企业的财务状况,为会计信息使用者(尤其是债权人)进行决策提供重要的依据。

9.2.2　资产负债表的结构

(一)资产负债表的两种观点

资产负债表是以"资产＝负债＋所有者权益"这一会计等式为依据编制的。理解资产负债表的结构有两种观点:一是资产权益观,这种观点是产权理论在会计中的反映,认为资产负债表的左边反映企业拥有的资产,右边反映资产的归属权(即权益)。而权益可以分为两类:债权人对资产的索偿权和所有者对资产的所有权。一个企业在任何时点上,资产和权益总是相等的。二是资金平衡观,这种观点是财务理论在会计中的体现,认为资产负债表的右边反映的是企业的资金来源,即企业的资金一部分由投资者直接提供、一部分由利润分配中形成(留存收益,也属于投资者所有),另外由债权人提供;左边反映的是资金的运用,即资金运用的去向或存在形态。一个企业在任何时点上,资金来源与资金运用总是平衡的。

(二)资产负债表的项目分类

资产负债表应当按照资产、负债和所有者权益分类列报。列报分左方和右方,左方列示资产各项目,右方列示负债和所有者权益各项目,资产各项目的合计数等于负债和所有者权益各项目的合计数。

1. 资产项目分类

资产负债表左边的资产通常按其流动性列报,分为流动资产和非流动资产两大类。按照《企业会计准则第 30 号——财务报表列报》的规定,流动资产是指符合下列条件之一的资产:

(1)预计在一个正常营业周期中变现、出售或耗用的;

(2)主要为交易目的而持有的;

(3)预计在资产负债表日起一年内变现的;

(4)自资产负债表日起一年内,交换其他资产或清偿负债的能力不受限制的现金或现金等价物。

资产负债表中列示的流动资产主要包括：货币资金、应收及预付款项、交易性投资、存货等。

非流动资产是指除流动资产以外的资产。在资产负债表中非流动资产应当按其性质分类列报，主要包括：持有至到期投资、长期股权投资、投资性房地产、固定资产、生产性生物资产、递延所得税资产、无形资产等。

2. 负债项目分类

同样，企业的负债应当按其流动性列报，分为流动负债和非流动负债。符合下列条件之一的负债，应当归类为流动负债：

（1）预计在一个正常营业周期中清偿的；

（2）主要为交易目的而持有的；

（3）自资产负债表日起一年内到期应予以清偿的；

（4）企业无权自主地将清偿推迟至自资产负债表日后一年以上的。

资产负债表中列示的流动负债一般应包括以下项目：短期借款、应付及预收款项、应交税费、应付职工薪酬等。

资产负债表中非流动负债应当按其性质分类列报，主要包括：长期借款、长期应付款、应付债券、预计负债和递延所得税负债等。

需要指出的是，前述判断流动资产、流动负债时所称的一个正常营业周期，是指企业从购买用于加工的资产起至实现现金或现金等价物的期间。

一般企业的一个正常营业周期通常短于一年，即在一年内有几个营业周期。但是，也存在正常营业周期长于一年的情况，如房地产开发企业开发产品（用于出售的房地产），造船企业制造用于对外出售的大型船只等，往往超过一年才变现、出售或耗用，但仍应划分为流动资产。应付账款等经营性项目，属于企业正常经营周期中使用的营运资金的一部分，有时在资产负债表日后超过一年才到期清偿，也应划分为流动负债。

如果正常营业周期不能确定，应当以一年作为划分流动资产或流动负债的标准。

3. 所有者权益项目分类

资产负债表中的所有者权益类一般应单独列报以下项目：实收资本（或股本）、资本公积、盈余公积、未分配利润等。①

表 9-1 是海丰模具股份有限公司 2004 年 12 月 31 日的资产负债表。

---

① 本章所指的会计报表项目都是针对个别报表而言的。在合并报表中还应增加个别项目。如合并资产负债表中，企业应当单独列报"少数股东权益"等。

表 9-1　资产负债表　　　　会企 01 表

编制单位:海丰模具股份有限公司　　　2004 年 12 月 31 日　　　单位:元

资　产	期末余额	年初余额	负债及所有者权益	期末余额	年初余额
流动资产:			流动负债:		
货币资金	2 477 750	2 842 083	短期借款	4 700 000	3 200 000
交易性金融资产	8 778	9 390	交易性金融负债		
应收票据	7 696 712	11 048 600	应付票据	4 080 000	3 101 700
应收账款	380 980	133 068	应付账款	6 746 472	4 085 468
预付款项	2 652 288	2 541 610	预收款项	2 933 627	3 717 470
应收利息			应付职工薪酬	639 288	517 088
应收股利			应交税费	280 739	94 056
其他应收款	68 025	98 081	应付利息		
存货	15 510 889	7 650 775	应付股利		
一年内到期的非流动资产			其他应付款	447 104	880 770
其他流动资产			一年内到期的非流动负债		
流动资产合计	28 795 422	24 323 607	其他流动负债		
非流动资产:			流动负债合计	19 827 230	15 596 552
可供出售金融资产			非流动负债:		
持有至到期投资			长期借款	200 305	
长期应收款			应付债券		
长期股权投资	9 658 973	9 251 919	长期应付款		
投资性房地产			专项应付款		
固定资产	10 144 666	8 101 206	预计负债		
在建工程	1 829 133	612 194	递延所得税负债		
工程物资	1 300 987	574 255	其他非流动负债		
固定资产清理			非流动负债合计		
生产性生物资产			负债合计	20 027 536	15 596 552

(续表)

资　产	期末余额	年初余额	负债及所有者权益	期末余额	年初余额
油气资产			所有者权益 (或股东权益)：		
无形资产			实收资本(或股本)	12 000 000	12 000 000
开发支出			资本公积	1 836 280	1 836 280
商誉			减：库存股		
长期待摊费用			盈余公积	3 909 570	2 905 515
递延所得税资产			未分配利润	13 955 796	10 524 834
其他非流动资产			所有者权益 (或股东权益)合计	31 701 646	27 266 629
非流动资产合计	22 933 759	18 539 574			
资产总计	51 729 181	42 863 181	负债及所有者权益 (或股东权益)总计	51 729 181	42 863 181

9.2.3　资产负债表项目的列报

　　资产负债表是反映账户余额的会计报表,报表中各项目的"年初余额"栏各项数字,应根据上年末资产负债表"期末余额"栏所列数字填列。如果上年度资产负债表规定的项目名称和内容同本年度不相一致,应对上年年末资产负债表各项目的名称和数字按照本年度的规定进行调整,填入本表"年初余额"栏内。

　　报表中"期末余额"栏各项数字,应当根据资产、负债和所有者权益账户(包括总分类账户和明细分类账户)的期末余额直接填列或分析计算后填列。由于报表项目和账户名称并不存在一一对应关系,因此,概括起来说,资产负债表各项目的列报,主要有以下几种情形:

　　1. 根据总分类账户余额直接填列。资产负债表中大多数项目的数据,是根据有关总分类账户的期末余额直接填列的。其中资产项目主要有:"交易性金融资产"、"应收票据"、"预付款项"、"应收股利"、"应收利息"、"在建工程"、"工程物资"、"递延所得税资产"等项目;负债项目主要有:"短期借款"、"交易性金融负债"、"应付票据"、"应付账款"、"预收款项"、"应付职工薪酬"、"应交税费"、"应付利息"、"应付股利"、"其他应付款"、"长期借款"、"应付债券"、"专项应付款"、"预计负债"、"递延所得税负债"等;所有者权益项目主要有:"实收资本"(或"股本")、"资本公积"、"盈余公积"等。

2. 根据有关总分类账户余额计算填列。资产负债表的某些项目需要根据若干个总分类账户的期末余额计算后填列。如"货币资金"项目的数据,应根据"现金"、"银行存款"和"其他货币资金"账户的期末余额的合计数填列。"存货"项目应根据"原材料"、"在途物资"(或"材料采购")、"周转材料"、"生产成本"、"库存商品"、"发出商品"、"委托加工物资"等账户期末余额相加后再加上或减去"材料成本差异"、"商品进销差价"等账户的余额(注意:如果计提了存货跌价准备的,还应减去"存货跌价准备"的余额)得到的结果填列。再如,"未分配利润"项目应根据"本年利润"账户的余额与"利润分配"账户的余额分析计算后填列;若二者有相同方向的余额,则余额相加;有相反方向余额,则余额相减(相加或相减后为净贷方余额的填正数;净借方余额的填负数)。①

3. 根据总分类账户余额扣减提取的相应资产减值准备后的净额填列。对于一些需要计提减值准备的资产项目,在编制资产负债表时,应根据该类资产账户(一个账户或多个账户)的期末余额(之和)扣减相应的资产减值准备账户的余额后的差额填列。这类项目都是资产类项目,主要有:"应收账款"、"其他应收款"、"长期应收款"、"存货"、"持有至到期投资"、"投资性房地产"、"长期股权投资"、"固定资产"、"无形资产"等。其中,"固定资产"、"无形资产"等项目,还应分别扣减相应的"累计折旧"、"累计摊销"等账户期末余额。

需要指出的是,与同一客户或供应商在购销商品结算过程中形成的债权债务关系,应当单独列示,不应当相互抵销。即应收账款不能与预收账款相互抵销,预付账款不能与应付账款相互抵销,应付账款不能与应收账款相互抵销,预收账款不能与预付账款相互抵销。债权(债务)项目实质上转为债务(债权)性质的,应作为债务(债权)项目填列。例如应收账款某些明细账户如果出现贷方余额的,不能将其作为"应收账款"填列,而应并入"预收款项"项目;预收账款某些明细账户如果出现借方余额的,应当在"应收账款"项目填列。"应付账款"和"预付款项"也需进行同样处理。下面举例说明资产负债表的编制方法。

【例 9-1】　海丰模具股份有限公司 2004 年 12 月 31 日的资产负债表见表 9-1,2005 年 12 月 31 日资产、负债和所有者权益账户的余额如表 9-2 所示。

---

① 编制年度报表时,因"本年利润"账户的余额已经结转至"利润分配——未分配利润"账户,可直接根据"利润分配——未分配利润"账户的余额填列(借方余额填负数)。

表 9-2　海丰模具股份有限公司 2005 年 12 月 31 日账户余额表　　　单位:元

账户名称	借方余额	贷方余额	账户名称	借方余额	贷方余额
库存现金	7 392		固定资产	23 700 842	
银行存款	3 050 284		累计折旧		6 614 640
其他货币资金	1 284 700		固定资产减值准备		350 000
交易性金融资产	53 650		工程物资	622 734	
应收票据	14 566 349		在建工程	3 215 114	
应收账款	289 757		短期借款		19 201 000
其他应收款	74 695		应付票据		6 780 000
坏账准备—应收账款		14 488	应付账款		8 607 190
坏账准备—其他应收款		3 735	预收账款		1 064 005
预付账款	199 617		应付职工薪酬		245 602
原材料	8 450 702		应交税费		10 395
在途物资	20 314		其他应付款		495 580
生产成本	4 641 330		长期借款		200 305
库存商品	4 469 143		专项应付款		140 000
周转材料	272 415		实收资本		12 000 000
委托加工物资	305 698		资本公积		1 842 880
发出商品	239 538		盈余公积		4 218 016
存货跌价准备		79 405	利润分配		13 767 648
长期股权投资	10 170 615				

　　根据表 9-1 和表 9-2 提供的数据,编制该公司 2005 年 3 月 31 日的资产负债表(详见表 9-3)。其中需要通过分析计算的有关项目说明如下:

　　(1)"货币资金"项目根据"现金"、"银行存款"和"其他货币资金"账户期末余额的合计数填列。该表中"货币资金"为 4 342 376 元(7 392＋3 050 284＋1 284 700)。

　　(2)"存货"项目根据反映存货的各个账户余额合计数,扣减"存货跌价准备"的余额计算填列。该表中"存货"项目为 18 319 735 元(8 450 702＋20 314＋4 641 330＋4 469 143＋272 415＋305 698＋239 538－79 405)。

　　(3)"应收账款"项目根据"应收账款"账户的余额扣减所对应的"坏账准备"

账户余额计算填列。该表中"应收账款"项目为 275 269 元(289 757－14 488)。

(4)"其他应收款"项目根据"其他应收款"账户的余额扣减所对应的"坏账准备"账户余额计算填列。该表中"其他应收款"项目为 70 960 元(74 695－3 735)。

(5)"固定资产"项目根据"固定资产"账户的余额扣减"累计折旧"和"固定资产减值准备"账户余额计算填列。该表中"固定资产"项目为 16 736 202 元(23 700 842－6 614 640－350 000)。

(6)"长期借款"账户期末余额 200 305 元因将在一年内需要偿还,应填列在流动负债中的"一年内到期的非流动负债"项目内。

表 9-3 资产负债表　　　　会企 01 表

编制单位:海丰模具股份有限公司　　　　2005 年 12 月 31 日　　　　单位:元

资产	期末余额	年初余额	负债及所有者权益	期末余额	年初余额
流动资产:			流动负债:		
货币资金	4 342 376	2 477 750	短期借款	19 201 000	4 700 000
交易性金融资产	53 650	8 778	交易性金融负债		
应收票据	14 566 349	7 696 712	应付票据	6 780 000	4 080 000
应收账款	275 269	380 980	应付账款	8 607 190	6 746 472
预付款项	199 617	2 652 288	预收款项	1 064 005	2 933 627
应收利息			应付职工薪酬	245 602	639 288
应收股利			应交税费	10 395	280 739
其他应收款	70 960	68 025	应付利息		
存货	18 319 735	15 510 889	应付股利		
一年内到期的非流动资产			其他应付款	495 580	447 104
其他流动资产			一年内到期的非流动负债	200 305	
流动资产合计	37 827 956	28 795 422	其他流动负债		
非流动资产:			流动负债合计	36 604 077	19 827 230
可供出售金融资产			非流动负债:		
持有至到期投资			长期借款		200 305
长期应收款			应付债券		

（续表）

资产	期末余额	年初余额	负债及所有者权益	期末余额	年初余额
长期股权投资	10 170 615	9 658 973	长期应付款		
投资性房地产			专项应付款	140 000	
固定资产	16 736 202	10 144 666	预计负债		
在建工程	3 215 114	1 829 133	递延所得税负债		
工程物资	622 734	1 300 987	其他非流动负债		
固定资产清理			非流动负债合计	140 000	
生产性生物资产			负债合计	36 744 077	20 027 535
油气资产			所有者权益 （或股东权益）：		
无形资产			实收资本（或股本）	12 000 000	12 000 000
开发支出			资本公积	1 842 880	1 836 280
商誉			减：库存股		
长期待摊费用			盈余公积	4 218 016	3 909 570
递延所得税资产			未分配利润	13 767 648	13 955 796
其他非流动资产			所有者权益 （或股东权益）合计	31 828 544	31 701 646
非流动资产合计	30 744 665	22 933 759			
资产总计	68 572 621	51 729 181	负债及所有者权益 （或股东权益）总计	68 572 621	51 729 181

9.3 利润表

利润表是企业应对外提供的又一张重要会计报表，从利润表可以得到有关企业经营成果的财务信息，因此，利润表通常是投资者和经营者最为关注的会计报表。

9.3.1　利润表的概念和作用

利润表是指反映企业在一定会计期间的经营成果的会计报表。企业在持续不断的生产经营过程中,取得各种收入和利得,同时发生各种成本、费用和损失。利润表把一定时期的收入、利得与同一会计期间相关的费用、损失进行配比,计算并揭示企业一定时期的经营成果,这种经营成果表现为利润或亏损。

通过阅读和分析利润表,可以看出企业在某一会计期间实现了多少收入,发生了多少费用,进而了解其经营活动的盈亏情况。通过利润表提供的不同时期的比较数字,可以揭示企业盈利的变动趋势,分析企业盈利水平的变化规律。投资者可以通过利润表提供的信息,了解其投资的获利能力和投入资本的完整性,分析企业的投资价值。企业的经营者可以根据利润表分析影响企业盈利能力的主要因素,采取相应的措施,改善经营管理。

9.3.2　利润表的结构

利润表有多步式利润表和单步式利润表两种格式,我国会计准则规定采用多步式利润表。由于一些特殊行业的经营业务有较大的特殊性,《企业会计准则第 30 号——财务报表列报》中规定了四种利润表的格式,分别适用于一般企业、商业银行、保险公司和证券公司。表 9-4 为海丰模具股份有限公司 2005 年 11 月的利润表,反映的是一般企业利润表的结构。

从多步式利润表的结构可以看出,企业的经营成果是通过以下三个步骤来计算和反映的:

1. 从营业收入中扣减营业成本、营业税金及附加以及销售费用、管理费用、财务费用和资产减值损失,再加上或减去公允价值变动收益和投资收益,得到营业利润;

2. 在营业利润的基础上,加上营业外收入,减去营业外支出,得到利润总额;

3. 利润总额减去本期计入损益的所得税费用后,得到净利润。[①]

股份有限公司在利润表的最后还要求列示"每股收益"的信息,包括基本每股收益和稀释每股收益。

月度利润表各项目应当列示"本月数"、"本年累计数"和上年度可比期间的

[①]　在合并利润表中,归属于少数股东的损益应当以"少数股东本期收益"项目单独列报,在计算净利润时加以扣除。

数据(此处省略);在编报年度报表时,反映的栏目应为"本年金额"和"上年金额"。如果上年度利润表的项目名称和内容与本年度利润表不相一致,应对上年度报表项目的名称和数字按本年度的规定进行调整,调整后的数据填入该报表的"上年金额"栏内。

表 9-4 利润表

编制单位:海丰模具股份有限公司   2005 年 11 月   会企 02 表

单位:元

项　目	行次	本月数	本年累计数
一、营业收入		9 003 267	85 701 248
减:营业成本		8 651 004	81 341 681
营业税金及附加		21 106	215 779
销售费用		12 986	71 260
管理费用		12 403	1 105 174
财务费用		9 860	888 249
资产减值损失			
加:公允价值变动收益(净损失以"－"号填列)			
投资收益(损失以"－"号填列)			108 642
其中:对联营企业和合营企业的投资收益			
二、营业利润(亏损以"－"号填列)		295 908	2 187 747
加:营业外收入		4 225	137 195
减:营业外支出		8 702	55 677
其中:非流动资产处置损失			
三、利润总额(亏损总额以"－"号填列)		291431	2 269 265
减:所得税费用		84 515	495 108
四、净利润(净亏损以"－"号填列)		206 916	1 774 157
五、每股收益			
(一)基本每股收益			
(二)稀释每股收益			

9.3.3　利润表项目的列报

与资产负债表不同,利润表提供的并不是时点资料,而是时期资料,即利润表是反映损益类账户本期发生额的报表。总的说来,利润表中各项目的数据应根据有关损益类账户本期发生额(月报表按月发生额,年度报表按全年发生额)填列。下面具体说明各项目的列报方法。

1.“营业收入”项目,反映企业经营主要业务和其他业务所确认的收入总额。应根据“主营业务收入”和“其他业务收入”账户的发生额之和填列。

2.“营业成本”项目,反映企业经营主要业务和其他业务发生的实际成本总额。应根据“主营业务成本”和“其他业务成本”账户的发生额之和填列。

3.“营业税金及附加”项目,反映企业经营业务应负担的营业税、消费税、城乡维护建设税、资源税、土地增值税以及教育费附加等税费。应直接根据“营业税金及附加”账户的发生额填列。

4.“销售费用”、“管理费用”和“财务费用”项目,直接根据相关账户的发生额填列。

5.“资产减值损失”项目,反映企业各项资产发生的减值损失,即各种资产因减值而在本期计提的资产减值准备。应直接根据“资产减值损失”账户的发生额填列。

6.“公允价值变动收益”项目,反映企业按照相关准则规定应当计入当期损益的资产或负债公允价值变动的净收益,如交易性金融资产当期公允价值变动引起的损益,投资性房地产本期公允价值变动引起的损益等。应直接根据“公允价值变动损益”账户的发生额填列;如为净损失,以“—”号填列。

7.“投资收益”项目,反映企业以各种方式对外投资所取得的收益。应直接根据“投资收益”账户的发生额填列;如为净损失,以“—”号填列。注意:企业持有的交易性金融资产处置和出售时,处置收益部分应当自“公允价值变动损益”项目转出,列入“投资收益”项目。

8.“营业外收入”、“营业外支出”项目,反映企业发生的与其经营活动无直接关系的各项收入和支出。应直接根据“营业外收入”、“营业外支出”账户的发生额填列。其中的“处置非流动资产净损失”,应当单独列示。

9.“所得税费用”项目,反映企业根据《企业会计准则第18号——所得税》确认的应从当期利润总额中扣除的所得税费用。应直接根据“所得税”账户的发生额填列。

10.“基本每股收益”和“稀释每股收益”项目,应当根据《企业会计准则第34

号——每股收益》的规定计算的金额填列。其计算公式见本书第十章第三节相关内容。

利润表月报表各项目的"本月数"按照上述方法确定,"本年累计数"按照上月该报表的"本年累计数"金额加上"本月数"确定。年度报表的"上年金额"栏各项数字,应根据上年度利润表"本年金额"栏所列数字填列。

【例 9-2】 海丰模具股份有限公司 2005 年 11 月份的利润表如表 9-4 所示。该公司 2005 年 12 月末有关损益类账户的余额见表 9-5。根据表 9-4 和表 9-5 提供的数据,得到海丰模具股份有限公司 2005 年 12 月份的利润表(见表 9-6)。再根据公司 2004 年度的利润表和 2005 年 12 月份的利润表,编制该公司 2005 年度的利润表(见表 9-7)。

表 9-5 海丰模具股份有限公司 2005 年 12 月末损益类账户余额　　　　单位:元

账户名称	借方余额	贷方余额
主营业务收入		9 073 328
其他业务收入		390 361
营业外收入		20 704
投资收益		295 674
公允价值变动损益		10 650
主营业务成本	8 690 334	
营业税金及附加	26 550	
销售费用	20 256	
管理费用	246 004	
财务费用	13 041	
其他业务成本	323 170	
资产减值损失	28 339	
营业外支出	11 312	
所得税费用	94 976	

表 9-6　利润表　　　　　　　　　　　　　　　　会企 02 表

编制单位:海丰模具股份有限公司　　　　　2005 年 12 月　　　　　　单位:元

项　目	行次	本月数	本年累计数
一、营业收入		9 463 689	95 164 937
减:营业成本		9 013 504	90 355 185
营业税金及附加		26 550	242 329
销售费用		20 256	91 516
管理费用		246 004	1 351 178
财务费用		13 041	901 290
资产减值损失		28 339	28 339
加:公允价值变动收益(净损失以"-"号填列)		10 650	10 650
投资收益(损失以"-"号填列)		295 674	404 316
其中:对联营企业和合营企业的投资收益			
二、营业利润(亏损以"-"号填列)		422 319	2 610 066
加:营业外收入		20 704	157 899
减:营业外支出		11 312	66 989
其中:非流动资产处置损失		-12 193	-39 180
三、利润总额(亏损总额以"-"号填列)		431 711	2 700 976
减:所得税费用		94 976	590 084
四、净利润(净亏损以"-"号填列)		336 735	2 110 892
五、每股收益			
(一)基本每股收益			
(二)稀释每股收益			

　　上述 2005 年 12 月的利润表中的"营业收入"项目根据"主营业务收入"和"其他业务收入"账户的发生额之和填列,为 9 463 689 元(9 073 328+390 361);"营业成本"项目根据"主营业务成本"和"其他业务成本"账户的发生额之和填列,为 9 013 504 元(8 690 334+323 170)。

表 9-7　利润表　　　　　　会企 02 表

编制单位:海丰模具股份有限公司　　　　　2005 年度　　　　　　单位:元

项　目	行次	本年金额	上年金额
一、营业收入		95 164 937	93 794 178
减:营业成本		90 355 185	81 407 717
营业税金及附加		242 329	395 536
销售费用		91 516	63 855
管理费用		1 351 178	2 046 401
财务费用		901 290	417 161
资产减值损失		28 339	13 856
加:公允价值变动收益(净损失以"—"号填列)		10 650	
投资收益(损失以"—"号填列)		404 316	495 579
其中:对联营企业和合营企业的投资收益			
二、营业利润(亏损以"—"号填列)		2 610 066	9 945 231
加:营业外收入		157 899	668
减:营业外支出		66 989	199 986
其中:非流动资产处置损失(收益以"—"号填列)		−39 180	184 395
三、利润总额(亏损总额以"—"号填列)		2 700 976	9 745 913
减:所得税费用		590 084	3 106 795
四、净利润(净亏损以"—"号填列)		2 110 892	6 639 118
五、每股收益			
(一)基本每股收益		0.176	0.553
(二)稀释每股收益		0.176	0.553

9.4　现金流量表

　　　　资产负债表和利润表揭示了有关企业财务状况和经营成果的信息。但是进入 20 世纪 50 年代以后,市场竞争日益加剧,生存已经成为企业的首要目标,企业的投资者、债权人和内部管理当局越来越关注企业偿付债务的能力,资产负债表提供的某一时刻资产、负债静态数据的会计信息已经不能完整地反映企业的偿债能力和生存能力。会计环境的巨大变化迫使人们开始关注有关反映企业财务状况变动情况的信息,于是 20 世纪 70 年代出现了财务状况变动表。后来发现现金流量的增减变动和结存情况是企业财务状况最重要的内容,90 年代以后现金流量表替代了财务状况变动表,有关现金流量的信息成为决策者关注的焦点,现金流量表也就成为现代企业必须编报的主体会计报表之一。我国财政部于 1998 年颁布实施现金流量表会计准则,要求企业从 1998 年开始编报现金流量表。

9.4.1　现金流量表的概念和作用

现金流量表是指反映企业一定会计期间的现金和现金等价物流入和流出的会计报表。现金流量表的出现对于完善企业财务报表体系具有重要意义。它与资产负债表、利润表一起构成了现代企业会计信息的三大支柱,它们分别从财务状况、经营成果和现金流量揭示企业经营活动和财务活动的过程和结果。

编制现金流量表的主要目的,是为会计报表使用者提供企业在一定会计期间有关现金的流入量、流出量和净流量的信息。其作用主要体现在以下几个方面:

1. 现金流量表可以揭示企业一定时期现金流入、流出的原因及其结果,全面反映企业经营活动、投资活动和筹资活动所产生的现金流量,使报表使用者明确企业的现金从何处产生,又流向何处。通过比较现金流入量和流出量,分析一定时期企业现金流量的平衡关系。

2. 由现金流量表可以进一步分析企业的偿债能力,尤其是通过比较经营活动产生的现金流量净额与企业的债务水平,评价以经营活动产生的现金流量偿还债务的能力。

3. 通过比较净利润与经营活动产生的现金流量净额,可以分析企业实现盈利的现金保障程度,评价企业盈利的质量优劣。

9.4.2　现金流量表的编制基础

现金流量表的编制基础是现金及现金等价物,它包括以下四个部分:

1. 库存现金。指企业持有的、可随时用于支付的现钞,即会计核算中"库存现金"科目所包含的内容。

2. 银行存款。指企业存放在金融机构随时可以用于支付的存款,即与会计核算中"银行存款"科目包含的内容基本一致。

3. 其他货币资金。指除现金和银行存款以外的货币资金,如外埠存款、银行汇票存款、存出投资款等。

4. 现金等价物。指企业持有的期限短、流动性强、易于转换为已知金额现金、价值变动风险很小的投资。通常三个月内到期的短期债券投资可以认为是现金等价物。而权益性投资变现的金额通常不确定,因而不属于现金等价物。由于现金等价物的变现能力很强,其支付能力与现金差别不大,现金流量表中将其视为现金处理。企业应当根据具体情况,确定现金等价物的范围,一经确定,不得随意变更。

值得一提的是,现金流量表的编制应遵循收付实现制,而不是权责发生制。也就是说,现金流量表中现金流入和流出是以现金收入和付出作为标志来确认的,而与一般企业会计核算中按照应收、应付原则来确认收入、费用是不同的。

9.4.3 现金流量的分类

要反映现金流量的信息,首先要对各项经营业务产生的现金流入量和现金流出量进行合理的分类,在现金流量表中分类地加以反映。按照企业经营业务的性质不同,现金流量表中的现金流量分为三类:经营活动产生的现金流量;投资活动产生的现金流量;筹资活动产生的现金流量。

(一)经营活动产生的现金流量

经营活动是指企业投资活动和筹资活动以外的所有交易和事项。经营活动包括销售商品、提供劳务、经营性租赁、购买货物、接受劳务、制造产品、广告宣传、推销产品、缴纳税款,等等。值得注意的是,现金流量表中的经营活动与一般意义上的经营活动是有区别的。一般会计核算中的经营活动是指日常的生产经营活动;而现金流量表中的经营活动是指投资活动和筹资活动以外的所有交易和事项,它包括的范围比前者要广。有些交易或事项,如企业取得的罚款收入,在正常会计核算中将其作为营业外收入,而编制现金流量表时,则将其作为经营活动的现金流入来列示。

经营活动产生的现金流量项目如下:

1. "销售商品、提供劳务收到的现金"项目,反映企业本期销售商品、提供劳务收到的现金,以及前期销售商品、提供劳务在本期收到的现金(包括销售收入和应向购买者收取的增值税销项税额)和本期预收的款项,减去本期销售本期退回的商品和前期销售本期退回的商品所支付的现金。企业销售材料和代购代销业务收到的现金,也在本项目反映。

2."收到的税费返还"项目,反映企业收到返还的增值税、营业税、所得税、消费税、关税和教育费附加返还款等各种税费的现金。

3."收到其他与经营活动有关的现金"项目,反映企业收到的罚款收入、经营租赁收到的租金等其他与经营活动有关的现金,金额较大的应当单独列示。

4."购买商品、接受劳务支付的现金"项目,反映企业本期购买商品、接受劳务实际支付的现金(包括增值税进项税额),以及本期支付前期购买商品、接受劳务的未付款项和本期预付款项,减去本期发生的购货退回收到的现金。

5."支付给职工以及为职工支付的现金"项目,反映企业本期实际支付给职工的工资、奖金、各种津贴和补贴等职工薪酬,但是应由在建工程、无形资产负担的职工薪酬以及支付的离退休人员的职工薪酬除外。

6."支付的各项税费"项目,反映企业按规定支付的各项税费,包括本期发生并支付的税费,以及本期支付以前各期发生的税费和预交的税费。如支付的教育费附加、矿产资源补偿费、印花税、房产税、土地增值税、车船使用税、预交的营业税等,不包括本期退回的增值税、所得税等。

7."支付其他与经营活动有关的现金"项目,反映企业支付的罚款支出,支付的差旅费、业务招待费、保险费,经营租赁支付的现金等其他与经营活动有关的现金流出,金额较大的应当单独列示。

(二)投资活动产生的现金流量

投资活动是指企业非流动资产的购建和处置业务,以及不包括在现金等价物范围内的对外投资活动。应当指出的是,现金流量表中的投资活动与一般会计核算中的投资活动是有区别的。会计核算中的投资是指企业的对外投资,如股权投资和债权投资等,不包括有关购建与处置固定资产、无形资产等非流动资产的业务;而现金流量表中的投资活动不但包括会计核算中的投资(作为现金等价物的债券投资除外),而且包括购建或处置固定资产和无形资产等的投资业务。

投资活动产生的现金流量项目如下:

1."收回投资收到的现金"项目,反映企业出售、转让或到期收回除现金等价物以外的交易性金融资产、长期股权投资而收到的现金,以及收回长期债权投资本金而收到的现金,但持有至到期投资收回的利息除外。

2."取得投资收益收到的现金"项目,反映企业因股权性投资而分得的现金股利,从子公司、联营企业或合营企业分回利润而收到的现金,以及因债权性投资而取得的现金利息收入。

3."处置固定资产、无形资产和其他长期资产收回的现金净额"项目,反映企业出售、报废固定资产、无形资产和其他非流动资产所取得的现金(包括因资产毁损而收到的保险赔偿收入),减去为处置这些资产而支付的有关费用后的净额。

4."处置子公司及其他营业单位收到的现金净额"项目,反映企业处置子公司及其他营业单位所取得的现金减去相关处置费用后的净额。

5."购建固定资产、无形资产和其他长期资产支付的现金"项目,反映企业购买、建造固定资产,取得无形资产和其他长期资产所支付的现金及增值税款,支付的应由在建工程和无形资产负担的职工薪酬现金支出。但为购建固定资产而发生的借款利息资本化部分、融资租入固定资产所支付的租赁费应在筹资活动的现金流出中反映。

6."投资支付的现金"项目,反映企业取得的除现金等价物以外的权益性投资和债权性投资所支付的现金以及支付的佣金、手续费等附加费用。

7."取得子公司及其他营业单位支付的现金净额"项目,反映企业购买子公司及其他营业单位购买出价中以现金支付的部分,减去子公司或其他营业单位持有的现金和现金等价物后的净额。

8."收到其他与投资活动有关的现金"、"支付其他与投资活动有关的现金"项目,反映企业除上述(1)至(7)各项目外收到或支付的其他与投资活动有关的现金流入或流出,金额较大的应当单独列示。

(三)筹资活动产生的现金流量

筹资活动是指引起企业资本及债务规模及其构成发生变化的活动。筹资活动包括直接吸收投资、发行股票、发行债券、借款和分配利润等。筹资活动产生的现金流量项目如下:

1."吸收投资收到的现金"项目,反映企业以发行股票、债券等方式筹集资金实际收到的款项,减去直接支付给金融机构的佣金、手续费、宣传费、咨询费、印刷费等发行费用后的净额。

2."取得借款收到的现金"项目,反映企业举借各种短期、长期借款而收到的现金。

3."偿还债务支付的现金"项目,反映企业以现金偿还债务的本金。

4."分配股利、利润或偿付利息支付的现金"项目,反映企业实际支付的现金股利、支付给其他投资单位的利润或用现金支付的借款利息、债券利息。

5."收到其他与筹资活动有关的现金"、"支付其他与筹资活动有关的现金"项目,反映企业除上述(1)至(4)项目外,收到或支付的其他与筹资活动有关的现金流入或流出，包括以发行股票、债券等方式筹集资金而由企业直接支付的审计和咨询等费用、为购建固定资产而发生的借款利息资本化部分、融资租入固定资产所支付的租赁费、以分期付款方式购建固定资产以后各期支付的现金等。

除了上面三个部分以外，现行现金流量表中的现金流量还包括汇率变动对现金流量的影响。这里不再详细说明。

表 9-8 是海丰模具股份有限公司 2005 年度的现金流量表。

表 9-8　现金流量表　　　　　　　　　会企 03 表

编制单位:海丰模具股份有限公司　　　　2005 年度　　　　　　单位:元

项　目	本年金额	上年金额
一、经营活动产生的现金流量:		
销售商品、提供劳务收到的现金	115 759 178	113 858 391
收到的税费返还	111 272	
收到其他与经营活动有关的现金	1 805 821	2 498 156
经营活动现金流入小计	117 676 271	116 356 547
购买商品、接受劳务支付的现金	100 187 927	97 117 607
支付给职工以及为职工支付的现金	3 102 980	2 104 882
支付的各项税费	4 633 414	6 948 727
支付其他与经营活动有关的现金	2 495 765	3 806 682
经营活动现金流出小计	110 420 086	109 977 898
经营活动产生的现金流量净额	7 256 185	6 378 649
二、投资活动产生的现金流量:		
收回投资收到的现金	10 266	78
取得投资收益收到的现金	439 594	143 706
处置固定资产、无形资产和其他长期资产收回的现金净额	39 180	44 673
处置子公司及其他营业单位收到的现金净额		
收到其他与投资活动有关的现金	36 422	52 324
投资活动现金流入小计	525 462	240 781
购建固定资产、无形资产和其他长期资产支付的现金	6 944 150	6 190 115

（续表）

项　目	本年金额	上年金额
投资支付的现金	656 638	66
取得子公司及其他营业单位支付的现金净额		
支付其他与投资活动有关的现金		
投资活动现金流出小计	7 600 788	6 190 181
投资活动产生的现金流量净额	− 7 075 326	− 5 949 400
三、筹资活动产生的现金流量：		
吸收投资收到的现金		
取得借款收到的现金	8 150 000	7 200 000
收到其他与筹资活动有关的现金		
筹资活动现金流入小计	8 150 000	7 200 000
偿还债务支付的现金	4 700 000	5 500 000
分配股利、利润或偿付利息支付的现金	2 316 233	2 493 581
支付其他与筹资活动有关的现金		
筹资活动现金流出小计	7 016 233	7 993 581
筹资活动产生的现金流量净额	1 133 767	− 793 581
四、汇率变动对现金的影响		
五、现金及现金等价物净增加额	1 314 626	− 364 332
期初现金及现金等价物余额	2 477 750	2 842 082
期末现金及现金等价物余额	3 792 376	2 477 750

9.4.4　现金流量表的编制方法

采用电子计算机进行账务处理的企业，现金流量表由计算机直接生成。采用手工账务处理的企业，会计人员编制现金流量表的方法很多。从理论上讲，有所谓的账户分析法、T 型账户法和工作底稿法。

所谓账户分析法，是指通过分析有关账户记录直接填列现金流量表有关项目的编制方法。如根据"主营业务收入"和"其他业务收入"账户的记录以及"应收账款"、"应收票据"等账户的记录来确定现金流量表中"销售商品、提供劳务收到的现金"项目的数据。

采用 T 型账户法编制现金流量表,是以 T 型账户为手段,开设"现金及现金等价物"T 型账户和其他 T 型账户,以资产负债表和利润表中的数据为基础,对每一项目进行具体分析并编制调整分录,从而编制现金流量表。

采用工作底稿法编制现金流量表,是以工作底稿为手段,以资产负债表和利润表的数据为基础,对每一项目进行具体分析并编制调整分录,计算出现金流量表各项目的金额,从而编制现金流量表。

上述编制现金流量表的方法尽管在理论上能自圆其说,但它们是在一些假设前提下建立起来的,实际操作难度较大,会计人员往往难以把握,所编制的现金流量表的准确性也往往不尽如人意。

近年来,会计人员在会计工作实践中逐渐总结出一些编制现金流量表的可行的方法,如"标行法"、"辅助账册法"等。"标行法"的做法是:先将现金流量表的各项目标明行数,会计人员在平时记录现金及现金等价物的收入和支出各项业务时,在账簿记录中标明该笔交易在现金流量表中所对应的行数,如发生"以现金支付职工工资"的业务,记录现金日记账时,在该项业务记录的同一行中标上"8"字样,表明该项业务在现金流量表中应填入第 8 行。这样一来,所有应在现金流量表中反映的交易均在账簿记录中表明了行数。年末,将标有相同行数的经济业务的金额汇总,填列在现金流量表的相应行内。

"辅助账册法"的做法是:首先,按照现金流量表各项目的名称,设置一个大账页现金流量表;然后,对于发生的每一笔影响现金及现金等价物的交易,在记录正式会计账簿的同时,也将其记录在设置的大账页现金流量表的对应项目内。年末,将大账页现金流量表中相同项目的数额分别加总,转入现金流量表的对应项目中,便完成了现金流量表的编制工作。

以上两种编制现金流量表的方法通俗易懂,易于理解和掌握,将制表的大量具体工作分散在平日记录交易的过程中,这样便于会计人员分析交易的性质,把握交易所对应的现金流量的类别,报表数据的准确性也较高。当然,采用这些方法编制现金流量表时,会计人员的工作量较大;平时工作的马虎可能会影响整个现金流量表的质量;而且一旦出现差错,年终很难发现和查找。实际操作时,可以运用上述方法的思路,按月编表,年终,将每月编制的结果加总过入年度的现金流量表中。

9.5 所有者权益变动表

9.5.1 所有者权益变动表的意义

所有者权益变动表是反映企业年末所有者权益（或股东权益,下同）变动情况的会计报表。它既反映财务状况,又反映经营成果以及利得和损失;既反映所有者权益增减变动的结果,又揭示所有者权益增减变动的动态过程;既是资产负债表中所有者权益各项目的详细说明,也是利润表中净利润分配的进一步延伸。因此,所有者权益变动表可谓是一个内容丰富、信息量大的综合性会计报表。其意义在于:

第一,总体上说,所有者权益变动表将影响企业所有者权益的各种因素列示出来,包括本年净利润及其分配情况,直接计入所有者权益的利得和损失,以及会计政策变更、会计差错更正对所有者权益产生的影响,使会计信息使用者（尤其是股东）明白资产负债表中所有者权益各项目如何由年初数变成年末数。从这一点上说,它是对资产负债表的必要补充。

第二,从所有者权益变动表可以清楚地了解到企业利润的分配去向及其对期末所有者权益的影响,从这个意义上说,它是利润表的进一步延伸。

第三,所有者权益变动表在一定程度上体现企业综合收益的特点,除列示直接计入所有者权益的利得和损失外,同时包含最终属于所有者权益变动的净利润,从而构成企业的综合收益。这是对利润表的必要补充;同时,它解释了为什么利润（或亏损）不是导致所有者权益增减变动的唯一原因,将利润表与资产负债表的"脱节"很好地衔接起来。

9.5.2 所有者权益变动表的结构

所有者权益变动表应当反映构成所有者权益的各组成部分当期的增减变动情况。具体地说,该报表包含的项目分为"主栏"和"宾栏"。"主栏"列示企业所有者权益的构成项目,并按照"本年金额"和"上年金额"两栏分别列报;"宾栏"反映引起企业所有者权益增减变动的原因。具体格式见表9-9。

表 9-9 股东权益变动表(2005 年)

编制单位:海丰模具股份有限公司　　　　　　　　　单位:元　币种:人民币

项目	行次	本年金额						上年金额					
		实收资本(或股本)	资本公积	减:库存股	盈余公积	未分配利润	所有者权益合计	实收资本(或股本)	资本公积	减:库存股	盈余公积	未分配利润	所有者权益合计
一、上年年末余额													
1.会计政策变更													
2.前期差错更正													
二、本年年初余额													
三、本年增减变动金额(减少以"一"号填列)													
(一)净利润													
(二)直接计入所有者权益的利得和损失													
1.可供出售金融资产公允价值变动净额													
2.权益法下被投资单位其他所有者权益变动的影响													
3.与计入所有者权益项目相关的所得税影响													
4.其他													
上述(一)和(二)小计													
(三)所有者投入和减少资本													
1.所有者投入资本													
2.股份支付计入所有者权益的金额													
3.其他													
(四)利润分配													
1.提取盈余公积													
2.对所有者(或股东)的分配													
3.其他													
(五)所有者权益内部结转													
1.资本公积转增资本(或股本)													
2.盈余公积转增资本(或股本)													
3.盈余公积弥补亏损													
4.其他													
四、本年年末余额													

从表中可以看出,"主栏"中反映所有者权益构成内容的主要项目有:实收资

本、资本公积、库存股、盈余公积和未分配利润。"宾栏"中所列示的引起所有者权益总额及各构成项目增减变动的主要事项包括：(1)本年度净利润；(2)直接计入所有者权益的利得和损失；(3)所有者投入和减少资本；(4)利润分配；(5)所有者权益内部结转。

需要说明的是，直接计入当期损益的利得和损失应包含在净利润中；而直接计入所有者权益的利得和损失主要包括：可供出售金融资产公允价值变动净额、现金流量套期工具公允价值变动净额、与计入所有者权益项目相关的所得税影响等。

9.5.3　所有者权益变动表的编制

所有者权益变动表各项目应当根据当期净利润、直接计入所有者权益的利得和损失项目、所有者投入资本和向所有者分配利润、提取盈余公积等情况分析填列，主要应通过分析反映所有者权益的各个账户记录填列。在实际工作中，会计人员只要仔细查阅"实收资本"、"资本公积"、"盈余公积"、"未分配利润"以及"库存股"的各种明细记录，按对应项目填列即可。

9.6　附　注

财务会计报告并不仅仅包含财务报表，它还有表外形式，即会计报表附注。附注是会计报表的必要补充，即对会计报表不能包括的内容，或者披露不详尽的内容作进一步的解释说明。现代企业会计信息披露的一个明显的趋势是：表外信息越来越重要。本节简单介绍附注的必要性及其主要内容。

9.6.1　附注的必要性

随着经济的发展和会计环境的改变，人们对会计信息的充分性、时效性的要求越来越高，会计报表所提供的信息已经不能完全满足外部使用者的需要，表外信息已成为现代企业财务会计报告的重要内容。附注作为表外信息的主要形式，是信息披露必不可少的内容。

首先，报表形式提供的会计信息具有一定的局限性。会计报表是以"表格"提供会计信息的一种载体形式，具有简明、直观的优点，但也存在很大的缺陷。例如，会计报表中所规定的内容具有一定的固定性，只能提供定量的财务信息。

再如,会计报表的编制有严格的截止时间(如年报的截止时间为 12 月 31 日),一般来说,只有在期末前已经发生的交易或事项,才能进行会计记录,相关的信息才能于报表中得以反映。而会计信息使用者取得报表已在资产负债表日后,从资产负债表日至会计报表报出日的一段时间内,企业可能发生影响信息使用者决策的重大事项(资产负债表日后事项),虽然会计准则要求对其中的调整事项在上一年度会计报表相关项目中予以调整,但也有许多非调整事项没有在报表中反映。因此,必须依赖附注的形式提供这些在会计报表中未能反映的事项。

其次,会计政策选用的灵活性。由于会计准则和会计制度对企业会计政策的选用具有很大的灵活性,企业变更会计政策的现象屡见不鲜,而这种变更往往会导致企业财务状况、经营成果发生相应的改变。如不加以说明,就会严重地影响决策者对会计信息的理解。然而会计报表本身不可能反映这些政策变更的情况,借助于附注就能够详尽地揭示。

最后,会计信息使用者专业知识的限制。会计报表的专业性太强,某些受专业知识限制的信息使用者,对会计报表的某些重要项目不甚理解,容易产生误解,因而需要通俗易懂的文字说明来帮助他们理解,附注在一定程度上能满足这种需要。

9.6.2　附注的内容及其披露

附注是财务会计报告不可或缺的组成部分,报表使用者欲全面了解企业的财务状况、经营成果和现金流量,应当阅读附注;附注相对于报表而言,同样具有重要性。附注实际上是指对在资产负债表、利润表、所有者权益变动表和现金流量表等报表中列报项目的明细资料,以及对未能在这些列报项目中反映的事项加以说明。

按照《企业会计准则第 30 号——财务报表列报》的规定,附注应当披露财务报表的编制基础,相关信息应当与资产负债表、利润表、所有者权益变动表和现金流量表等报表中列报的项目相互参照。附注应当按照一定的结构进行系统合理的排列和分类,有顺序地披露以下信息:

(一)企业的基本情况

主要包括:(1)企业注册地、组织形式和总部地址;(2)企业的业务性质和主要经营活动;(3)母公司以及集团最终母公司的名称;(4)财务报告的批准报出者和批准报出日。按照有关法律、行政法规等规定,企业所有者或其他方面有权对报出的财务报告进行修改的事实。

（二）财务报表的编制基础

主要说明以下内容：(1)会计年度；(2)记账本位币；(3)会计计量所运用的计量基础；(4)现金和现金等价物的构成。

（三）遵循企业会计准则的声明

即明确说明编制的财务报表符合企业会计准则体系的要求，真实、公允地反映企业的财务状况、经营成果和现金流量。

（四）重要会计政策和会计估计

会计政策是指企业在会计核算时所遵循的具体会计原则以及企业所采纳的具体会计处理方法。由于会计准则和会计制度允许企业对相同的交易或事项，可以在规定的会计政策中选择采用。一般情况下，企业会选择最恰当的会计政策反映其经营成果和财务状况。会计估计是指企业对其结果不确定的交易或事项以最近可利用的信息为基础所做的判断。

为帮助决策者理解会计信息，企业必须在会计报表附注中披露重要的会计政策和会计估计。企业应当披露的重要会计政策和会计估计主要有：

(1)存货会计核算中关于确定发出存货成本所采用的方法；可变现净值的确定方法；存货跌价准备的计提方法等。

(2)固定资产会计核算中关于固定资产的确认条件和计量基础；固定资产的折旧方法等。

(3)资产减值会计核算中资产或资产组可收回金额的确定方法；可收回金额按照资产组的公允价值减去处置费用后的净额确定的，确定公允价值减去处置费用后的净额的方法、所采用的各关键假设及其依据；可收回金额按照资产组预计未来现金流量的现值确定的，预计未来现金流量的各关键假设及其依据。

(4)收入会计核算中关于收入确认所采用的会计政策，包括确定提供劳务交易完工进度的方法。

(5)外币折算中企业及其境外经营选定的记账本位币及选定的原因，记账本位币发生变更的理由。

(6)企业合并中关于属于同一控制下企业合并的判断依据；非同一控制下企业合并成本的公允价值的确定方法。

（五）会计政策和会计估计变更以及差错更正的说明

会计政策和会计估计的变更，是指在不同的会计期间对相同的交易或事项采用不同的会计政策和不同的会计估计。会计政策和会计估计的变更通常会影响企业的财务状况和经营成果，导致会计报表有关项目的比较资料缺少可比性，这样可能会引起报表使用者的误解。因此，企业应当在会计报表附注中对会计政策和会计估计的变更事项作出说明,主要应说明以下内容:(1)会计政策变更的性质、内容和原因;(2)当期和各个列报前期财务报表中受影响的项目名称和调整金额;(3)会计政策变更无法进行追溯调整的事实和原因,以及开始应用变更后的会计政策的时点、具体应用情况;(4)会计估计变更的内容和原因;(5)会计估计变更对当期和未来期间的影响金额;(6)会计估计变更的影响数不能确定的事实和原因;(7)前期差错的性质;(8)各个列报前期财务报表中受影响的项目名称和更正金额,前期差错对当期财务报表也有影响的,还应披露当期财务报表中受影响的项目名称和金额;(9)前期差错无法进行追溯重述的事实和原因,以及对前期差错开始进行更正的时点、具体更正情况。

(六)报表重要项目的说明

这部分在附注中占有相当的篇幅,企业尽可能以列表形式披露重要报表项目的构成或当期增减变动情况。对重要报表项目的明细说明,应当按照资产负债表、利润表、现金流量表、所有者权益变动表的顺序以及报表项目列示的顺序进行披露,应当以文字和数字描述相结合进行披露,并与报表项目相互参照。

需要指出的是,附注中应当单独披露资产减值准备明细表、分部报表、现金流量表补充资料等内容,而不再单独作为主体会计报表的附表。

(七)或有事项

或有事项是指过去的交易或事项形成的一种状况,其结果须通过未来不确定事项的发生或不发生予以证实。或有事项可能会导致一种负债(或有负债),也可能产生一种资产(或有资产)。

按照会计准则和会计制度的规定,企业应当在会计报表附注中披露或有负债形成的原因、预计产生的财务影响(如无法预计,应当说明理由)以及获得补偿的可能性。或有负债的类型主要有:已贴现的商业承兑汇票形成的或有负债;未决诉讼、仲裁形成的或有负债;为其他单位提供债务担保形成的或有负债等。

或有资产一般不应当在会计报表附注中披露,但如果或有资产很可能会给企业带来经济利益时,则应说明其形成的原因,如果能够预计其产生的财务影响,还应当作相应的披露。

(八)资产负债表日后事项

资产负债表日后事项,是指自年度资产负债表日至财务会计报告批准报出日之间发生的需要调整或说明的事项。资产负债表日后事项可以分为两类:调整事项和非调整事项。对于调整事项,应调整会计报表有关项目的金额;对于非调整事项,应当在会计报表附注中说明其内容,估计对财务状况、经营成果的影响;如无法作出估计,应当说明其原因。应说明的主要非调整事项包括:股票和债券的发行;对一个企业的巨额投资;自然灾害导致的资产损失;外汇汇率发生较大变动。

（九）关联方关系及其交易

一方控制、共同控制另一方或对另一方施加重大影响,以及两方或两方以上同受一方控制、共同控制或重大影响的,构成关联方。关联方关系及其交易均应在会计报表附注中披露,要求披露的内容如下:

1. 母公司和子公司的名称。母公司不是该企业最终控制方的,说明最终控制方名称。

母公司和最终控制方均不对外提供财务报表的,说明母公司之上与其最相近的对外提供财务报表的母公司名称。

2. 母公司和子公司的业务性质、注册地、注册资本(或实收资本、股本)及其当期发生的变化。

3. 母公司对该企业或者该企业对子公司的持股比例和表决权比例。

4. 企业与关联方发生关联方交易的,该关联方关系的性质、交易类型及交易要素。交易要素至少应当包括:(1)交易的金额;(2)未结算项目的金额、条款和条件,以及有关提供或取得担保的信息;(3)未结算应收项目的坏账准备金额。

⇨【进一步学习指南】

现金流量表的格式有直接法和间接法两种。直接法指经营活动产生的现金流量净额直接以现金收入和现金支出的主要项目反映的一种格式;间接法指经营活动产生的现金流量净额是以净利润为起点,通过调整那些不影响现金的收入、费用和营业外收支等有关项目的增减变动,得到经营活动现金流量净额的一种格式。本章介绍的是直接法格式的现金流量表,但间接法格式的现金流量表能反映经营活动产生的现金流量净额和净利润的关系,便于分析企业盈利的质量。按规定,企业应当在附注中披露将净利润调节为经营活动现金流量的信息,请读者学习《企业会计准则第31号——现金流量表》,熟悉如何从"净利润"调整到"经营活动现金流量净额"。

所有者权益变动表是一张内容丰富的综合性财务报表,目前企业编报的所有者权益变动表是按照2001年企业会计制度规定的格式,与新准则规定的格式存在很大差异。本章第四节仅列示了所有者权益变动表的格式,没有详细介绍该表的编制方法。建议读者阅读《企业会计准则第30号——财务报表列报》及其应用指南,了解所有者权益变动表各项目的编制方法。

附注是重要的表外信息披露形式,附注的内容相当丰富,由于篇幅限制,教材中仅列示了附注的内容提要,没有详细内容。建议读者点击下列网址,查阅某一上市公司最新年报,重点关注报表附注的内容。

http://share.jrj.com.cn/cominfo/bkdxdzz_hy.asp

⊳【复习思考题】

1. 什么叫财务会计报告?它包括哪些内容?

2. 财务报表列报需要遵循哪些基本要求?

3. 年末资产负债表中"未分配利润"项目的金额应当与该年度利润表中"净利润"项目的金额相等吗?年度现金流量表中"现金及现金等价物净增加额"项目的金额应当与年末资产负债表中"货币资金"项目的"年末数"与"年初数"之差相等吗?

4. 计提企业管理部门使用的固定资产折旧 10 万元,计入当期管理费用,此会计事项会引起资产负债表和利润表的哪些项目发生变化?如果计提车间使用的固定资产折旧 10 万元,计入制造费用,又会引起资产负债表和利润表的哪些项目发生变化?

5. 有了会计报表,为什么还需要附注?

⊳【练习题】

1. 江南食品股份有限公司 2006 年 12 月发生下列业务:

(1)以银行存款缴纳前月应交的各种税费 6 500 元;

(2)以银行存款支付产品广告宣传费 100 000 元,计入当期销售费用;

(3)出售一土地使用权,其账面价值 350 万元,出售价款 530 万元收存银行(不考虑相关税费);

(4)将完工产品成本 80 万元予以结转;

(5)以一固定资产抵付短期债务 255 万元,该固定资产的账面原价 320 万元,已计提折旧 65 万元,公允价等于其账面净值;

(6)公司董事会决定以资本公积 50 万元转增股本。

要求:指出上述经济业务的发生,哪些只影响资产负债表项目,不影响利润表项目?哪些既影响资产负债表项目,又影响利润表项目?哪些既不影响资产负债表项目,也不影响利润表项目?你能否举出这样一项经济交易或会计事项,它只影响利润表项目,不影响资产负债表项目?

2. 某公司年末有一批汽车报废,它们的账面原始价值为 150 万元,已计提折旧 135 万元,报废时将这些汽车转让取得现金 10 万元。假设本公司适用的所

得税税率为25％,公司存在应纳税所得额,且不免税。试计算并回答:

(1)该批汽车报废后对公司利润表中"净利润"项目的影响金额是多少?

(2)该批汽车报废后对公司最终的现金及现金等价物增减净额为多少?

(3)该批汽车报废所产生的现金流量在现金流量表中应当如何反映?

3. 下面列示的是上一章例8-6海乐塑料制品有限公司2005年12月末有关损益类账户的余额。

表9-10 2005年12月末损益类账户余额   单位:元

账户名称	借方余额	贷方余额
主营业务收入		832 500
其他业务收入		74 500
营业外收入		2 830
投资收益		26 800
主营业务成本	592 000	
其他业务成本	56 090	
营业税金及附加	31 760	
销售费用	39 920	
管理费用	53 060	
财务费用	12 300	
营业外支出	9 000	

假设该公司按月计算和缴纳所得税,前11个月已经按照规定计算和缴纳所得税;2005年12月份的所得税按照当月账面利润总额的25％计算。

要求:请你根据上述资料,编制该公司2005年12月份的利润表。(只要求填列"本月数")

▷【案例分析题】

资料:大地化工有限公司为增值税一般纳税人,各种存货按实际成本计价,所有产品的增值税税率为17％,企业所得税税率为25％。2007年12月31日有关账户的余额如下表:

表 9-11 账户余额表 单位:元

账户名称	借方余额	账户名称	贷方余额
库存现金	3 324	短期借款	4 500 000
银行存款	2 904 221	应付票据	1 116 180
交易性金融资产	113 060	应付账款	1 456 650
应收票据	1 556 100	预收账款	260 000
应收账款	2 939 040	应付职工薪酬	736 310
其他应收款	432 780	应交税费	208 650
预付账款	150 000	应付利息	25 875
应收利息	18 750	其他应付款	828 452
原材料	675 829	长期借款	3 543 750
生产成本	868 406	长期应付款	750 000
库存商品	1 033 550	实收资本	5 000 000
长期股权投资	1 200 000	资本公积	571 887
持有至到期投资	600 000	盈余公积	657 855
固定资产	6 220 710	利润分配	1 398 750
工程物资	552 010	累计折旧	588 750
在建工程	1 751 220	累计摊销	164 500
无形资产	858 000	坏账准备	168 591
研发支出	325 000	存货跌价准备	130 800
长期待摊费用	445 000	固定资产减值准备	540 000
合计	22 647 000	合计	22 647 000

2008 年 1 月份该公司发生下列经济业务:

(1)4 日,三星公司上年末已经宣告支付的债券利息 18 750 元,现已进本公司账户,该笔利息上年末已经计提;

(2)4 日,开出现金支票一份,金额 5 000 元,从银行提取现金;

(3)4 日,采购员王林在出差前向财务部门预借差旅费 2 000 元,以现金付讫;

(4)5 日,新世纪咨询公司为本公司职工进行职业培训,现签发转账支票,支

付培训费 21 500 元(在"应付职工薪酬"科目中列支,已计提的职工教育经费足够开支);

(5)5 日,利民公司前月购买本公司的产品,现收到该公司签发的转账支票一份,金额 224 640 元,款项已交存银行;

(6)5 日,向林立公司采购 A 材料 75 吨,每吨买价 3 000 元,价款 225 000元,增值税 38 250 元,价税合计 263 250 元已签发转账支票付讫,材料已入库;

(7)8 日,出售乙产品 50 吨,单位售价 3 500 元,价税合计 204 750 元已收存银行;

(8)8 日,以银行存款 208 650 元缴纳上月应交的各种税费,其中应交增值税102 000 元,营业税 18 000 元,城建税 8 400 元,教育费附加 6 000 元,所得税74 250 元;

(9)8 日,发放上月职工工资 495 500 元,通过银行将款项转入职工信用卡;

(10)9 日,购入生产用设备一台,价税合计 145 000 元,已通过银行付讫,设备不能直接使用,委托博世安装公司安装;

(11)10 日,安装上述设备领用本公司工程物资计 3 600 元;

(12)11 日,以银行存款支付给博世安装公司 14 000 元安装费用;

(13)11 日,上述设备工程安装完毕,按实际发生的成本结转;

(14)11 日,采购员王林出差回来,报销交通费、住宿费等 2 017 元,王林在出差前已预借现金 2 000 元,报销时应补付现金 17 元;

(15)12 日,以银行存款 30 000 元支付本月地方电视台广告宣传费用;

(16)15 日,本公司拟租用恒风物流公司的仓库,现以银行存款预付一年半租金 360 000 元;

(17)15 日,出售甲产品 65 吨,单位售价 4 000 元,价款合计 304 200 元,该客户于前月已经预付货款 200 000 元,余款现已付清;

(18)16 日,向三星公司采购 B 材料 86 吨,单价为每吨 2 500 元,价款215 000 元,增值税 36 550 元,价税合计 251 550 元尚未支付,材料已验收入库;

(19)18 日,出售甲产品 60 吨,单位售价 4 000 元,价款合计 280 800 元,收到购货方签发的商业承兑汇票一份,金额 280 800 元,期限为 6 个月;

(20)18 日,出售乙产品 70 吨,单位售价 3 500 元,价税合计 286 650 元,现购货方以 150 000 元的银行汇票结算,银行汇票已办理进账手续,余款暂欠;

(21)19 日,一张 3 个月的商业承兑汇票到期,予以转账,银行进账单金额为356 265 元,其中面额为 351 000 元,利息为 5 265 元(该笔利息上年末尚未计提);

(22)19 日,支付 200 万元建设银行短期借款三个月的利息 33 750 元,上年末止已预提 25 875 元;

(23)19 日,出售甲产品 80 吨,单位售价 4 000 元,价税合计 374 400 元尚未收回;

(24)19 日,以银行存款 3 747 元支付销售商品的运输费;

(25)22 日,为采购材料,以银行存款 80 000 元向林立公司预付购货款;

(26)22 日,本公司持有的联合公司的长期股权投资转让给斯达高科技公司,转让价格 755 000 元,公司对该长期股权投资一直采用成本法核算,其账面成本 720 000 元,没有计提减值准备;

(27)24 日,公司董事会通过决议,向希望工程捐款 50 000 元,款项已通过银行支付;

(28)25 日,公司准备建造新食堂,购入锅炉等设备,价款(含增值税)262 080 元,款项已经支付,设备已作为工程物资入库;

(29)26 日,与三洋建筑公司签订合同,食堂建造工程出包给该建筑公司,总造价 320 万元,现支付 20%的工程款计 64 万元;

(30)因新建厂房需要,购入工业用地 20 亩,实际支付土地出让金 150 万元,使用期限为 20 年;

(31)29 日,被投资企业(三花公司)宣告分配现金股利,本公司计算应收股利 72 000 元(属于按成本法核算的长期股权投资的投资收益);

(32)29 日,经审核,拟处置不使用设备一台,其原始价值 165 000 元,已计提折旧 148 500 元,现转入清理;

(33)29 日,上述设备清理发生清理费用 2 610 元,以银行存款支付,出售设备取得价款 25 000 元,已收存银行;

(34)30 日,上述设备清理完毕,结转其损益;

(35)30 日,接银行通知,本月水费 7 780 元、电费 38 600 元已经支付,水电费分配标准如下:生产车间负担 85%,公司行政管理部门负担 15%;

(36)30 日,向卢天化公司提供技术服务,收取技术服务费 32 000 元,款项已进账;

(37)31 日,本月耗用材料费用共计 666 000 元,其中制造甲产品直接耗用 363 500 元,制造乙产品直接耗用 284 600 元,生产车间设备维修耗用 15 600 元,管理部门耗用 2 300 元;

(38)31 日,按规定的折旧率和应计提折旧的固定资产原价计提本月固定资产折旧 126 950 元,其中基本生产车间使用的固定资产折旧 95 000 元,公司管理部门使用的固定资产折旧 31 950 元；

(39)31 日,分配本月工资费用 508 500 元,其中生产车间制造甲产品生产工人的工资 275 000 元,制造乙产品生产工人的工资 175 000 元,生产车间管理人员的工资 11 500 元,公司管理部门人员工资 38 400 元,专设销售机构人员工资 8 600 元；

(40)31 日,按本月工资总额的 14% 计提福利费,2% 计提工会经费,2.5% 计提职工教育经费；

(41)31 日,分摊已经在上年支付的但应由本月负担的生产车间租赁费 10 000 元,本月预付给恒风物流公司的仓库租赁费,本月应分摊 20 000 元；

(42)31 日,签发转账支票向定点设备维修公司支付本月生产车间设备维修费 6 867 元；

(43)31 日,按规定预提短期借款利息费用 17 438 元,长期借款利息 21 875 元(不符合资本化条件)；

(44)31 日,计算本月发生的制造费用总额,并以甲、乙两种产品生产工人的工资为标准分配制造费用；

(45)31 日,本月制造的甲产品和乙产品部分完工,完工甲产品的生产成本为 640 850 元,完工乙产品的生产成本为 392 050 元；

(46)31 日,结转本月已售产品的生产成本,甲产品共出售 205 吨,每吨生产成本 2 800 元,乙产品共出售 120 吨,每吨生产成本 2 350 元；

(47)31 日,根据业务(36)知,按收取的技术服务费的 5% 计算应交营业税 1 600 元；

(48)31 日,根据以上经济业务,计算本月增值税和本月应交营业税；按照增值税和营业税的 7% 计算本月应交城建税,5% 计算本月应交教育费附加；

(49)31 日,计算本月的利润总额,暂不考虑纳税调整事项,按照账面利润的 25% 计算应交所得税；

(50)31 日,将本月有关损益类账户的余额结转至"本年利润"账户。

要求：

(1)对本月发生的经济业务,按借贷记账法编制会计分录；

(2)编制大地化工有限公司 2008 年 1 月 31 日的资产负债表和 2008 年 1 月的利润表。

第 10 章

财务报表分析

本章导读

从填制审核会计凭证到登记账簿,再到编制财务报表,整个财务会计核算的流程已经完成。然而,对于投资者、债权人、社会公众以及企业内部的管理人员,获得会计报表并不是他们的最终目的,他们必须进一步对会计报表进行阅读和分析,从而对企业的财务状况、经营业绩作出合理的评价。本章从企业外部会计信息使用者的角度,介绍阅读和分析财务报表的基本方法和主要内容。通过本章的学习,要求达到下列目标:

1. 理解财务报表分析的目的和基本方法;
2. 掌握资产负债表、利润表和现金流量表的简单分析;
3. 能运用比较分析法、比率分析法分析企业的偿债能力、资金营运能力和盈利能力等,并对其财务状况和经营业绩作出正确评价。

10.1 财务报表分析概述

财务报表分析(也称财务报告分析、会计报表分析)是财务分析的一个重要方面。它以财务报表和其他有关经济资料为主要依据,对企业的财务状况、经营成果和现金流量诸方面进行剖析、解释和评价,旨在帮助会计信息使用者作出更为合理的决策。财务报表分析既是企业财务管理的重要内容和基本手段之一，也是企业会计工作的正常延伸。

10.1.1 财务报表分析的目的

财务报表分析产生于 19 世纪末 20 世纪初，当时主要是为银行服务的信用分析。资本市场形成以后，财务分析的重点转向盈利分析，以满足投资者决策的需要。总的来说，财务报表分析的目标是将大量的会计数据和经济资料转换为对特定决策有用的信息，以减少决策的不确定性。从这一点说，财务报表分析的目标是会计目标的延伸，即通过分析财务报表，能够更恰当地把握企业的财务情况，以支持其决策行为。概括地说，财务报表分析的目的主要包括三个方面：一是评价过去的经营业绩；二是衡量现在的财务状况；三是预测未来的发展趋势。

明确了财务报表分析的目的以后，我们进一步来说明：会计信息使用者有了财务报表，为何还要分析财务报表呢？这里有以下两个方面的原因：

一是会计信息使用者专业知识的限制。会计信息使用者相当广泛，主要有以下七大类：投资人、债权人、经理人员、供应商、政府、职工和工会、中介机构等。这中间不乏擅长企业管理的职业经理人，精通财务管理和会计核算的也大有人在，但对经济、管理、财务、会计一窍不通的也比比皆是。对于这些连会计报表都读不懂的"外行人"来说，如何凭借会计报表作出正确的决策？毫无疑问，他们需要专业人士为其提供专门的服务，以满足决策的需要。

二是会计报表本身的局限性。即使会计信息使用者具有一定的专业知识，能够理解会计报表的主要内容，但决策者仍不能简单地按照自己对会计报表的理解而直接作出合理的决策。这是因为会计报表本身存在缺陷，表现为：(1)会计报表提供的是"名称＋数字"式的信息，没有文字说明，使人很难理解；(2)会计报表的格式相对固定，不能动态地反映各项目之间的相互联系。财务报表分析能够挖掘报表数据的潜力，使反映在报表中死板的数字变得很有意义。

10.1.2 财务报表分析的基本方法

分析财务报表运用的方法很多，但最基本的方法有四种，即比较分析法、比率分析法、因素分析法和趋势分析法。它们各有所长，在实际分析时应当相互结合使用。

（一）比较分析法

人们常说"分析比较"，就是说"分析"总是与"比较"联系在一起的。或者说，最简单的分析就是比较。所以，比较是报表分析最基本的方法。比较分析法是指通过对财务报表相关数据和指标的对比,从数量上确定差异,从而揭示和评价企业财务状况和经营成果的一种分析方法。

运用比较分析法应当明确一个问题:比较的形式,即拿什么来进行比较,也就是比较的参照物。在实际工作中,比较的形式是多种多样的,其中最主要的有下面三种:

1. 与历史水平比较

这是不同时期相同项目或指标数值之间的对比,可以将本期实际完成数与上年实际数对比,也可以与历史最好水平相比较,还可以与过去某一时期的平均水平相比较。通过这种纵向比较,可以了解财务指标的发展、变化情况,有助于吸取历史经验和教训,合理评价现状。

与上年数据相比较时,通常要计算增减额和增长幅度。其计算公式如下:

增减额＝本期实际值－上期实际值

增长率＝(增减额÷上期实际值)×100%

2. 与计划数比较

比较分析另一种最基本的形式是将本期某一项目或财务指标的实际完成数与其计划数相比较,进而说明该指标的计划完成情况。这种比较通常需要计算某项财务指标的计划完成程度相对指标,其计算公式如下:

计划完成程度相对指标＝(实际完成数÷计划完成数)×100%

3. 与行业平均水平比较

前面两种比较形式都局限于本企业的范围,为了客观地评价一个企业的经营业绩,需要将本企业的主要财务指标与该企业所在行业的平均水平进行比较;特别地,可以与主要竞争者的相同财务指标进行比较。通过这种横向比较,可以发现本企业与同类企业之间存在的差异,找出产生差异的原因,有利于有针对性地提出改进措施。

(二)比率分析法

比率分析法是将会计报表中具有内在联系的若干项目,以比率的形式揭示它们的内在联系和相互关系,据此分析和评价企业财务状况和经营成果的一种分析方法。

比率分析实际上是"选择、计算、评价"的过程。"选择"就是将会计报表中相互联系的项目选择出来,例如利润表中的"净利润"和资产负债表中"所有者权益合计",这两个项目具有某种因果关系,将它们选择出来;"计算"就是将选择的项目数据进行运算,计算出财务比率——净资产收益率;"评价"就是运用一定的标准对财务比率的高低作出优劣的评判。

由于比率分析法运用的是相对数，排除了企业规模不同的影响，使不同比较对象之间建立起可比性，适合不同企业之间及同一企业不同时期的比较。比率分析法是财务报表分析重点运用的方法，同时它必须和比较分析法结合使用，因为对各种财务比率的评价必须借助于比较的手段。例如，资产负债率是一个财务比率，在财务分析时，我们不仅要计算该指标值，而且要将该指标本年末的数值与上年度的数值进行比较，观察其增减变化的情况，进而分析其变动的原因。

（三）因素分析法

因素分析法是依据分析指标与其影响因素之间的关系，从数量上确定各因素对分析指标影响程度的一种分析方法。因素分析法的理论依据是现象之间的相关性，即经济变量之间存在着某种因果关系。应该说，因素分析法是一种深层次的分析方法，运用这种方法可以揭示产生差异的原因及各因素的影响程度。

因素分析法有不同的形式，常见的有连环替代法。它是利用各个因素的实际数与基期数的连环替代来计算各因素的影响程度。连环替代法的具体运用请读者参看统计学教材中"指数分析法"的有关内容。

（四）趋势分析法

趋势分析法是通过比较企业持续几期的会计报表或财务指标，来了解财务指标的变化情况，并以此来预测企业未来发展趋势的一种方法。应当指出，趋势分析法不同于比较分析法。比较分析可以与历史数据进行比较，也可以与计划数相比较，或者与行业平均水平相比较；而趋势分析必然是将本期实际完成数与本企业以前各期的实际完成数相对比。另外，趋势分析是通过观察某项财务指标连续若干期数据的变化情况，来认识过去的变化规律，预测未来的发展趋势。

趋势分析有两种基本形式：定基趋势分析和环比趋势分析。定基趋势分析法是指在连续几期的会计数据中，以某期为固定基期（一般为第一期），分别计算其他各期数据对固定基期的变动情况，以判断其发展趋势。环比趋势分析法是指在连续几期的会计数据中，每一期与上期进行比较，分别计算各期的变动情况，以判断发展趋势。

在运用趋势分析法时，应注意以下几点：（1）选择合适的基期。基期必须具有代表性、正常性和可比性。（2）进行趋势分析所需要的期数一般应在三期以上。一般而言，选择的期数越多，分析结果的准确性越高。（3）分析过程应排除不可比因素，在计算口径上力求一致，当会计政策、会计制度等发生变化时，应对相关因素作适当调整，并注意偶然事件的影响。

除了上述四种基本方法外，财务报表分析的方法还有平衡分析法、本量利分析法等。由于篇幅的限制，在此不作介绍。

10.1.3 财务报表分析的准备工作

阅读和分析财务报表是一项专业性很强的工作。作为企业外部人士,分析财务报表前,至少应做好以下三个方面的工作:

(一)阅读审计报告

按照我国有关法律的规定,上市公司的年度会计报表必须经过具备相应资质的会计师事务所的注册会计师审计,一般非上市企业的年度会计报表也要由注册会计师审计,并由注册会计师出具审计意见。审计报告就是审计人员对被审会计报表发表审计意见的书面文件。审计意见一般分为无保留意见、保留意见、否定意见和无法表示意见等四种,相应地形成四种类型的审计报告,分别称为无保留意见审计报告(又可分为标准无保留意见审计报告和带解释段的无保留意见审计报告)、保留意见审计报告、否定意见审计报告和无法表示意见审计报告。会计报表使用者在分析会计报表前首先要阅读审计报告,看一看注册会计师对该会计报表的审计意见,对所要分析的会计报表的真实性、合法性有一个总体把握。虽然,注册会计师不可能也没有法定义务必须将会计报表中的所有问题予以揭露,但审计工作也是有据可循的,它必须按照独立审计准则的要求进行;否则,注册会计师和会计师事务所将承担法律责任。

(二)认真阅读财务报表和相关资料

财务报表分析的对象是财务报表,因此,认真阅读财务报表是进行财务分析的前提。由于财务报表的专业性很强,外部人士仅仅凭借几张会计报表还不能对公司的财务状况作出合理的分析和评价,因此,必须同时阅读能够佐证、解释财务报表的其他相关资料,如会计报表附注,年度报告中列示的(除财务报表和报表附注外)其他资料、该企业所在行业的背景资料等。这些经济资料对于我们分析企业的会计报表是十分有用的。需要指出的是,阅读财务报表和相关的经济资料是一项专业性很强的工作,需要有一定的会计学、经济学和管理学等学科的专业知识。对于这方面比较欠缺的人士,只能委托相关专业人士进行财务分析。

(三)合理选择分析比较的参照物

分析离不开比较,而比较必须有相应的参照物。当我们运用一些专门方法对某一企业的会计报表进行分析时,总要计算一些财务指标,并对这些指标进行比较。比较可以是横向,也可以是纵向。横向比较需要选择类似的企业作为参照物,一般选择行业平均水平或某一竞争对手的指标值。纵向比较需要选择本企业可比时期作为参照物,通常选择上一时期或历史最好时期的指标值。

10.2 单一财务报表的分析

报表分析可以从两种角度展开,一是按照不同会计报表所进行的分析,如资产负债表分析、利润表分析和现金流量表分析等;二是按照内容进行分析,如偿债能力分析、营运能力分析和盈利能力分析等。本节以单一会计报表为对象,简单介绍外部人士如何对会计报表所反映的会计要素（项目）进行概括性、结构性的分析。以下我们将结合本书第九章给出的海丰模具股份有限公司 2005 年度的财务报表,运用比较分析法和比率分析法,对该公司 2005 年和 2004 年的财务报表项目和相关财务指标进行比较分析。

10.2.1 资产负债表分析

资产负债表是一张信息量很大的会计报表,它反映的是企业的资产结构和财务结构。资产结构是指企业在一定时日经济资源的分布状况,财务结构是指企业资金来源的构成情况。企业外部人士可以从该报表获得有关企业财务状况的数据资料,剖析资产与权益总额及其构成内容发生了怎样的变化,资产构成是否合理,资产变现能力和资产质量如何,负债程度是否恰当,权益结构是否合理。要把握这一切,必须首先对资产负债表进行结构分析。

为方便起见,我们根据海丰模具股份有限公司 2005 年 12 月 31 日的资产负债表,整理后得到反映资产、权益结构及其增减变化的资产结构表（表 10-1）和权益结构表（表 10-2）。

表 10-1 中将资产分为流动资产和非流动资产两大类。流动资产又分为货币资金、交易性金融资产、应收及预付款和存货四类;非流动资产又分为投资性资产（包括可供出售金融资产、持有至到期投资、投资性房地产、长期股权投资、长期应收款）和固定资产两类。表中"变动影响"栏中的"影响份额"是根据各类资产的增减百分比与该类资产在总资产中所占比重（按上年末计算）的乘积,而"影响程度"是"影响份额"的构成百分比,它反映了该类资产的变化对总资产变动的贡献程度。

表 10-2 中将权益分为流动负债、非流动负债和股东权益三大类。流动负债又根据其产生的原因不同分为融资性流动负债（包括短期借款、交易性金融负债）和结算性流动负债（应付及预收款等）两类;非流动负债基本上属于融资性负

债;股东权益分为股本、资本公积和留存收益(包括盈余公积和未分配利润)。表中各个栏目的计算方法与表 10-1 相同①。

表 10-1　海丰模具股份有限公司 2004/2005 资产结构表　单位:元

资产类别	2005 年末	2004 年末	2005 年比 2004 年增减		构成百分比		变动影响	
			增减额	增减百分比	2005 年末	2004 年末	影响份额	影响程度
流动资产合计	37 827 956	28 795 422	9 032 534	31.37%	55.16%	55.67%	17.46%	53.63%
其中:货币资金	4 342 376	2 477 750	1 864 626	75.25%	6.33%	4.79%	3.60%	11.06%
交易性金融资产	53 650	8 778	44 872	511.19%	0.08%	0.02%	0.09%	0.28%
应收及预付款	15 112 195	10 798 005	4 314 190	39.95%	22.04%	20.87%	8.34%	25.61%
存货	18 319 735	15 510 889	2 808 846	18.11%	26.72%	29.98%	5.43%	16.68%
非流动资产合计	30 744 665	22 933 759	7 810 906	34.06%	44.84%	44.33%	15.10%	46.38%
其中:投资性资产	10 170 615	9 658 973	511 642	5.30%	14.83%	18.67%	0.99%	3.04%
固定资产	20 574 050	13 274 786	7 299 264	54.99%	30.00%	25.66%	14.11%	43.34%
资产总计	68 572 621	51 729 181	16 843 440	32.56%	100.00%	100.00%	32.56%	100.00%

表 10-2　海丰模具股份有限公司 2004/2005 权益结构表　(单位:元)

权益类别	2005 年末	2004 年末	2005 年比 2004 年增减		构成百分比		变动程度	
			增减额	增减百分比	2005 年末	2004 年末	影响份额	影响程度
流动负债合计	36 604 077	19 827 230	16 776 847	84.62%	53.38%	38.33%	32.43%	99.60%
其中:融资性流动负债	19 401 305	4 700 000	14 701 305	312.79%	28.29%	9.09%	28.42%	87.28%
结算性流动负债	17 215 570	15 133 900	2 081 670	13.76%	25.11%	29.25%	4.02%	12.35%
非流动负债合计	140 000	200 305	−60 305	−30.11%	0.20%	0.39%	−0.12%	−0.36%
负债合计	36 744 077	20 027 535	16 716 542	83.47%	53.58%	38.72%	32.32%	99.25%
股东权益合计	31 828 544	31 701 646	126 898	0.40%	46.42%	61.28%	0.25%	0.75%
其中:股本	12 000 000	12 000 000	0	0.00%	17.50%	23.20%	0.00%	0.00%
资本公积	1 842 880	1 836 280	6 600	0.36%	2.69%	3.55%	0.01%	0.04%
留存收益	17 985 664	17 865 366	120 298	0.67%	26.23%	34.54%	0.23%	0.71%
负债及股东权益总计	68 572 621	51 729 181	16 843 440	32.56%	100.00%	100.00%	32.56%	100.00%

(一)资产项目分析

下面从三个方面对海丰模具股份有限公司 2005 年末的资产结构及其变动

———————

① 本章计算保留到小数点后两位。

情况进行简单分析。

1. 资产总额变动情况分析

由表 10-1 可以看出,海丰模具股份有限公司 2005 资产总额为 68 572 621 元,比上年增加 16 843 440 元,增长 32.56%,增幅远高于该公司营业收入的增长幅度 1.46%(见后面比较利润表),说明资产膨胀没有带来收入的同步增长,或者说生产能力尚未充分发挥潜力。流动资产和非流动资产基本同步增长,增幅分别为 31.37%和 34.06%。

进一步看表 10-1 中的数据,可以发现,影响资产快速增长的项目依次为固定资产、应收及预付款、存货和货币资金。其中固定资产比上年增加 7 299 264 元,增幅近 55%,此项资产增加对总资产增长的影响度为 14.11%,即总资产 32.56 个点的增长幅度中有 14.11 个百分点是由于固定资产增长引起的,影响程度为 43.34%;应收及预付款对资产增长的贡献也较为明显,影响程度为 25.61%。

2. 资产结构分析

资产是企业的经济资源,是企业生存和发展的基础。不同行业和不同类型的企业,其资产形态和结构具有很大的差异。财务会计中将企业的资产按其流动性分为流动资产和非流动资产两大类。流动资产和非流动资产在总资产中所占的比重是资产之总体结构,流动资产与非流动资产内部的构成情况则为资产之具体结构。

分析企业的资产构成情况,主要是通过计算某些反映资产构成比例的财务比率(结构相对指标),并运用比较分析法,对其作出评价。这类比率主要有流动资产比率和非流动资产比率。

(1)流动资产比率

流动资产比率是衡量企业资产流动性的财务比率,它反映企业总资产中有多大比例属于流动资产。该比率的高低在一定程度上说明企业资产的流动性和变现能力。其计算公式如下:

流动资产比率＝流动资产总额÷资产总额×100%

流动资产比率越高,说明企业拥有流动资产的比例越大,企业资产的流动性越好。但流动资产比率并不是越高越好,因为流动性强的资产其盈利能力通常较差,过高的流动资产比率可能会影响企业整体的盈利能力,而且该指标值的行业差异也很大,例如,交通运输企业的流动资产比率通常很低,而商品流通企业的流动资产比率往往比较高。

从表可知,海丰模具股份有限公司 2005 年末流动资产比率为 55.16%,上年末为 55.67%。说明流动资产的增长基本上与总资产保持一致。这一水平是否合适需要对照行业平均水平和本企业的历史水平。

进一步分析,可以计算流动资产各主要项目的构成比率,如货币资金比率、应收及预付款比率、存货比率等,分别表示相应类别的资产在总资产中所占的比重。从表10-1中可以看出,该公司2005年年末的货币资金比率为6.33%,比上年末提高了1.54个百分点;应收及预付款比率为22.04个百分点,比上年末提高了1.17个百分点;存货比率为26.72%,比上年末下降了3.26个百分点。

(2)非流动资产比率

非流动资产比率也称长期资产比率,它反映企业总资产中有多大比例属于非流动资产。其计算公式为:

$$非流动资产比率＝非流动资产总额÷资产总额$$

由于资产总额等于流动资产与非流动资产之和,显然,流动资产比率和非流动资产比率此消彼长,二者之和等于1。即

$$流动资产比率＋非流动资产比率＝100\%$$

从表10-1中可以直接看出,海丰模具股份有限公司2005年年末的非流动资产比率为44.84%,与上年年末相差无几。为进一步分析需要,可以计算非流动资产中主要项目在总资产中所占的比重,如固定资产比率、投资性资产比率等。海丰模具股份有限公司2005年年末的固定资产比率为30.00%,比上年末提高了4.34个百分点;而投资性资产比率为14.83%,比上年末的18.67%下降了3.84个百分点。

(二)权益项目分析

资产负债表的右边反映的是企业的融资结构,它形成了相关利益主体的权益,包括负债(债权人权益)和所有者权益(股东权益)。负债是需要在约定时间偿还的债务,根据其到期日长短不同又分为流动负债和非流动负债(即长期负债)。下面将结合表10-2,对海丰模具股份有限公司的负债和所有者权益情况进行描述性分析。

1. 负债项目分析

从表10-2可知,海丰模具股份有限公司2005年年末负债总额为36 744 077元,比上年末增加16 716 542元,增幅高达83.47%。其中流动负债比上年末大幅增长84.62%,非流动负债却比上年减少30.11%。但由于该公司的负债基本上为流动负债,非流动负债的大幅度减少对负债总额的影响微乎其微。

从流动负债的构成看,2005年年末融资性流动负债(这里主要是短期借款)为19 401 305元,比上年末剧增2倍多;该类负债达到全部流动负债的53%,在全部资金来源中占28.29%,比上年的9.09%大幅提高了19.2个百分点。除此

之外,结算性流动负债基本保持稳定,虽然比上年末有 13.76% 的增幅,但其构成百分比还略有下降。结算性流动负债通常与企业的经营活动有着直接的联系,一般随着经营规模的扩大而增加。但海丰公司 2005 年年末结算性流动负债的增长与销售额增长很不匹配,表明公司的结算性流动负债存在过分膨胀的现象,从某种程度上说明该公司的偿债能力有所减弱。

2. 所有者权益项目分析

所有者权益属于公司的权益资本,是永久性的资金来源项目。海丰公司 2005 年年末股东权益总额与年初基本持平,微小的增加来自于资本公积金和留存收益的增加。分析股东权益项目的增减变动及其构成变化可以按照实收资本(股本)、资本公积和留存收益分别展开。

(1)实收资本的分析。由于注册资本的增减受到一定的法律限制,一般地说,公司的实收资本不会随意增减。企业实收资本增加有两种情况:一是吸收投资者的出资,包括原有投资者的追加投资和新投资者的出资,上市公司的配股和增发新股都属于此类情况;二是所有者权益项目内部转换引起的资本增加,如资本公积或盈余公积转增资本,分配股票股利等。第一种情况的资本增加会使企业的所有者权益增加,而第二种情况的资本增加并不会导致企业所有者权益增加。海丰公司 2005 年年末股本总额为 1 200 万元,年内没有发生变动,占全部股东权益的 37.70%。

(2)资本公积的分析。资本公积属于既非资本也非留存收益的所有者权益,它是那些直接计入所有者权益的利得的总称,公司一般不会经常发生资本公积的大幅度增减变动。海丰公司 2005 年年末的资本公积比上年末增加 6 600 元,属于微不足道的变化。

(3)留存收益的分析。企业的留存收益是所有者权益中最不稳定的部分,包括盈余公积与未分配利润。留存收益数额的大小取决于企业的盈利水平和股利分配决策。简单地说,若某一年度股利支付比率(现金股利与净利润之比率)小于 100%,年末的留存收益就会比年初增加;否则留存收益就会减少。本例中海丰公司的留存收益未发生显著变化,说明公司的股利支付率接近 100%①,或者公司当年处于微利状态。本例中海丰公司 2004 年实现净利润 6 639 118 元,在 2005 年实施了 2004 年的分配方案,共分配现金股利 192 万元(每股 0.16 元);而该公司 2005 年实现的净利润仅为 2 110 892 元,留存收益净增加额应为

---

① 由于股利分配的滞后性,某一年度实际分配的股利其实属于上一年度的收益,且股利分配不仅仅限于当年盈利,故股利分配率达到或超过 100% 也完全可能。

190 892元。但 2005 年年末资产负债表显示该公司实际留存收益净增加 120 298 元,其差额 70 594 元属于会计政策变更或会计差错更正对期初留存收益的调整数额。

3. 短期资金比率和长期资金比率分析

由于长期负债在较长时间内(至少一年之内)不需要偿还,财务分析时,常常将长期负债和所有者权益统称为企业的长期资金,而将流动负债称为短期资金。分析者可以计算短期资金比率和长期资金比率,来评判企业的资金来源是否合理。

(1)短期资金比率

短期资金比率反映企业所有资金来源中有多大比例来源于企业的短期债务。它反映企业短期财务风险的大小,也说明企业短期偿债能力的强弱。其计算公式如下:

短期资金比率＝流动负债总额÷资产总额×100％

该比率越高说明企业短期的债务越多,相比之下固定性的资金来源越少,企业出现财务危机的可能性越大。当然该比率越高,也说明企业总体的资金成本较低,因为短期资金的筹资成本通常较长期资金的成本低。

从表 10-2 可知,海丰模具股份有限公司的 2005 年年末短期资金比率为 53.38％,而该指标 2004 年年末为 38.33 ％,上升了 15.05 个百分点,一定程度上增加了公司短期财务风险,也说明公司短期偿债能力有所下降。

(2)长期资金比率

长期资金比率反映企业所有资金来源中有多大比例属于长期资金。这里的长期资金是指企业可以长期使用,或者在较长时期内可以由企业支配的资金,包括长期负债和所有者权益。该比率的高低说明了企业资金来源的稳定程度。其计算公式如下:

长期资金比率＝长期资金总额÷资产总额×100％

该比率越高,说明企业资金来源越稳定,较长时期内可支配的资金比例越高。显然,长期资金比率与短期资金比率此消彼长,二者之和等于 100％。即

长期资金比率＋短期资金比率＝100％

海丰模具股份有限公司 2005 年年末的长期资金比率为 46.62％,比上年末显著降低。说明该公司 2005 年生产经营规模的扩大主要依赖短期资金。

应当指出,与资产构成比率不同,权益构成比率的高低并不存在明显的行业差异。这是由于权益构成比率反映的是企业的融资政策。企业在制定融资政策时,不仅需要考虑其资产结构(尤其是资产的流动性),更主要受到外部金融市场

的影响。因此,同一企业在不同发展时期的融资决策可能会有很大差异,其权益构成比率也会呈现不同的特征。例如,中小企业要抓住发展时机,谋求快速发展,但又缺少足够的自有资本,这时不得不举债经营,短期借款和结算性负债比较多,短期资金比率会比较高。又例如,绩优上市公司因为具有通过资本市场筹措权益资本的机会,其长期资金的比率通常比较高。

(三)资产—权益对等关系分析

众所周知,资产负债表两边反映的资金来源和资金运用在总量上是平衡的,但其中的各个部分并没有固定的平衡关系。尽管如此,我们仍然可以这样认为:长期资产应当由相对比较稳定的资金来源(即长期资金)来满足,而流动资产应当由短期资金来满足。资产和权益的这种对等关系可以通过长期资产适合率(也称长期资产覆盖率)指标来反映。该指标说明长期资金对长期资产的保证程度。其计算公式如下:

长期资产适合率＝长期资金总额÷长期资产总额×100%

该比率一般要求在100%以上,如果指标值低于100%,说明一部分长期资产需要由短期资金来保证,则资产和权益在内部结构上存在某种失衡的状态。

海丰模具股份有限公司2005年年末的长期资产适合率为:

长期资产适合率＝(140 000＋31 828 544)÷30 744 665＝103.98%

而该指标2004年年末为139.10%,说明该公司2005年长期资金对长期资产的保证程度正在削弱,应引起足够重视。

10.2.2 利润表分析

众所周知,利润表列示的是企业在一定期间内的收入和利得、费用和损失以及盈利或亏损情况。对利润表的分析主要通过两种工具:一是比较利润表,即将本企业本期和历史上某一时期(通常是前期)的利润表数据进行比较,或者将本企业本期利润表数据和同类企业本期利润表数据进行比较,计算出增减绝对数和增减百分比(见表10-3中"2005年与2004年比较"栏数据);二是共同比利润表,即以利润表中某一项目(通常选择"营业收入"项目)为基数,将各项目数据与该基数相除,计算出相对百分比,并在此基础上对同一企业不同时期或不同企业的相对百分比进行比较,分析其中的差异。我们将海丰模具股份有限公司2004和2005年度的利润表数据进行计算,得到上述两种形式的比较利润表(见表10-3)。

表 10-3　比较利润表(含共同比报表)

编制单位:海丰模具股份有限公司　　　　　　2005 年度　　　　　　　　单位:元

项目	2005 年金额	2004 年金额	2005 年与 2004 年比较		2005 与 2004 年共同比	
			增减数	增减百分比	2005	2004
一、营业收入	95 164 937	93 794 178	1 370 759	1.46%	100.00%	100.00%
减:营业成本	90 355 185	81 407 717	8 947 468	10.99%	94.95%	86.79%
营业税金及附加	242 329	395 536	−153 207	−38.73%	0.25%	0.42%
销售费用	91 516	63 855	27 661	43.32%	0.10%	0.07%
管理费用	1 351 178	2 046 401	−695 223	−33.97%	1.42%	2.18%
财务费用	901 290	417 161	484 129	116.05%	0.95%	0.44%
资产减值损失	28 339	13 856	14 483	104.53%	0.03%	0.01%
加:公允价值变动收益	10 650		10 650	—	0.01%	0.00%
投资收益	404 316	495 579	−91 263	−18.42%	0.42%	0.53%
二、营业利润	2 610 066	9 945 231	−7 335 165	−73.76%	2.74%	10.60%
加:营业外收入	157 899	668	157 231	23 537.57%	0.17%	0.00%
减:营业外支出	66 989	199 986	−132 997	−66.50%	0.07%	0.21%
其中:非流动资产处置净损失	−39 180	184 395	−223 575	−121.25%	−0.04%	0.20%
三、利润总额	2 700 976	9 745 913	−7 044 937	−72.29%	2.84%	10.39%
减:所得税费用	590 084	3 106 795	−2 516 711	−81.01%	0.62%	3.31%
四、净利润	2 110 892	6 639 118	−4 528 226	−68.21%	2.22%	7.08%

根据表 10-3,我们可以作如下分析:

(一)营业收入增减变动情况分析

海丰模具股份有限公司 2005 年营业收入为 95 164 937 元,比上年增加 1 370 759 元,增幅仅为 1.46%,远低于该公司资产和流动负债的增加幅度,说明公司 2005 年的产品已经出现滞销迹象;如果以后年度的销售再不景气,年末囤积的大量存货会成为公司的包袱,投资形成的生产能力会出现闲置,这将严重影响公司的财务状况和盈利能力。

(二)营业成本和营业税费分析

该公司 2005 年营业成本为 90 355 185 元,比上年增长 10.99%,远高于营业收入的增加幅度,营业成本占营业收入的比重由上年的 86.79% 提高到 94.95%,上升了 8.16 个百分点。营业成本上升的原因可能是:原材料持续涨价,公司薪酬制度的调整,新生产设备的交付使用导致固定资产折旧成本和使用成本(如维修费用)的增加,新职员的聘用导致劳动生产率降低,原材料质次引起废品损失增加,等等。具体原因需要仔细阅读公司内部的会计账簿记录和其他有关资料。

再看营业税金及附加项目,2005 年比上年减少 153 207 元,减幅为38.73%,与营业收入增长 1.46% 形成明显的倒挂现象。由于营业税金及附加主要包括营业税、城建税和教育费附加等,而城建税和教育费附加又是按照增值税、营业税等流转税为基础计算的。该公司 2005 年毛利率的大幅度下滑必然导致增值税的减少,从而减少城建税和教育费附加等。

(三)期间费用分析

期间费用包括销售费用、管理费用和财务费用。经过简单的计算可知,该公司 2005 年期间费用总额为 2 343 984 元,比上年减少 183 433 元,减幅为7.26%。从构成项目看,销售费用出现大幅增加,但占营业收入的比重仍然很低,说明公司面对销售不景气已在产品促销方面增加了一定的投入,但力度还不够大;财务费用出现 116% 以上的涨幅,占营业收入的比重由上年的 0.44% 提高到 0.95%,主要是短期借款的大幅度增加所致;管理费用大幅度减少近 34%,占营业收入的比重由上年的 2.18% 降低到 1.42%,其中的原因很复杂,必须具体查看公司管理费用明细账记录后再作分析。

(四)盈利(亏损)情况分析

利润表中出现三种盈利口径:营业利润、利润总额和净利润。营业利润是企业在经营活动中实现的利润,它等于营业收入扣除营业成本、营业税金及附加、期间费用以及发生的资产减值损失,然后加上(或减去)公允价值变动损益和投资收益的结果。由此可见,利润表中反映的营业利润不仅仅包括企业销售商品、提供劳务过程中所实现的利润,还包括持有资产的价值变动损益和对外投资的损益。利润总额是在营业利润的基础上加上营业外收支(直接计入当期损益的利得和损失)的结果。净利润则是利润总额扣除所得税费用(并不一定等于本期应缴纳所得税)的结果。

由表 10-3 可知,海丰模具股份有限公司 2005 年营业利润为 2 610 066 元,比上年的 9 945 231 元锐减 73.76%;占营业收入的比重从上年的 10.60% 下降到 2.74%。可以看出,资产减值损失的增加基本上被公允价值变动损益所抵销,投资收益的减少对营业利润产生一定的影响,但影响程度不大。因此,营业利润大幅度减少的直接原因是产品毛利率的大幅度下降。

该公司 2005 年利润总额为 2 700 976 元,比上年减少 72.29%;占营业收入的比重由上年的 10.39% 下降到 2.84%。同时,可以计算利润总额中营业利润的比重(营业利润/利润总额),本年度为 96.63%,上年为 102.05%,基本上在 100% 左右,说明该公司盈利主要来自经营活动;虽然 2005 年与 2004 年相比营业外收入和支出发生大幅度的增减变化,但对利润总额的影响并不明显。

该公司 2005 年实现净利润 2 110 892 元,比上年减少 4 528 226 元,减幅高达 68.21%;该幅度略低于营业利润和利润总额的降幅,说明本年度所得税税负比率(所得税费用占利润总额的比重)有一定的降低,该比率本年度为 21.85%,上年度为 31.88%。产生这一现象的可能原因是所得税税率的变动(本例中不存在此情况)和纳税调整事项的存在。

10.2.3 现金流量表分析

现金流量表是以现金为基础编制的财务状况变动表。它是反映企业一定会计期间内有关现金和现金等价物的流入和流出情况的会计报表。通过对现金流量表的阅读和分析,可以掌握企业现金流量的分布情况,揭示现金流量增减变动的原因,使投资者和债权人了解企业从何处取得现金,如何使用现金,进而更准确地分析企业的偿债能力和盈利质量等。

由于现金流量表将现金流量分为经营活动产生的现金流量、投资活动产生的现金流量和筹资活动产生的现金流量三部分,我们可以对现金流量表作两方面的分析:一是各个部分现金流量的结构分析;二是现金来源和现金运用及其平衡分析。

(一)现金流量结构分析

对现金流量进行结构分析,需要将经营活动、投资活动和筹资活动产生的现金流入量和流出量分别列示,编制现金流入量分布表和现金流出量分布表。表 10-4 和表 10-5 分别为根据海丰模具股份有限公司 2005 年度现金流量表(见表 9-8)编制的现金流入量分布表和现金流出量分布表。

表 10-4　海丰模具股份有限公司 2005/2004 现金流入量分布表　单位:元

现金流入项目	2005 年金额	2004 年金额	2005 年比 2004 年增减		构成百分比	
			增减额	百分比	2005 年	2004 年
经营活动现金流入小计	117 676 271	116 356 547	1 319 724	1.13%	93.13%	93.99%
其中:销售商品、提供劳务收到现金	115 759 178	113 858 391	1 900 787	1.67%	91.62%	91.97%
投资活动现金流入小计	525 462	240 781	284 681	118.23%	0.42%	0.19%

（续表）

现金流入项目	2005 年金额	2004 年金额	2005 年比 2004 年增减		构成百分比	
			增减额	百分比	05 年	04 年
其中:削减长期资产收到的现金	49 446	44 751	4 695	10.49%	0.04%	0.04%
取得投资收益收到的现金	439 594	143 706	295 888	205.90%	0.35%	0.12%
筹资活动现金流入小计	8 150 000	7 200 000	95 000	13.19%	6.45%	5.82%
其中:吸收股权投资收到的现金						
取得借款收到的现金	8 150 000	7 200 000	95 000	13.19%	6.45%	5.82%
现金流入量合计	126 351 733	123 797 328	2 554 405	2.06%	100.00%	100.00%

注:削减长期资产收到的现金包括收回投资和处置固定资产、无形资产和其他长期资产收回的现金净额;取得借款收到的现金包括借款、发行债券等方式取得的现金,但不包括经营活动中结算性负债的增加。

表 10-5　海丰模具股份有限公司 2005/2004 现金流出量分布表　　　（单位:元）

现金流出项目	2005 年金额	2004 年金额	2005 年比 2004 年增减		构成百分比	
			增减额	百分比	2005 年	2004 年
经营活动现金流出小计	110 420 086	109 977 898	442 188	0.40%	88.31%	88.58%
其中:购买商品、接受劳务支付的现金	100 187 927	97 117 607	3 070 320	3.16%	80.13%	78.22%
支付给职工以及为职工支付的现金	3 102 980	2 104 882	998 098	47.42%	2.48%	1.70%
支付的各项税费	4 633 414	6 948 727	−2 315 313	−33.32%	3.71%	5.60%
支付其他与经营活动有关的现金	2 495 765	3 806 682	−1 310 917	−34.44%	2.00%	3.07%
投资活动现金流出小计	7 600 788	6 190 181	1 410 607	22.79%	6.08%	4.99%
其中:购建长期资产支付的现金	6 944 150	6 190 115	754 035	12.18%	5.55%	4.99%
投资支付的现金	656 638	66	656 572	994 806.06%	0.53%	0.00%
筹资活动现金流出小计	7 016 233	7 993 581	−977 348	−12.23%	5.61%	6.44%
其中:偿还债务支付的现金	4 700 000	5 500 000	−800 000	−14.55%	3.76%	4.43%
分配股利、偿付利息支付的现金	2 316 233	2 493 581	−177 348	−7.11%	1.85%	2.01%
现金流出量合计	125 037 107	124 161 660	875 447	0.71%	100.00%	100.00%

1. 现金流入量结构分析

从表 10-4 可以看出,该公司 2005 年现金流入量合计为 126 351 733 元,比上年增加 2 554 405 元,增幅为 2.06%。对各部分现金流入量的构成及其变动情况分析如下:

(1)2005 年经营活动产生的现金流入量为 117 676 271 元,比上年增加 1.13%,占全部现金流入量的 93.13%,说明该公司 2005 年现金流入主要来自经营活动。从构成看,经营活动产生的现金流入量绝大部分来自于销售商品、提供劳务收到的现金,2005 年为 115 759 178 元,比上年增加 1.67%;该部分现金流量占全部现金流入量的比率本年度为 91.62%,上年为 91.97%。同时可以将销售商品、提供劳务收到的现金与营业收入对比(经营现金流量营业收入比率),从一定程度上反映了营业收入的现金收回程度,2005 年该比率为 121.64%。对于一般工商企业,该比率在 117% 左右属于正常。①

(2)2005 年投资活动产生的现金流入量为 525 462 元,虽比上年增长 118.23%,但占全部现金流入量的比重只有 0.42%(上年为 0.19%),说明该公司投资活动产生的现金流入对全部现金流入量的影响微乎其微,同时也表明该公司这两年没有通过大规模削减非流动资产而获取现金的行为。对外投资收益(包括现金股利和利息)获得的现金虽有两倍多的涨幅,但对现金流入量的影响仍不明显。

(3)该公司 2005 年筹资活动产生的现金流入量为 8 150 000 元,上年为 7 200 000 元,占当年全部现金流入量的比重分别为 6.45% 和 5.82%。获得的现金全部为举债所得,没有通过吸收权益资本或其他方式获得现金,说明该公司的筹资渠道相对比较单一。

2. 现金流出量结构分析

表 10-5 显示,该公司 2005 年共流出现金 125 037 107 元,比上年增加 875 447 元,增幅为 0.71%。对各部分现金流出量的构成及其变动情况分析如下:

(1)2005 年经营活动产生的现金流出量为 110 420 086 元,比上年微幅增长 0.40%,该部分现金流出占全部现金流出量的 88.31%,说明该公司 2005 年现金主要流向经营活动。具体分析发现:购买商品、接受劳务支付的现金比上年增长 3.16%,占全部现金流出量的 80.13%,该比率比上年提高了 1.91%;支付给

---

① 由于营业收入项目中不包含增值税销项税额,而销售商品、提供劳务收到的现金项目中却包含了收到的增值税销项税额;因此,如果增值税税率为 17%,那么销售商品、提供劳务收到的现金与营业收入之比达到 117%,说明企业现金回收与商品销售额基本达到了平衡。

职工以及为职工支付的现金比上年大幅增长 47.42%,占全部现金流出量的比重也由 1.70% 上升到 2.48%,说明本年度由于产销量增加,公司职工规模有所扩大,工资水平总体有所提高,社会保障支出有所增加;同时,支付的各项税费比上年减少 2 315 313 元,减幅达 1/3,占全部现金流出量的比重由上年的 5.60% 下降到 3.71%,说明随着公司盈利水平的大幅度下降,对政府的税收贡献也明显减少;支付其他与经营活动有关的现金比上年减少了 1 310 917 元,削减了 1/3 以上,这部分现金流出量占全部现金流出量的比重也比上年下降了 1 个多百分点,表明公司本年度对日常经营开支进行了有效的控制,并取得明显效果。

(2)2005 年投资活动产生的现金流出量为 7 600 788 元,比上年增加 1 410 607 元,涨幅为 22.79%,占全部现金流出量的比重为 6.08%,比上年上升 1.09 个百分点。主要构成项目是购建长期资产支付的现金,占全部现金流出量的 5.55%(上年为 4.99%),说明该公司近几年在固定资产投资等方面增加了较大的投入。除此之外,本年度用于增加对外投资的现金达到 656 638 元,但对现金流出量的影响仍不明显。

(3)由表 10-5 知,该公司 2005 年筹资活动流出现金 7 016 233 元,比上年减少 977 348 元,占全部现金流出量的比重也由上年的 6.44% 下降到 5.61%。其中偿还债务支付的现金为 4 700 000 元,占 3.76%,分配股利、偿付利息支付的现金为 2 316 233 元,占 1.85%,无论是绝对数还是构成比重均比上年有所下降。

(二)现金来源与现金运用分析

对现金流量表提供的现金流入、流出信息,我们不仅要分析其构成内容及其增减变化情况,还要分析流入量和流出量之间的平衡关系。

一个企业的现金来源主要有以下几个途径:(1)经营活动中产生,即正常生产经营过程中产生的现金流入量与流出量之差;(2)取得投资收益收到,包括收到的现金股利、利息收入(不包括银行存款利息收入)等;(3)吸收投资人投资,这是企业吸收权益资本的一种形式,如上市公司配股或增发新股等收到的现金;(4)收回投资与削减非流动资产,如出售固定资产、无形资产取得的现金净额;(5)举债,包括借款、发行债券等收到的现金,但不包括预收款等商业信用方式取得的现金;(6)其他。

一个企业的现金运用去向(除用于经营活动之外)主要包括:(1)增加固定资产、无形资产等,包括企业购建固定资产、投资性房地产和无形资产等所支付的现金;(2)增加股权投资、债权投资等;(3)偿还债务本金,包括偿还借款本金、收回债券所支付的本金以及支付长期应付款所支付的现金,但不包括经营活动中偿付的结算性负债;(4)分派股利、支付利息;(5)减资,指企业为减少其注册资本(如回购本公司股票)而支付的现金。

按照上述对现金来源途径和运用去向的分类,根据海丰模具股份有限公司2005年的现金流量表,我们将现金流入量、流出量项目进行适当调整,得到下列反映企业现金来源与现金运用情况的分析表(表 10-6)。

表 10-6　海丰模具股份有限公司 2005 年现金来源与现金运用情况分析表　　单位:元

现金来源项目	金额	百分比	现金运用项目	金额	百分比
经营活动产生的现金流量净额	7 256 185	45.55%	增加固定资产、无形资产等	6 944 150	47.51%
取得投资收益收到现金	439 594	2.76%	增加股权投资、债权投资等	656 638	4.49%
吸收投资人投资	0	0.00%	偿还债务本金	4 700 000	32.15%
收回投资与削减非流动资产	49 446	0.31%	分派股利、支付利息	2 316 233	15.85%
举　债	8 150 000	51.16%	减　资	0	0.00%
其　他	36 422	0.23%	其　他	0	0.00%
总　计	15 931 647	100.00%	总　计	14 617 021	100.00%

1. 现金来源和现金运用构成情况分析

首先,我们可以分别对现金来源和运用的构成情况进行分析,主要通过计算构成比率来分析。

从表 10-6 可以看出,该公司 2005 年现金来源总计为 15 931 647 元,主要是两个途径:一是生产经营活动中产生,增加现金净额 7 256 185 元,占全部现金来源的 45.55%;二是通过举债,增加现金 8 150 000 元,占 51.16%。投资收益和削减非流动资产等获得的现金极为有限。

从现金运用去向分析,该公司 2005 年现金运用总计 14 617 021 元,其中 6 944 150 元用于增加固定资产、无形资产投资,占现金运用总额的 47.51%;偿还各种债务本金 4 700 000 元,占 32.15%;分配股利和支付利息 2 316 233 元,占 15.85%;剩余的 4.49% 用于增加股权投资和债权投资。由此可以看出,该公司 2005 年度现金主要流向固定资产投资和偿还债务。

2. 现金来源和现金运用平衡关系分析

企业在一定会计期间的现金来源和现金运用一般是不平衡的,二者的差异影响现金存量的变化。其基本关系为：

现金来源总额－现金运用总额＝现金期末余额－现金期初余额

从表 10-6 可以看出，海丰模具股份有限公司 2005 年现金来源总计为 15 931 647 元，现金运用总计 14 617 021 元，现金来源总额与现金运用总额之比为 108.99％，说明现金来源总额能够满足现金运用的需要，年末现金存量比年初有所增加(增加额为 1 314 626 元)。

除上述总量平衡分析外，我们还可以对现金来源进行一种有意义的分类，将表 10-6 中现金来源的前三种途径获得的现金称为"基本资金"，这部分现金是不需要偿还的，也不必以牺牲企业的非流动资产作为代价，它是企业生存、发展的潜力所在。财务分析时可计算"基本资金财务需求保障率"指标，它是将基本资金与现金运用(在编制财务计划时也称财务需求)进行对比，即

基本资金财务需求保障率＝基本资金总额÷现金运用总额×100％

海丰模具股份有限公司 2005 年基本资金总额为 7 695 779 元，现金运用总计 14 617 021 元，基本资金财务需求保障率为 52.65％。

按照国际上大多数企业的经验，一般认为，该指标的数值在 50％以上属于正常，即财务需求(现金运用)中至少有一半以上由经营活动产生或由投资者追加投资来满足，而通过削减长期资产和举债所获得的现金来满足财务需求的比率不能高于 50％。当然，每个企业的具体情况不同，其评价的标准也不完全相同；而且，对该指标的分析也要建立在动态观察的基础上，即应当观察连续几期的指标数值进行分析。

10.3　基本财务比率

前面我们针对单一财务报表进行比较分析与结构分析，这只是对财务报表进行的最简单和最基本的分析。然而对各个财务报表分别进行分析，往往会出现分析内容和结果的孤立，缺乏对企业整体财务状况的把握。本节将主要运用比率分析法深入进行财务报表分析。

比率分析是财务分析最重要的内容，而计算财务比率是运用比率分析法的前提。财务比率是几个相互联系的基本财务数据相对比的比值。财务比率按照比率分析的目的不同可以分为偿债能力比率、资产营运能力比率、盈利能力比率、成长性比率和现金流量比率等。本节将重点介绍这些财务比率的意义及其

计算公式,并结合财务报表数据进行简单的分析和说明。

10.3.1 偿债能力比率

偿债能力的强弱是企业财务状况优劣的重要标志。偿债能力是指企业偿还各种债务的能力,包括短期偿债能力和长期偿债能力。一个企业的偿债能力主要体现在负债比例的高低及其构成情况、资产的流动性等方面。从财务分析的角度看,分析企业偿债能力主要是分析反映偿债能力的各项财务比率,而计算偿债能力比率所运用的资料主要来自企业的资产负债表。

(一)短期偿债能力比率

短期偿债能力是指企业偿还流动负债的能力。反映企业短期偿债能力的财务比率主要有流动比率、速动比率、现金比率和现金流量比率等。

1. 流动比率

流动比率指流动资产相当于流动负债的倍数。它是衡量一个企业以流动资产偿还短期债务的能力,即每 1 元流动负债有多少流动资产作为支付的保障。其计算公式如下:

流动比率＝流动资产÷流动负债

流动比率是一个时点指标,就是说,该指标值只能反映企业在某一特定日期的状况。该比值越大,说明从该特定时点看,企业的短期偿债能力越强。过低的流动比率说明企业难以如期偿付短期债务;但过高的流动比率则说明可能存在资金的不合理占用。一般认为企业流动比率为 2∶1 比较合理。当然,不同的行业或同一企业在不同时期,流动比率的评价标准也不尽相同。从我国企业的现状看,流动比率 2∶1 的标准对大多数企业来说是偏高的。

根据前面第九章所给出的海丰模具股份有限公司 2005 年度的资产负债表,可以计算出该公司 2005 年年末的流动比率为:

流动比率＝37 827 956÷36 604 077＝1.03

而该公司 2004 年年末的流动比率为:

流动比率＝28 795 422÷19 827 230＝1.45

2005 年年末流动比率比上年末有明显下降,主要原因是该公司 2005 年大规模举债使流动负债大幅度上升,远超过流动资产的增长速度。

2. 速动比率

速动比率衡量流动资产中可以立即用于偿还短期债务的速动资产与流动负债的对比关系,它比流动比率能更合理地反映企业的短期偿债能力。其计算公式如下:

速动比率＝速动资产÷流动负债

速动资产应当按照流动资产扣除存货后的差额来表示。之所以把存货从流动资产中剔除，主要原因是：(1)在流动资产中存货的变现速度最慢；(2)由于某种原因，部分存货可能已损失报废还未作处理；(3)部分存货已抵押给债权人；(4)存货估价存在着成本与可变现净值相差悬殊的问题。因此，从谨慎的角度来看，把存货从流动资产总额中扣除而计算的速动比率，会更加可信、更加令人信服。

速动比率越高，说明企业短期偿债能力越强。一般认为该比率较合理的标准为1∶1，即速动资产刚好能抵付短期债务，但评价时应当注意行业的特殊性。

海丰模具股份有限公司2005年年末的速动比率为：

速动比率＝(37 827 956－18 319 735)÷36 604 077＝0.53

而该公司2004年年末的速动比率为0.67(计算过程略，下同)。

2005年年末速动比率比上年末有所下降，但下降的幅度小于流动比率。这是因为，虽然公司的流动负债大幅增加，流动资产的增长速度赶不上流动负债的增长幅度，但是存货的增长相对缓慢，速动资产的增长快于流动资产。

需要指出的是，以速动比率来评价企业的短期偿债能力，还应注意以下问题：

(1)速动资产只是从流动资产中扣除了存货，其中还包含变现能力较差的预付款项等，这使速动比率所反映的短期偿债能力仍被质疑。因此有人建议在流动资产中扣除存货的基础上，再减去预付款项等，然后与流动负债相比，这一比率称为保守速动比率。保守速动比率能真正体现企业流动资产快速变现用于偿付流动负债的能力。

(2)速动资产中仍含有应收账款，如果应收账款的金额过大或质量较差，事实上也会高估速动比率。在评价速动比率指标时，应结合应收账款账龄长短、客户信用状况的好坏等情况分析应收账款的质量。

(3)速动比率同流动比率一样，它反映的是会计期末的情况，并不代表企业长期的财务状况。企业为筹措资金可能会人为地粉饰速动比率。债权人在分析时应进一步对企业不同时点的速动资产、流动资产和流动负债情况进行分析。

3. 现金比率

现金比率是反映企业以现金资产偿付短期债务的财务比率。它反映的是一种直接的偿债能力。其计算公式如下：

现金比率＝现金类资产÷流动负债

其中现金类资产包括货币资产(库存现金、银行存款、其他货币资金)和现金等价物。该比值越大,说明短期偿债能力越强。在企业将应收账款和存货抵押出去或已有迹象表明其变现能力存在较大问题的情况下,计算现金比率反映短期偿债能力更有现实意义。对现金比率的评价很难说有绝对合理的标准,一般认为该比率应在20%左右。

海丰模具股份有限公司2005年年末的现金比率为:

现金比率＝4 342 376÷36 604 077 ＝ 0.12

而该公司2004年年末的现金比率为0.13。

该公司现金比率偏低,且2005年年末与上年末基本持平,说明公司在流动负债大幅增加的情况下,期末有意持有较多货币资金存量。

4. 现金流量比率

现金流量比率用来反映以经营活动现金净流量来偿还短期债务的能力,从现金流入和流出的动态角度对短期偿债能力指标进行再次修正。其计算公式如下:

现金流量比率＝经营活动现金净流量÷流动负债

该比值高,说明经营活动产生的现金流量在较大程度上能保证短期债务的偿付。

海丰模具股份有限公司2005年年末的现金流量比率为:

现金流量比率＝7 256 185÷36 604 077 ＝0.20

而该公司2004年年末的现金流量比率为0.32,比2005年年末高出12.35％,说明2005年该企业经营活动产生现金的能力虽有所提升,但由于流动负债的大幅度增加,以现金流量偿还短期债务的能力有所削弱。

(二)长期偿债能力比率

长期偿债能力是指企业偿还长期负债本金和支付利息的能力,实际上是指企业偿还全部债务的能力。反映企业长期偿债能力的主要财务比率有资产负债率、产权比率、有形净值债务率和利息保障倍数等几项。

1. 资产负债率

资产负债率简称负债比率,是衡量企业负债程度的财务指标。该比率越高,说明企业负债经营的程度越高,同时表明企业承担的财务风险越大。资产负债率的计算公式如下:

资产负债率＝负债总额÷资产总额×100％

由于资产恒等于负债及所有者权益的和,因此资产负债率是一个反映企业权益构成情况的财务比率,它反映了企业的资金来源中多大比例由债权人提供。

应当注意:不能将资产负债率理解为负债与净资产之比。如果一个企业拥有 2000 万元的资产规模，而债务资金与自有资金各占一半，那么其资产负债率是 50％，而不是 100％。

海丰模具股份有限公司 2005 年年末的资产负债率为：

资产负债率＝36 744 077÷68 572 621＝53.58％

该数值比上年末的 38.72％上升了 14.86 个百分点。该公司在 2005 年进行较大规模的固定资产投资，举债经营的力度显著提高，使该公司资产负债率有较大幅度上升，但应当说仍处于一个相对合理的水平。

应当指出，对资产负债率的评价没有一个绝对合理的标准，因为每个企业的规模不同、经营业务的性质不同、盈利状况也不同，其筹资能力也存在很大差异。即经营环境和理财环境不同，资产负债率的评价标准不可能相同。但是有一点是肯定的，即企业的资产负债率既不是越高越好，也不是越低越好，而且不同的决策者对该比率的评价也不尽相同。

从债权人的角度看，该比率越低说明企业的还债能力越强，其出借资金越安全；较高的资产负债率意味着企业具有较大的财务风险，债权人出借资金的风险也就越大。因此，债权人总希望企业保持较低的资产负债率水平。从股东和经营者的角度看，在企业盈利水平较高的情况下，较高的资产负债率可为其带来更高的收益率，获得财务杠杆利益。

另外，对资产负债率的评价不能用静止的观点。资产负债率是企业在某一日期（通常是期末）的资产负债率，是一项时点指标，而这一日期的资产、负债又受到许多人为因素和偶然因素的影响。其实，在一定时期内的不同时点上，企业的资产负债率是在经常发生变化的。而会计报表使用者所见到的资产负债率只是"一瞬间"的状态。因此，不能过分轻信企业 12 月 31 日的资产负债率。例如，在期末企业实施突击还债，实行债务重组等，都有可能降低其资产负债率。而且，资产、负债的不同结构可能会使相同的资产负债率产生不同的偿债能力和财务状况。例如，在一定的资产负债率条件下，资产的流动性强弱，负债的到期日远近都会影响实际的偿债能力。

2. 产权比率

产权比率，又称负债与所有者权益比率，反映债权人权益与所有者权益的比例关系，衡量企业净资产对债权人利益的保障程度。其计算公式如下：

产权比率＝负债总额÷所有者权益总额×100％

显然，产权比率是资产负债率的变换形式，它们之间存在以下数量关系：

产权比率＝资产负债率÷（1－资产负债率）

因此，对产权比率高低的评价与资产负债率的评价是相同的，只是数量表示方式不同而已。较高的产权比率意味着债权人利益的保障程度较低。

海丰模具股份有限公司 2005 年年末的产权比率为：

产权比率＝36 744 077÷31 828 544 ＝ 115.44％

或　　　　　＝53.58％÷(1－53.58％)＝ 115.42％

而该指标 2004 年年末仅为 63.18％，说明由于负债比率的上升，该公司净资产对负债的保障程度有所下降。

3. 有形净值债务率

有形净值债务率是对产权比率的修正，它更保守、谨慎地反映债务的保障程度。其计算公式如下：

有形净值债务率＝负债总额÷(股东权益－无形资产)×100％

"有形净值债务率"中的"有形净值"是指扣除无形资产以后的净资产。之所以将无形资产扣除，是因为某些企业(尤其是高科技企业)无形资产所占的比重较高；而无形资产给企业带来经济利益具有很大的不确定性，一旦企业的财务状况恶化，无形资产将会大大贬值，所以将净资产扣除无形资产后的差额(有形净值)与负债相对比，更能反映债权人利益的受保障程度。该比率越低，债务保障程度越高，说明企业有效偿债能力越强；反之亦然。

由于海丰模具股份有限公司 2005 年年末和年初均不存在无形资产，其有形净值债务率与产权比率数值相等。

4. 利息保障倍数

利息保障倍数，也称已获利息倍数，是息税前利润与利息费用的比率，反映企业支付债务利息的能力。其计算公式如下：

利息保障倍数＝(利润总额＋利息费用)/利息费用

式中分子是企业可以用来支付利息的总收益，即息税前利润。这里的利润应当为税前利润；而利息费用应当为本期发生的利息费用，包括应当由本期负担且在本期支付的利息费用和应由本期负担但本期尚未支付的应计利息费用，而且还应包括本期已经资本化的利息费用。作为企业外部人员，很难获得上述口径的利息费用，往往以利润表中"财务费用"项目的数额来替代。但这样计算会产生一定的误差，因为"财务费用"的数额并不是企业的全部利息费用。

利息保障倍数至少要达到一倍以上，这是肯定的；其数值越大，说明该企业的收益对利息的保障程度越高。但是，评价该指标时应当结合企业的实际情况。例如，负债比率较高的企业其利息费用较大，在较高的盈利水平下，其利息保障倍数可能仍然较小(但必然大于 1)；相反，一个负债比率相当低的企业，微薄的利润数额可能会产生很高的利息保障倍数。因此，我们不能简单地以利息保障倍数的高低得出结论,而应当考虑诸如负债经营程度、债务资本的成本高低等因素。

根据海丰模具股份有限公司 2005 年度和 2004 年度的财务报表附注知,该公司 2005 年度和 2004 年度的利息费用分别为 942 397 元和 470 140 元,那么两年的利息保障倍数分别为:

> 2005 年利息保障倍数＝(2 700 976 ＋ 942 397)÷942 397＝ 3.87(倍)
>
> 2004 年利息保障倍数＝(9 745 913 ＋ 470 140)÷470 140＝ 21.73(倍)

从计算结果看,2005 年的利息保障倍数远低于 2004 年,一是因为 2005 年增加负债使其承担的利息有大幅度增加;二是由于公司 2005 年度的盈利能力锐减。但 3.87 倍的利息保障倍数仍处于较理想的范围。

10.3.2　资产营运能力比率

资产营运能力是指企业运用现有资源从事生产经营活动的效率,反映企业资产营运能力的比率是各种资产周转率。资产周转率有两种计算方法:周转次数和周转天数,二者成反比。资产周转次数越高,说明企业资产的营运能力越强,使用效率越高;而资产周转天数越大,则说明资产的使用效率越差。各种资产周转率的计算,既要利用资产负债表的数据,还要利用利润表的资料。而且,资产平均余额应按该种资产的全年平均余额计算。由于一般外部人员无法获得各项资产的时点资料,因此,通常以年初余额和年末余额的平均值来估计资产平均余额。

反映资产营运能力的财务比率主要有以下几项:

1. 应收账款周转率

应收账款周转率是反映企业应收账款周转情况的财务比率。它有两种表示形式:一是周转次数,二是周转天数。它们的计算公式分别如下:

> 应收账款周转次数＝赊销净额÷应收账款平均余额
>
> 应收账款周转天数＝360÷应收账款周转次数
>
> ＝(360×应收账款平均余额)÷赊销净额

式中赊销净额是指全部销售收入中扣除销售退回、销售折扣、折让以及现销部分后的销售额。从会计核算看,赊销净额应当是企业"应收账款"账户借方发生额的合计数。在财务分析时,由于企业外部人员无法直接获得赊销净额的资料,往往以利润表中的"营业收入"来替代"赊销净额"计算应收账款周转率。这种替代是将现销看成欠款期限为零的"赊销",这在一定程度上会歪曲应收账款周转率的实际值。

由于海丰模具股份有限公司年度财务报表和附注中没有披露赊销净额数据，我们只能用利润表中的"营业收入"代替，计算得到2005年应收账款周转次数和应收账款周转天数分别为：

应收账款周转次数＝95 164 937÷[(275 269 ＋ 380 980)÷2]
＝290.03(次)

应收账款周转天数＝360÷290.03＝1.24(天)

应收账款周转次数越高，即应收账款周转天数越短，说明企业应收账款周转越快，企业收回应收账款的时间越短。但财务评价时，不能一味认为应收账款周转次数越高越好。因为有时严格的信用政策会使企业几乎没有应收账款余额，这种情况下应收账款周转次数会很大，但实际上企业的销售却由于严格的信用政策而受到严重影响。因此，对应收账款周转率的评价应当结合企业所采用的信用政策的实际情况，通过不同时期相同指标的比较，再作出合理的判断。

本例中计算得到的应收账款周转次数出奇的高，可以推断该公司2005年现销比重可能很高。然而从该公司2005年末资产负债表可以看出，巨额的应收票据表明公司的销售绝大部分采用商业汇票结算。如果我们将应收票据余额加到应收账款中去，重新计算应收账款周转率，结果为：

周转次数＝95 164 937÷[(275 269 ＋ 380 980＋14 566 349＋7 696 712)÷2]
＝8.30(次)

周转天数＝360÷8.30＝43.37(天)

这一结果可能更符合该公司的实际情况。

2. 存货周转率

存货周转率是反映存货周转情况的财务比率。它也有周转次数和周转天数两种表示形式。存货周转次数是销货成本(一般以"营业成本"代替)与存货平均余额之比值，而周转天数则是计算期天数与周转次数的比值。即：

存货周转次数＝销货成本÷存货平均余额

存货周转天数＝360÷存货周转次数
＝(360×存货平均余额)÷销货成本

一般地，存货周转次数越高，存货周转天数越短，说明存货周转速度越快，其流动性越强，偿债能力也就越强；而且表明存货的占用水平低，存货积压不明显。

海丰模具股份有限公司2005年度的存货周转次数和存货周转天数分别为：

存货周转次数＝90 355 185÷[(18 319 735＋15 510 889)÷2]
＝ 5.34(次)

存货周转天数＝360÷ 5.34 ＝67.42(天)

分析评价时应当与本公司过去若干期的指标值进行对比；而与同类企业该指标的数值作比较，可能更有意义。

3. 流动资产周转率

流动资产是企业资产中流动性较强的资产，它在企业经营活动中的周转情况，对企业总资产周转的影响很大，也就是说资产周转速度的快慢主要受流动资产周转速度的影响。因此，为进一步分析资产的周转情况，需要计算和分析流动资产周转率。流动资产周转率反映流动资产的周转速度，可以用周转次数和周转天数两种形式表示。其计算公式分别为：

流动资产周转次数＝营业收入÷平均流动资产余额

流动资产周转天数＝360÷流动资产周转次数

＝（360×平均流动资产余额）÷营业收入

海丰模具股份有限公司 2005 年度流动资产周转率和周转天数分别为：

流动资产周转次数＝95 164 937÷[（37 827 956＋28 795 422）÷2]

＝ 2.86（次）

流动资产周转天数＝360÷ 2.86 ＝ 125.87（天）

流动资产周转率说明企业流动资产总体周转情况，在一定程度上体现了应收账款和存货的周转情况。除此之外，货币资金持有量的多少也会影响流动资产周转率高低。

4. 总资产周转率

总资产周转率是反映全部资产周转速度的财务比率。它有两种形式：周转次数和周转天数，计算公式分别如下：

总资产周转次数＝营业收入÷平均资产总额

总资产周转天数＝360÷总资产周转次数

＝（360×平均资产总额）÷营业收入

总资产周转次数越大，即总资产周转天数越短，说明企业在一定资产规模下能实现更多的销售额，资产的总体使用效率越高。

海丰模具股份有限公司 2005 年度的总资产周转次数和周转天数分别为：

总资产周转次数＝95 164 937÷[（68 572 621＋51 729 181）÷2]

＝1.58（次）

总资产周转天数＝360÷ 1.58 ＝ 227.85（天）

在进行总资产周转率分析时，应以企业以前年度的实际水平、同行业平均水平作为参照物，从中找出差距，挖掘企业潜力，提高资产利用效率。

10.3.3　盈利能力比率

盈利能力也称获利能力,是指企业赚取利润的能力。根据盈利产生的动因不同,可以将反映盈利能力的财务比率分为两类:一是反映经营业务盈利能力的财务比率,主要有毛利率、营业利润率和成本费用利润率等,计算这些财务比率主要利用利润表的数据;二是反映资源使用效果的财务比率,主要包括总资产报酬率和净资产收益率两项,这些财务比率的计算需要同时使用利润表和资产负债表的数据。

（一）毛利率

毛利率反映企业经营的产品或劳务的直接盈利能力,即每百元销售收入能带来多少毛利。其计算公式如下:

毛利率＝毛利额÷销售收入净额×100％

式中:毛利额指销售收入扣除销售成本后的差额。该比率在商业企业应用甚广,常以毛利率作为商品定价的依据。例如,进价为100元的商品,若核定的毛利率为20％,则其售价应为:100÷(1－20％)＝125元。

毛利率具有很明显的行业特征,不同的行业、不同的经营业务,其毛利率可能千差万别,例如经营钻石、珠宝的企业其毛利率必然高于经营家电产品的企业。但家电企业的销售额却远远高于钻石、珠宝企业。因此,对毛利率指标的评价应考虑产品的销售规模和营销策略等因素,不能仅仅以毛利率的高低随意下结论。例如,采用薄利多销策略的企业其毛利率必然远远低于实行精品化营销策略的企业,不能以此否认薄利多销的优势。

海丰模具股份有限公司2005年度的毛利率为:

毛利率＝(95 164 937－90 355 185)÷95 164 937 ＝ 5.05％

这一比率比上年度的13.21％降低了约8个百分点。一般地说,导致毛利率下降的直接原因有两个:一是原材料价格上涨;二是产品价格下跌。本例中海丰公司在2005年度正处于这样的困境,但这种状况不可能长期维持。

（二）营业利润率

营业利润率反映企业全部营业收入的创利能力,即每百元营业收入能带来多少利润。其计算公式如下:

营业利润率＝利润÷营业收入净额×100％

公式中分子可以用不同口径的利润,如营业利润、利润总额或净利润。应当说,使用营业利润能够使分子、分母更具有相关性和可比性。该比率越高,说明企业营业收入的创利能力越强,成本的节约和费用的控制成效显著。该比率受行业特点影响较大,一般来说,技术密集型的行业,其营业利润率较高;劳动密集型的行业,其营业利润率较低。因此,该指标应结合不同行业的具体情况进行分析。

直接查阅表 10-3 便可得到海丰模具股份有限公司 2005 年度和 2004 年度的营业利润率(按营业利润计算)分别为 2.74％和 10.60％,2005 年比上年下降了 7.86 个百分点,说明该公司所从事的经营业务其盈利能力大大削弱,具体原因与毛利率下降的分析相同。

(三)成本费用利润率

成本费用利润率是指利润总额与在营业过程中发生的全部成本费用的比率,表示企业每百元耗费能够取得多少利润。其计算公式如下:

$$成本费用利润率＝利润总额÷成本费用总额×100％$$

上式中的成本费用包括营业成本、营业税金及附加和期间费用等。成本费用利润率实际上反映了企业获取的利润与资源消耗的关系,即投入产出的对比关系;该比率的提高有赖于扩大销售和成本、费用的节约。

海丰模具股份有限公司 2005 年度的成本费用利润率为:

$$\frac{成本费用}{利润率}＝2\ 700\ 976÷(90\ 355\ 185＋242\ 329＋91\ 516＋1\ 351\ 178＋901\ 290)$$

$$＝2.91％$$

而上年度的这一比率为 11.56％,可见下降幅度十分巨大。

(四)总资产报酬率

总资产报酬率反映企业使用全部经济资源获取收益的能力。它是反映盈利能力中综合性最强的财务比率。其计算公式如下:

$$总资产报酬率＝息税前利润÷平均资产总额$$

上式的分子"息税前利润"实际上是企业利用全部经济资源创造的总收益,之所以将发生的利息费用也计入在收益中,是为了使该指标的分子与分母口径一致。

海丰模具股份有限公司 2005 年度的总资产报酬率为:

$$总资产报酬率＝(2\ 700\ 976＋942\ 397)÷[(68\ 572\ 621＋51\ 729\ 181)÷2]$$

$$＝6.06％$$

上年度该指标值为 21.60％,说明由于产品盈利能力锐减,资产使用效果明显下降。

由于总资产报酬率是企业赚取的总收益与全部资产的比值,因此,它与企业的负债程度无关,便于不同资本结构的(同类)企业之间进行比较。在财务分析实务中,通常将某一企业的总资产报酬率与同行业该项指标的平均水平加以比较。此外，也可以将总资产报酬率与企业债务的平均利率作对比。如果资产报酬率大于平均利率，表明举债经营是有利的，企业可以充分利用财务杠杆进行负债经营，获取尽可能高的资本收益率。海丰公司在总资产报酬率相对较低的水平，增加负债经营的力度，实为无奈之举。

（五）净资产收益率

净资产收益率是反映投资者投入企业的权益资本获取收益的能力。这是投资者最为关注的财务指标之一。其计算公式如下：

净资产收益率＝净利润÷净资产×100％

式中的净资产可以用平均净资产，也可以用年末净资产。该比率越高，说明股东的投资收益率越高。

海丰模具股份有限公司 2005 年度的净资产收益率（按年末净资产计算）为：

净资产收益率＝2 110 892÷31 828 544＝6.63％

上年度该指标为 20.94％。结果表明，对该公司的股东来说，2005 年每 100元的投资额经过该公司一年的经营能够赚取 6.63 元的净收益，而上一年却能达到 20.94 元。净资产收益率的实际值与投资者期望收益率的高低，是股东决定是否继续持有公司股份的重要依据。

（六）每股收益

每股收益，是反映股份有限公司普通股股东持有每一股份所能享有公司利润或承担企业亏损的业绩评价指标。该指标有助于投资者、债权人等信息使用者评价公司或公司之间的盈利能力、预测公司成长潜力，进而作出经济决策。

每股收益分为基本每股收益与稀释每股收益两种。基本每股收益是按照归属于普通股股东的当期净利润，除以发行在外普通股的加权平均数计算的。其计算公式如下：

基本每股收益＝（净利润－优先股股利）÷发行在外普通股加权平均数

如果公司在报告期内普通股数量保持不变，则发行在外普通股加权平均数就是该公司期末普通股股数；如果在报告期内普通股数量发生变化，则发行在外普通股加权平均数应当根据股份增减的数量按照时间长短加权平均计算。具体计算方法比较复杂，这里不再展开。

稀释每股收益，是指存在稀释性潜在普通股①时，按规定分别调整归属于普通股股东的当期净利润和发行在外普通股的加权平均数，并据以计算的每股收益。

每股收益越高，说明公司按单位股本计算的获利能力越强，该公司的股票投

---

① 稀释性潜在普通股，是指假设当期转换为普通股会减少每股收益的潜在普通股。

资价值越高。但在分析中应该注意，每股收益不能反映股票所含有的风险大小，而且每股收益多，并不意味着股利分配就丰厚。

海丰模具股份有限公司 2005 年的年初、年末总股本均为 1200 万股（每股面值 1 元），没有发生变化，且不存在优先股或可转换债券等，其基本每股收益为：

基本每股收益 = 2 110 892 ÷ 12 000 000 = 0.18 元

而上年的基本每股收益为 0.55 元，表明随着公司经营业绩的下滑，其每股收益出现了大幅度的滑坡，令投资者失望。

10.3.4 成长性比率

企业的成长性是指企业生产能力、经营规模的扩展能力和经营成果的增长能力。反映企业成长性的财务比率主要有总资产增长率、营业收入增长率、利润增长率和资本保值增值率等。

（一）总资产增长率

总资产增长率是从企业资产总量扩张方面衡量企业成长能力的财务比率。其计算公式如下：

总资产增长率 =（期末资产总额 - 期初资产总额）÷ 期初资产总额 × 100%

该指标值越高，表明企业资产规模扩张的速度越快。当然，该指标的大小应当与企业资产的使用效率和使用效果结合起来分析。如果资产规模快速扩大，而其使用效益却没有同步增长，说明企业可能存在盲目扩大生产经营能力的现象。

从表 10-1 可知，海丰模具股份有限公司 2005 年年末的资产总额为 68 572 621 元，年初为 51 729 181 元，总资产增长率为 32.56%，应该说资产规模扩张非常快。

（二）营业收入增长率

资产规模的扩张一般会引起营业收入的相应增长。营业收入增长率表示企业营业收入的增减变动程度，是衡量企业经营状况和市场占有能力、预测企业经营业务拓展趋势的重要指标。其计算公式如下：

营业收入增长率 = 本期营业收入增长额 ÷ 上期营业收入总额 × 100%

该指标越高，表明企业营业收入增长速度越快，市场前景越好。分析时要结合原来的基数大小，不能简单地以增长率大小进行评价。

从表 10-3 可知，海丰模具股份有限公司 2005 年度实现营业收入比上年增加 1 370 759 元，营业收入增长率为 1.46%，该增长率远低于其资产增长幅度，说明该公司产品销售增长没能跟上资产规模的扩张，可能存在一定的资产闲置现象。

（三）利润增长率

利润增长率是反映企业盈利增长情况的财务比率。根据需要其中的利润可以是营业利润，也可以是利润总额，或者是净利润。统一的计算公式如下：

利润增长率＝本期利润增长额÷上期利润额×100％

利润增长率越高，表明企业的盈利增长越快，可持续发展能力越强，发展潜力越大。但由于利润指标受会计政策的影响较大，人为因素较多，企业的利润有时会出现大起大落的情况，因此，分析时要注意阅读财务报表附注，了解企业采纳的会计原则和会计处理方法，并观察该指标连续几期的数值，再进行评价。

从表10-3可知，海丰模具股份有限公司2005年各种口径的利润额均出现大幅减少，按照营业利润、利润总额和净利润计算的利润增长率分别为－73.76％、－72.29％和－68.21％。

（四）资本保值增值率

资本保值增值率表示在企业自身努力下其所有者权益（净资产）的增减变动情况，其计算公式如下：

资本保值增值率＝扣除客观因素后的期末所有者权益÷期初所有者权益×100％

该比率越高，表明企业的资本保全状况越好，投资者权益增长越快，企业发展有后劲。计算该指标时，应正确合理地界定分子、分母的计算口径。

假如海丰模具股份有限公司2005年增加的所有者权益全部为企业自身经营所得，没有客观因素引起，那么从表10-2可知，其资本保值增值率为：

资本保值增值率＝31 828 544÷31 701 646＝100.4％

结果表明：与2004年相比，该公司2005年年末的股东权益基本没有增加，勉强实现保值。

10.3.5 现金流量比率

现金流量比率是指包含现金流量信息的财务比率，这类比率范围相当广泛，有些反映企业以现金流量偿还债务的能力，有些反映企业经营活动获取现金的能力，也有一些反映企业盈利的兑现能力，还有一些反映企业的股利保障能力，等等。下面有选择地介绍每股经营现金净流量、现金流量到期债务比率、销售现金比率、现金股利保障倍数四项指标。

（一）每股经营现金净流量

每股经营现金净流量是股份公司经营活动产生的现金净流量与普通股数量之比率，其计算公式为：

$$每股经营现金净流量 = \frac{经营活动产生的现金流量净额}{发行在外普通股加权平均数}$$

上式也可以按"年末发行在外的普通股股数"计算。该指标越大，说明公司经营成果的质量越高；同时，公司支付现金股利的能力越强。分析时通常将该指标与每股收益指标进行对比，以评价每股收益的现金保障程度。

海丰模具股份有限公司 2005 年经营活动产生的现金流量净额为 7 256 185 元，股份总数为 12 000 000 股，则

$$每股经营现金净流量 = 7\ 256\ 185 \div 12\ 000\ 000 = 0.605（元）$$

远高于其 0.176 元的每股收益，说明该公司虽然盈利水平大幅度下降，但其经营活动产生现金流量的能力还是相当不错。

（二）现金流量到期债务比率

现金流量到期债务比率是经营活动产生的现金净流量与本期到期债务本息和的比值，其计算公式如下：

$$现金流量到期债务比率 = \frac{经营活动产生的现金流量净额}{本期到期债务本息和} \times 100\%$$

其中，本期到期债务本息和是指在本期将要到期的长期负债和应付票据[①]。此比率用来衡量到期债务本息由经营活动产生的现金净流量偿付的能力，即反映企业的即期偿债能力。

根据海丰模具股份有限公司 2005 年的资产负债表和现金流量表有关项目数据，得到：

$$2005\ 年现金流量到期债务比率 = 7\ 256\ 185 \div (200\ 305 + 6\ 780\ 000)$$
$$= 103.95\%$$

$$2004\ 年现金流量到期债务比率 = 6\ 378\ 649 \div (4\ 080\ 000) = 156.34\%$$

2005 年该比率虽有所下降，但仍处于正常水平。从这一指标看，该公司的偿债能力较为理想。

（三）销售现金比率

销售现金比率有两种计算口径：

1. 按照经营现金流入量与销售净额之比计算，公式如下：

$$销售现金比率 = 经营现金流入量 \div 销售净额 \times 100\%$$

此口径的销售现金比率反映了企业在一定时期内实现的销售收入的兑现程度。此比率越高，通常说明企业实施了较为严格的信用政策，销售可能出现萎

---

① 在西方国家，应付票据是一种融资性质的票据，而不是在购销活动中形成的经营性负债。故在计算财务比率时将应付票据作为本期到期债务。

缩,而强调货款的回收,导致企业年末应收款项较年初大幅减少或预收账款较年初大幅增加;反之,说明企业可能实施了较为宽松的信用政策,过度赊销导致销售收入剧增,而货款的回收不够及时,销售商品的兑现程度不高。

根据海丰模具股份有限公司 2005 年的利润表和现金流量表有关项目数据,得到:

2005 年销售现金比率＝115 759 178÷95 164 937＝121.64％

2004 年销售现金比率＝113 858 391÷93 794 178＝121.39％

该公司过去两年的销售现金比率均远超过 100％(工商企业由于增值税销项税额属于价外税,该比率最好超过 117％),且基本保持不变,表明该公司销售收入的兑现程度较高且比较稳定。

2. 按照经营现金净流量与销售净额之比计算,公式如下:

销售现金比率＝经营现金净流量÷销售净额×100％

这种口径的销售现金比率反映了企业在一定时期内实现的销售收入产生现金净流量的能力,它不仅与销售有关,而且与经营活动的其他环节有关,因为,购买商品、接受劳务和支付职工薪酬、缴纳税费都会对现金流量产生影响。此比率越高,说明企业经营活动产生现金流量的能力越强。评价时要注意不同行业之间存在较大差异。

同样可以按照该口径计算海丰模具股份有限公司 2005 年和 2004 年的销售现金比率,得到:

2005 年销售现金比率＝7 256 185÷95 164 937＝7.62％

2004 年销售现金比率＝6 378 649÷93 794 178＝6.80％

从计算结果看,2005 年的销售现金比率较上年有所提高,但对该比率的合理评价必须结合行业的平均水平。

(四)股利保障倍数

股利保障倍数反映经营现金净流量为所需支付现金股利的倍数。其计算公式如下:

股利保障倍数＝经营现金净流量÷现金股利总额

该指标用来衡量现金股利的支付能力。该倍数越大,说明公司支付现金股利的保障程度越强。

已知海丰模具股份有限公司 2005 年和 2004 年向股东支付的现金股利总额分别为 192 万元和 216 万元,则:

2005 年股利保障倍数＝7 256 185÷1 920 000＝3.78(倍)

2004 年股利保障倍数＝6 378 649÷2 160 000＝2.95(倍)

由于股利分配具有滞后性，某一年度实现的利润往往在下一年度分配，因此，在公司盈利和经营活动现金净流量出现较大幅度波动时，此比率可能出现不正常的结果，评价时应特别注意。

⇨【进一步学习指南】

财务报表分析实际上可以是一门课程，其内容相当丰富。本章仅从外部会计信息使用者的角度简单阐述了财务报表分析的基本方法和主要内容，对于因素分析法、本量利分析法并没有具体展开；对上市公司相关财务指标的阐述也比较肤浅，"每股净资产"、"市盈率"、"市净率"、"股利支付率"等财务指标均没有出现；对杜邦财务体系和沃尔评分法等综合财务分析方法也没有作介绍。希望读者阅读财务分析教科书的内容，继续学习本书中未介绍的重要财务指标。

每股收益是上市公司最重要的财务比率之一，该指标对于会计信息使用者评价上市公司的投资价值具有重要的指导意义。每股收益有两种：基本每股收益和稀释每股收益。基本每股收益需按照普通股加权平均数计算；如果在报告期内普通股数量发生变化，则普通股加权平均数应当根据股份增减的数量按照时间长短加权平均计算。稀释每股收益，是指存在稀释性潜在普通股时，按规定分别调整归属于普通股股东的当期净利润和发行在外普通股的加权平均数，并据以计算的每股收益。请读者学习《企业会计准则第 34 号——每股收益》及其应用指南，弄清两种每股收益的计算方法。

在充分肯定财务报表分析的重要作用的同时，我们必须看到，财务报表分析也存在明显的缺陷。导致这些缺陷的原因是多方面的，如财务报表本身不真实，会计核算存在一定的局限性，企业之间会计政策的不同选择影响可比性，等等。因此，对财务分析我们也要一分为二地看待，既不能盲目崇拜，也不能一概否认；而应当在承认财务报表分析基本合理的前提下，结合企业的实际，作出实事求是的判断，使财务报表分析真正成为决策的有益工具。建议读者阅读财务报表分析教科书的有关内容。

⇨【复习思考题】

1. 财务报表分析中计算"长期资产适合率"的目的是什么？该指标是不是越高越好？为什么？

2. 华锋公司根据 2006 年 11 月 30 日的资产负债表计算的流动比率仅为 1.2，公司总经理认为该比率偏低，希望在年末将流动比率适当提升。请你指出：作为公司财务会计部门，可以建议总经理采取哪些临时措施来提高流动比率。

3. 企业的资产负债率既不是越高越好,也不是越低越好。请你说明:债权人和投资者对资产负债率高低的评价有何不同?

4. 金银珠宝的价格一直在不断地攀升。那么,金银珠宝商行对发出存货的计价方法应当采用先进先出法还是后进先出法,才能使其存货周转次数变大?为什么?

【练习题】

1. 江南食品股份有限公司 2006 年 11 月末的流动比率为 2,速动比率为 1,至该月底本年度已经实现的每股收益和每股经营现金净流量均为正值,不考虑企业所得税的影响。如果该公司在 12 月发生下列业务:

(1)以银行存款缴纳前月应交的各种税费 6 500 元;

(2)以银行存款支付产品广告宣传费 100 000 元,计入当期销售费用;

(3)出售一土地使用权,其账面价值 350 万元,出售价款 530 万元收存银行(不考虑相关税费);

(4)将完工产品成本 80 万元予以结转;

(5)以一固定资产抵付短期债务 255 万元,该固定资产的账面原价 320 万元,已计提折旧 65 万元,公允价等于其账面净值;

(6)公司董事会决定以资本公积 50 万元转增股本。

请你指出:上述各项业务的发生,对该公司有关财务指标的影响方向(指标值提高的划上"+",下降的划上"—",不变的划上"0")并说明理由,结果填入下表。

表 10-7 财务指标变动情况

指标名称	业务 1	业务 2	业务 3	业务 4	业务 5	业务 6
流动比率						
速动比率						
每股收益						
每股经营现金净流量						

2. 高天塑料制品有限公司本年度产品销售收入净额为 8 400 万元,销售毛利率为 25%,产品的增值税税率为 17%,全部销货款(含增值税销项税额)为 9 828 万元,其中 30% 为现销,其余 70% 为赊销。本年年初的流动资产为 720 万元,其中应收账款为 187 万元,存货为 420 万元;本年年末的流动资产为 840 万元,其中应收账款为 205 万元,存货为 480 万元,年末流动资产中预付款项项目的

金额可以忽略不计。流动负债年初为 480 万元,年末为 500 万元。

要求:根据以上资料计算并回答:

(1)计算该公司本年度应收账款周转率(次数)、存货周转率(次数)及年末的流动比率、速动比率。

(2)你认为应收账款周转率应当以含税赊销额计算,还是以不含税赊销额计算? 存货周转率应当以含税销售成本计算,还是以不含税销售成本计算?

▷【案例分析题】

江南食品股份有限公司是一家食品制造商,2006 年 12 月 31 日简化资产负债表(单位:万元,下同)和 2006 年度简化利润表分别如下:

表 10-8　江南食品股份有限公司 2006 年 12 月 31 日资产负债表(简化)

资产	年末数	年初数	负债及所有者权益	年末数	年初数
流动资产:			流动负债:		
货币资金	362	250	短期借款	320	350
应收票据	183	120	应付票据	40	0
应收账款	790	650	应付账款	625	540
其他应收款	393	360	其他应付款	115	180
存货	1 472	1 020	应付职工薪酬	140	110
其他流动资产	0	0	应交税费	40	20
流动资产合计	3 200	2 400	流动负债合计	1 280	1 200
非流动资产:			非流动负债合计	1 250	600
持有至到期投资	50	50	负债合计	2 530	1 800
长期股权投资	100	100	股东权益:		
固定资产	1 320	1 400	股本	2 000	2 000
在建工程	650	200	资本公积	313	190
工程物资	30	120	盈余公积	263	218
无形资产及其他资产	150	230	未分配利润	394	292
非流动资产合计	2 300	2 100	所有者权益合计	2 970	2 700
资产总计	5 500	4 500	负债及股东权益总计	5 500	4 500

表 10-9　江南食品股份有限公司 2006 年度利润表(简化)

项　目	本年金额	上年金额
一、营业收入	8 544	7 500
减:营业成本	7 476	6 600
营业税金及附加	63	50
销售费用	140	130
管理费用	378	324
财务费用(收益以"一"号填列)	140	125
加:投资收益(损失以"一"号填列)	85	115
二、营业利润(亏损以"一"号填列)	432	386
加:营业外收入	35	44
减:营业外支出	17	20
三、利润总额(亏损总额以"一"号填列)	450	410
减:所得税费用	153	140
四、净利润(净亏损以"一"号填列)	297	270

2006 年该公司其他财务数据如下:全年赊销额为 5 400 万元;全年利息费用为 150 万元;2006 年已向股东分配现金股利 150 万元。

又已知食品行业有关财务指标的行业平均值如下:

流动比率=1.55　　速动比率=0.90

资产负债率=52%　　利息保障倍数=3.5 倍

存货周转率=9 次　　应收账款周转率=6 次

销售毛利率=18%　　总资产报酬率=8%　　净资产收益率=12%

要求:根据以上资料,用比率分析法分析该公司 2006 年年末的偿债能力、流动资产的营运能力和盈利能力。

参考文献

1. 中华人民共和国财政部. 企业会计准则. 北京：经济科学出版社，2006.

2. 中华人民共和国财政部财会〔2006〕18 号文件. 企业会计准则——应用指南.

3. 财政部会计司编写组. 企业会计准则讲解（2008）. 北京：人民出版社，2008.

4. 国际会计准则委员会. 财政部会计司组织翻译. 国际财务报告准则 2004. 北京：中国财政经济出版社，2005.

5. 刘永泽. 会计学. 大连：东北财经大学出版社，2005.

6. 沈路，赵世君. 新编会计学. 北京：中国时代经济出版社，2005.

7. 赵惠芳. 企业会计学. 北京：高等教育出版社，2002.

8. 祝锡萍. 新编会计学教程. 北京：中国商业出版社，2002.

9. 中国注册会计师协会. 会计. 北京：中国财政经济出版社，2005.

10. 王秀丽. 财务会计学. 北京：对外经济贸易大学出版社，2003.

11. 于晓镭. 新企业会计准则实用手册. 北京：机械工业出版社，2006.

12. 中华人民共和国财政部. 企业会计制度. 北京：经济科学出版社，2001.

13. 祝锡萍. 财务管理基础. 北京：人民邮电出版社，2005.

14. 张新民，王秀丽. 解读财务报表——案例分析方法. 北京：对外经济贸易大学出版社，2003.

15. ［美］罗伯特·N·安索尼，大卫·F·霍金斯，肯尼斯·A·麦钱特. 会计学教程与案例. 王立彦、戴晓娟等译. 北京：机械工业出版社，2004.

图书在版编目(CIP)数据

新编会计学 / 罗金明,祝锡萍主编. —2 版. —杭州:
浙江大学出版社,2007.3(2021.7 重印)
ISBN 978-7-308-05100-2

Ⅰ.新… Ⅱ.①罗…②祝… Ⅲ.会计学
Ⅳ.F230

中国版本图书馆 CIP 数据核字(2006)第 159605 号

新编会计学(第二版)

罗金明 祝锡萍 主编

责任编辑	周卫群
封面设计	刘依群
出版发行	浙江大学出版社
	(杭州市天目山路 148 号 邮政编码 310007)
	(网址:http://www.zjupress.com)
排 版	杭州青翊图文设计有限公司
印 刷	广东虎彩云印刷有限公司绍兴分公司
开 本	710mm×960mm 1/16
印 张	21.75
字 数	390 千
版 印 次	2011 年 4 月第 2 版 2021 年 7 月第 12 次印刷
书 号	ISBN 978-7-308-05100-2
定 价	56.00 元